KB069309

안동 군자마을의 문화유산

後彫堂 所藏 古書 目錄과 解題

본 저서는 2016년 대한민국 교육부와 한국연구재단의 지원을 받아 수행된 연구결과임.
(NRF-2016S1A5A2A03925653)

경희대학교 비교문화연구소 비교문화총서 16

안동 군자마을의 문화유산
後彫堂 所藏 古書 目錄과 解題

閔寬東
劉僖俊 共著

學古房

연구제목	국내 고전문헌의 목록화와 복원
과제번호	NRF-2016S1A5A2A03925653
일반공동연구지원사업 연구진(2016.11.01.~2019.10.31.)	

책임연구원 : 閔寬東
공동연구원 : 鄭榮豪, 朴鍾宇
전임연구원 : 劉僖俊, 劉承炫
연구보조원 : 裵玕桯, 玉珠

　본서는 한국연구재단 일반공동연구지원사업 과제인 『국내 고전문헌의 목록화와 복원』(2016년 11월 01일~2019년 10월 31일 / 3년 과제)의 일환으로 나온 책이다. 본 연구 프로젝트는 크게 발굴부분과 복원부분으로 나누어 연구되었다.

● 발굴 작업

　국내의 국립도서관이나 대학의 중앙도서관에 소장된 문·사·철 古書들은 대부분 정리되어 목록화 되었으며 일부 사찰이나 서원 및 개별 문중 古書들은 지방 자치단체의 후원에 힘입어 지역별로 전체 목록을 정리하여 출간 되었다. 그러나 個人所藏家나 개별 門中 및 一部 書院의 古書들은 목록화 작업은 물론 해제작업은 더더욱 요원한 상황이다.

　본 연구팀은 이러한 곳 가운데 비교적 많은 고문헌을 소장하고 있는 안동의 군자마을(광산 김씨 예안파, 후조당), 봉화의 닭실마을(안동 권씨 종가, 충재박물관), 경주의 옥산서원을 선정하여 그 古書들을 목록화하고 古書에 대한 해제집을 발간하는 작업을 계획하였다.

* 안동 군자마을(광산 김씨) 古書目錄 및 解題 (1년차)
* 봉화 닭실마을(안동 권씨) 古書目錄 및 解題 (2년차)
* 경주 옥산서원 古書目錄 및 解題 (3년차)

　이러한 작업으로 만들어진 책자는 가 문중이니 시원에서 서지문헌에 대한 연구는 물론 홍보자료로 활용할 수 있기에 이에 따른 시너지 효과도 기대할 수 있다.

● 복원 작업

　조선시대 출판본 가운데는 현재 중국에 남아있는 판본보다 더 오래전에 간행되었거나 서지문헌학적 가치가 높은 희귀본 판본들이 상당수 있다. 본 연구팀은 이러한 조선출판본을 위주로 복원 대상을 선정하였다. 이러한 작업이 완료되면 국내의 학술연구에 많은 기여가 될 뿐만 아니라 중국과 일본 등지에서도 우리 古書에 대한 연구가 활발히 진행될 것으로 사료된다. 복원 작품의 목록은 다음과 같다.

1) 劉向『新序』
2) 劉向『說苑』
3) 段成式『酉陽雜俎』
4) 陳霆『兩山墨談』
5) 何良俊『世說新語補』
6) 朝鮮編輯出版本『世說新語姓彙韻分』
7) 李紹文『皇明世說新語』

이러한 판본들이 복원되면 당시 국내에서 이런 작품들이 간행의 저본이 되었는지 또 원래 중국 판본과의 비교연구까지 할 수 있는 기회를 제공해 준다. 또한 중국이나 일본 등지에서 서지문헌에 대한 비교연구가 활발히 진행될 것으로 기대한다.

본 프로젝트의 첫 번째 결실이 바로『안동 군자마을의 문화유산 - 후조당 소장 고서 목록과 해제』이다. 본서는 총 3부로 구성하였다.

제1부 제1부에서는 오천 군자마을의 역사와 전통에 대하여 집중적으로 소개하였다. 특히 광산 김씨 후조당 종가 선대의 유래와 예안 입향조 김효로 및 후손들의 공적을 소개 하였다. 그 외 오천 7군자 등과 군자마을의 교육철학 및 전통 문화를 위주로 소개하 였다.

제2부 제2부에서는 군자마을이 소장하고 있는 문화재를 집중 조명하였다. 특히 후조당 과 탁청정을 포함한 건축물 그리고 보물로 지정된 종가 소장 유물과 전적들을 위주로 소개하였다.

제3부 제3부에서는 군자마을이 소장하고 있는 고서들을 목록화하고 해제를 달아 한국 고전 문헌 연구자뿐만 아니라 기타 문헌학 연구자들에게 연구의 영역을 넓혀주고, 또 연구 방법과 패러다임을 확장하는데 意味를 두었다.

또한 본 연구팀이 주도하는 프로젝트는 단순한 판본 복원작업이 아니라 해제까지 곁들여 분석하는 작업이기에 이러한 작업이 완료되면, 우리의 고전문헌 연구에 상당히 寄與할 것이라 확신하며 아울러 국문학, 한문학, 중문학자들의 비교문학적 연구에도 귀중한 자료가 될 것이라 사료된다. 동시에 이 책은 古書에 대한 총 목록 및 해제를 일목요연하게 볼 수 있는 것은 물론 기타 문화유산을 소개하는 홍보자료로도 그 일익을 담당할 것으로 예견된다.

이번 연구에 흔쾌히 협조를 해주신 군자마을 김방식 관장님, 한국국학진흥원 이용두 원장님, 전종왕 학예사님께 감사를 드리며, 출간에 협조해 주신 하운근 학고방 사장님을 비롯한 전 직원 여러분께도 감사를 드린다. 마지막으로 원고정리 및 교정에 도움을 준 대학원생 배우정과 옥주 제자에게 감사의 뜻을 전한다.

2018년 3월 3일
민관동·유희준

▎일러두기

1. 군자마을 후조당에 소장된 고문서와 전적들은 한국국학진흥원에 기탁되어 있기에, 경희대 비교문화연구소와 한국국학진흥원이 연구 협약을 맺은 후 국학진흥원의 자료를 받아 정리하였다.

2. 사진은 한국국학진흥원 수장고에 소장된 전적을 하나하나 보고 유희준 연구원이 직접 찍은 사진과 한국국학진흥원 자료, 군자마을 관장님께 받은 사진을 사용하였다.

3. 후조당 문중을 소개할 때 사용한 자료는 군자마을 김방식 관장님이 주신 자료를 참조하였다.
   - 한국국학진흥원, 『국역오천세고』 上, 下
   - 한국국학진흥원, 『한결같이 군자의 길을 걷다』
   - 김용만, 『오천칠군자의 향기서린 안동 후조당 김부필 종가』
   - 권오영 外, 『조선 중기 士林의 등장과 선비상의 형성』

4. 전적에 대한 해제는 많은 부분 한국학중앙연구원의 인터넷자료를 참고하였다.

5. 후조당에 소장된 전적은 특별한 경우를 제외하고는 1910년 이전에 간행된 서적 위주로 정리하였다.

14

안동 烏川 군자마을 조감도

第一部
오천 '군자마을'의 역사와 전통

유물전시관 숭원각과 근시재선생 순국기념비

서울에서 차로 3시간여를 달려 전통의 도시 안동에 도착하여, 陶山書院 가는 국도를 따라 약 20km를 더 가다보면 안동 광산김씨 유적지인 '烏川遺蹟地'가 나온다. 이정표를 따라 안으로 들어가 보면 산자락을 깎아 만든 넓은 터와 그 앞에 호수처럼 펼쳐진 골짜기, 주위가 탁 트인 전망 좋은 곳에 아름답게 자리 잡은 한옥의 경관들이 들어온다. 이곳이 그 유명한 광산김씨 예안파 후조당 종택이다.

가장 먼저 이 집안의 유물전시관인 '숭원각'과 그 옆에 세워진 의병대장 近始齋 金垓 선생의 순국기념비가 눈에 들어온다.

이 집안의 위엄을 느끼며 유물전시관으로 발길을 옮기면, "한 결 같이 군자의 길을 걷다"라는 문구가 방문객을 반긴다. 『詩經』이나 동양 철학서를 읽을 때 자주 등장하는 단어가 '군자'이다. 『論語』에서 孔子는 '文質彬彬'해야 군자라고 하였다. 학식도 높으면서 유학의 도리를 지켜 행동하는 사람들을 일컫기도 하는데, 이처럼 '군자'라는 말은 아무에게나 함부로 쓰는 단어가 아니기에 이 집안의 특별한 내력을 기대하며 안으로 발길을 옮겨본다.

안으로 들어가면 이 집안의 역사에 대한 설명과 더불어 '오천세계도'가 그려져 있고, 廣瀨 李野淳의 글이 소개되어 있다. 李野淳(1755~1831)은 退溪 李滉의 9대손으로 그의 『廣瀨文集』에 친히 '光山金氏烏川世系圖'를 그리고 다음과 같이 언급하였다고 한다(『廣瀨文集』 권8 수록).

烏川의 참판공[金孝盧] 가문은 빛나게도 어질고 뛰어난 인재들이 많이 배출되었다. 지금 차례대로 헤아려보면 雲巖公[金緣]과 濯淸公[金綏] 이하 8촌과 9촌 친척들이 모두 스물다섯 분이나 되니, 한 집안에서 이처럼 남들에게 성대하게 알

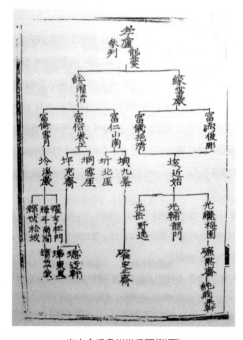

光山金氏烏川世系圖(附圖)

려진 것으로는 세상에 겨룰 가문이 없을 것이다. 우리 퇴계 선조께서 참판공의 묘갈명을 쓰시고 그 자손들이 번성함과 또 뛰어남을 칭찬하시며 말씀하시길 "선행을 쌓으면 자손에게 경사가 있게 된다[積善餘慶]는 참판공의 말씀이 이에 이르러 더욱 증명 되는구나"라고 하셨다. 그 묘갈명 글에 또 이르길 "모든 가문이여, 이 말씀[積善餘慶]을 보아라"라고 하셨으니, 다른 가문들에게 그 말씀을 보라고 한 것은 진실로 남에게 선행을 권하려는 뜻이다. 퇴계 선조께서 옛날에 문정공[安軸]의 세계도를 만들었는데 대개 착한 사람이 많았던 까닭이다. 이제 감히 그것을 본받아 烏川世系圖를 만들고 또한 이어서 노래하여 읊는다.

「무등산에 상서로운 돌 있으니, 오천에서 그 정기를 받았다네.
군자의 마을에는, 마을 문이 드높구나. 오직 선행을 쌓은 報應이, 뗏목보다도 빠르다네.
대대로 이어져 끊어지지 않으니, 이치는 속이지 않는구나.
모든 가문들이여, 이 그림 '오천세계도'를 보아라」

역사에 길이 남는 훌륭한 선조들의 자취가 느껴지는 글로, 더욱 이 집안의 내력이 궁금해진다.

숭원각을 지나 마을로 들어서면 소나무 한그루가 빼어나게 자태를 뽐내고 있다. 옛 선인들은 소나무에도 품격을 나누었는데, 가히 지조 있게 서 있는 모양새가 아름답다. 마치 김정희의 歲寒圖를 연상시키는 듯, 後彫堂 앞에 그림과 같이 서 있다.

이 집안이 대체 어떤 집안이었기에 이야순이 특별히 '세계도'까지 그려 넣고 오천25현을 소개했을까, 後彫堂과 아름다운 자태의 우뚝 선 소나무까지……

이제 그 특별한 집안의 특별한 사연 속으로 조심스럽게 들어가 보고자 한다.

원래 '烏川'이라는 말은 '烏'를 이두식으로 '외'라고 읽었기 때문에 '외내'라고 했다고 한다. 광산김씨는 '오천'이라는 지역에서 600년을 세거했다고 하는데, 물이 맑을 때 멀리서 보면 물속의 돌이 검게 보인다고 하여 붙여진 이름이라고 한다. 하지만 안타깝게도 이곳은 예전의 '烏川'은 아니다. 예전의 '오천'은 안동댐 건설로 사라지고, 기록으로만 찾아볼 수 있다. 안동댐 건설과 함께 '烏川'지역이 수몰

마을 입구 전경

위기에 처하자 '烏川'에 있던 종택, 묘우, 정사, 강당 등의 건물을 약 2킬로미터 떨어진 현재의 '烏川遺蹟地'로 이전하였다고 한다.

기록에 따르면 禮安縣의 남쪽 낙동강 기슭에 위치했었던 烏川里는 깊은 산이 물을 품은 듯 천연 그대로의 자연을 자랑하는 곳이었다고 한다. 늑정[櫟亭] 權是中(1572~1644)은 예안현 지리지인 『宣城誌』[1]를 편찬하면서 예안의 九曲 중 제1곡으로 '오천'[2]을 꼽았고, 廣瀨 李野淳 (1755~1831)을 비롯한 여러 문인들이 陶山九曲의 한 곳으로 이 곳 오천을 노래했다고 한다. 가히 그 빼어난 경치와 마을의 역사를 충분히 상상해볼 수 있다. 그런데 왜 '오천리'를 '군자리' 로 불렀으며, 지금까지 오천유적지를 군자마을이라고 부르는 것일까.

고려시대 知印의 관직을 지냈던 黃載가 처음 이곳에 터전을 일구고 당시 안동의 '豊山'에 살고 있던 金孝之를 사위로 맞아들였다고 한다. 그때부터 자연스럽게 '오천리'에 광산김씨 世 居의 역사가 시작되었다고 한다. 그러나 金孝之에게는 가계를 이을 아들이 없었으므로 형인 金崇之의 손자 金孝盧에게 뒤를 잇게 하여 터전을 물려주게 되었다. 이후 金孝盧의 후손들이 대를 이어 오천리에 거주하며 광산김씨 예안파의 독자적 기반을 다지게 되었으며, 그렇게 됨 으로써 김효로가 사실상 예안파 '입향조'로 널리 알려지게 되었다.

예안파 입향조인 金孝盧(1454~1534)는 성종 때 생원에 합격했으나 벼슬길을 단념하고 조용 한 예안땅 오천으로 들어와 자연을 벗 삼아 살았다. 權是中은 『宣城誌』에서 金孝盧에 대해 "오천에 살면서 청렴결백으로 스스로를 지켰다. 남과 억지로 사귀려 하지 않았고, 남을 질시하 지도 않았다. 정성과 공경을 다하여 제사를 받들었고, 효도와 우애로 자제들을 가르쳤다. 治産 을 잘 하였지만 이익을 꾀하지 않았다. 친구들이 오면 서로 속마음을 충분히 토로하였으니, 착한 행실을 쌓은 집안에는 반드시 좋은 일이 있게 마련이다. 행실은 우뚝하여 우러러 볼 만하

---

1) 신성지는 늑정 권시중이 1619년경에 편판한 예안현 지리지이다. 신성은 예안의 옛이름이다. 권시중은 월천 조목(1524~1606)의 문하에 들어가 학문을 익혔으며, 1602년(선조35)에 문학과 효행으로 장사랑 남부참봉에 추천되었으나 광해군 혼정을 만나 관직에 뜻을 끊고 학문에만 전념하였다. 그가 작성한 신성지의 내용체계 는 두 부분으로 나누어 볼 수 있다. 앞부분은 주로 선성현을 종합적으로 다룬 내용이고 뒷부분은 각 마을을 나누어 서술한 것인데, 각 마을에 대한 설명으로 위치와 지형·암자·정자·역원·인물 등의 조항이 수록되 어 있다. 이 중에 '오천'에 대한 이야기가 있다.

2) 제1곡은 雲巖曲으로 광산김씨들이 대대로 살았다. 제2곡은 月川曲으로 횡성 조씨들이 살았다. 月川 趙穆 (1524-1606)이 대표적 인물이다. 제3곡은 鰲潭曲으로 단양 우씨들이 世居하였다. 제4곡은 汾川曲으로 聾巖 李賢輔(1467~1555)를 전후하여 영천 이씨들의 600년 世居하였다. 제5곡은 도산서원과 퇴계 후손들이 사는 宜仁·剡村, 下溪와 溪南 일대이다. 제6곡은 川沙曲으로 진성 이씨들의 遠村과 川沙 마을이다. 제7곡은 丹砂曲이고 제8곡은 孤山曲, 제9곡이 淸凉曲이다.

였기 때문에 고을에서 추천하여 크게 쓰일 수 있도록 하였으나 응하지 않고 세상을 떠나니 애석한 일이다."라고 기록하였다고 한다.

그 후 金孝盧의 후손으로 金富仁, 金富弼, 金富信, 金富儀, 金富倫, 琴應夾, 琴應壎은 모두 退溪 李滉의 문하에서 수학하며 도의와 덕행으로 한 시대에 나란히 이름을 날렸다고 한다. 文穆公 鄭逑가 이르길 "오천 한 마을에는 군자 아닌 사람이 없다"고 하였는데, 이로 인해 마을에 '君子里[군자마을]'란 이름이 붙여졌다.(예안읍지 수록)

위에서 언급한 대로 오천에 군자 아닌 사람이 없는 까닭에 '군자마을'이라는 명칭이 붙게 되었다고 한다. 그렇게 군자들이 살고 있는 멋진 '군자마을'. 그곳에 살고 있는 광산김씨 후조당 종가의 선대 유래에 대해서 조금 더 알아보도록 하겠다.

1. 광산김씨 후조당 종가 선대 유래

광산김씨는 신라의 왕자 金興光을 시조로 한다. 김흥광은 신라 말엽에 장차 난리가 일어날 것을 예상하고 왕궁을 버리고 庶人이 되어 光州 西一洞에 은거하였다고 한다. 현재 행정구역은 전라남도 담양군 평장동이다. 고려왕조가 개창된 후 협력한 지방 유력 계층에게 태조 왕건이 성씨와 함께 그들의 거주지를 본관으로 주는 土姓分定을 하였는데, 시조 김흥광이 光山府院君에 봉해지면서 그때부터 후손들은 '광산'을 본관으로 쓰게 되었다. 본관을 얻은 이후 점차 기반을 굳혀 간 광산김씨 일족은 그 후 고려 초에 손자 '佶'이 중앙관직에 진출하면서 명문가로 성장하게 되었다.

고려 후기에 文正公派, 文肅公派. 良簡公派 등으로 派가 나뉘게 되었는데, 良簡公 金璉(1215~1292)에 이르러 문반의 반열에 오르게 되었고, 그 아들 金士元(1257~1319)과 손자 金積(1292~?) 등 3대를 거치면서 문반으로 출세하였고, 그와 동시에 명문세족과 통혼하게 되면서, 재상의 지위를 세습할 정도로 중앙정계에서 급격히 부상하였다.

김사원과 그 아들 김진은 각각 順興安氏와 安東權氏의 사위가 되었는데, 모두 고려후기에 군현의 호족 층에서 몸을 일으켜 서울로 진출한 신진세력의 가문들이었다. 金積의 외조가 文成公 晦軒 安珦(1243~1306)이고, 妻父는 安東權氏로 上護軍을 역임한 權允明이며, 처 외조는 당대의 벌족인 上洛君 안동김씨 忠烈公 金方慶이었다.

金積은 5남 2녀를 두었는데, 모두 당대의 세족과 혼인하였다. 둘째아들 金英利의 자손은 서울에 뿌리를 확고하게 내려 沙溪派(사계 김장생의 후손)를 형성하였고, 막내아들 金天利의 자손은 안동으로 낙향하여 禮安派(농수 김효로 후손)를 형성하였다.

　이렇게 金積 대부터 시작된 안동권씨와의 통혼으로 모계 처계로부터 받은 유산이 안동지방에 이미 분포되어 있었다고 추정을 하고 있다. 이후 金天利의 둘째아들 金務가 안동김씨와 혼인하며 안동지역의 재산관리를 겸해 자녀들을 데리고 안동 풍산으로 완전히 이거하게 되었다. 김무는 고려 말에 '조봉대부행제용감소감'을 지냈는데, 당시 혼인 풍속이 결혼 후 남자가 처가의 집에 기거하는 '男歸女家'의 형태를 취했기 때문에 혼인 후 妻鄕으로 옮겨 살게 되었다.

　金務는 4남 2녀를 두었는데 그 중 가정을 이루어 독립했던 장자 '坦之'를 제외한 崇之, 貞之, 孝之와 딸 둘[金永命(의성인)의 처 鄭普文(청주인)의 처]을 데리고 내려와 안동의 남쪽인 長仁寺洞에 거주하다가, 그 다음 세대였던 金淮에 이르러 풍산현 도양동으로 이주해 살았다고 한다.

　그 후 후손들 가운데 정2품에 해당하는 平章事를 8명이나 배출하면서 명문가로 자리매김하게 되고 世居地 또한 平章事를 배출하였다는 이유로 '平章洞'이라는 명칭으로 불리게 되었다. 이후 조선시대에 이르러, 이 집안에서 諡號를 43명이나 받게 되고 문과급제자도 무려 265명이나 될 정도의 거족으로 성장하게 된다. 안동 전체의 조선시대 문과급제자가 366명이라 '人多安東'이라 불렸다고 하는데, 안동에서 배출된 급제자 366명 중에 265명이 이 집안에서 나왔을

김용만, 『오천칠군자의 향기 서린, 안동 후조당 김부필 종가』에 소개된 족보를 참조로 정리

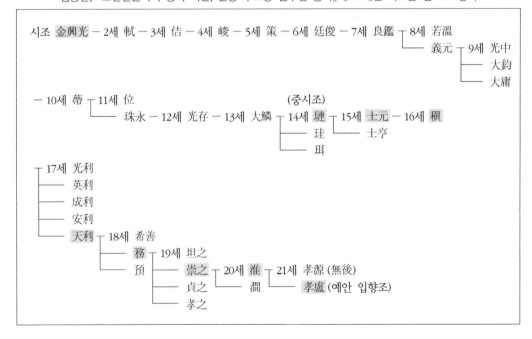

정도로 많은 인재를 배출한 것이니, 이 집안의 영광을 가히 짐작해 볼 수 있다.

　물론 안동 광산김씨는 전체 광산김씨 가운데 큰 비중을 차지하지는 않는다. 기호지방 광산
김씨들은 조선 후기 정국의 주도적 세력이었지만, 안동의 광산김씨는 그렇지는 못했다. 영남
남인이 모두 그렇듯이 '남인'으로 살았던 오천의 광산김씨 역시 권력과는 먼 청렴한 삶을 영위
하였다. 하지만 벼슬을 가까이 하지 않았음에도 불구하고 오천 광산김씨는 안동 최고의 명문
가운데 한 집으로 전혀 손색이 없을 정도로 성장했다.

　정리하자면 시조 김흥광으로부터 '광산'이라는 본관을 사용하게 되었고, 중시조 金鏈에 이르
러 문반의 반열로 오르면서 가문이 성장하였으며, 그 다음 土元－積－天利－務－崇之－淮－
孝盧로 이어지게 된다. 중시조 金鏈의 현손인 '務'가 妻鄕이었던 안동이라는 지역으로 내려와
터를 잡게 되었으며, 그 후 孝盧에 이르러 비로소 예안현 오천동(외내)에 세거하게 되면서 이
곳에 광산김씨 예안파가 형성된 것이다.

　　　광산김씨가 조선 초에 입향한 예안현은 고구려 때는 매곡현이었다. 신라에 복속되면서 선
　　곡으로 바뀌었고, 내성군 순흥의 영현이 되었다. 고려 태조 때 善谷縣 성주 李能宣이 고려
　　에 귀순하였으므로 宣城으로 고쳐 군으로 승격되었다가, 1018년(현종9)에 길주(안동 옛이름)
　　에 소속되었다. 1376년(우왕2) 우왕이 자신의 태가 묻혔다 하여 다시 군으로 승격시켰다가
　　얼마 후 다시 州로 승격시켰다. 1390년 공양왕이 감무를 두었고, 조선시대인 1413년 현감을
　　두었다. 1895년(고종32)에 예안군이 되었다가 1914년 일제강점기에 안동군에 편입되었다.
　　지금은 안동시 관할구역이지만 역사적으로는 오랜 기간 독립적인 행정구역으로 있었던 것
　　을 알 수 있다. 「觀風案」에 보면 "풍속은 절약하고 검소함을 숭상한다"고 하였고, 金孝貞의
　　「東樓詩」에는 "지역은 偏小하고 토질이 薄하다"고 하였다.[3]

　앞에서 잠시 언급했듯이 고려 말 오천 마을 입구에 살던 黃載는 중앙에서 知印을 지내며
벼슬살이를 하고 있었다. 꿈에 어머니가 병이 ─ 것을 보고 사직하고 하루 만에 고향에 이르니
실제로 어머니가 병에 걸려 고생을 하고 계셔서 목 놓아 울며 약을 달여 봉양하였다고 한다.
어머니가 돌아가시고 3년간 시묘 살이를 하였으며, 이 일로 黃載는 세상에 효자로 이름이 나게
되었다. 黃載가 당시 妻鄕으로 내려와 있던 '金務'의 넷째 아들 '孝之'를 사위로 맞이하였고,
이후 金孝之가 처가 쪽으로 옮겨 예안 오천에서 살게 된 것이다.

---

3) 김용만, 『오천칠군자의 향기 서린, 안동 후조당 김부필 종가』, 예문서원, 2013, 17~18쪽 인용.

예안읍지인 『신성지』의 기록에 따르면 金孝之가 예안으로 옮겨왔지만 그에게는 뒤를 이을 아들이 없었다고 한다. 그래서 형 崇之의 두 아들 중 둘째 아들 '潤'을 후사로 들였으나 안타깝게도 그 역시 아들이 없었다. 결국 형 崇之의 맏아들 淮의 둘째아들인 孝盧로 뒤를 이을 수 있게 하여 그의 봉양을 받았다.

金孝之가 죽자 그의 처 黃氏는 金孝盧에 대해 1480년 예조에 입양을 신청하여 허락을 받았다. 그 '金孝盧禮曹繼後立案'문서가 현재 보물 제1018호로 지정되어 국학진흥원에 기탁중이다. 이 책에서는 후조당에 소장된 문화재를 소개하는 章에서 사진 및 간단한 설명으로 소개하였다.

그리고 같은 해 金孝盧를 포함한 자녀들에게 몇 차례 재산을 나누어주었다. 제공된 사진이 바로 金孝盧妻 黃氏의 分給文記이다. 1480년(성종 11)에 김효지의 처 황씨가 슬하에 아들이 없어 후사로 삼은 생원 김효로(1454~1534)를 비롯하여 수양녀 등 9인에게 그 공로를 논하여 차등적으로 노비를 나누어 준 문서이다. 이 문서 앞에 김효로가 황씨로부터 증여받은 재산에 대해 공증을 요청하는 所志가 점련되어 있고, 이 문서 이하로 상속문서 작성에 참여한 증인과 필집 등이 안동부에 올린 사실 확인 진술서[招辭], 財主였던 황씨에게 사실 여부를 질문한 공함과 그에 대한 대답인 황씨 부인의 소식이 순서대로 점련되어 있다. 그리고 마지막으로 상속 사실에 대한 관의 공증문서인 立案이 연결되어 있다. 이렇게 시대는 다시 金孝盧 代로 이어지게 된다.

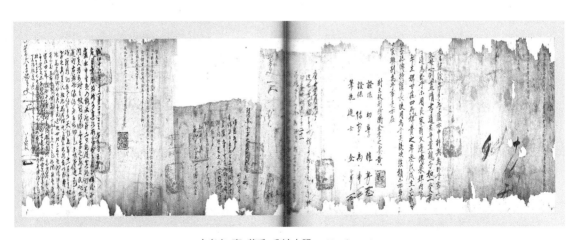

金孝之 妻 黃氏 分給文記 (보물 제1018호)

2. 예안 입향조 聾叟 金孝盧와 가문의 터전을 잡은 그의 아들들

(1) 김효로(金孝盧)

金孝之가 아들이 없어, 그 뒤를 잇기 위해 예안으로 들어간 金孝盧(1454~1534)는 조선 전기의 학자이며 광산김씨 예안파의 '입향조'이다. 자는 舜卿이고 호는 聾叟 또는 春圃이다. 생원시에 합격하였으나 벼슬에 뜻이 없어 과거를 단념하고 학문과 조용한 삶을 즐겼다고 전해진다.

사진에 보이는 '金孝盧 교첩'은 보물 제1018호로 지정된 것으로 1481년 9월에 이조에서 왕명을 받들어 성균관생원인 김효로를 將仕郎으로 임명하는 문서이다. 국학진흥원에 제공된 자료에 의하면 김효로의 妻父 李持가 司䆃寺主簿로서 資窮[당하관의 품계로는 더 올라갈 자리가 없다는 의미]하여 1481년 5월에 別加할 것을 사위인 김효로에게 代加[품계가 오를 사람이 자기 대신 아들이나 사위, 동생, 조카 등이 품계를 올려 받도록 하던 일]한 것이다.

『烏川世蹟』에 남아있는 기록에 의하면 '그는 생원이 된 뒤에도 전원에 은거하였는데, 일찍이 태도와 행실이 우뚝하고, 명성과 덕망이 높아서 고을 사람들의 천거를 받아 그의 이름이 세상에 막 드러나려고 할 때 기묘사화가 일어나 뜻을 이루지 못하였다'고 한다.

그가 추천을 받았을 때가 그의 나이가 이미 고령이 된 65세가 되었을 때였고, 이 해는 그의 아들 김연이 과거에 급제하여 벼슬을 시작하였던 해이기도 했다.

金孝盧의 아버지 金淮는 26세의 젊은 나이로 세상을 떠났으므로, 어머니 安康盧氏가 어린 金孝盧를 친정으로 데리고 가 외조부 밑에서 키웠다. 그의 이름 '孝盧'는 경산현령을 지낸 외조부 盧贊에게 양육을 받았기 때문에 지어진 것이다. 81세로 생을 마감할 때까지 한 결 같이 청렴결백한 삶을 즐겼다고 한다. 그런 정황은 退溪 李滉이 쓴 金孝盧의 묘갈명을 보면 그의 삶을 좀 더 자세히 이해할 수 있다.

김효로 교첩(보물 제1018호)

「공의 휘는 孝盧이고, 자는 舜卿이며, 본관은 光山으로 고려 때 知門下省事 光存의 후손이다. 이 知省公 이하(이 가문에는) 대대로 높은 벼슬을 역임한 이가 많다. (공의)조부의 휘는 崇之이니 목청전의 殿直으로 司僕寺正에 추증되었고, 부친의 휘는 淮니 陰城縣監으로 兵曹參議에 추증되었다. 공은 어려서 부모를 여의고 외조부 慶山縣令 盧膺에게 양육되었으므로 이름을 孝盧라고 하였고, 그 뒤에는 조부 孝之에게 양육되어 禮安縣 오천마을에 정착해 살게 되었다. 공은 경자년(1480)에 생원시에 합격하였으나 그 뒤로는 과거를 일삼지 않고 향촌에 거주하며 청렴결백의 신념을 굳게 지켰다. 남과 사귀되 구차하게 비위를 맞추지 않았으며 남의 어질지 못함을 무조건 미워하지 않고 관용을 베풀었다. 제사를 받들 때엔 정성과 공경을 다하였고 효도와 우애로써 자식들을 가르쳤으며, 家業에 있어서는 겨우 갖출 정도만 취하고 더 남기려고 하지 않았다. 친구가 찾아오면 반드시 기쁘게 맞이하고 말할 때엔 반드시 착한 일을 행한 뒤에 경사가 있다[積善餘慶]는 말로써 남들이 착한 일을 행하도록 권유하였다. 일찍이 공의 품행이 탁월하였으므로, 고을의 추천을 받아 장차 현달하게 되었을 것인데 끝에 이루지 못했으니 애석하다! 공은 단종 갑술년(1454) 11월에 태어나 중종 갑오년(1534)에 생을 마감하였으니 향년 81세였다」[4]

81세의 장수를 누린 金孝盧는 뒷날 맏아들 金緣의 현달에 따라 吏曹參判에 추증되었다. 아들의 현달로 吏曹參判에 추증되었다고 하니, 일찍이 『孝經』에 언급된 "身體髮膚受之父母, 不敢毀傷, 孝之始也, 立身行道, 揚名於後世, 以顯父母, 孝之終也(신체와 머리카락 피부는 부모에게 받은 것이라, 감히 상하지 않게 하는 것이 효의 시작이요. 입신하여 도리를 행하고, 후세에 이름을 날려, 부모의 이름을 드높이는 것이 효의 마지막이다)"라는 구절을 가히 이해할 수 있는 부분이다.

제공된 사진은 1542년에 발급된 김효로 추증교지이다. 아들 김연이 현달하여 중종 37년(1542)에 중종이 김효로에게 '嘉善大夫 吏曹參判兼同知義禁府事'로 追敍하는 교지이다. 보물 제1018호로 지정되었으며, 현재 국학진흥원에

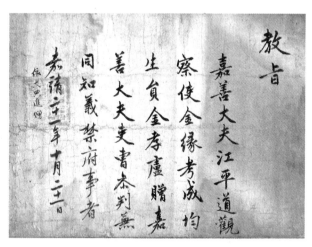

김효로 추증교지(보물 제1018호)

---

4) 『退溪集』「成均生員金公墓碣銘」 권46 수록.

기탁되어 있다.

　金孝盧는 슬하에 2남 2녀를 두었는데 두 아들은 金緣과 金綏(김유)이고 두 딸은 각각 용궁현감 金雨와 예안훈도 琴梓에게 시집갔다.

　이조참판에 추증된 후에 유림에서는 사당을 세우고 퇴계의 조부인 이계양과 김효로의 위패를 모시고 사당 이름을 '鄕賢祠'라 하였다. 이 고을에 자리 잡은 두 명망 있는 가문의 조상으로서 그 자손 중에 어질고 총명한 사람을 많이 배출하였기 때문에 붙여진 이름이다.

　그렇게 金孝盧 두 아들 金緣과 金綏(김유)형제가 뒤를 이어 가문의 터전을 닦게 된다.

(2) 김연(金緣)

　金孝盧의 맏아들 金緣(1487~1544)은 자가 子裕이고, 호는 雲巖이다. 7세 때인 1493년(성종24)에 金澗의 사위이자 고모부였던 현감 金萬鈞에게 수업을 받아 문예를 이루었다고 한다. 24세인 1510년(중종5)에 생원과 진사 두 시험에 모두 합격하였고, 33세인 1519년(중종14) 3월에 문과에 급제하여, 4월 승문원 권지부정자를 시작으로 중앙에 본격적으로 진출하였다.

김연 문과급제 홍패(보물 제1018호)

　사진으로 볼 수 있는 '김연 문과급제 홍패'는 雲巖 金緣이 1519년(중종 14)에 문과에 급제한 사실을 증명해주는 홍패로, 이 홍패는 과거의 대과 급제자에게 수여하는 합격증서이다. 붉은 종이에 썼으며, 을과 제4인이므로 33인 중에서 7위의 성적으로 급제하였음을 알 수 있다.

　평소 김연은 말이나 행동을 삼가고 조심하는 성격의 소유자였으며, 임금의 잘못을 간하고 벼슬아치들의 비행을 규탄하는 강직한 신하였다고 기록되어 있다. 김연은 晦齋 李彦迪 (1491~1553)[5]과 사헌부에서 함께 근무하며 권신 척결에 의견을 같이하였고, 그 뒤로도 서로

---

5) 李彦迪(1491~1553)은 본관은 여주이고 호 晦齋·紫溪翁이고 자 復古이다. 이름 적. 시호 文元. 원래 이름은 迪이었으나 중종의 명령으로 彦迪으로 고쳤다. 경주에서 태어나 외숙인 孫仲暾에게 글을 배웠으며 1514년(중종 9) 문과에 급제하여 벼슬을 시작하였다. 사헌부 지평·장령·밀양부사 등을 거쳐 1530년(중종 25) 사

道義로서 교유하며 관계를 유지했다. 권신 金安老[6]와 자주 충돌하여 내치자고 논했는데, 그 일 때문에 오히려 모함을 받아 북쪽 변방으로 쫓겨나기도 했다. 1524년(중종32) 사헌부지평으로 재직할 때에도 심언광, 채무택이 김안로의 복귀를 주장하자, 김연은 이언적과 더불어 그들과 정면으로 대립하여 그들의 제거에 앞장서기도 했다.

다시 재집권한 김안로에 의해 鏡城判官으로 좌천되기도 했지만, 김안로의 사망이후에 다시 사간으로 들어가게 되었다. 김안로에 의해 쉽지 않은 벼슬생활을 했음에도 불구하고 김연은 윤안인[7]이 김안로의 殘黨을 완전히 제거할 것을 제안했을 때는 정작 윤안인 의견에 반대함으로써 포용의 면모도 보여주었다.

당시는 임금의 친척세력이 권세를 제멋대로 부리던 시기였으므로 문신으로서의 그의 능력을 한껏 발휘할 수 있는 기회를 제대로 갖지 못하였으나, 상대적으로 그는 목민관으로서 업적이 오히려 더 돋보였다고 한다. 김연은 문과 급제 후 조정의 여러 벼슬을 거쳐 38세에 司諫院 정언으로 승진되었다. 이 때 강직한 활동이 눈에 띄어 이조정랑으로 추천되었으나, 부모를 봉양하기 위해 외직으로 나가기를 원하여 결국 의흥현감에 제수되었다. 이후 다시 조정에 복귀하여 사헌부 지평 예조정랑 등을 지내다가 1530년(중종25) 44세의 나이에 흥해군수로 나갔으며, 1534년(중종29) 겨울 부친 金孝盧가 세상을 떠나자 3년 동안 시묘 생활을 하여 부모에 대한 정성을 다하였다고 한다.

1537년(중종32)에 성균관사예로 임명되어 다시 조정에 나아가 사간원 사간 등을 역임하며 활발하게 활동하였는데, 이때 관학 유생들을 대신하여 趙光祖의 신원을 요청하는 「請伸寃趙

간원 사간에 임명되었는데, 金安老의 재등용을 반대하다가 관직에서 쫓겨나 귀향한 후 자옥산에 獨樂堂을 짓고 학문에 열중하였다.

6) 金安老(1481~1537)는 조선 중기의 문신으로 본관은 延安. 자는 頤叔, 호는 希樂堂·龍泉·退齋이다. 할아버지는 知中樞府事 金友臣, 아버지는 工曹參議 金訢이며, 어머니는 尹塀의 딸이다. 1501년(연산군 7) 진사가 되었고, 1506년(중종 1) 별시 문과에 장원으로 급제하였다. 아들 金禧가 孝惠公主와 혼인해 중종의 駙馬가 되자, 이를 계기로 권력을 남용하다가 1524년 영의정 南袞·沈貞, 대사간 이항 등의 탄핵을 받고 경기도 豊德에 유배되었다. 1531년 다시 임용된 이후부터 실권을 장악해 許沆·蔡無擇·黃士佑 등과 함께 政敵이나 뜻에 맞지 않는 자를 축출하는 獄事를 여러 차례 일으켰다.

7) 尹安仁(?~1538(중종 33))는 조선 중기의 문신으로 본관은 坡平이고 자는 達之이다. 우의정 尹士昕의 증손으로, 할아버지는 형조판서 尹繼謙이다. 아버지는 司議 尹琳이며, 사마시에 합격하여 진사가 되고, 1516년(중종 11) 별시문과에 2등으로 급제하여 승문원정자에 제수되었다. 1517년 文定王后 책립 후 왕후의 숙부로서 정계에 두각을 나타내 사림의 거두 趙光祖와 알력을 빚었고, 李彦迪·尹元老 등과 차례로 손잡고 金安老 제거를 위해 노력하다 실패하였다. 그 뒤 대윤파의 尹任과 결탁하여 김안로를 제거하고 외척 등장의 길을 열었다.

靜菴疏」라는 상소문을 목숨 걸고 지어 올렸다고 한다. 그 초고가 현재까지 전해진다. 1538년 (중종33) 8월에 성주목사에 제수되자, 그는 성주가 고향과 멀어서 모친을 봉양하기 어렵다는 내용으로 글을 올려 가까운 고을로 바꾸어 줄 것을 간청하기도 했다.

그리고 다음 달 9월에 擢英試에 발탁되고 통정대부에 올랐으며, 榮川郡守[지금의 영주]로 자리를 바꾸게 되었다. 이 당시 한 시절을 주름잡는 인사들이 이별의 글을 지어 김연을 전송하였는데, 이때 받은 시들은 그대로 문집에 수록되어 있으며 일부는 첩으로 정리되어 지금까지 전해진다.

嚴昕(1508~1543)[8]이 지어준 시를 보면 평소 김연을 이해하는데 도움이 된다.

"군수는 낮은 직책인데, 어찌 이렇게 굽히고 떠나는가?
조정에서 효도의 이치 앞세우니, 까마귀의 효성만큼 참된 마음이네.
세월은 비록 길고 짧음이 있다지만, 군주와 부모는 경중이 없구나.
銀臺의 자리 비운지 오래이나, 어찌 잠시라도 멈출 수가 있겠는가"

김연이 영천군수로 나갈 때는 80세의 노모만 살아계셨으므로 봉양의 마음이 더욱 간절하였던 것으로 보인다. 김연은 1540년(중종35)에 임기를 채우고 조정으로 다시 돌아가 승정원 우부승지 등을 역임하다가 1542년(중종37) 강원도관찰사에 제수되었다.

그리고 58세가 되던 해인 1544년(중종39) 1월에 경주부윤에 부임하였다. 사진으로 확인 할 수 있는 교지가 바로 김연에게 내려진 교지로 보물 제1018호로 지정된 것이다. 1544년(중종 39) 정월 6일에 중종이 김연을 嘉善大夫 慶州府尹으로 임명하였다. 하지만 안타깝게도 김연은 경주부윤으로 부임한 같은

金緣告身(보물 제1018호)

---

8) 엄흔(1508(중종 3)~1543(중종 38)) 조선 중기의 문신으로, 본관은 寧越이고 자는 啓昭, 호는 十省堂이다. 1525년(중종 20)에 생원이 되고, 1528년 식년문과에 갑과로 급제하여 正字에 임명된 뒤 검열을 거쳐 湖堂에 들어갔다. 그 뒤 著作·부수찬·修撰·典翰·이조좌랑·舍人 등을 역임하고, 1530년에는 지방관의 비행을 적발하기 위하여 지방에 파견되었다. 1531년에는 언로의 개방과 언관의 탄압중지 등을 건의하였다. 1541년 홍문관전한으로 있을 때, 대간이 대신의 뜻에 맞추기 위하여 署經을 마음대로 바꾸는 행위를 비판하였다.

해 9월 23일 관사에서 병으로 생을 마쳤다. 이때 나이 58세였다고 한다. 문과급제 후 20여 년간의 내 외직 관직생활이 마감된 것이다. 부음이 전해지자 중종은 부의를 관례보다 더해주고 예관을 파견하여 제사를 재내게 해주었다고 전해진다.

김연은 매번 임기를 마치고 돌아올 때 그의 차림은 항상 검소하였으며, 벼슬이 2품에 이르렀으나 항상 베옷을 입고 지냈고, 관청에서 쓰던 물건들도 소박하여 마치 가난한 서생과 다름이 없었다고 한다. 가는 곳마다 목민관으로서 선정을 베푸니, 후학들이 祠宇를 건립하고 향사하였다고 한다. 김연은 이현보[9]가 벼슬에서 물러나 여생을 보낸 고상한 운치를 사모하여, 시냇가에 경치가 빼어난 곳을 선택하여 작은 집을 짓고 '雲巖'이라고 편액을 걸었다. 그의 저서로는 『雲巖逸稿』가 있다. 『국역오천세고』에 번역되어 있는 그의 문집을 보면 살아생전 '義'에 대한 그의 가치관을 엿볼 수 있다.

> 무릇 군자의 삶과 죽음은 한결같이 義에 따를 뿐이다. 살아야 할 일에 살지 않으면 살아도 군자의 삶이 아니며 죽어야 할 일에 죽지 않으면 죽어도 군자의 죽음이 아니니, 한 번 살고 한 번 죽음을 어찌 구차하게 하겠는가. 고인 중에 이를 실행한 사람이 있었으나 龍逄[10]과 比干[11]이 이들로서 국가의 기쁜 일, 슬픈 일을 함께 했으니 의리상 죽지 않을 수 없었다. 지금 한흠의 죽음은 의리에 합당한가. 만약 의리에 합당하지 않다면 어찌 군자의 죽음이라 할 수 있겠는가.[12]

그의 이러한 가치관은 후에 그의 아들 김부필이 평생 벼슬길에 나아가지 않고 지조와 절개를 지키며 학문에 수양하게 되는 방향을 제시해 준 것으로 볼 수 있다. 그는 부인 昌寧曺氏와의 사이에 2남 3녀를 두었는데, 아들 富弼, 富儀, 사위 金蘭宗, 李容, 朴恩訥 등이 있었다.

---

9) 이현보(1467(세조 13)~1555(명종 10))는 조선 중기의 문인으로, 본관은 永川 자는 菲仲, 호는 聾巖·雪鬢翁이다. 예안 출신. 아버지는 참찬 李欽이다. 1498년(연산군 4)식년문과에 급제한 뒤 32세에 벼슬길에 올라 예문관검열·춘추관기사관·예문관봉교 등을 거쳐, 1504년(연산군 10) 38세 때 사간원정언이 됐다. 이때에 서경관의 비행을 탄핵했다가 안동에 유배됐으나 중종반정으로 지평에 복직된다. 여러 관직을 역임하다가 1542년(중종 37) 76세 때 지중추부사에 제수됐으나 병을 핑계로 벼슬을 그만두고 고향에 돌아와서는 시를 지으며 한가롭게 보냈다.
10) 중국 夏나라의 폭군 桀王의 신하로 충정으로 간언하다 살해되었다.
11) 중국 商의 정치인으로서 紂王이 폭정을 하자 간언하다 살해되었다.
12) 『국역오천세고』(상), 雲巖逸稿 卷1, 論, 韓欽父子自殺論 82쪽.

(3) 김유(金綏)

金孝盧의 둘째아들 金綏(1491~1555)는 자가 綏之, 호가 濯淸亭이다. 부인은 順天金氏 金粹洪의 딸이다. 활쏘기에도 능하여 무과에도 서너 번 응시했으나 뜻을 이루지 못했고, 1525년(중종 20) 생원시에 합격하였으나 벼슬에 나아가는 것을 단념하고, 관직 생활을 하는 형님을 대신하여 고향을 지키며 81세와 91세로 장수를 누리신 부모님께 아침저녁 昏定晨省으로 모시는 등, 효

탁청정 정자

를 다하며 평생을 독서에 힘쓰며 이 집안의 가풍을 확립하는데 결정적인 역할을 하였다.

형과 달리 벼슬로 현달하지는 않았으나 평생을 고향에서 지내며 집안을 돌보았기에 예안 오천에 가문의 터전을 확립하는데 초석을 놓는 역할을 했다고 볼 수 있다. 일찍이 종고모부 金萬鈞의 양육을 받는 과정에서 청렴하면서도 강직한 인품을 형성하여, 후에 재산까지 받았다고 한다. 성품이 호방하고 빈객을 좋아했던 김유는 金萬鈞이 지었던 枕流亭을 잘 보수해 유지하는 한편, 집 곁에 새로 濯淸亭을 짓고 빈객이 찾아오면 밤새도록 환담하며 시주를 나누었다고 한다. 예안을 지나는 초라한 선비나 미천한 신분의 사람이라 할지라도 성의를 다해 대하였고, 옳지 못한 사람을 보면 고개를 숙이고 말을 하지 않을 정도로 분별력 있는 자세를 유지했다고 전한다. 『宣城誌』에 의하면 퇴계 이황이 "타고난 재질이 빼어났는데, 시골에서 헛되이 늙어 가니 슬프고 안타까운 일이다"라고 하였다.

그가 세운 濯淸亭은 그 규모가 웅장하고 모양이 화려하여 오랫동안 인근에서 이름을 떨쳤다고 한다. '濯淸亭'의 멋진 현판은 당대의 명필 한석봉의 글씨로, 이 현판을 쓸 때의 일화[13]

---

13) 탁청정의 현판을 써달라는 청탁을 받자 한석봉은 지체 없이 하경하여 탁청정에 나타났다. 그리고는 탁청정 현판감을 벽상에 걸어놓으라고 요구했다. 워낙 자신에 찬 글씨 솜씨라 벽상에 걸어놓은 판자에 탁청정 석자를 쓰고자 한 것이다. 그는 붓에 먹을 듬뿍 묻힌 다음 사닥다리를 타고 위로 올라갔다. 그것을 아니꼽게 본 문중의 어른 가운데 한 사람이 발길로 사닥다리를 걷어찼다. 여느 사람 같으면 마구 바닥에 굴러 떨어져 크게 다쳤을 것이다. 그때 명필 한석봉은 마침 '濯'자 둘째 점을 찍는 찰나였다. 그리고 그 점을 찍은 붓이 판상에 박혀 한석봉은 떨어지지 않았다. 지금 '탁(濯)'자 둘째 점을 보면 특히 그것이 굵고 힘 있게 되어 있다. 이것은 그때 한석봉이 힘을 거기에 싣고 몸을 매단 자취라는 것이다.

가 전해지고 있는데, 비록 진위여부는 알 수 없지만, 지금까지 회자되고 있는 재미있는 이야기이다.

김유는 聾巖 李賢輔(1467~1555)와 퇴계와 자주 교유하였는데, 농암과 퇴계의 문집에는 김유에게 보낸 시와 편지 등이 몇 편 수록되어 있다.

또한 김유는 『需雲雜方』이라는 조선시대 식생활 문화를 알려주는 귀중한 요리서적을 직접 편찬했을 만큼 다방면에 뛰어남을 보였다. 우리나라에서 가장 오래된 요리서로 꼽히는데, '需雲'은 『易經』의 "雲上于天需君子以飮食宴樂(구름 위 하늘에서 음식과 주연으로서 군자를 대접한다)"라는 구절에서 차용한 것으로 격조를 지닌 음식문화를 뜻한다고 한다. '雜方'이란 온갖 갖가지 방법을 뜻하는 말이다. 총 121항목으로 되어 있는데, 전반 86항목은 김유의 친필이고, 후반은 필자 미상이라고 한다. 아마도 손자 김령이 보충한 것으로 추정한다. 그래도 각 항목의 서술 내용이 재료의 사용에서 조리, 가공법에 이르기까지 구체적이고 상세하여 당시 안동 주변의 식생활 형태는 물론 우리나라 전체의 식생활을 추정할 수 있는 매우 귀중한 자료로 평가된다.

수운잡방(국학진흥원에 기탁)

이렇듯 다방면에 뛰어났던 것으로 평가되는데, 퇴계가 김유를 위해 쓴 묘지명에는 그의 인품에 대해 다음과 같이 기록되어 있다.

「母夫人의 연세가 90여세에 이르자 공의 伯氏 강원감사 緣은 노모를 위해 외직을 요청하고 그 녹봉으로 봉양하였으며, 공은 아침저녁으로 곁에서 모시고 노모의 마음을 기쁘게 해

드렸다. … 중략 … 집 옆에 정자가 있었는데 공이 모두 수리하고 넓혀서 손님이 찾아오면 못 가게 잡아놓고 실컷 마시니 혹 밤을 새우더라도 피로한 빛이 없었다. 이 고을을 지나는 선비들은 대부분 찾아와 즐겼으니, 비록 미천한 사람이라도 반드시 정성껏 대접하였고 착하지 않은 사람을 보면 준엄하게 꾸짖어 조금도 용서가 없었다.」

김유는 큰아들 富仁의 현달로 호조참판에 추증되었다. 사진은 1576년(선조 9)에 선조가 성균생원 김유를 '嘉善大夫 戶曹參判 兼 同知義禁府事'로 추서하는 교지이다.

김유는 順天金氏 粹洪의 딸을 맞아 4남 2녀를 두었다. 오천 정착을 토대로 하여 그의 맏아들 김연은 관직생활을 통해, 둘째아들 김유는 고향을 지키는 처사로 살면서 광산김씨 예안파 가문의 입지를 닦

金綏 追贈敎旨

고 명망을 드높였다. 그리고 두 사람의 아들들의 시대로 넘어가면서 예안의 명문가로 확고하게 자리 잡게 되었다고 한다.

3. 烏川 七君子

김효로는 슬하에 2남 2녀를 두었고, 그 가운데 김연 김유 두 아들과 禮安訓導 琴梓에게 시집간 딸의 아들들 즉 외손자를 포함하여 손자 7명 모두가 퇴계의 문하에서 수학하며 도의와 덕행으로 명성을 높였다. 이 7명은 『陶山及門諸賢錄』에 모두 입록되어 있으며, 이들의 명망으로 인해 오천은 '군자의 마을'이라는 명예로운 이름을 얻게 되었다. 『신성읍지』에서 오천리를 '군자리'라 부르게 된 배경에 대해 다음과 같이 기록하고 있다고 한다.

「君子里 : 곧 烏川里이다. 金富仁 金富弼 金富信 金富儀 金富倫 琴應夾 琴應壎이 여기 살았는데 모두 退溪 李滉의 문하에서 수학하여 도의와 덕행으로 한 시대에 나란히 이름을

날렸다. 文穆公 鄭逑가 "오천 한 마을에는 군자 아닌 사람이 없다"고 하였는데, 후인들이 이로 인하여 마을에 이 이름을 붙였다.」

김효로가 예안에 입향하게 된 후 3대가 흐른 뒤에 '군자마을'이라는 이름을 얻게 되었고, 그 명칭을 지금까지 그대로 사용하고 있는 것이다. 金富弼(1516~1577)과 金富儀(1525~1582)는 金緣(1487~1544)의 아들이고, 金富仁(1512~1566), 金富信(1523~1566), 金富倫(1531~1598)은 金綏(1491~1555)의 아들이며, 琴應夾(1526~1596), 琴應壎(1540~1616)은 바로 김효로의 사위 琴梓(1498~1550)의 아들이다. 퇴계는 이 7명의 제자들과 돈독하게 지내며 시문을 주고받고 때로는 모여서 함께 자연을 감상하며 시를 짓기도 하였으며, 때로는 학문을 강론하였다고 한다.[14] 퇴계가 김부인, 김부필을 비롯한 광산김씨 다섯 (종)형제들에게 준 학문적 영향은 어느 정도 밝혀져 있으며 또 많이 알려지고 연구된 『도산급문제현록』이나 『퇴계집』 등에서 쉽게 확인해 볼 수 있다고 한다. 우선 烏川 七君子에 대해 살펴보기로 하자.

(1) 김부필(金富弼)

金富弼(1516~1577)은 자가 彦遇, 호가 後彫堂으로 김연의 맏아들이다. 金富仁보다 네 살이 어리다. 약관에 이미 사마시에 합격하고 태학에 있으면서 동료들 사이에 두터운 신뢰와 존경을 받았다고 한다. 성균관에서 공부 하였으나 을사사화 이후 벼슬에 대한 뜻을 버리고 고향에 내려와 뜰에 松柏을 심고 '後彫堂'이라고 하였다. 後彫堂은 『論語』 「子罕」편의 "歲寒然後知松柏之後彫也(날이 추워진 뒤에야 '송백'이 늦게 시듦을 안다)"라는 구절에서 가져온 것으로 그

---

14) 「7월 16일에 퇴계선생이 내[김부필]을 비롯하여 愼仲[김부의], 敦叙[김부륜], 夾之[금응훈], 趙士敬[조목], 琴聞遠[금난수] 등과 풍월담에 배를 띄우기로 약속했지만, 하루 전날 비가 크게 내려 결국 모이지 못했다. 선생이 장난삼아 절구 두 수를 부쳐 주셨는데 삼가 차운하여 올린다.」 위의 시는 김부필의 『후조당집』에 실려 있는 시의 제목이다. 이날 퇴계가 지어 보낸 시는 『퇴계집』에 수록되어 있는데, 그 제목은 7월 旣望에 조사경(조목), 김언우(김부필), 신중(김부의), 돈서(김부륜), 금협지(금응훈), 문원(금난수) 등과 함께 풍월담에서 배를 띄우고 유람하기를 약속했으나 하루 전날 크게 비가 내려서 결국 모이지 못했다. 장난삼아 절구두 수를 지어 여러 벗에게 드리니 한 번 웃기를 바란다'이다. 퇴계는 또 오천의 제자들에게 답장을 보내면서 그들이 보내온 시에 대해 하나하나 품평하고 나서 '시인이 한때 이처럼 추켰다 낮췄다 농담하고 웃는 것이 지나치게 해롭지는 않을 것 같다'고 말하기도 하였다. 이들은 스승과 제자로서 학문을 배우고 강론하며 사로 공손히 따랐지만 그와 동시에 자연을 함께 감상하고 노래하며 그 안에서 정서적 유대감을 쌓는 일도 적지 않았다. 특히 김부필과 김부의, 그리고 김부륜은 비슷한 시기에 퇴계의 문하에 함께 나아갔기에, 함께 스승을 모시는 시간도 상대적으로 더욱 많았다. 한국국학진흥원, 『한결같이 군자의 길을 걷다』, 172쪽.

의 '지조'를 상징적으로 잘 나타내고 있다. 그의 호는 스승인 퇴계가 지어준 것이며, 後彫堂의 현판 글씨도 퇴계가 친히 써준 것으로 유명하다. 임진왜란 전에 창건되었으며, 그 뒤 여러 차례 보수가 이루어졌다. 형태는 'ㄱ'자로 꺾여 있으며 세로 2칸, 길이 4칸이며 방 2개와 6칸 대청으로 이루어졌다.

36세에 처음 퇴계 선생의 문하에서 퇴계와의 각별한 사제관계를 유지하였으며, 퇴계의 사후에 心喪[15] 1년을 했다고 전해지며, 도산서원을 지을 때도 그가 주관하여 땅을 기증하면서까지 서원을 건립시켰다고 한다. 그가 가장 주력했던 학문은 眞德秀가 편찬한 『心經』이었는데, 그의 명성이 알려져 嘉靖 말년에 祠官에 제수되었으나 나아가지 않았고, 1568년(선조1)에 또 陵官에 제수되자 당시 퇴계가 김부필에게 편지를 보내 출사를 권유하였다. "그대는 관도에 오르기를 좋아하지 않는 줄 알지만, 일차 상경하여 임금을 한 번 배알한 뒤에 형편을 보고 마음을 정하는 것이 어떻겠느냐", 그에 대해 후조당은 벼슬을 한낱 뜬구름으로 여기며 자신은 자유로운 구름이 되고 싶다는 뜻을 밝히는 시로 답하여 사양하였다고 한다. 이에 퇴계가 그의 뜻을 칭찬하며 다음과 같은 시를 읊었다고 한다. 이 시는 『퇴계집』에 수록되어 있다.

> 後彫主人堅素節 후조 주인은 원래 절개 굳세어서
> 除書到門心不悅 사령장이 집에 도착해도 마음 기쁘지 않네
> 坐對梅花氷雪香 매화와 마주 앉으니 빙설에도 향기 가득하고
> 目擊道存吟不輟 도가 있음을 직접 보고는 끊임없이 읊조리네

퇴계는 유난히 매화를 사랑했다고 한다. 그런 스승의 뜻을 받들어 김부필도 뜰 앞에 송백과 매화를 심어두고 자신의 뜻을 매화에 붙여 스승과 시를 주고받았다 김부필은 한겨울에도 향기를 뿜는 매화를 벗 삼아 지조 있는 삶을 실천했던 것이다. 하늘에 솔개가 날고 물고기가 연못에서 뛰어노는 것을 직접 눈으로 보면서 도가 있음을

---

15) 죽은 자와 혈연관계가 없어, 상복을 입지 않으나 상중과 같이 처신하는 것. 제자가 스승을 위해 심상을 1년에서 3년을 지낸다.

알게 되었고 그래서 도를 실천하려고 노력하였던 것이다. 퇴계가 써준 '毋自欺' '愼其獨'이란 가르침을 항상 벽에 걸어두고 실천했다는 내용이 그의 문집에 남아있다.

그의 저서로『후조당문집』이 있으며, 부록 2권을 포함한 6권 3책의 필사 편집본이 현재까지 전해진다. 이것은 김부필의 7대손 金瑬과 8대손 金商儒가 집안에서 보관해오던 김부필의 초고를 보완 편차하여 원고본을 만들었고, 그 원고본에 후대에 증시관련 기록 등을 증보하여 재편한 것인 듯하다. 이 저술은 김부필의 학문세계와 교유활동을 이해하는 데에 많은 도움을 줄 뿐만 아니라, 김연에 의해 구체화된 家學의 전통에다 퇴계학을 접목하여 광산김씨 '예안파'의 독자적 학문체계를 수립하는 단서를 제공하고 있다는 점에서 중요한 의미를 지니는 것으로 평가된다.

퇴계는 그의 주자학 연구가 자못 깊고 정확한 경지에 이르렀음을 크게 감탄하여 그에게 글을 보내기를 "우연히 공과 모여 의혹되었던 바를 연구함으로써 전날에 잘못 이해하였던 점이 많음을 깨닫게 되어 기쁘다"고 했고, 또 간재 이덕홍에게 이르기를 "애당초 피서할 곳이 없어 김언우(후조당) 등 여러 사람의 권유로 말미암아 서원으로 갔는데 차츰차츰 십여 인이 모여 함께『心經』을 읽으며 강론하는 사이에 깨달은 바가 많아서 바야흐로 옛날에 애매하고 잘못 알았던 것이 적지 않았음을 알게 되었다"라고 했다.

김부필은 퇴계로부터『心經』의 '尊德性齋銘'장을 통해 '鳶飛魚躍'의 가르침을 받고 스승에게 말하기를 "솔개가 날고 물고기가 뛰는 것을 보면 이 이치의 전체가 드러나서 妙用이 운행함을 볼 수 있다. 대개 사람이 반드시 일삼는 바가 있으되 미리 단정하지 않고 마음에서 잊지 않고 조장하지 않을 수 있다면 자연스러운 이치를 따르고 사사로운 뜻으로 해치지 않아 전체가 드러나서 묘용이 운행한다"[16]라고 하였다.

이렇듯 김부필은 스승 퇴계 이황에게 전수 받은 '心法'과 시의에 맞는 義理를 제시하여 스승의 가르침을 후대에 이은 유일한 분이라고 할 만하다. 그는 스승 사후 각 집안에 흩어져있던 저술들을 모아 책으로 간행해야 하는 필요성을 느끼게 되었다. 또한『사기』의 굴원전과『송사』악비전을 읽은 후에, 인종에 대한 충성을 아끼지 않는 김인후, 성수침[17]과 비교하면서 시를

---

16)『국역오천세고』(상), 後彫堂文集 권4, 讀書箚錄, 心經 尊德性齋銘章 299쪽, 권오영, 「오천7군자의 학문활동과 사상」,『조선중기 사림의 등장과 선비상의 형성』, 국학진흥원, 2016, 19쪽 참고.

17) 김인후와 성수침은 1545(인종 1) 을사사화 이후 스스로 몸을 깨끗이 했던 학자들이다. 김인후는 인종이 죽자 고향인 장성으로 내려가 매년 인종의 기일인 음력 7월 1일 집 앞에 있는 卵山에 올라가 통곡을 하며 인종에 대한 절의를 지켰다. 성수침은 1519년에 기묘사화가 일어나자 科業을 버리고 서울 白嶽山 아래의 집 뒤에 두어 칸 집을 짓고 '聽松堂'이란 현판을 달고는 문을 닫고 출입도 하지 않고 그 속에서 생활하며 의리를 탐구하였다. 1541년(중종 36) 遺逸로 천거되어 厚陵 참봉에 임명되었지만 사은만 하고 벼슬에 나아

지어 그 지조와 절개를 찬양하기도 하였다. 이러한 김부필의 사상은 19세기 초 한치응과 김조순에 의해 재조명되었는데, 김부필이 벼슬에 뜻을 접고 학문에 전념한 것은 성수침과 같고, 매년 6월 거인리 산중에 들어가 스승을 위해 곡을 한 것은 김인후와 같다고 높이 평가했다.

1762년(영조38) 사림에서 洛川祠를 지어 위패를 봉안하고 후에 서원으로 승격하여 사당의 이름을 '景賢祠'라 했다.

사진으로 보는 바와 같이 1822년(순조22)에 吏曹判書兼祭酒에 증직되었으며, '文純公'의 시호가 내려졌다. 시법에 도와 덕이 있고, 견문이 넓은 것을 '文'이라 이르고 마음이 바르고 정신이 순수한 것을 '純'이라 한다고 하였다.

오천 광산김씨의 대종택의 공식명칭을 '후조당종택'이라고 하기 때문에,

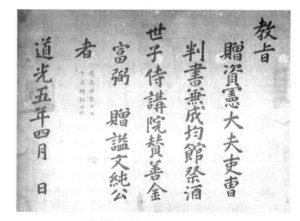

김부필 증시교지(보물 제1018호)

운암 선조가 계시지만 김부필을 오천 광산김씨의 대표적 인물로 보고 있다.

(2) 김부의(金富儀)

金富儀(1525~1582)는 字가 愼仲, 號는 挹淸亭으로 김연의 둘째아들이자 김부필의 동생이다. 퇴계 선생의 문인이며 1555년(명종 10) 26세의 나이에 司馬試에 합격하였다. 이후 학덕이 높은 유일이 선비로 추앙을 받아 薦擧로 司瞻郞集慶殿參奉에 제수 되었으나 사양하고, 형 김부필과 마찬가지로 평생을 처사로 살며 퇴계의 문하에서 학업을 닦았다. 퇴계의 문하에서 학문을 닦으며 경술과 도학으로 이름을 날렸는데, 스승은 김부의의 기질이 '淳實'하다고 칭찬하고 '挹淸亭'이라는 호를 지어주고 편액 글씨를 써주었다. 挹淸은 안동과 봉화의 경계에 있는 아름다운 淸凉山을 당긴다는 의미라고 한다.

가지 않았다. 조광조 등 사림이 추진해 온 지치주의가 기묘사화로 좌절되는 것을 보고 평생 재야에서 은일로 일관하였다.

卜居要愜幽貞志　그윽하고 곧은 뜻에 맞게 집터를 짓고
閒向溪頭構草堂　조용한 냇가 들머리에 초당을 지었네
最愛仙山遙入眼　멀리 보이는 선상 가장 사랑스러워
朝朝相對揖淸凉　아침마다 청량산 마주보며 읍하네[18]

　김부의는 易東書院을 창건하는데 큰 활동을 했으며, 書院 일을 주관하면서 山長에 천거되어 선비들을 양성할 만큼 士林에 신망을 받았다고 한다. 역학과 천문지리에 정통하여 퇴계로부터 인정을 받았는데, 한번은 이덕홍이 제작한 선기옥형이 도수가 잘 맞지 않아 돌아가지 않자 이황은 김부의에게 다시 제작하게 하였으며 渾天儀 수리도 명을 받아 완수했을 정도로 이 분야에 뛰어났다고 한다.

　김부의의 성품이 워낙 검소하여 50세가 넘어서도 비단옷을 입지 않았다고 한다. 그의 선친 김연이 금띠를 두르는 지위까지 올랐었지만 관아에 퇴근한 후에 면포를 많이 입었던 그 청렴함을 본받은 것이라고 한다.

　사진은 김부의의 친필 필사본 『읍청정유묵』으로 읍청정의 시문이 수록되어 있다. 앞의 첫 아홉 페이지는 '운암(김연)선조'필적이며, 나머지는 모두 읍청정의 필적이라고 기록되어 있다.

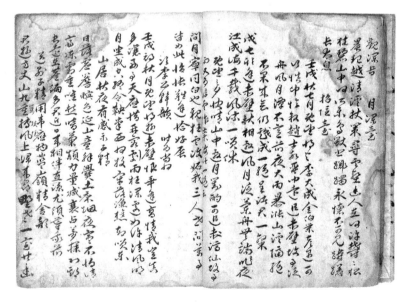

읍청정유묵

---

18) 『국역오천세고』(상), 읍청정유고 권1, 詩, 又將溪亭卜築之意錄呈于先生以請扁額 乙丑 406쪽.

　그의 저서에 『挹淸亭遺稿』가 부록을 포함해서 1책의 필사본으로 현재까지 전해지는데 詩가 대부분이며 약간의 편지와 碑誌文字 등이 수록되어 있다.

　문집간행을 목적으로 遺稿를 수집하는 단계에서 편집한 것이기 때문에 불완전한 형태로 남아있으나, 당시 김부의의 활동과 학문을 이해하는데 많은 도움이 된다. 고종사촌 금응협은 그를 위해 다음과 같은 제문을 지어 그를 기억하였다.

> 「품성이 이미 독실하였으므로, 뜻을 오로지 학문에 두었지, 어찌 다른 일을 일삼으랴! 詩書가 그 본업이었네. 선각자를 믿고 따라 그 지식을 충만히 하였으나,
> 　명문과 시대가 서로 어긋나, 재주를 감추고 산골에 숨었네」

　일찍이 김성일이 그를 第一流라고 인정하였다고 하는데, 제문에서도 볼 수 있듯이 평소 학문에 뜻을 두고 시서의 본업에 충실했던 그의 남다른 고고함과 청렴함이 느껴진다.

　그 외에도 형제의 남다른 우애를 엿볼 수 있는 기록들도 남아있다. 김부의의 형 김부필은 오천에서 평생 처사로 살며 스승 퇴계를 따라 학문에 매진했고, 동생 김부의도 역시 형을 따라 퇴계의 문하에 들어가 공부를 업으로 삼았기에 이 두 형제는 고향에서 많은 시간들을 함께 보낼 수 있었다고 한다. 둘의 그러한 정감을 나타난 시가 여러 편 남아있다. 두 형제의 아버지 김연은 竹潭에 정자를 짓고 그 곳에 은거하며 노년을 보내려고 하였으나 그 뜻을 이루지 못한 일이 있는데, 당시 죽담 곁에 별장이 있었기에 젊었을 때 김부의에게 분급하였다고 한다. 그러나 김부의는 차마 형의 곁을 떠나지 못해 형의 집 앞에 집을 짓고 날마다 형에게 문안했을 정도로 남다른 형제애를 과시했다고 한다.

(3) 김부인(金富仁)

　金富仁(1512~1584)은 자가 伯榮, 호가 山南으로 金綏의 맏아들이며, 당시 예안 명문인 농암 이현보의 사위이기도 했다. 다섯 종형제들 가운데 가장 나이가 많고, 김부필 보다 4살 형이다.

　광산김씨 예안파의 최초 무과급제자로, 퇴계 제자 중에서도 유일한 무과급제자이다. 琴易堂 裵龍吉(1556~1609)이 쓴 묘표에 의하면 어려서는 조부 김효로에게 수학하였고, 20세 때 비로소 퇴계의 문하로 들어가 학문을 닦았다고 한다. 1537년 1540년 연이어 생원, 진사 향시에 두 차례 합격하였으나 문과에 거듭 실패하여 "대장부가 세상에 났으면 응당 이름을 날리고 공을 쌓을 일이거늘, 어찌 악착스레 붓을 잡고만 있으랴"라고 탄식하면서 붓을 내던진 후 활

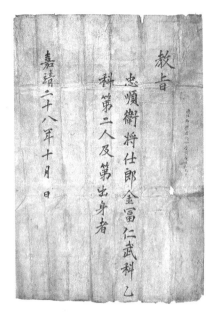

金富仁武科及第紅牌

쏘고 말 타는 것을 익혔다고 한다. 학업에 전념하면서도 틈틈이 병서를 읽고 무예를 연마했다고 한다. 이후 1549년(명종4) 34세의 나이에 김부인은 무과에 급제하여 權知訓練參奉이라는 관직에 진출하였다.

사진은 김부인이 1549년(명종 4)에 무과에 급제한 사실을 증명하는 홍패이다.

그 후 특천으로 宣傳官을 역임하였는데 賓講廳에서 『春秋左傳』을 막힘없이 通解하여 그의 文名이 더욱 드러나 당시 재상들의 추천으로 선전관 겸 비변사 낭청으로 선발되었다고 한다. 그 후 1554년에는 밀명을 받고 북방 오랑캐를 섬멸하기도 했다.

1555년(명종10)에는 해주판관에 부임했으나, 1557년(명종12) 5월에 부친상을 당하여 3년간의 居喪을 마쳤다. 그 후 강릉판관에 임명되어 강릉부사 이준민과 함께 백성의 부담을 덜어주고 민생의 안정을 도모했다. 그 후 낙안군수를 역임하고, 1567년(명종22)에는 호조좌랑에, 이듬해 1568년(선조1)에는 창성부사에 임명되었다. 대궐에서 사은숙배하던 날 국왕은 그를 불러 만나 보고서 외적의 침입을 막는 적절한 방법을 묻고, 또 역대의 명장 중에 누구를 스승삼아 본받는가를 물었다고 한다. 그러자 "신이 존경하는 이는 오직 趙充國[19]뿐입니다"라고 하고, 외적의 침입을 막는 방법에 있어서는 斥候兵을 멀리까지 보내며 진영의 방비를 견고히 할 일과 먼저 전략을 세우고 난 뒤에 싸울 것 등의 일을 아뢰었다고 한다.[20]

창성부사로 있을 때 병마절도사 金秀文과 함께 西海坪 정벌에 공을 세우기도 했다. 그 공로를 인정받아 절충장군이 되어 1568년 8월에 인산첨사로 옮기게 되었다. 그리고 길주목사, 1573년(선조6) 정주목사를 차례로 역임하였다. 1576년(선조9)경상좌도 병마절도사에 부임하였으며, 1578년(선조11) 첨지중추부사 겸 오위장에 임명되었고, 그해 6월에는 영해도호부사에 임명되었다. 이때 『童子習』, 『兵衛森』을 간행하여 어린 아이들에게 강습하도록 하기도 했다.

---

19) 前漢 隴西縣 上邽 사람으로 나중에 金城 令居로 옮겼다. 자는 翁孫이고, 말 타기와 활쏘기를 잘 했으며, 지략을 갖춘 데다 변방의 정세에 대해서도 해박하여, 병사를 변방에 주둔시키자 흉노가 감히 넘보지 못했다고 한다.

20) 권오영, 「오천7군자의 학문활동과 사상」, 『조선중기 사림의 등장과 선비상의 형성』, 국학진흥원, 2016, 26~27쪽.

마지막으로 1582년(선조12)에 변방의 오랑캐가 배반하여 慶源鎭을 점령하자 말을 달려 나 아갔고 이에 부호군에 임명되었으나 사태가 좀 안정되자 즉시 사직하고 귀향하였다. 그리고 얼마 뒤 73세의 나이로 집에서 병으로 별세하였다고 한다. 효성이 지극하였고 지략이 뛰어났 다고 한다.

김부인은 무과에 급제한 후 여러 벼슬을 역임하고 오랜 시간 고향을 떠나 있어서 동생들 과 함께 할 시간이 없어 주로 멀리서 시를 주고받으며 고향에 대한 걱정과 외로움을 달랬다 고 한다. 관직에서 물러나 經學에 힘쓰면서 章句의 분석적 해석보다 근본원리를 자유롭게 종합적으로 통찰함을 학문연구의 토대로 삼았으며, 스스로「自警編」이라는 경구집을 저술 하고는 이를 매우 좋아하여 손에서 놓은 적이 없었고, 몸소 실천을 위주로 하였다고 한다.

"선행을 쌓으면 남는 복이 있다는 말씀은 우리 할아버지께서 일찍이 가르쳐 주신 것이다. 『琴易堂文集』에 따르면 너희들은 마땅히 마음에 새겨 낳아주신 부모를 욕되게 하지 말아라"라 고 늘 자제들에게 당부하셨다고 한다.

국학진흥원의 자료와『오천세고』를 살펴보면 이들 사촌들이 얼마나 우애가 깊고 서로 아꼈 는지 추정할 수 있는 시문들이 많이 남아있다. 주로 이들이 남긴 문집, 즉 김부필의『후조당집』 과 김부륜의『설월당집』그리고 김부의의『읍청정유고』등에 이들이 함께 시간을 보내면서 정서적 교감, 학문적 교류를 이루었던 시문들을 어렵지 않게 찾아 볼 수 있다.

특히 김부인이 34세의 나이에 무과에 급제한 후 대부분의 시간들을 다양한 지역의 관직생활 을 하며 보냈기 때문에 동생들과 같이 시간을 보내기보다 주로 시와 서신을 주고받으며 서로 의 정을 나누었던 것이다. 안타깝게도 당사자였던 김부인의 시가 거의 남아있지 않은 상황이 라 정확한 정황을 파악하기는 어렵다. 하지만 김부필과 김부의, 그리고 김부륜이 지은 시에는 맏형 김부인을 그리워하며 지어 보낸 시들이 꽤 많이 남아있어서 그들이 교류했던 정황을 알 수 있게 해준다.

〈吟呈山南從兄伯榮　산남 백영(김부인) 종형에게 지어 올리다〉

兄年加我四春秋　　형의 춘추 나보다 네 살 더 많으니
我已衰顔兄白頭　　이미 내 얼굴 쇠하였으니 형 머리카락도 희어졌겠지
窮達十年千里別　　곤궁과 영달로 10년을 천리 이별하니
一天明月獨登樓　　달 밝은 날 홀로 누각에 오르네

위의 시는 김부필이 김부인에게 지어 보낸 시로 당시 김부인이 고향을 떠난 3년 된 시점으로

변방으로 떠나 관직생활을 하고 있었던 시기라고 한다. 김부인이 낙안군수로, 인산첨사로, 길주목사로 등등 변방에서 벼슬살이 할 때 김부필을 비롯한 동생들은 형을 그리워하며 시를 지어 보낸 것이다. 그 외에도 낙안, 인산, 길주, 정주 지역명이 나타나 있는 시들이 있다. 대개 그 시의 내용은 형에 대한 그리움과 걱정에 관한 것들이 대부분이다.

김부인의 저술은 거의 일실되었고 시와 편지글 약간이 전해질 뿐인데, 1970년에 연보와 후인들의 관련기록, 그리고 김부인 둘째 아들인 九峯 金墤(1538~1575)의 유고를 덧붙여 『산남선생문집』 1책으로 간행한 바 있다.

(4) 김부신(金富信)

金富信(1523~1582)은 字가 可行이고 號는 養正堂으로, '養正'이라 함은 『周易』 蒙卦의 象辭인 '蒙以養正'에서 따온 말이다. 金綏의 둘째 아들이자 김부인의 바로 아래 동생이다. 퇴계 이황의 문인으로 1558년(명종 13) 36세의 나이에 司馬試에 합격하였다. 퇴계가 유학에 돈독한 뜻을 두었다는 평을 할 정도로 학문에 뛰어났으며, 스스로 고결함을 숭상했다.

사진은 양정당 김부신이 生員試에서 작성한 試券과 名紙이다.

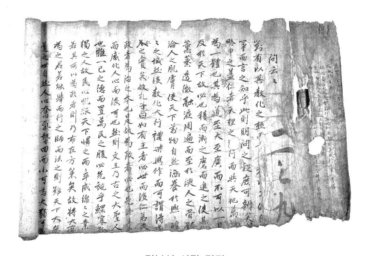

김부신 시권 명지

생원 시험에 합격하고 '遺逸'로 천거되었으나, 나아가지 않고 오로지 향리에서 학문과 수양에만 힘을 쏟았다. 遺逸은 재야에 묻혀있지만 학식과 덕망이 뛰어난 학자를 일컫는 말이다.

그는 집안에 거처하면서 제사를 정성과 공경으로 받들었고, 자제를 효도와 우애로 가르쳤다. 벗과의 사귐에도 믿음으로 하였고, 친족을 모심에 화목하게 하였으며 평소 敦實을 숭상하여 허식을 일삼지 않았다고 기록되어 있다.

하지만 안타깝게도 이른 나이에 병마와 싸우다가 44세라는 이른 나이에 세상을 떠나게 된다. 퇴계는 1564년(명종19)에 김부신에게 편지를 보내 그의 병을 걱정하기도 하였지만 결국 2년 뒤인 44세의 나이로 세상을 떠나자, 선생이 친히 만사를 지어 그의 죽음을 애도하기도 하였다. 그의 이른 죽음은 가족들은 물론 스승 퇴계와 동문들이 매우 안타까워하였다. 퇴계가 지은 만시는 다음과 같다.

名薦芙蓉榜	이름은 부용 곁에서 나와
人間卅四年	인간사에서 44년
不嫌身晦約	몸의 나약함을 마다하지 않고
叵耐病纏綿	병을 오래 견디어 냈다
棣萼長辭樂	사제지간은 즐거움과 길게 이별하고
芝蘭未畢緣	지란 인연이 끝나지 않았다
最傷終訣語	가장 아픈 것은 영원히 이별이란 말
歷歷在人傳	명백히 사람들에게 전해진 것이라네

김부신의 저술은 대부분 일실되고 시 4편만이 전해지는데, 이 시들은 김부륜의 7대손인 '一一齋' 金是瓚(1754~1831)이 광산김씨 예안파 선조들의 간략한 전기와 저술 일부를 정리 편집한 『오천고가세적』에 실려있다. 형 김부인, 종제 김부의, 김성일의 시에 차운하여 시를 읊었는데, 와병으로 인해 학업을 억지로 잇지 못하니 꽃과 대나무의 빼어남을 즐기면서 한가롭게 노닐고 싶다고 했다. 청량산의 아름다운 모습을 바라보면서 때때로 말을 붙이고 싶고 병중이지만 오히려 옛날의 청량산에서 놀던 정이 그립다고도 언급했다. 그의 임종을 맞이하여서는 김부인과 김부신이 영결하는 시를 남기기도 했다.

(5) 김부륜(金富倫)

金富倫(1531~1598)의 字는 惇敍이고, 號는 雪月堂이다. 김유의 셋째아들이자 김부인 김부신의 동생이다. 평소 책을 너무 좋아하여 전답을 팔아서 서책을 구입했다는 기록이 挹淸亭遺稿에 남아있다. 김부륜은 1546년(명종1) 16세의 나이에 『性理大全』을 읽다가 鄭顥가 나이 열

김부륜의 『雪月堂遺稿』

여섯에 周敦頤에게 나아가 道學을 배웠음을 알고는 자신도 求道의 뜻을 품고, 퇴계를 찾아가 배움을 청하고 문하에 들어가 학문을 연마하였다고 그의 문집에 기록되어 있다. 학문에 대한 의심스러운 부분에 대해서도 늘 질의를 아끼지 않았다.

『退溪言行錄』의 기초가 된 『退溪先生言行箚錄』이란 책을 남기기도 하였다. 1555년(명종 10)에 사마시에 합격한 뒤, 遺逸로 천거되어 벼슬길에 나아갔다. 1575년(선조8) 典牲署參奉을 시작으로 敦寧府奉事 濟用直長 등을 역임하였다. 1585년(선조18) 봄에 전라도 同福縣監에 부임하여 鄕校를 중수하고, 이때도 봉급을 털어 서적을 구입하는 등 지방교육 진흥에 많이 공헌하였다. 1590년(선조23) 임기를 마치고 고향으로 돌아와 雪月堂을 짓고 후진을 양성하였는데, 그때의 나이가 60세였다. 평소 金誠一, 李潑 등과 交遊하였다고 한다. 평소 스승 퇴계와 유학에 대해 또는 상례에 대해 많은 질의와 답변을 주고받았는데, 이는 16세기 조선사회가 기존의 불교사회에서 유교사회로 전환되어 가는 과도기에 많은 영향을 미쳤다고 한다.

1592년 임진왜란이 일어나자 가산을 털어 의병명장이었던 그의 조카 金垓를 도왔으며, 전란 중에 이웃 고을인 봉화의 현감이 왜군에게 겁을 먹고 적과 싸우지도 않고 도망을 치자, 김부륜은 단숨에 달려가 봉화 假縣監으로 그 현감직을 대행하면서 전쟁 중에 떠도는 백성들을 안정시키기에 힘을 다하였다고 한다. 그리고 관찰사 金睟에게 적을 막는 '三策'을 올렸는데, 충심이 지극한 내용이었다. 하지만 안타깝게도 왜란이 끝난 해인 1598년 68세의 나이로 세상을 떠났다.

김부륜은 맏형 김부인과 20세가량의 나이 차이가 났는데, 김부륜이 어느 정도 성장했을 때 맏형 김부인은 이미 관직생활로 고향을 떠나있었기 때문에 직접적으로 시간을 보낼 수는 없었다고 한다. 게다가 둘째형 김부신 마저 일찍 세상을 떠났으므로 그와 함께 한 시간도 그리 많지 않았다. 이런 상황에서 김부륜이 관직을 나아가기 전까지의 시간은 대부분 김부필 형제와 같이 지내게 되었고, 그런 정황들이 김부필의 시에 그대로 남아있다. 대표적으로 「돈서(김부륜)와 함께 신중(김부의)의 분매를 보러가다」, 「신중 돈서와 함께 月川으로 가서 土敬(조목)과 聞遠(금난수)를 방문하다」 등의 시가 그러하다. 또한 김부의 문집에 김부의가 김부륜에게 보내는 편지 3편이 수록되어 있는데, 김부륜이 관직생활로 고향을 떠나있을 때 서로 주고받은 서신이라고 한다.

1579년(선조12) 10월 23일이니 김부필이 세상을 떠나고 2년 쯤 흘렀을 때 김부륜이 김부의에게 보낸 서신이 있어 소개하고자 한다.

> 「늦가을 추위에 관직 생활의 근황이 어떠신가? 그리는 마음만 아득하네. 亡兄(김부필)의 빈소를 거두어 차운 후 더욱 의지할 곳이 없으니, 이 고통을 어떻게 하겠는가? 내 병은 처음과 조금도 다름이 없다네… (중략) …요사이는 『朱子大全』사들 일을 가장 긴급한 일이라 생각하고 있네. 잠시라도 수소문을 거두지 말고 나로 하여금 이 귀중한 책을 얻도록 해 주신다면 매우 다행한 일이겠네」

김부의와 김부륜은 나이가 6살 차이로 가까워 세 사람 가운데서도 둘의 교감은 남달랐다고 한다. 비슷한 나이와 성격으로 인해 많은 시간을 함께 어울리며 같이 책을 읽고 공부했다. 과거에도 함께 응시하여 동시에 합격하는 기쁨을 누렸으며, 변화무쌍한 세상일로 어렵고 괴로울 때에도 서로 격려하고 위로하였다.

김부신은 일찍 세상을 떠났고 남아있는 기록이 거의 없어 그가 형제들과 어떻게 어울렸는지 그 자세한 정황을 파악하는 것이 쉽지 않지만 전해지는 그의 시 4편 가운데 2편은 형 김부인, 종제 김부의의 시에 차운해서 읊은 것이고 또 1편은 죽음을 앞에 두고 김부인과 김부신에게 이별을 읊은 것들이다.

〈臨歿吟訣伯季　　죽음에 임해 맏형과 아우에게 이별을 읊다〉

同腹同生又同居　　한 어머니에게서 함께 태어나 또 같이 살면서
兄弟三人共相隨　　우리 형제 세 사람이 서로 따랐었네
明日曉星廖落後　　내일에 새벽별이 쓸쓸하게 지고 나면
二人相伴一何之　　둘은 서로 짝하지만 하나는 어디로 갈지

이 시는 죽음을 앞에 두고 형제들과 이별하는 심정을 읊고 있다. 퇴계가 그의 臥病을 걱정하며 편지를 보냈다는 사실로 볼 때, 김부신은 병상에서 오랜 시간을 보냈을 것이다.

만형 김부인과 막내 김부륜은 관직생활을 통해, 동생 김부필과 김부의, 김부신은 고향을 지키는 처사로서 이들은 그렇게 아버지대의 유업을 이어가며 광산김씨 가문의 입지와 명망을 더욱 탄탄하게 다져갔다. 그리고 그 안에서 이들은 깊은 우애를 나누며 서로를 아낌없이 위하고 있었다. 나이 차와 벼슬살이에 따른 생활공간의 분리로 형제들이 교감한 양상과 정을 나누는 방식은 나름의 차이가 있었지만, 그럼에도 이들이 형제의 인연을 바탕으로 서로 끌어주고, 독려하며 따랐던 것은 분명하다. 김부필은 이런 다섯(종)형제 가운데서 중심축 역할을 하고 있었다고 생각된다. 관직생활로 고향을 떠나 있는 만형 김부인을 살뜰히 챙기고, 동생들에게 정신적 의지처가 되어 주었으며, 때로는 학문으로 끌어가기도 했다고 한다.

김부인은『대학』과『심경』을 깊이 연구하였으며, 예학에 대해서도 사우 간에 많은 질의가 있었다고 한다. 저서로『雪月堂文集』이 있다. 김부륜의 저술은 후손들이 문집 간행을 위해 편집 정리하여 만든 3책의 정고본이 현재까지 전해지고 있으며, 이 책을 대본으로 하여 그의 10대손 金濟冕이 1926년에 목판본으로 간행하였다.

오천 칠군자로는 이들 사촌들 5명의 형제들 외에도 종형제 금응협과 금응훈을 포함해서 불렀던 호칭이었다. 여기서는 간단히 그들의 생평만을 살펴보도록 하겠다.

(6) 금응협(琴應夾)

琴應夾(1526~1596)의 字는 夾之이고, 號는 日休堂으로 예안 출신이다. 퇴계 이황의 문인이며, 金孝盧의 딸과 사위인 禮安訓導 琴梓 사이의 큰아들이다. 성품이 곧고 지조가 있었으며 평소 겉모습을 꾸미지 않았다고 한다. 늘 '義'로운 행실의 올곧은 성품으로 인해 예안 향당의 모든 이들의 깊은 신뢰를 받았다고 한다. 동생 금응훈과 함께 이황 문하에 나아가 학문을 닦았다. 스승은『書經』「周書」의 '作德心逸日休(덕을 지으면 마음이 편안하여 날로 아름다워진다)'라는 구절을 인용하여 '日休堂'이라는 당호를 지어주었다. 김효로의 딸과 2남 2녀를 두었는데, 퇴계 이황의 맏아들 이준에게 출가한 딸이 스승 이황의 子婦였다. 그는 1555년(명종 10) 사마시에 합격하고, 1574년(선조 7) 行義가 조정에 알려져 集慶殿參奉을 제수 받고, 다시 敬陵·昌陵의 참봉, 王子師傅에 제수되었으나 모두 취임하지 않았다. 1587년 조정에서는 '遺逸'로 뽑아서 승진단계를 뛰어넘어 6품직을 超授하여 河陽縣監을 제수하였으나, 얼마 되지 않아서 부모의 봉양을 이유로 사직하고 1595년 다시 翊贊에 제수되었으나 나가지 않고 오로지 후진 양성에 힘을 쏟았다고 한다. 스승의 사후에 末學의 폐단이 생겨 實行을 힘쓰지 않고 점점 겉만 화려하거나 가볍게만 느껴지는 口耳의 학문을 숭상하자 이러한 풍조를 통렬하게 채찍질하고, 오히려 진실하게 안을 향하여 忠信篤敬과 躬行實踐에 힘써야 한다고 주장하며 그에 주력하였으며, 독서를 통하여 의리를 밝히고 自得에 힘썼다. 특히, 『心經』과 『近思錄』을 직접 베껴서 깊이 있는 공부를 중시하였다.

西厓 柳成龍은 일찍이 그의 자제들에게 "너희들이 小學의 모습을 보려면 저 금응협을 보라. 그 사람의 행실이 바로 소학 그대로이다."라고 칭찬할 정도로 행동이 정직하고 용모가 단정할 뿐만 아니라 품성도 순수하였다고 한다. 또 류성룡은 "무릇 사람은 어진이라고 해서 반드시 능력이 있는 것이 아니며, 능력 있는 사람이라고 해서 반드시 어진 것은 아닌데 일휴와 같은 이는 어지러움과 능력을 겸비했다"라고 칭찬했다. 저서로는 『日休堂集』이 있다. 蒼石 李埈이 墓碣銘을 찬하였다고 한다.

(7) 금응훈(琴應壎)

琴應壎(1540~1616)의 字는 壎之, 號는 勉進齋이다. 金孝盧의 딸과 禮安訓導 琴梓 사이의 둘째 아들이다. 친형인 금응협과 함께 退溪 李滉의 문하에서 수학하였으며, 『심경』·『역학계몽』 등을 공부했다. 이황이 거처하는 寒棲庵의 옆에 집을 짓고 수업을 받았다고 한다. 西厓 柳成龍의 천거로 종묘서부봉사에 제수되었다. 금응훈은 성품이 순진하고 올곧으며 기량은 넓고 민첩하였다고 전해진다. 학식 또한 정밀하면서도 분명하여 이황의 문인인 선배들로부터 가장 인정을 받았다고 한다. 柳成龍·趙穆과도 교우하였다고 한다. 특히 『역학계몽』에 뛰어났으며, 학문을 부지런히 닦아 스승인 퇴계가 '勉進'이라는 호를 내려주고 손수 편액을 써서 격려했다고 한다.

1570년(선조 3) 생원시세 2등으로 합격하였고, 1594년 학행에 의하여 영의정 유성룡 등의 천거를 받아 宗廟署副奉事에 제수되었다. 그 뒤 영춘현감과 양천현감 등을 역임하고 1601년 의흥현감에 제수되었으나, 유성룡과 조목의 요청에 따라 사직하고 『退溪先生文集』 간행실무 자로 참여하였다. 외관시에는 선정으로 명망이 높았고, 퇴관해서는 후진교육에 전력해 큰 성과가 있었다. 이후 陶山書院 원장을 10년간 맡아 養士와 講學의 규정을 조치하고 경비를 마련하였다고 한다.

저서로는 문집 『勉進齋集』이 있는데, 형 금응협의 문집과 합간한 2권 1책의 『日休勉進聯稿』속에 전해지고 있다.

이렇게 영남의 명문으로 성장하게 된 예안 오천의 광산김씨는 이학과 예학을 가문의 가학으로 삼아 위에서 언급했던 칠군자를 비롯해서 이황의 9대손이었던 李野淳이 그의 문집에서 소개했던 오천의 25현이라 불리 우는 인재들을 배출하게 되었다.

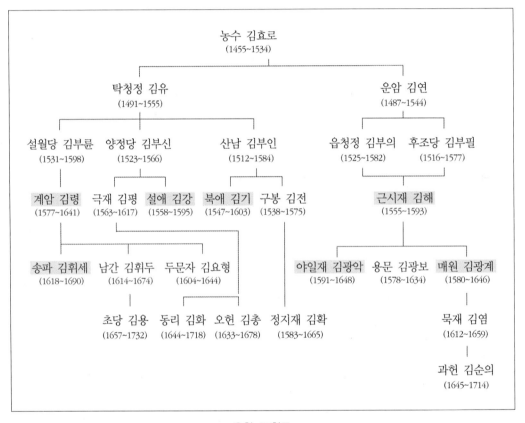

오천 25현도

4. 烏川 七君子 후손과 교육 전통

나라에 큰 공을 세웠거나 도덕성과 학문이 높으신 분이 돌아가시면, 그 분들의 신주를 땅에 묻지 않고 사당에 영구히 모셔두면서 제사를 지낼 수 있도록 하였는데, 그런 신위를 일컬어 '不祧位' 또는 '不遷之位'라고 하며, 그런 不遷位를 모시는 사당을 '不祧廟'라고 한다. 후조당종택 사당에 '불천지위'로 모셔진 분은 농수 김효로 외에도 金垓와 김령이 있다. 이분들은 오천 칠군자의 후손으로 광산김씨 예안파의 지위를 한 단계 더 올린 영광스런 인물들로, 김해는 칠군자 중의 하나인 김부필의 아들이고 김령은 김부륜의 아들이다. 유물전시관 옆의 기념비와 관련된 인물이 바로 金垓이다.

(1) 김해(金垓)

金垓(1555~1593)의 字는 達遠이며, 호는 近始齋이다. 생부는 후조당의 동생인 읍청정 김부의이다. 태어난지 7일만에 어머니 안동권씨가 세상을 떠나게 되어, 후조당 김부필의 양자가 되었다. 어릴 때부터 부모님의 가르침으로 유난히 학문과 예의범절이 남달랐다고 한다. 1558년(선조 21) 사직서참봉에 임명되고 사마시에 합격하였으나, 고향으로 내려와 도산서원에서 서애 류성룡, 학봉 김성일과 더불어 스승인 퇴계의 문집편수에 참여하였다. 1589년(선조 22)에는 오천 광산김씨 문중에서 두 번째로 문과에 급제하였다.

사진은 1589년(선조 22)에 을과 제7인의 성적으로 급제한 것을 증명하는 홍패이다. 이 해 여름에 먼저 여은전참봉에 제수되었고, 과거에 급제 후 많은 관료들의 축하를 받았으며, 이어 승문원정자에 임명되었고, 다시 藝文館 檢閱에 추천 되었다.

김해는 史草를 태운 사건과 정여립의 옥사사건에 연루되어 구금당하고 문초를 받았다. 결국 간신히 무죄가 밝혀졌으나, 삭탈관직되고 낙향하게 된다. 그 뒤 벼슬에 대한 관심을 버리고 평소에 관심을 두었던 학문에 정진하였다. 程頤의 '善學者求言必自近始(학문을

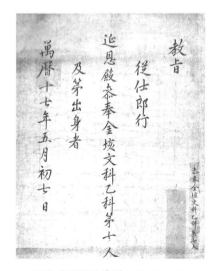

김해 문과급제 홍패(보물 제1018호)

잘 하는 자는 말을 구함에 반드시 가까운 곳에서부터 시작한다'라는 구절을 인용해서 '近始齋'를 짓고 여기에서 더욱 학문에 매진하였다.

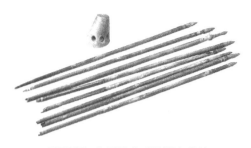

임진왜란 때 김해가 사용했던 화살

임진왜란으로 나라 전체가 도탄에 빠지고 백성의 삶이 어려워지자 나라가 어려울 때 학문만 하는 것이 선비의 도리가 아니라 나라와 백성을 구하는 것이 선비의 도리라 생각하고 분연히 떨쳐 일어나 인근 여러 고을에 격문을 띄워 동지들을 규합하였다고 한다. 전 군수 였던 조목과 전 현감 금응협, 김부륜 등이 모두 쌀을 내어 군량비를 보충하였다. 이런 내용은 그때 남겨진 『향병일기』를 통해 확인해 볼 수 있다.

예안의병이 일어난 지 얼마 후 사방에서 많은 선비들과 백성들이 원근을 가리지 않고 창의의 깃발을 들고 참여하였고 그들의 추대로 김해는 '안동열읍향병대장'이 되었다. 의병대장으로 추대된 김해는 이정백과 배용길을 좌우부장으로 삼고 조직을 정비하였으며 군량과 병기를 갖추어 기강을 세우니 모든 사람들이 복종하였다. 예천 송구촌을 거쳐 용궁 함창 등지에서 진을 치고 여러 차례 왜병과 전투를 하였으며 12월에는 적을 무찌르고 적장을 잡아 巡營에 바쳤다. 이듬해 평양이 수복되면서 쫓겨 가는 적군을 수차례에 걸쳐 무찔렀으며 진영을 밀양으로 옮겨 왜병과 싸우던 중 1593년 부인의 부음을 받았는데 어머니는 늙고 아들은 어려 장례를 치를 수 없어 잠시 고향으로 돌아와 장례를 치르고 하루 만에 다시 진중으로 돌아가던 중 경주에서 병을 얻어 39세를 일기로 진중에서 병사하였다. 그때 남긴 절명시 한 수가 있다.

행군수지

百年存社計	백년 사직을 구하고자
六月着戎衣	유월에 군복을 입고
爲國身先死	나라를 위해 몸은 먼저 죽지만
思親魂獨歸	부모님 그리며 혼은 홀로 돌아가네

공이 남긴 많은 저서들은 난리 중에 거의 없어지고, 『行軍須知』 1책과 『鄕兵日記』·『西行日記』 등이 남

아 있다. 『行軍須知』는 전투군인의 숙지사항을 기록한 책이라고 한다. 그의 업적은 후손들에게도 귀감이 되며 자랑스러운 선조로 기억되고 있다. 2006년 10월 군자마을 입구 유물전시관 옆에 '영남좌도의병대장 근시재선생 순국기념비'를 세워 그의 공적을 기념하고 있다.

그 외에도 시문과 잡저를 모은 문집 3책이 전한다. 사후에 공의 충절을 높이 평가하여 나라에서는 선무원종공신 홍문관수찬에 증직하고 후에 자헌대부 이조판서 겸 양관대제학 성균관 좨주로 증직이 내려졌다.

(2) 김령(金坽)

金坽(1577~1641) 자는 子峻, 호는 溪巖이다. 탁청정 김유의 손자이고, 설월당 김부륜의 아들로 한양에서 출생하였다. 약관시절에는 地誌를 모아 天下地圖를 만들기도 했다고 한다.

사진으로 알 수 있듯이 1612년(광해군 4)에 문과에 급제하였다. 병과 제22인의 성적으로 급제한 홍패를 통해 확인 할 수 있다. 그 후 승문원정자가 되었고, 승정원주서 겸 춘추관 기사관에 옮겼다.

하지만 광해군의 난정으로 국정이 어지럽게 되자 묘를 지켜야 한다는 핑계로 벼슬을 버리고 고향으로 내려왔다. 김령이 史官으로 재직하던 시절, 세상은 갈수록 혼탁해졌다. 권력에 기생하려는 무리들이 기승을 부렸고 심지어 어린 영창대군에게 역모라는 모함을 씌워 강화의 교동섬에 가두어 죽이고, 또 그 어머니 인목대비를 삭탈하여 서궁에 유폐시키는 등 흉악한 변을 일으켰다. 이런 일련의 사건을 겪은 김령은 곧 문을 닫고 어두워만 가는 국사를 근심하며 전혀 사람을 만나지 않았다고 한다. 광해군 3월 김류, 이귀 등이 광해군을 폐하고 능양군을 왕으로 추대하는 인조반정이 성공하자, 앞서 나라를 걱정하였던 이들을 먼저 중용하였다. 그러면서 김령을 육품에 특진 성균관 직강, 이어 사헌부지평으로 임명하였다. 김령은 서울로 상경하는 도중 충주 달천에서 서울의 金縠이란 선비를 만나 반정에 대한 상황을 자세히 물었다고 한다. '이번 반정을 거사할 때 새 임금을 사제에서 맞이했는가, 아니면 새 임금이 의군에 함께 가담

金坽 文科及第紅牌

했었는가'를 물었는데 대답하기를 '의군에 가담했었다' '권세가가 거사를 도모해서 임금을 바꾸었는데, 광해 임금은 그 사실을 모르고 있었다'라는 소식을 듣고는 공이 혀를 차고 탄식하였다고 한다. 김령은 곧 짐짓 말에서 떨어지고 병을 빙자하여 벼슬에 나아가지 아니하고 다시 집으로 되돌아 왔다고 한다. 이로부터 병을 핑계로 19년을 고향에서 보냈으니, 그의 일기를 보면 "돌아와 식음을 전폐하고, 세수도 않고 바지도 입지 않은 채 이불을 뒤집어쓰고 앉았다 누웠다 하기를 2~3년, 그 뒤 6~7년은 일절 문밖출입을 하지 않았다"라고 기록되어 있다.

인조 4년 청나라가 침략하여 왕이 남한산성으로 피하고 전국 각도의 군사가 잇달아 패하는 긴박한 지경에 이르러 김해의 아들 김광계가 선봉이되어 예안에서도 의병을 일으키자, 김령은 그의 아들 김요형을 김광계의 막하로 보내고, 가산을 정리해 의병을 도왔으나, 이듬해 왕이 항복했다는 소식을 듣고는 서향하여 통곡하였다고 한다. 결국 인조 19년 향년 65세를 일기로 세상을 마감하였다.

숙종은 김령의 지조가 두텁다고 하여 도승지를 증직하였고, 영조는 院額을 하사하였으며, 정조 또한 "김계암의 사실이 매우 뛰어나니 후손을 녹용하라"라는 교지를 내렸다고 한다. 순조 계유년(1813)에 자헌대부 이조판서 겸 양관대제학을 추증하였다.

김령과 같은 이러한 지조는 감히 누구도 흉내 낼 수 없는 것으로 어려운 길을 선택한 그의 결정에 대한 보답으로 갑술년에 文貞公의 시호를 받았다. 사진의 '金坽贈諡敎旨'을 보면 알 수 있듯이 1814년(순조 14) 9월 11일에 김령에게 '文貞'의 시호 교지를 내렸는데, 道德博聞을 일컬어 文이라 하고 '淸白守節'을 일컬어 貞이라고 했다고 한다.

金坽贈諡敎旨

이런 그에 대한 존경이 후조당종택에서의 '불천위추존'이라고 할 수 있겠다. 『조선왕조실록』에는 그에 대해 "김령은 禮安 사람인데 그의 성품이 차분하고 지조가 있었으며 여러 번 부름을 받았으나 사양하고 종신토록 嶺을 넘지 않았다. 세칭 영남의 제일인이라 한다"[21]라고 기록하였다고 전한다. 저서로는 문집 6권 4책과 38여 년간의 일기 8책이 전해

21) 『조선왕조실록』「인조실록」 인조 11년 계유 1월 9일.

지고 있다. 이런 그의 지조 있는 행동은 다음 대에도 이어지니 후조당 문중의 자랑이 아닐까 싶다.

(3) 김기(金圻)

金圻(1547~1603) 자는 止叔이고 호는 北厓로, 禮安 烏川에서 태어났다. 金富仁의 아들이 다. 이황의 문인이었고, 이황의 사후에는 조목의 문하에 왕래하면서 講磨를 하였다고 한다. 1602년 '遺逸'로 천거되어 順陵參奉이 되었고, 타고난 천성이 지극히 효성스러워 부모의 상에 모두 3년간씩 廬墓를 살았다고 한다.

1592년 임진왜란 때에는 그의 從弟 金垓와 함께 고을 사람들을 모아 의병을 일으키고, 整齊 將 兼 召募事가 되어 의병을 소모하는 일을 맡았고, 격문을 지어 군병 궐기를 권유하는 등의 일을 전담하였으며 많은 군량미를 마련하는 데도 힘을 쏟았다. 경주의 集慶殿에 있던 태조의 御眞이 예안의 柏洞書堂에 移安되었을 때, 임시로 수호하는 임무를 맡기도 했다. 1597년 정유 재란 때에는 안동의 27의사와 함께 火旺山城에 들어가 목숨을 다하여 싸워 공을 세우기도 하였다.

1598년에는 도산서원의 山長이 되어 『退溪全書』의 간행에 힘을 쏟아 그 일을 끝냈다. 1602 년 순릉참봉에 제수되었으나 곧 사임하고, 고향에 돌아와 이황이 남긴 학문을 강론하면서 후 진양성에 전념하였다. 또한, 고을의 풍속교화에도 힘써 『여씨향약』을 본떠 향규를 만들어 향인 들을 교도하였다고 한다.

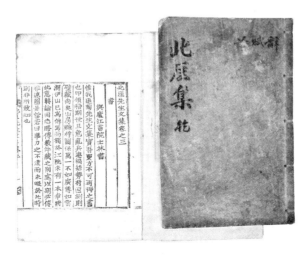

김기 『북애집』

사후에 임진왜란 때의 宣武原從功으로 사헌부감찰에 추증되었다. 『중용』을 깊이 연구하였으며, '理氣'에 대해서도 깊은 식견이 있었다.

저서에 『북애문집』 4권이 있다. 김기의 유문은 6세손 金欽, 金礜 등이 家藏되어 오던 글들을 보완 수습하여 1책으로 유고를 정리 편차해두었고, 이후 1775년(영조 51)에 李世澤이 김기의 행장과 묘갈명을 짓고, 유고를 정리했다고 한다. 간행연도와 경위가 분명하지 않으나, 1828년(정조 28)에 金是瓚이 지은 발문과 1897년에 李晩燾가 지은 묘지명이 수록된 것으로 보아 1897년 이후에 간행된 것으로 추정한다.

그의 문집의 기록에 따르면 학문의 핵심은 한마디로 '敬'으로 표현할 수 있다고 한다. 그는 "일찍이 敬 한 글자에 대해 가르침을 받았으니 처음도 이루고 마침도 이룬다네, 아침저녁 敬 공부를 게을리 하지 않아서 모름지기 積累의 功을 부지런히 해야지"라고 했다. 또한 그는 "持敬 공부는 整齊가 필요하고 마음이 惺惺하여 쉬지 않는 것은 흐르는 시내를 배워야 한다"고 했다.[22]

(4) 김강(金墹)

金墹(1557~1595) 호는 雪厓, 김부신의 아들이다. 아버지가 일찍 돌아가셔서 엄격한 어머니의 훈육을 받고 자랐다. 어머니는 長水黃氏 牧使 怡의 딸로 黃喜의 6대손이었는데, 金墹이 하루라도 공부를 하지 않으면 어머니는 끼니를 거르고 눈물을 흘리셨다고 한다. 계부 김부륜의 문하에서 공부하여 1591년(선조 24)에 진사시에 합격했다. '학행'으로 천거되어 안기도찰방에 임명되기도 하였다. 효성이 지극하였으며 가난한 친척들에게도 거마비나 의복을 아끼지 않고 베풀었다고 한다.

1592년 임진왜란 때에 의병장 김해의 막사에서 서기를 맡아 활동하였다고 전해진다.

(5) 김휘세(金輝世)

金輝世(1558~1630), 호는 松坡로 김령의 아들이다. 엄격한 아버지의 교육을 받으며 평생 성리학에 몰두하였다. 조정에서 여러 번 '行誼'로 불렀으나 나아가지 않다가 도의에 어긋나는 게 두렵다하여 마침내 출사하였다고 한다. 숙종 초에 '遺逸'로 천거되어 내시교관에 임명되었

---

22) 권오영(한국학중앙연구원), 앞의 책 45쪽.

으나 나아가지 않았고, 그 뒤 사복시주부, 공조좌랑, 용궁현감에 임명되었다. 자신을 다스리기를 청렴하게 하여 승려 같았다고 전해진다.

(6) 김광계(金光繼)

金光繼(1580년~1646년)의 字는 以志, 호는 梅園으로, 朴惺의 문인이다. 부친은 金圻이고, 모친은 眞城李氏로 퇴계 선생의 조카인 李宰의 딸이다. 처음 大菴 朴惺에게 학문을 배우다가 안동부사로 부임한 鄭寒岡에게 『心經』 등을 물어 학문이 크게 성취했다고 한다. 경상감사 金時讓이 나라에 학행으로 여러 차례 천거하여 童蒙教官·齋郎·別檢 등에 임명되었으나 나아가지 않았다. 학문이 뛰어나 여러 고을 선비들에게 『心經』과 『四書』를 강의하도록 道內 都訓長을 삼으려 했으나 이 또한 나아가지 않았다고 한다.

1627년(인조 5) 정월 정묘호란에 旅軒 선생이 檄文을 보내어 김광계를 義兵將을 삼아 막 군사를 일으켜 출전하게 하였으나, 곧 난리가 평정되어 파할 수밖에 없었다. 그 후 1636년(인조 14) 또 丙子胡亂을 당하여 김광계는 다시 의병을 일으켰다. 서울을 향해 행군하여 막 基川(지금 풍기)을 지나 죽령을 넘어서는데, 나라에서 항복했다는 悲報 듣고 북향하여 통곡하고 군사를 해산했다고 한다. 이런 일련의 사건은 그의 일기 『梅園日記』에 그대로 기록되어 있어 당시 상황을 연구하고 참고하기에 좋은 史料가 되고 있다. 결국 김광계는 고향으로 돌아와 '숭정처사'로 일생을 마쳤다. 그가 사망하자 大司諫인 鶴沙 金應祖가 墓誌를 짓고 공조판서 李家煥이 墓碣銘을 지었다고 한다.

(7) 김광악(金光岳)

金光岳(1591~1648), 호는 野逸로 김령의 재종질로 ┙ 문하에서 경전 공부를 하였고, 14세에는 박성의 문하에서 공부하였으며, 그 후 정구 장현광의 문하에서도 공부하였다. 金應祖 沈光洙 申悅道 등과 교의가 있었다.

1618년(광해군 10) 생원시에 합격했으나, 병자호란 때 인조가 청에 항복했다는 소식을 듣고 통곡하고 돌아와 청량산 깊은 곳에 들어가 大明逸民이라 자칭하고 野逸齋라 편액을 했다고 한다.

(8) 김시찬(金是瓚)

金是瓚(1754~1831), 호는 '一一齋'이며, 김부륜의 7세손이고 김령의 6세손으로 가학을 잘 계승하였다. 그는 선비 중에 선비를 지향하고자 호를 '一一齋'로 하였다고 한다. 사람의 삶에는 業이 네 개가 있는데 道에 말미암는 것이 士이고 사라는 것은 一이기 때문이라고 한다. 김시찬은 1792년(정조 16) 사도세자의 典禮에 관한 일로 영남 유생들이 서울로 올라가 소를 올릴 때 참여하였다. 정조는 소류를 접견한 자리에서 김시찬이 긴령의 6대손이란 보고를 받고 김령의 절의가 아주 우뚝하다고 말하고 후손을 등용해야겠다고 하면서 김시찬을 동몽교관에 임명했으나 그는 사은도 하지 않고 바로 귀향하였다.

김시찬은 經史子集 등 여러 서책에도 통달했는데, 그의 집에 百承閣이라는 장서실을 짓고 수 천 권의 책을 소장하였으며, 도산서원에 소장된 장서의 관리가 어려운 것을 보고 光明室이라는 장서실을 만들었다고 한다. '百乘'과 '光明'은 朱熹의 「藏書閣書廚字號銘」의 글에서 따온 것이다. 또한 자기 집안의 노비인데도 불구하고 먼 곳에 산재한 이들이 많았는데, 가까이서 노역을 원하는 자를 제외하고는 노비문서를 다 취하여 불태워버리고 해방을 시켰다고 한다. 학문에 뜻이 있는 친척이나 선비에게 학비를 부담하여 성취를 시켜주기도 하여, 선조들의 가학 정신을 잘 계승하였다. 가장 가까운 교우로는 李野淳[23] 李秉遠[24] 등이 있었다.[25]

제공된 사진은 김시찬의 『일일재문집』이다. 김시찬의 저술을 간행한 문집으로, 김시찬의 현손 김영탁이 1972년 문중의 인물들과 힘을 모아 간행하였다.

이런 선조들의 지조와 기개가 일제강점기 시절 김남수에게도 나타났다. 이런 가문의 지조와 절개는 현대사에서 당대의 처사이며 후조당 종손이었던 단산 金鍾九가 대통령 박정희에게 올린 「국가 윤리법을 엄중히 시행해 줄 것에 대한 건의문」으로 나타나기도 했다고 한다. 600년을 이어온 文과 財의 전통명가라는 명성은 그냥 얻어진 것이 아닌 듯하다.

---

23) 李野淳(1755~1831)은 조선 후기의 학자로, 본관은 眞寶이며 자는 健之, 호는 廣瀨이다. 퇴계 이황의 9세손으로 통덕랑 龜烋의 아들이며, 어머니는 全州李氏로 舍人 若松의 딸이다. 어려서부터 자질이 총명하고 문장에 능했으며 효성과 우애가 지극하였다. 李象靖·金宗德의 문하에서 이황의 성리학을 전습하였다.

24) 李秉遠(1774~1840)은 조선 후기 문신이자 유학자로 자는 愼可이고, 호는 所庵이다. 본관은 韓山이고, 본적은 경상북도 安東이다. 조부는 大山 李象靖이고, 부친은 弘文館校理를 지낸 民巖 李埈이며, 모친은 李範中의 딸 驪江李氏이다. 형은 俛齋 李秉運이다. 부인은 黙軒 李萬運의 딸 廣州李氏이다. 川沙 金宗德의 문하에서 수학하며, 四書와 성리학을 익혔다.

25) 권오영 앞의 책, 49~50쪽 참조 정리.

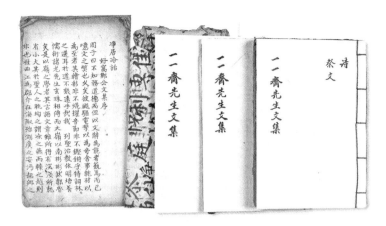

김시찬 - 일일재문집

어려움 속에서도 너그러움으로 승화되어 이어져 내려온 財의 전통은, 안동 남인들이 한 결같이 가난을 면하기 어려운 시대에도 500여 년의 세월동안 별로 부족함이 없었고, 그런 여유로 인하여 역동서원, 도산서원의 건립에 상당한 후원을 아끼지 않았다고 전한다. 여러 명문가와의 혼인도 주요한 요인으로 작용했을 수 있다. 최근 100여 년간 후조당 종택 종손들의 혼인관계를 보면 2011년 타계한 김준식의 고조부는 정재 류치명의 손녀이자 김진화의 외손녀인 류지호[26]의 딸을 받아들였고, 증조부는 참판 이만운의 손녀인 이중건의 딸을, 조부는 수정재 류정문[27]의 증손녀이며 향산 이만도[28]의 외손녀인 류연린의 딸을 각각 아내로 맞이했다고 한다. 정재 종택과 수정재, 그리고 계남댁은 안동의 전주류씨와 진성이씨 최고의 명문가이며, 그런 世誼의 전통은 지금도 이어지고 있다고 한다.[29]

---

26) 柳止鎬는 조서 말기 안동 출신의 의병으로 본관은 全州이고 자는 元佐, 호는 洗山이다. 정재 柳致明 (1777~1861)의 아들이다. 1825년(순조 25) 지금의 경상북도 안동시 임동면 수곡리에서 출생하어 1904년(고종 41)에 사망하였다.

27) 柳鼎文(1782~1839)은 조선 후기의 학자로 안동 출신이다. 본관은 全州이며 초명은 齊文, 자는 耳仲, 호는 壽靜齋이다. 공조참의 柳升鉉의 증손이다. 아버지는 안변부사 柳範休이며, 어머니는 의성김씨로 金江漢의 딸이다.

28) 李晩燾는 조선 말기 안동 출신의 의병으로, 본관은 眞城이고, 자는 觀必, 호는 響山이다. 1842년 지금의 안동시 도산면 토계리에서 태어났다. 퇴계 이황의 11세손이며, 晩花公의 현손이다. 아버지는 李彙濬이며, 李彙澈에게 입양되었다. 23세 되던 1866년(고종 3) 식년시에 장원급제하였다. 그 후 홍문관수찬, 사헌부지평, 병조정랑, 공조참의, 승정원동부승지 등을 두루 역임하였다.

29) 김용만 앞의 책(안동 후조당 김부필 종가) 72쪽 인용.

5. '불천위' 향사와 '군자리'의 교육철학

⑴ 불천위 향사

종가로서의 핵심 요건으로는 '불천, 부조위 사당을 가진 집, 시호를 받은 집, 종택 또는 문화재급 고택을 가진 집, 문묘 또는 종묘, 서원에 조상이 배향된 집, 대대로 내려오는 종택을 가지고 종손이 살고 있는 집'인지 등의 여러 조건들에 충족이 되어야 한다.

후조당 종택의 사당에 '不遷位'로 모셔진 분은 예안 입향조 '김효로'와 김부필의 아들 '김해'와 김부륜의 아들 '김령'이다. 후조당 종가의 제례는 안동지역 대부분의 종가와 유사하게 4대봉사와 기제, 명절 차례, 음력 시월에 지내는 묘제 등이 있다.

불천위는 가문의 영광된 제사이기에 김용만의 『오천칠군자의 향기 서린, 안동 후조당 김부필 종가』책에 이 집안의 불천위 제사에 관한 부분을 참고해서 정리하도록 하겠다.

후조당 종가에서는 특별히 안동 유림이 주관하여 춘추로 향사를 하는 부조위제사를 모시고 있다. 부조위는 예안 입향조인 농수 김효로와 임진왜란 때 영남 의병대장을 지낸 근시재 김해 두 분을 지낸다. 그 외에 김효로의 증손자이자 설월당 김부륜의 아들인 계암 김령의 경우는 안동댐 건설 시 계암의 14대 종손 김영탁이 안동시 용상동에 거처를 마련하면서 그곳으로 옮겨 불천위 제사를 모신다.

집사분정 – 제관들이 각자가 할 일을 정하는 것

원래 향사는 춘추 2회에 걸쳐 3월과 9월 中丁日 子時에 행했다. 그러다가 안동댐 건설로 인해 사당이 이건된 이후로는 문중이 합의하여 1997년 음력 3월 둘째 주 일요일 정오에 유림의 주관으로 모시고 있다. 일 년에 춘향 1회로 정하며, 추향은 입향조 묘제로 대신하고 있다. 제사는 有司 2명이 종손과 합의하여 준비한다. 주로 군자리의 부조위 향사와 녹정 능동의 입향조 묘제를 담당한다.

향사를 위해 전국 각지에서 재관들이 모이면 먼저 종손에게 인사를 하고 時到錄에 이름과 주소를 적는다. 이 시도록을 참고하여 향사 당일 오전 10시경 분정을 시작한다. 향사는 후조당 대청에 자리를 깔고 병풍을 치고, 두 개의 제상을 마련한다. 왼쪽에 參判公位 김효로를 모시고, 오른쪽에는 判書公位 김해를 모신다. 제상 앞에는 향사, 향로, 향합을 놓고 제상 뒤에는 신주를 모시기 위한 交椅를 놓는다. 陳設은 考位와 妣位를 함께 모시는데, 진설은 후조당 대청 벽에 걸려있는 진설도에 따라 후조당에서 옛날부터 해 오던 대로 시행을 한다.

진설을 마치면 헌관과 축관이 앞에 서고 나머지 참제관들은 의관을 정제하여 제청 앞뜰에 도열해 선다. 헌관은 집사들을 대동하고 사당에 가서 출주의례를 행한다. 종손인 초헌관이 신위 앞에 나아가 분향하면 축관이 출주고사를 읽는다. 고사가 끝나면 사당에서 신주를 모시고 나와 제청의 교의 위에 모시고 개독한다.

후조당 종택 불천위 제사

신주를 모시고 개독하면 참제자 전원이 참신 재배함으로써 비로소 조상신과 만나게 되는데 이것이 '참신례'이다. 참신례에 이어 '강신례'가 이어지는데 초헌관 종손이 통찬의 인도에 따라 盥手洗手하고 참판공신 김효로 신위 앞에 나아가 향을 집어 향로에 세 번 넣고, 집사로부터 받은 강신주를 모사에 붇는다. 분향은 하늘의 '魂'을 불러 조상신이 강림하도록 하는 것이고, 모사에 술을 붓는 醉酒는 지하의 '魄'을 부르는 것이라고 한다. 그러니 이 두 가지 행위는 혼백을 합치시키는 의미라고 한다.

참신례와 강신례에 이어 초헌관이 신위께 첫 번째 잔을 올리는 것이 초헌례이다. 헌작은 참판공(김효로)을 먼저하고 판서공(김해)에게 나중에 한다. 주인은 통찬의 인도로 참판공 신위에 나아가 考位와 妣位 순으로 헌작을 하게 된다. 축문은 축관이 초헌관 왼편에 앉아서 읽는다.

독축이후 초헌관이 일어나 재배한다. 초헌관은 다시 판서공 신위 앞에 나아가 헌작, 독축, 재배를 한다. 그리고 아헌관 및 종헌관이 신위에 잔을 올리는 아헌례와 종헌례가 진행된다.

신위에 모셔진 조상께 차려진 제수를 아홉 숟가락 정도 드실 시간을 부복해서 기다리는 유식의 시간을 갖는다. 일정 시간이 지난 후 축이 噫歆하면 모두 일어나 병풍을 걷어낸다. 그리고 국을 내리고 물을 올린다. 숟가락으로 밥을 세 번 떠서 물에 말고 젓가락은 편 위에 올린다. 참제자 일동은 잠시 국궁하였다가 평신한다. 집사들은 수저를 내려 시접 위에 놓고 합반개한 후 제관 모두가 사신 재배하고 예를 마친다.

초헌관은 신주에 도자를 씌우고 합독하여 사당으로 환안하여, 축문을 태우고 철상하여 음복한다. 헌관, 축관만 독상으로 하고 제관들은 겸상을 한다. 헤어지기 전에 다음해 향사를 맡을 有司를 선임하는 일은 중요한 일 중의 하나이다. 제수비용은 대대로 전해 온 위토의 소출로 충당하고 있다.

(2) '군자리'의 교육철학

후조당 김부필은 자식들 교육에 남다른 열정을 보였다. 그의 『後彫堂先生文集』 제3권을 보면 「書後彫堂契會錄後約條刪補」라는 제목의 글이 있는데, 이 글은 주자가 『呂氏鄕約』을 증감했던 내용을 기본으로 하여, 김부필이 더 가감하거나, 절목하여 중간에 의견을 덧붙이기도 해서로 글을 지은 것이다. 김부필은 이 글을 가정의 규범으로 삼기도 하였다.

『後彫堂先生文集』 3권에 있는 내용을 정리하면 다음과 같다.[30]

그 첫째로 뽑은 것이 '덕행과 학업을 서로 권하다(德業相勸)'로 '修身하는 방법'을 제시하며 다음의 여섯 가지 항목을 들고 있다.

(1) 근본을 함양하라(涵養本原)

(2) 배우고 묻고 생각하고 분별하라(學問思辨)

(3) 자신을 속이지 말고 신독하라(毋欺愼獨)

(4) 성냄을 삼가고 욕심을 막아라(懲忿窒慾)

(5) 허물을 고치고 선하게 행동하라(遷善改過)

(6) 성실하며 거짓되지 않는다(誠實無僞) 등이 있다.

'가정이 있을 때 하는 행동'으로도 다음의 여섯 가지 항목을 들고 있다.

(1) 제사를 받든다(奉祭祀)

(2) 부형을 섬긴다(事父兄)

(3) 자제를 가르친다(敎子弟)

(4) 처첩을 잘 대한다(待妻妾)

(5) 노복을 잘 부린다(御僮僕) 등이 있다.

'타인과 교제할 때 하는 행동'으로도 다음의 여섯 가지 항목을 들고 있다.

(1) 어른을 잘 섬긴다(事長上)

(2) 친구를 잘 사귄다(接朋友)

(3) 후학을 잘 가르친다(敎後生)

(4) 법을 두려워 한다(畏法令)

(5) 세금을 성실히 납부한다(謹租賦)

(6) 벼슬을 즐거워 마라(勿樂仕) 등이 있다.

'독서할 때 하는 행동'으로는 네 가지 항목을 제시하고 있다.

(1) 경전을 강독한다(講經傳)

(2) 스승의 훈계를 익힌다(習師訓)

---

30) 『오천세고』 271~273쪽 정리.

(3) 의심나는 내용을 묻는다(質疑晦) 등이 있다.

둘째로 뽑은 항목이 '과실이 있으면 서로 규제한다(過失相規)'로 다섯 가지 항목을 제시하고 있다.

(1) 술주정, 도박, 싸움, 송사, 놀거나 게으름을 피우는 경우(酗博鬪訟, 遊戱怠惰)

(2) 행동이 예의에 벗어나 품위가 없을 경우(行止踰違, 動作無儀)

(3) 행동이 공손치 못하거나 일에 조심성이 없는 경우(行不恭遜, 臨事不恪)

(4) 말에 믿음이 없고 옳지 못한 사람과 사귈 경우(言不忠信, 交非其人)

(5) 사리사욕이 심하고, 씀씀이가 심할 경우(營私太甚, 用度不節) 등을 경계하라고 한다.

세 번째로 뽑은 항목이 '서로 예를 갖추어 사귀다(禮俗相交)'로 다섯 가지 항목을 제시하고 있다.

(1) 나이의 많고 적음에 따라 존중한다(尊幼輩行)

(2) 찾아가길 청했다면 인사드리고 읍한다(造請拜揖)

(3) 청하고 불렀을 때 배웅하고 마중한다(請召送迎)

(4) 경조사에 부의를 챙긴다(慶弔贈遺)

(5) 남녀를 분별한다(男女有別) 등이 있다.

마지막 네 번째 항목으로는 '患難相恤(어려움이 있을 때 서로 돕는다)'로 여덟 가지 항목을 제시하고 있다.

(1) 수해나 화재(水火)

(2) 도적(盜賊)

(3) 질병(疾病)

(4) 초상(死喪)

(5) 외롭고 어려울 때(孤弱)

(6) 무고나 사고(誣枉)

(7) 빈궁할 때(貧窮)

(8) 끊어진 후사를 이을 때(繼絶) 등에 서로 도와야 한다고 주장하셨다.

이런 가르침이 대대로 이어졌기에 오천 25현이 나오고 현대까지 많은 박사를 배출하고 책

향기가 묻어나는 '文才'의 집안으로 남을 수 있었을 것이다.

또한 김부필은 스스로 자식을 경계시키는 가르침을 정리하고 아버지 김연의 가르침을 덧붙여 열 가지로 정리하였다. 주로 學問, 修身, 祭祀, 出處에 대한 내용의 '戒子帖'으로 집안 대대로 전해 내려오는 열 조목의 家訓이 있었다. 이런 가훈을 중심으로 군자리 출생의 자식들을 경계하고 가르쳤으며, 그 집안 내력이 지금까지도 이어지고 있다. 『後彫堂先生文集』 권 3권에 수록되어 있는 「戒子帖(자식을 경계시키는 가르침)」의 내용을 살펴보면 다음과 같다.[31)]

1. 學問은 孝悌가 근본이 되어야 하니, 효제는 모든 행실의 근원이다.
2. 마음은 조금이라도 소홀히 하여 지나치면 안 되니, 조금이라도 늘어져서 소홀히 하면 마음은 저절로 달아난다.
3. 일을 처리할 때에는 평상시대로 할 것이며, 모난 행동을 하지 말고 반드시 孝悌忠信을 급선무로 삼아라.
4. 人情에 가깝지 않으면 해가 되는 것이 가장 크니, 자연스럽게 선행을 하는 것이 곧 참된 인정이다. 만약 꾸미기를 힘쓰면 비록 선행을 하더라도, 또한 거짓이다. 너희들은 마땅히 남 모르는 곳에서 독실하게 마음을 닦고 과격한 행동을 하지 말라.
5. 제사를 지낼 때에는 반드시 정성과 공경을 위주로 할 것이니, 제사 음식을 풍성하게 차리고 의복을 성하게 입는 것은 선조를 받드는 도리가 아니다. 너희들은 정성과 공경으로 종가의 제사를 받들고, 폐하지 말고 이어가도록 하라.
6. 근래 부유하고 힘있는 집안의 자손들 중에 배우지 않고 무식한 경우가 많고, 주색에 빠져 선조의 유업을 무너뜨리는 자가 많으니 너희들은 조심하도록 하라.
7. 아버지께서 항상 말씀하시기를 '사람은 도량이 없어서는 안 되니, 도량이 없는 사람은 발끈발끈 성만 잘 낼 따름이다'라고 하셨다.
8. 또 병으로 누워계실 때 大尹[32)]과 小尹[33)]에 대한 밀을 들으시고 말씀하시기를 '국가의 큰 재앙이 장차 이로부터 비롯될 것이다. 東宮[34)]은 온 나라의 인심이 쏠리는 곳인데 어찌 이런 말이 나온단 말이냐'하셨고, 임종 때에도 이런 말씀을 그만두지 않고 계속하시기를 '너희들은 時論에 동요하지 말거라'라고 하셨다.

---

31) 『오천세고』 275~276쪽 정리.
32) 조선 中宗 때 정권을 휘두르던 尹任 일파를 가리키는 것이다.
33) 조선 明宗 때 정권을 휘두르던 尹元老, 尹元衡 형제 일파를 가리키는 것이다.
34) 등극하기 전의 仁祖를 말한다.

9. 아버지께서 항상 나를 경계시키면서 말씀하시기를 '배우는 사람은 마땅히 먼저 심지를 세워야 하니, 심지가 서지 않으면 무슨 일을 할 수 있겠느냐?'라고 하셨다.

10. 또 말씀하시기를 '선비는 출처를 마땅히 분명하고 자르게 해야 하니, 분명하고 바르면 군주를 섬길 수 있다. 이것은 내가 평생 동안 마음에 새겨 지켜왔던 일이니 너희들도 살피지 않을 수 없을 것이다'라고 하였다.

위의 열 가지 조목은 모두 학문과 수신, 봉선, 출처에 대한 일이니, 너희들은 명심하고 너희들을 나아준 부모를 욕되게 하지 말거라.

이상의 글로도 알 수 있는 바와 같이 김부필은 자식들에게 孝悌를 이론과 실천의 근간으로 신중하고 진실한 태도를 견지하되, 시론에 동요 없이 꿋꿋한 자세와 분명하고 바른 출처관을 지향하면서도 인정과 도량을 갖출 것을 가풍으로 정립하였던 것이다.

앞에서 소개하였던 오천25현의 마지막에 언급된 27대 김순의 항렬부터 현대까지를 대략 정리하면 아래와 같다.

27세 純義 - 28세 岱 - 29세 智元 - 30세 塾 - 31세 宗儒 - 32세 行教 - 33세 濟寧 - 34세 斗相 - 35세 魯憲 - 36세 基東 - 37세 鍾九 - 38세 昌漢 - 39세 俊植(生父는 昌漢의 동생 澤鎭) - 40세 碩中

39세손 金俊植의 生父인 金澤鎭은 시조 興光으로부터 38세손이며, 예안파 오천 입향조 참판공 김효로로부터 18세손이고 문순공 후조당 김부필의 16세손이 된다. 서울 휘문고보에서 유학하고 잠시 공직에 종사한 바 있다. 안타까운 점은 맏형인 '昌漢' 내외가 일찍 사망함에 따라 후사가 없어서, 金澤鎭의 맏아들 俊植이 출후하여 종손으로 承繼하였다. 그 후 큰집으로 출계한 종손 俊植이 나이가 어린 탓에 門事와 奉祭祀, 接賓客을 담당할 수 없어, 生父 김택진이 종손을 대신하여 집안의 크고 작은 행사들을 치루고, 연로하신 부모님을 모시는데 평생을 희생하였다. 종손 俊植이 장성해서는 서울에서 성균관대학교 교직원으로 있었으므로, 生父가 계속 종손의 역할을 대신할 수밖에 없었다.

김택진은 1974년 안동댐 건설로 600여 년 동안 세거한 고향 외내 마을이 수몰될 위기에 놓이자 현재 자리한 군자리로 종택, 사당, 정사 등 문화유산을 옮겨서 새 터전을 조성하는데 크게 공헌하였다. 대대로 물려받아 보존해 오던 전적 및 고문서 건축물 등을 국가 문화재로 지정받는 데 많은 역할을 하였고, 고문서를 비롯한 전적 4천여 점을 한국학중앙연구원에 해제를 의뢰하고 고문서집성 제1호인 『烏川古文書』를 발행토록 노력하였다.

당대 학자였던 부친 檀汕 선생의 가학을 전수받아 서예 방면에 높은 경지에 올라 각종 비문과 현판 등 많은 글씨를 남겼다고 한다. 유림대표를 규합하여 한국전쟁 때에 소실된 안동향교를 복원시켰다. 경상북도 향교 이사장직에 취임해서 향교재단의 굳건한 기반을 확립하였다.

지금의 현 종손의 아버지인 39세손 金俊植은 1938년에 金澤鎭에게서 출생하였으나, 큰아버지 '昌漢' 내외가 후손 없이 세상을 떠나게 되어, 후계를 잇게 되었다. 성균관대학교 사학과를 졸업하여, 도시에서 직장 생활을 하다가 고향에 내려와 종가를 지켰다. 한국국학진흥원 자문위원, 안동독립운동기념관 이사, 안동문화원 11, 12대 원장(2002.2~2010.2), 한국고택문화재 소유자협의회 명예회장, 도산서원 구곡연대 이사장 등을 역임했으며, 옥관문화훈장(2009), 자랑스런 도민상(경상북도)을 수상하기도 하였다. 종가와 종손에 대한 확고한 가치관을 정립하고 여러차려 강연도 하는 등, 남을 이롭게 하는 '利他'적인 삶이 결국 종가의 종손, 종부가 국가와 사회 그리고 문중을 위해 봉사하고 기여해야 한다는 가치관을 가지고 계셨다.

현 종손 김석중 기억속의 아버지는 문중행사와 문화원 행사로 바쁜 와중에도 늘 사전 준비를 철저히 하시는 분이었다고 한다. 사회구성원으로서 모든 사람들이 잘 살 수 있는 길을 모색하고 실천하셨기에 안타깝게도 2010년 8월 돌아가셨을 때 많은 분들이 애도하였다고 한다. 하지만 그런 가르침은 이렇게 다음 대를 이어 꾸준히 실천되고 이어지고 있다.

김석중은 대학에서 이과를 전공하고 서울에서 직장생활을 하고 있기 때문에, 아직까지는 스스로를 초보 종손이라고 여긴다. 그래서 지금은 하나하나 배우며 실행하려고 노력하고 있다고 한다. 객지 생활 중이라 안동 군자리 후조당 종택의 전반적인 일은 숙부이신 金邦植 관장이 맡아서 진행하고 있다. 나중에 회사를 퇴직하게 되면 안동 고향에 내려와서 종가를 지키고, 문중을 위해 봉사하며 남은 생을 마치고 싶다는 것이 종손의 계획이다.

앞으로 문중은 어떻게 변화되고 발전하여야 할까. 이것은 단지 군자리 이곳만의 고민은 아닐 것이다. 문중 내 네

현 종손 김석중

트워크를 형성하고 긴밀한 연락망이 구축되어 관계가 지속될 수 있도록 관리 유지 되어야 문중이 발전하고 지속될 수 있을 것이다. 현대 시대 조류에 맞게 문중도 합리적으로 성장해야 한다.

 군자마을에서도 끊임없이 그 고민을 하고 있다. 현 김방식 관장은 경희대학교에서 임업과를 전공하고 조카대신 내려와 군자마을의 전반의 일을 도맡아 처리하고 있다. 전통적인 향사를 지내는 일 이외에도, 한옥체험을 할 수 있도록 편의성을 제공하고 숙박시설을 마련하고, 각종 공연을 개최하기도 한다. 홈페이지 운영 및 블로그를 통해 군자마을의 아름다움을 온라인이라는 공간에서 소개하고 있다. 군자마을은 온라인과 오프라인의 모호한 경계 속에 사진 속으로만 접했던 600년 전통의 아름다움을 직접 느끼고 체험할 수 있는 공간이 되었다.
 후조당 종가는 끊임없이 지역사회에 기여를 하려고 노력을 하고 있다. 한옥체험을 위해 일반 대중에게 집을 개방하고 신청을 받는 동시에, 많은 학술 세미나와 전통 문화의 공연을 통해 대중에게 한걸음 더 가까이 다가가기 위해 노력하고 있다. 드라마 촬영지로, 때로는 영화촬영 장소로 제공되고 다양한 음악회를 개최하여 방문객을 늘리고 있으며, 국수선 예선 등 다채로운 행사를 진행하고 있다.

 고인이 된 김준식 전 종손이 살아계실 때부터 종가의 고택체험 등 여러 가지 일을 맡아 온 동생 김방식 관장은 종가의 핵심인 봉제사, 접빈객 등의 일은 쉬운 일이 아니라고 말한다.

후조당 내부의 아름다움   한옥체험의 숙박 공간으로 꾸며진 공간

비록 최근 군자마을은 안동의 관광지로 자리 잡아 숙박객이 연평균 4천명을 넘어설 정도이고, 방문객 만해도 10만 명 정도가 된다고는 하지만 여전히 대중과의 문화소통에 대한 과제가 남아있다.

그래도 지금까지의 군자마을의 활동 영역을 보면 후조당 종택의 미래는 긍정적으로 평가된다. 그럼에도 불구하고 종가의 건축물이나 관리 등 유지를 위해서 다양한 경제적 지원이 필요한 것도 사실이다.

공연을 통한 종가와 대중의 소통

좀 더 장기적인 밝은 미래를 위해 종손, 종부와 종원, 지역 유림, 각종 행정기관들이 긴밀하게 관계를 맺고 각자 역할을 담당해 나아간다면 종가문화의 계승에 긍정적으로 작용할 것이다.

최근에도 안동에 있는 한국국학진흥원에 군자마을의 전적 및 고문서 등을 기탁하였고, 문화재와 집안 소개 등의 책자들이 만들어져 배포되었으며, 후조당 군자마을을 위한 세미나가 행해져, 이 집안에 대한 집중적인 연구가 이루어진 것도 커다란 성과라고 볼 수 있다.

필자가 진행 중인 한국연구재단의 공동연구 프로젝트를 통해서도 군자마을 뿐만 아니라 여러 지역의 문중에 대한 연구가 보다 더 다양하게 이루어져서, 변화되고 있는 현대문화 안에서 오랜 역사를 지닌 전통문화를 다시 재조명할 수 있는 기회가 구축되길 기대해 본다.

공연을 통한 종가와 대중의 소통

第二部
군자마을의 문화재

1. 건축물

군자마을에는 국가 지정문화재로 지정된 '後彫堂'과 '濯淸亭'을 비롯해서 많은 한옥 고건축
물들이 있다. 1974년 안동댐 건설로 현재의 와룡면 오천 군자리로 이전하기 전에는 생활공간
으로써의 행랑채가 더 있었고 마당도 있었으나 지금은 터가 좁아서 행랑채를 지을 수 없어
약간의 나무를 심어 그 공간을 채웠다고 한다.

이전 당시 비용을 감당하기 어려워 안채를 해체하고 옮겨오지 못해, 일부는 시내 종택건립
등에 사용하기도 하였다. 그래서 의도치 않게 20여 년 넘게 안채가 없었던 것이다. 2011년
8월에 김준식 전 종손이 작고하면서 종가 안채가 없던 것을 매우 안타까워하여 유언으로까
지 남기셨다고 하는데, 다행히 2016년 문화재청의 도움으로 사랑채 뒤에 안채를 복원하게
되었다.

사랑채가 남성들의 공간이라면, 안채는 여성들의 공간으로 이 집의 사랑채는 안채와 세트
로 같이 구성되어 있다. 김방식 관장의 기억의 이야기를 거슬러가자면 사랑채는 주로 할아버

2016년 문화재청에서 복원한 안채

지와 아버지가 묵으셨던 곳으로, 중간의 마루를 사이에 두고 할아버지 방과 아버지 방으로 구성되어 있으며 안채와 연결되어 있어 아이들이 왔다 갔다 할 수 있는 공간으로 되어있다. 보통은 밖으로 향한 문은 닫혀있는데, 손님이 오시면 아랫사람이 먼저 나가서 누가 왔는지 묻고 윗분께 아뢰고 나서야 손님이 들어올 수 있었다고 한다. 그제 서야 손님은 올라와서 절을 하고 물러나게 되는데 손님에게도 등급이 있어서 할아버지는 당신이 대접을 하실 분이 오셨을 때만 나오신다고 했다. 종손이나 귀한 댁의 손님이 오시면 할아버지는 직접 마당에 내려가 손을 잡고 맞아들이기도 하셨다고 한다. 그럴 때면 아버지는 방에서 대기상태로 계실 때가 있었는데, '옷을 다시 입는다' 하

사랑채와 연결된 안채

시고는 안채로 문을 열고 가서서 손님께 드릴 술상을 격식에 맞게 어떻게 준비하라고 일러주셨다고 한다. 그럼 안채에서 음식을 준비해서 아랫사람이 다과상을 들고 오는데, 옆에서 대기하고 있던 찬모가 흐트러진 다과상을 다시 정리하고, 바르게 준비해서 드디어 손님께 올리셨다고 한다.

안채는 사랑채보다 높게 건축되어 있어서 바깥길이 한눈에 들어오게 되어 있다. 때론 오시는 손님을 안채에서 먼저 보고 누가 오시는지 알아보라고 지시를 내리기도 한다. 안채는 여성들의 공간이라 바로 들어가는 공간이 아니라 사랑채를 거쳐서 들어가야 하는 안동지역 반가의 전통적인 건축물의 형태를 띤다. 안채만 담을 하거나 감나무를 심어 어느 정도 공간자체를 신성하게 만들어 준다고 한다. 김방식 관장의 이야기를 듣고 있자니, 안채의 완성은 사랑채와 안채의 세트 구성을 완성시킨 것에도 의미가 있지만 이 집안 후손들이 '기억의 공간'을 완성시켰다는 점에서 더욱더 의미가 있다고 여겨진다.

안채와 사랑채를 지나 옆의 별당인 후조당으로 들어간다. 후조당은 안동의 한옥을 대표하는 건축물로 마루문을 사방으로 들어 올려 '借景'의 미학을 즐길 수 있는 고건축 가운데서도 매우 아름다운 구조로 설계되었다.

(1) 후조당(後彫堂)

후조당현판

후조당은 광산김씨 23세로 오천 입향조 김효로(1455~1534)의 장손이었던 조선 선조 때의 문신 후조당 김부필(1516~1577)이 지었다고 전하는 별당건물이다. 광산 김씨 예안파 종택에 딸린 별당으로, 종택은 별당·정침·사당·재사·창고 등으로 구성되어 있다. 원래 정침에 부속된 건물이고, 지붕은 옆면이 여덟 팔(八)'자 모양인 팔작지붕집이다. 불천위 향사 시에 제청으로 사용되고 있다. 종택의 正寢은 중건된 것이고 후조당과 사당만이 옛날 그대로의 古格을 유지하고 있다고 한다.

후조당은 잡석 기단 위에 각주를 세우고 두 개의 대들보를 걸쳤으며, 겹처마 팔작지붕의 형태를 띠는 고려 말의 대표적 건축 양식으로 지어졌다. 고려 말과 조선 초의 건축 양식의 모습이 상당히 남아있어 건축사적으로도 중요한 자료가 되고 있다.

앞면 4칸·옆면 2칸의 '一'자형에 오른쪽으로 2칸 마루와 방을 달아 'ㄱ'자형을 이룬 큰 규모의 별당이다. 正寢 왼쪽 담장 안에 있으며, 정침으로 통하는 협문과 정문을 갖추었고 왼쪽에는 사당으로 통하는 神門이 있다. '一'자 부분은 6칸 대청이 크게 차지하고 있으며, 동쪽 끝에는

후조당(중요민속문화재 제227호)   후조당 마루의 문을 들어 올려 밖의 풍경을 '借景'함

트인 두 칸의 온돌방이 있고, 이 앞으로 마루방 한 칸과 온돌방 한 칸이 튀어나와 있는데, 대별당 건축으로는 드문 구조라고 한다.

　'후조당'이라는 현판은 스승인 퇴계 이황의 글씨이다. 後彫는 '늦게 시들다'라는 뜻으로, 『論語』「子罕」편의 '歲寒然後知松柏之後彫也(날이 추워진 연후에 송백이 늦게 시들게 됨을 안다)'라는 문구에서 가져온 것이다. 마치 추사 김정희의 세한도를 연상시키기도 하는 '지조'있는 선비들의 당호라고 할 수 있다.

　이 건물의 특이한 점은 移建을 위해 건물 해체를 하는 과정에서 대청의 천장에서 고서 및 문집류, 고려 말기의 호적, 조선시대의 호적·교지·토지문서·노비문서·각종 서간류 등 희귀한 전적류가 대량으로 발견되었다는 것이다.

　김방식 이사장의 고조부께서 돌아가시는 바람에 후대에게 제대로 전달이 안 되어, 보물들의 존재를 알지 못하다가 안동댐 건설 때문에 오히려 후조당 종택의 진가를 더욱 알리게 되는 계기가 되었다. 그러니 세상일은 참 알 수가 없는 것이다. 이 건물은 보존 상태가 양호하여 1991년 8월 22일 중요민속문화재 제 227호로 지정되어 있다.

(2) 탁청정(濯淸亭)

탁청정 현판

　조선 중종 36년(1514)에 김유가 지은 광산 김씨 종택에 딸린 정자이다.

　앞면 3칸·옆면 2칸 규모인데, 앞면보다 옆면의 칸 사이를 넓게 하여 거의 정사각형에 가까운 모습이다. 지붕의 옆면이 여덟 팔'(八)'자 모양인 팔작지붕집이며, 마루에는 난간을 돌렸다. '濯淸'은 屈原의 「漁父辭」의 내용 중에 '滄浪之水淸兮可以濯吾纓, 滄浪之水濁兮可以濯吾足(창 랑의 물이 맑거든 내 갓끈을 씻고, 창랑의 물이 탁하거든 내 발을 씻는다)'라는 구절에서 기원한다. '탁청정'이라는 현판은 한석봉의 글씨이며, 마루에는 퇴계 이황 등 당시 유명한 학자들의 시판이 걸려있다. 영남지방에 있는 개인 정자로는 가장 웅장하고 우아한 건물이다.

원래 안동군 와룡면 오천리 117번지에 있던 건물로 光山金氏 烏川小宗宅에 딸린 亭子이다. 濯淸亭 西南方에 있던 小宗宅은 只字 22칸(間) 규모의 건물이다. 조선후기에(연대미상) 화재를 당하여 중건된 것이다.

濯淸亭은 광산김씨 21세손이며 禮安 烏川入鄕祖인 金孝盧(1455~1534)의 둘째아들 金綏[濯淸, 1491~1552]가 中宗 36년(1541)에 창건하였다고 전한다. 亭內에는 聾巖 李賢輔(1467~1555), 退溪 李滉(1501~1570)등 名賢達士의 詩句가 懸板되어 있으며 大廳에 현판된 「濯淸亭」扁額은 韓石峰(1543~1605)이 썼다.

탁청정은 1970년대초 안동댐 건설로 인한 1975년 원위치에서 2㎞ 가량 떨어진 지금의 현 위치로 이건하여 보존되고 있다. 소종택에 딸려있는 정자로 정면 3칸 측면 2칸의 누각 건물로, 우측 4칸에 3면이 트인 마루를 달고 좌측 2칸은 이례적으로 온돌을 두었다. 정자에 온돌을 둔 경우는 상당히 특별하다고 할 수 있다. 원형의 기둥을 두르고 기둥머리에 일출목의 翼工包 作[35)을 하였으며, 창방위에 화반을 두었다.[36)

종택의 본채는 조선후기에 화재로 중건된 건물이다. 민도리 홑처마의 'ㅁ'자형의 와가로 정면 6칸 측면 4칸의 22칸 규모로 되어 있다. 종택은 현재의 위치로 이전하기 직전인 1973년

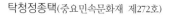

탁청정종택(중요민속문화재 제272호)

탁청정(중요민속문화재 제226호)

---

35) 전통적인 목조건축물의 기둥위에 새 날개처럼 뻗어 나온 盟遮式 부재로 장식적인 효과를 주는 건축양식이다.

36) 이 책에 소개되는 건축구조에 대한 설명은 김용만이 지은 『오천칠군자의 향기서린, 안동 후조당 김부필 종가』의 내용을 인용하였다.

유형문화제 제26호로 지정되었고, 탁청정 정자는 1991년 중요민속문화재 제226호로 지정되었다. 2012년 8월 24일 소정의 절차를 다시 거쳐 안동 광산김씨 탁청정공파 종택이 중요민속문화재 제272호로 지정되었다.

(3) 양정당(養正堂)

양정당 현판

養正堂은 조선 중기 학자인 金富信(1523~1566)의 號이자 그의 정자이름이다. 스승인 퇴계 이황이 堂號를 지어주고 손수 친필로 정자의 편액을 써주었다고 한다. '養正'은『周易』「山水蒙卦」에서 있는 말을 따온 것으로 "蒙以養正 聖功也(어릴 때에 바름을 기르는 것이 성인이 되는 공부이다)"라는 구절에서 가져온 것이다. 이는 어릴 때 도로써 바른 덕성을 기르는 것이 곧 성인의 길에 들어가게 하는 공이 된다는 것이다.

정면 4칸 측면 1칸의 겹처마 팔작기와지붕으로 약 1미터 높이의 기단을 놓고 각주를 세웠다고 한다. 가운데 2칸은 마루를 놓았고, 좌우의 2칸은 방으로 꾸몄다. 마루는 우물마루이며, 천장은 연등천장으로 만들었다.

마루와 양쪽 방 사이에는 벽을 만들지 않고 격자무늬의 불발기창이 있는 들어 열 개 4분합문을 달아 필

양정당

요할 때는 모두 올려 사용할 수 있도록 하였다. 마루의 앞쪽에는 벽을 만들지 않고 들어 열 개 띠살 4분합문을 달았으며, 뒷벽은 각각 판벽에 여닫이 골판문을 달았다. 좌우의 방은 전면에 쌍여 닫이 띠살문을, 옆면에 여닫이 띠살문을 달았다.[37]

(4) 읍청정(挹淸亭)

읍청정 현판

읍청정은 읍청 김부의가 오천 안산 기슭에 봉화 청량산을 향하여 자신의 강학지소로 건립했던 정자이다.

'읍청'이라는 말은 "맑은 바람과 맑은 물을 움켜 잡는다"라는 말로 천지자연의 아름다움을 마음껏 누리고 자 청량산을 끌어당긴다는 의미를 가지고 있다. 스승 퇴계 이황이 당호를 지어주고 현판을 친히 써 주었다고 한다.

읍청정

원래 예안면 오천동에 있었으나 안동댐 건설로 인하여 1974년에 와룡면 군자리로 옮긴 것이다. 그때 건물이 훼손되어 자손 김기영이 공사비 일체를 부담하면서 새로 지었다고 한다. 150센티미터 기단 위에 놓인 정면 4칸 측면 1칸 반의 건물로 양쪽으로 온돌방이 있고 오른쪽 방 1칸, 왼쪽 방 1칸으로 되어있다.

---

37) 김용만, 앞의 책『안동 후조당 김부필 종가』187~189쪽 인용.

(5) 설월당(雪月堂)

설월당현판

안동시 와룡면 오천리에 있는 堂으로 雪月堂은 金富倫의 堂號이다. 김부륜이 낙동강가인 오천에 정자를 지어 학문과 후진 양성에 힘썼던 곳이라고 한다.

김부륜이 관직에서 물러나 오천에 精舍를 지어 藏修의 터전으로 삼고자 하였더니 스승인 퇴계 이황이 친필로 '雪月堂'이라는 편액을 써서 하사하였다고 한다. 이에 김부륜은 이것을 자신의 호로 삼았으며, 은퇴한 뒤에는 이곳에서 독서도 하고 소요하며 여생을 보냈다고 한다.

정면 4칸 측면 1칸 반의 건물로, 오른쪽 방은 1칸, 왼쪽 방은 1칸 반의 크기이다. 가운데 2칸의 통마루를 두었으며, 앞으로 툇마루가 있다. 정자 1미터 높이의 기단위에 장방형의 주춧돌을 놓았고, 전면 퇴의 기둥 3개는 원기둥이다. 가운데의 2칸 마루는 우물마루를 깔았다.[38]

설월당

---

38) 김용만, 앞의 책『안동 후조당 김부필 종가』189쪽.

(6) 산남정(山南亭)

山南亭은 산남 金富仁이 건축한 정자로 중년에 허물어진 것을 다시 중수하였으며, 지금은 洛雲亭이라 되어 있다. 정면 4칸 측면 2칸으로 청판에 풍혈이 있는 계자각 난간을 'ㄷ'자형으로 달았다. 가운데 2칸을 온돌방으로 만들었으며, 각각 여닫이문을 달았다.

겹처마 팔작기와지붕이다. 군자리의 다른 건물들과 달리 가운데에 마루가 없고, 방 2칸만 있는 것이 특이하다. 군자리에서 가장 정갈하고 아담한 건물이다. 洛雲亭 현판은 嶺下 李潤德이 쓴 것이다.[39]

(7) 침락정(枕洛亭)

침락정은 1672년(현종 13) 근시재 김해의 아들 梅園 金光繼가 세운 정자이다. 1973년 수몰지역에서 이건할 당시 유형문화재 제40호로 지정되었다. 규모는 정면 4칸 측면 2칸으로 가운데 4칸의 마루를 두고 양쪽에 온돌방을 배치하였다. 잡석의 낮은 기단위에 방형의 초석과 기둥을 세웠으며, 홑처마에 팔작지붕을 올린 간소한 건물이다. 대청에는 침락정이라는 편액이 걸려있으나, 대청 안쪽에는 운암정사라는 편액이 있다. 김광계가 강학소로 세운 것인데, 의병 출신의 유사들을 모아 시회를 열기도 했다고 한다.[40]

산남정　　　　　　　　　　　　　　　　　　　　침락정

39) 김용만, 앞의 책 『안동 후조당 김부필 종가』, 186~187쪽.
40) 김용만, 앞의 책 『안동 후조당 김부필 종가』, 190~191쪽.

(8) 계암정(溪巖亭)

계암정은 계암 金坽의 학덕을 기리기 위해 오천 군 자리에서 신축한 정자이다. 정면 3칸 측면 2칸 건물이다. 잡석 기단 위에 세워진 겹처마 팔작기와지붕의 건물로 2칸의 마루로 하였고, 왼편에 온돌방을 두었다. 앞면 툇마루에는 계자각 난간을 둘렀으며, 둥근기둥을 사용하였다. 나머지 기둥은 4각 기둥이며, 2칸의 마루에는 띠살 4분합문을 달았다. 온돌방은 쌍여닫이문을 달았다.

계암정

(9) 지애정(芝厓亭)

지애정은 조선 정조 때의 학자 지애 김협의 학덕을 기리기 위해 후손 재익이 건립한 것으로 정면 4칸, 측면 1칸 반의 건물이다. 오른편에 1칸짜리 온돌방을 두었고, 왼편에는 1칸 반짜리 온돌방을 두었다. 가운데 2칸은 마루로 만들었다. 마루 전체에는 'ㄷ'자 형태로 계자각 난간을 달았다. 겹처마 팔작기와지붕으로 되어 있다.

지애정

2. 종가 소장 유물과 전적

1973년 안동댐 건설로 수몰 위기에 처한 종택을 해체하고 이전하는 과정에서 후조당 대청마루 천정의 우물반자 안에서 많은 양의 고문서가 쏟아져 나왔다. 광산 김씨 예안파 종가 21대 6백년간에 걸쳐 전해 내려오던 고문서들로 모두 1,000여점이 보관되어 있다.

(1) 종가 소장 고문서

'光山金氏 禮安派 宗家 所藏 古文書'라고 불리며, 1990년 3월 2일 여러 고문서들이 보물로 지정 되었다. 총 7종 429점이 보물로 지정되었는데, 지정된 고문서 목록들을 보면 교지, 교서, 교첩, 차첩 등은 총 82점으로, 임금과 관에서 보내는 각종 사령서와 김씨가의 역대 문서들이다. 호적단자는 총 43점으로, 원본이 아니라 후에 베껴 쓴 것이지만, 고려에서 조선시대의 여러 시대상황을 살필 수 있는 귀중한 자료이다. 입양, 입안문서는 양자를 들이는 것에 대해 예조에서 이를 인정한다는 문서로, 총 4점이다. 所志는 개인이 관에 청원할 일이 있을 때 올리는 진정서로, 총 91점이다. 분재기는 45점으로, 광산 김씨 예안파 종가의 역대 각종 재산과 노비 분배에 관한 기록이다. 明文은 총 154점이며, 광산김씨 예안파 종가에서 사고 판 가옥, 논밭, 노비 등에 대한 기록이다. 예장지는 혼례에 관련된 문서로, 총 100점이다.

후조당에 소장된 자료들은 고려 후기부터 구한말 대한제국에 이르기까지의 각종 고문서로, 고문서의 연구 및 당시의 정치, 경제, 사회, 가족제도 등을 살필 수 있는 귀중한 역사자료들로 평가되고 있다.

• 교지, 교서, 교첩, 차첩 등 82점

앞에서 사진으로 제공했던 여러 교지들로, 1481년(성종 12) 생원 김효로의 장사랑 임명장을 비롯하여 그의 후손 김연 김부의, 김해, 김광계, 김대, 김지원, 등의 각종 교서 교지 교첩과 사령장 및 시호교지, 그리고 김부필의 처. 김대의 증조비 이씨, 조씨 비, 처 등 부인직에 이르기까지 광산김씨 예안파 가문의 82점에 달하는 각종 문서들로, 연대적으로는 1481년(성종 12)에서 1893년(고종 30)까지 약 500여 년에 달하고 있다.

• 호적단자 43점

광산김씨 종손들의 호적단자 43점이 남아있다. 단, 1301년(충렬왕 17) 金璉의 고려시대 호구단자는 원본이 아니고 후대에 와서 원본을 그대로 필사한 것이라고 한다. 하지만 고려시대 호구의 전반적인 상황을 살피는 데 귀중한 자료가 된다. 이밖에도 金積의 호구단자를 위시하여 1897년(광무 1)까지의 호적관계 자료들이 있다.

• 입양 입안문서 4점

김효로를 비롯한 몇몇 인물에 관한 입양문서가 남아있다. 1480년(성종 11) 김효로의 後繼 입양 압안문서를 비롯하여 1627년(인조 5)에 김광계가 동생 광실의 셋째아들 金磏을 후사로 삼을 것을 청언하는 所志 및 이에 대한 예조의 立案文 등 입양에 관련된 각종 문서들이다.

※ 金孝盧禮曹繼後立案 : 1480년(성 종11) 예조에서 김효지의 처 황씨가 신청한 입양을 허락해주는 문서이다. 황씨는 죽은 남편의 소망에 따라 남편 형의 손자인 김효로 (1454~1534)를 입양하고자 이를 청원하는 문서를 예조에 올렸다. 예조에서는 이 입양에 대해 양가가 모두 합의한 것인지를 조사한 후 이를 허락하는 문서를 황씨에게 내려주었다. 조선시대 입양제도가 완성되어가는 과정을 보여주는 문서라고 한다.

金孝盧禮曹繼後立案(보물 제1018호)

• 所志 91점

1900년대(광무 4)까지의 官府에 올리는 각종 所志 91점이 소장되어 있다. 1567년(명종 22)에 김부필이 양아들 김해를 대신하여 현감에게 올린 소지를 비롯하여 유학 김제신, 김노헌 등이 예안 城主에게 올리는 소지에 이르기까지 각종 사건에 대하여 관찰사 군수 등에게 올리는 소지 등이 있다.

- **分財記 45점**

分財記는 자녀들에게 재산을 나누어주었던 상황을 기록한 문건으로, 1429년(세종 11) 김무가 자녀 손자 외손자 등에게 나누어 주는 노비분급에서부터 1731년(영조 7)에 김대가 장자 지원에게 별급하는 문기 등 각종 노비, 전답에 대한 재산을 나누는 기록들이다. 주의할 점은 임진왜란 발발 전에는 아들과 딸의 구분 없이 딸들에게도 부모의 재산이 균등하게 상속되었는데, 임진왜란 발발 이후에는 장자위주의 상속체제로 점차 바뀌게 되었다는 점이다. 아무래도 그만큼 이전보다는 살림살이가 넉넉하지 못한 상황에서 부모를 모시고 제사를 모시는 부담을 안고가야 했기 때문에 상속의 시스템도 변화를 가져온 듯하다.

- **明文 154점**

집안과 관련된 매매문서로, 1477년(성종 8) 이후 1909년(융희 3)까지의 문중에서 매매되어온 가옥, 전답, 노비 등 각종 매매에 대한 문서들 154점이 남아있다.

- **예장지 등 혼례에 관한 문서 10점**

혼인과 관련된 문서들로, 1562년(명종 17) 생원인 김부필이 동생 부의의 혼사를 위하여 납채하는 예장지를 비롯하여 1886년(고종 23) 김노헌이 장자 기동의 혼사를 위하여 납징하는 예장지 등 혼사에 관련된 각종 예장지 10점이 남아있다.

김부의 혼서(보물 제1018호)

※ 金富儀 혼서 : 金富弼(1516~1577)이 동생 金富儀(1525~1582)의 혼사문제로 사돈댁에 납폐를 드리기 위해 작성한 혼서이다. 1562년 1월에 작성된 것이다. 일반적으로 두 집안 간에 혼인이 이루어지기 위해서는 請婚, 許婚, 剛先[사주], 涓吉, 納幣, 親迎 등의 단계를 거치는데 이 편지는 이 가운데서 다섯 번째 단계에 속하는 것이다. 보물 제1018호로 지정되었다.

(2) 종가 전적

　　光山金氏 禮安派 宗家의 문중에는 고문서 이외에도 典籍 약 3천 여 권이 보관되어있다. 그 중 서첩을 포함한 13종 61점이 보물 제1019호로 지정되어 있다. 이 부분은 이 책의 제3부 '후조당에 소장된 전적'에서 자세히 다룰 것이기에 여기서는 간략한 전적과 서첩 목록을 살펴보기로 한다.

• 『書傳』

　　송나라 채침이 편찬한 것으로 총 10책 중 제5권, 제6권, 제10권의 3책이 소실되고 지금은 7책만 남아있다. 김부의 이름과 자 등의 印記가 남아있다.

書傳

• 『宋朝名臣言行錄』

　　1502년(연산군 8)경에 청도군에서 甲寅字 覆刻字로 간행한 책으로 현재 17책이 남아있다.

송조명신언행록

• 『梅月堂集』

매월당 김시습(1435~1493)의 문집으로 1583년(선조 16)경에 再鑄 갑인자로 간행되었다. 모두 11책 이지만 현재 10책이 남아있다. 김시습의 시문들이 흩어져 없어지자 李耔, 朴祥, 尹春年 등이 그의 유고를 모아 간행한 것이다. 이자와 이산해가 서문을 썼다.

매월당집

• 『佔畢齋集』

金宗直(1431~1492)의 문집으로 임진왜란 이전에 목판본으로 간행된 것으로 총 23권 5책의 완질이 그대로 남아있다. '先相公家藏書', '金富儀謹追記'라는 두 개의 수장인이 찍혀 있다.

점필재집

주자대전

『朱子大全』

송나라 朱熹가 저술한 책으로 중종 재위(1506~
1544) 때에 乙亥字로 간행하였다. 현재 목록
과 1책(49~50권)만 남아있다.

역대명감서문

『歷代明鑑』

연산군 재위(1494~1506)기간 동안 洪貴達 등이 왕명을
받아 역대 군신 후비 가운데 귀감이 될 수 있는 행적을
편찬한 것이다. 갑인자로 편집 간행했으며, 총 27권 7
책 중 1책(4~7권)이 없어지고 현재 6책이 남아있다.

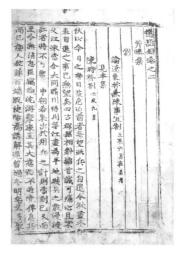

징비록

『懲毖錄』

유성룡이 저술한 책으로 관직에 물러난 뒤 선조 25년
에서 32년까지 7년간의 임진왜란 동안의 일을 기록한
것이다. 현재는 2권과 5권에 해당하는 2책만이 남아있
다. 임란이후에 간행된 목판 초간본이다.

• 『近思錄』

宋나라 朱熹와 呂祖謙이 같이 편찬한 책으로 성리학을 연구하는 입문서라 일컬어진다. 국내에서는 初鑄甲寅字本으로 명종, 선조 연간에 간행되었다고 한다. 총 3책인데 현재 2책(3권~5권, 6권~14권)만 전해진다. 보물 제1019호로 지정되어 있다.

근사록 표지

• 『劉向新序』

『新序』는 西漢末期 劉向(BC77~6)이 편찬한 歷史故事集으로 '새롭게 차례를 정해 찬집한 책'이다. 모두 10권으로 분류하여 제1~5권은 雜事, 제6권은 刺奢, 제7권은 節士, 제8권은 義勇, 제9~10권은 善謀 上·下로 묶은 것이다. 국내 유입 시기는 高麗時代로 보고 있으며,

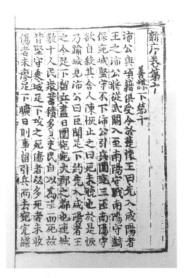

劉向新序

국내 출판에 대한 기록은 『成宗實錄』의 成宗 24年(1493) 12月 29日條에 처음으로 나온다. 1942년경에 初刊되었는데, 이 책은 중간에 補刻된 부분이 있기 때문에 後印된 것이 확실하다.

현재 조선에서 출판된 『新序』의 판본은 安東市 臥龍面 군자마을, 계명대학교, 한국학중앙연구원, 경기대학교, 일본국회도서관 등에 소장되어 있다. 총 10卷 2冊으로 후조담 소장본은 결질로 下卷만 남아 있다. 上卷에는 卷1~5 雜事 5篇이, 下卷에는 刺奢, 節士, 義勇, 善謀(上), 善謀(下) 5편이 수록되어 있다.

• 『劉向說苑』

『說苑』은 西漢의 劉向이 편찬한 책으로, 내용은
臣道·臣術·建本·立節·貴德 등으로 나누어 先
秦時代부터 漢代까지의 歷史故事를 기술한 것으
로 총 20권으로 되어있다. 『說苑』이 국내에 유입
된 시기는 고려시대이고, 국내 출판은 『成宗實錄』
의 成宗 24年(1493) 12月 29日條의 기록에 근거하
면 대략 1492년에 간행된 것으로 추정 된다. 현재
소장된 판본 중 안동 군자마을 김준식 종택에 20
권 4책이 완전한 상태로 보관되어 있으며 상태도
양호한 편이다. 이 책 역시 중간에 補刻한 흔적이
있기 때문에 後印된 것으로 판단된다. 1책은 권
1~5, 2책은 권6~10, 3책은 권11~15, 4책은 권16~20
으로 되어 있다. 『신서』와 『설원』은 모두 안동에
서 출간된 책으로 서지학적 가치가 높다.

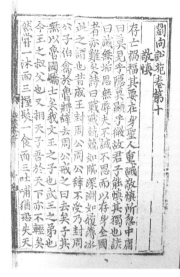

劉向說苑

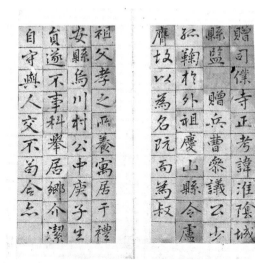

퇴도선생유묵(보물 제1018호)

• 「退陶先生遺墨」

8장 17면으로, 퇴계 이황이 직접
쓴 김효로의 묘갈명으로 김효로에
대해 "생원시에 합격한 후로는 과
거를 일삼지 않고 시골에 살면서
청렴결백으로 신조를 삼고 남과
사귀되 구차하지 않았으며 남의
악함을 보고도 관용의 정신을 베
풀었다"라고 기록되어 있다. 두 점
이 남아있으며 각각 보물 제1018
호와 제1019호로 지정되어 있다.

주자실기 표지

논어집주

• 『朱子實記』

명나라 戴銑이 편찬한 것으로 국내에서는 중종, 명종 연간에 목판본으로 간행한 것이다. 현재 11 권 5책이 남아있다. 김부필의 장서인이 남아있다.

• 『論語集註』

『論語』에 주희가 주를 단 것으로 선조 연간에 再鑄 갑인자로 간행된 것이다. 19권 3책의 완질 이 남아있다. 표지에는 『論語』라고 되어있으나 속지 제목은 『論語集註』라고 되어있다.

• 「퇴계선생서법」

1첩 30면으로 되어 있으며, 칠언시 56자와 제목 을 합한 60자를 필사한 것으로 퇴계 이황의 자필 로 되어 있다.

• 「別時帖」

1첩 17장으로, 동료의 효행을 기리 는 시문을 한 첩으로 엮은 것이다. 조선시대에 간행된 것들로서 당시 의 시대상황을 엿볼 수 있는 귀중 한 역사 자료로서 평가된다.

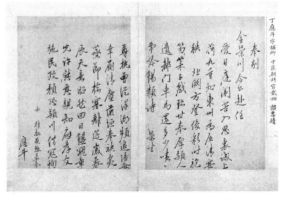

별시첩

(3) 후조당 유물(일기류)

후조당 유물은 조선 중기의 학자 後彫堂 金富弼(1516~1577)의 종손가에 소장되어 있는 문적으로 경상북도 유형문화재 제64호로 지정되어 있다. 교지 2점과 遺墨, 『傳家寶帖』과 『鄕兵日記』 등과 같은 일기 두 책이 있다.

●『傳家寶帖』

『전가보첩』은 안동의 烏川에 거주하는 광산김씨들이 선조들의 書翰을 世系別로 정리하여 한 권의 책으로 만든 것이다. 여기에는 金緣(1487~1544)·金綏·金富儀·金富仁·金富倫·金垓 등의 서한이 수록되어 있다. 크기는 가로 31.5㎝, 세로 21.5㎝이다. 『전가보첩』은 수록되어 있는 내용이 다양하여 당시 문화와 풍습 등의 연구 자료로 가치가 높다.

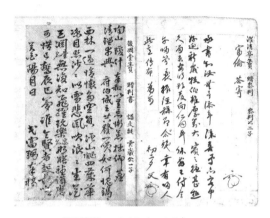

傳家寶帖(도지정유형문화재 제64호)

●『향병일기』

임진왜란 당시 의병을 일으켜 의병 대장으로 추대된 김해의 의병부대 활동을 기록한 것이다. 2책으로 가로 32㎝, 세로 21.5㎝의 크기이다. 2책 노두 백시를 묶어서 만든 것으로 보관 상태가 양호하다. 작성시기는 1592년 4월 14일부터 1593년 6월 19일까지로, 약 1년 2개월 동안 기록되었다. 『향병일기』는 임진왜란 기간 동안의 의병활동과 전쟁 상황 등의 연구에 중요한 자료가 된다.

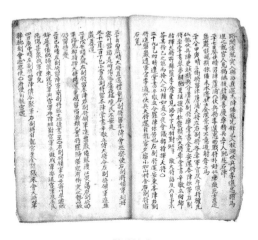

향병일기

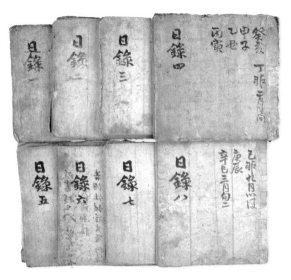

김령 『溪巖日錄』

● 『溪巖日錄』

계암 김령(1577~1641)이 1603년부터 1641년까지 기록한 일기. 김령은 김해의 종제이다. 그는 27세 되던 1603년부터 65세로 세상을 마감한 1641년까지 장장 39년 동안 거의 매일 일기를 썼는데, 이 일기를 『계암일록』이라 부른다.

이 일기는 이른 시기부터 오랜 시간에 걸쳐 작성되었으므로, 내용이 풍부할 뿐만 아니라 무엇보다도 김령이 성장과 함께 어떻게 완성된 인격체로 나아가는지를 잘 보여준다는 점에서 의미가 깊다. 그래서 일기에는 자신을 돌이켜보며 더 발전한 내일의 '나'로 나아가려는 김령의 의지가 곳곳에 배어있다.

● 『丁未日錄』

계암 김령이 직접 작성한 친필 일기. 친필본은 이 『정미일록』만 유일하게 남아있다. 김령이 31세가 되던 丁未年 1607년 1월부터 12월까지의 일기이다. 이 해는 윤달(윤6)이 들어 있어 실제로는 13개월분으로, 전체 분량은 69쪽으로 되어 있다.

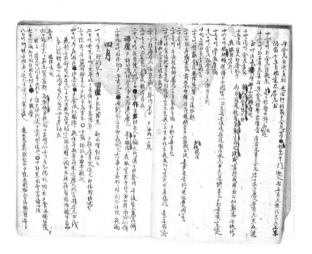

김령 『丁未日錄』

•『梅園日記』

매원 김광계(1580~1646)가 1603년부터 1645년까지 기록한 일기. 김광계는 김해의 아들로 김광계의 일기는 그가 24세 되던 1603년부터 66세로 생을 마감하기 한 해 전이었던 1645년까지 작성되었는데, 중간에 누락된 연도를 제외하면 약 28년 동안 쓰여진 것이다. 꽤 오랜 시간 일기를 작성하였는데, 출세와 영달에 욕심 없이 살았으나 국

김광계 『梅園日記』

가의 위기를 모른 척 할 수 없었던 지식인의 비분과 고민이 고스란히 담겨져 있다.

•『默齋日記』

묵재 김염(1612~1659)이 1636년부터 1640년까지 기록한 일기. 김광계의 아우 광실의 셋째 아들이었던 염은 후사를 두지 못했던 백부 광계에게 입후되어 그 가계를 이어받았다. 김염의 일가는 그가 25세이던 1636년부터 29세가 되던 1640년까지 작성된 것이다. 문중의 기록 경향으로 판단할 때 김염 역시 꽤 오랜 시간 동안 일기를 기록했을 것으로 보이는데, 현재 전해지는 것은 이 5년간의 기록뿐이다. 비교적 이른 나이 때 짧은 기간의 일기이므로 내용이 풍부하지는 않지만, 그가 병자호란 당시 국가의 위기를 걱정하고 또 고향에서 처사로 지내며 학문에 몰두했던 모습들을 읽을 수 있다.

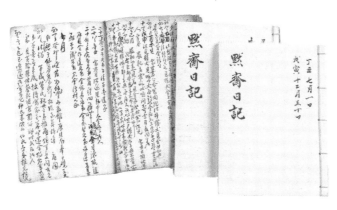

默齋 金磏 『默齋日記』

김선 『汝溫日記』

• 『汝溫日記』

金硃(1615~1670)이 1639년부터 1644년까지 기록된 일기이다. 김선은 광실의 넷째 아들로 김염(礫)의 아우이다. 그의 일기는 1639년부터 1644년까지 약 3년간의 기록만 남아있다. 20대 중반에 걸친 짧은 기간의 기록이라 주록 책을 읽고 공부한 모습과 자신이 관계된 주변 환경 이야기들이 간략하게 남아있다.

• 『果軒日記』

과헌 김순의(1645~1714)가 1662년부터 1714년까지 기록한 일기. 김순의는 김염의 아우 김선의 독자였는데, 후사가 없었던 김염에게로 입후되어 가계를 이어받았다. 그의 일기는 18세가 되던 1662년부터 시작해서 80세로 생을 마감한 1714년까지 작성되었다. 중간 중간 누락된 연도가 있기 때문에 총 기록연간은 약 23년 정도이다. 그의 청백한 성품으로 평생 관직에 나아가지 않았고, 좌우에 도서를 쌓아두고 그 속에서 지내며 학문탐구와 자기 수양에 골몰하였다.

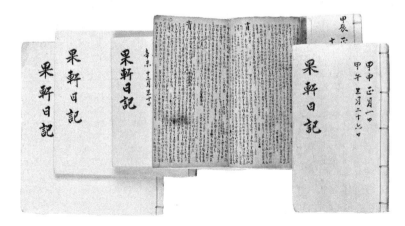

김순의 『果軒日記』

第三部

後彫堂 所藏 古書 目錄과 解題

1. 국내 문집류(文集類)

(1) 간재선생문집(艮齋先生文集)

書名	出版事項	版式狀況	一般事項	所藏番號
艮齋先生 文集	李德弘 (1541~1596)著, 純祖29(1829)跋.	8卷4冊, 朝鮮木版本, 四周雙邊, 半郭: 19.4×14.6cm, 有界, 半葉: 10行20字, 註 單行, 白口, 上下內向二葉花紋魚尾, 30.5×20cm, 線裝, 紙質: 楮紙.	表題: 艮齋集, 序: 李光庭 (1744), 重刊序: 鄭彦忠(1766), 跋: 權相一(1751)	KS0432-1- 04-00003

• 原典과 出刊

8권 4책의 조선목판본. 李德弘의 시문을 외증손 金萬
烋가 1666년 처음으로 정리. 1743년 訥隱 李光庭이
저자의 玄孫 李長鎭, 五世孫 李慶泰 등의 청탁으로,
본집을 校讎. 1751년 淸臺 權相一이 刪定과 編次를
담당하고 年譜를 增補하여, 1752년 후손 李慶泰와 李
長泰가 活字로 초간본을 간행. 그 후 1766년 초간본의
부족한 부분을 보완하여 후손 李常泰가 榮川 迂溪書
院의 院儒 金埠와 함께 大山 李象靖에게 刪定과 校
正을 부탁하여 8권 4책으로 再編하고 迂溪書院에서
木版으로 重刊本 간행.

• 著者紹介

李德弘 : 자는 宏仲, 호는 艮齋. 1541년(중종 36) 예안에서 출생. 李滉의 문인. 역학분야에
정통. 1578년(선조 11) 조정에서 선비 아홉 사람을 천거할 때, 제4위로 뽑혀 集慶殿參奉이
되었고, 宗廟署直長 世子翊衛司副率 등을 역임. 저서로『周易質疑』·『四書質疑』·『溪山記
善錄』·『朱子書節要講錄』·『艮齋集』등.

• 作品內容

『艮齋先生文集』은 조선중기 학자 李德弘의 시문집.

● 版本構成

- 권1~2 : 賦 2편, 詩 162수, 疏 2편.
- 권3~4 : 退溪, 松巢 權宇와 성리학에 관해 주고받은 問目 18편이 수록.「心經質疑」,「古文質疑」 등.
- 권5~6 : 저자가 스승 李滉의 언행을 종류별로 모아 엮은「溪山記善錄」.
- 권7 : 雜著, 銘, 圖.
- 권8 : 附錄으로 年譜와 挽詞, 榮川의 迂溪書院의 常享祝文 등.

(2) 갈암선생문집(葛庵先生文集)

書名	出版事項	版式狀況	一般事項	所藏番號
葛庵先生文集	李玄逸(1627~1704), 隆熙3(1909)刊.	18卷9冊(零本), 朝鮮木版本, 四周雙邊, 半郭 : 20.8×15.6㎝, 有界, 半葉 : 10行20字, 註雙行, 白口, 上下內向二葉花紋魚尾, 31.6×20.8㎝, 線裝, 紙質 : 楮紙.	文集(10卷5冊)·別集(6卷3冊)·附錄(2卷1冊)	KS0432-1-04-00006

● 原典과 出刊

19권 9책이 남아있는 조선목판본. 숙종 연간 李玄逸의 시문을 아들 李栽가 편집하고, 權斗經·李光庭 등 6명의 문인들이 초교·재교·對校·校 등 네 차례의 교정을 거쳐 定稿本을 완료. 부록 5권 3책도 李栽가 아울러 편찬. 1811년(순조 11) 별집 6권 3책을 추가하여 총 21책을 간행. 하지만 이현일이 갑술옥사로 罪籍에 올라 있어, 정부의 금지로 문집은 회수되고 책판은 소각 당했으며, 간행에 참여한 자손 6인이 유배되는 수난을 겪음. 이후 철종·고종 연간에 이현일의 신원·추탈 과정에서 간행을 시도하여 1908년 이현일의 신원과 아울러 중간됨. 후조당에는 문집 10권 5책과 별집 6권 3책, 권19의 부록 1책, 총 9冊이 소장됨.

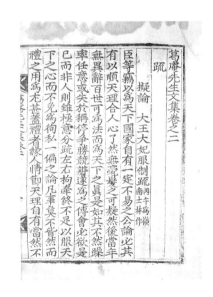

• 著者紹介

李玄逸 : 본관은 載寧. 자는 翼昇, 호는 葛庵. 1646년(인조 24)과 1648년에 초시에 모두 합격
했으나 벼슬에 나가지 않음. 1652년(효종 3) 『洪範衍義』 편찬에 참여. 1666년(현종 7)에는
宋時烈의 '朞年禮說'을 비판하는 소를 올림. 1678년 외척의 용사와 당쟁의 폐단 등을 논하였
고, 1686년 仁顯王后 폐비문제의 부당함을 지적. 嶺南學派의 거두로 李滉의 학통을 계승해
이황의 理氣互發說을 지지.

• 作品內容

『葛庵先生文集』은 조선 후기 학자 李玄逸의 시문집.

• 版本構成

- 본집 권1 : 시 205수. 권2~5 : 상소문 51편. 권5 : 箚 5편, 獻議 4편, 啓辭 3편. 권6・7 : 경연
  강의. 권8~17 : 書 305편. 권18・19 : 잡저 6편. 권20 : 序 9편, 기 5편. 권21 : 발 15편, 축문
  21편. 권22 : 제문 21편, 잠 2편, 명 2편, 贊 1편. 권23 : 비명 6편, 묘표 3편. 권24 : 묘갈명
  15편. 권25 : 묘지명 17편. 권26~28 : 행장 15편. 권29 : 諡狀 4편이 수록.
- 별집 권1 : 辭 1편, 시 57수. 권2 : 소 75편. 권3 : 서 28편, 贈言 1편, 잡저 2편, 序 6편, 발
  13편, 상량문 2편. 권4 : 제문 3편, 묘표 9편, 묘갈명 6편. 권5 : 묘갈명 8편, 묘지명 2편, 행장
  5편. 권6 : 행장 7편, 시장 1편이 수록.
- 부록 권1 : 연보. 권2 : 행장. 권3 : 묘지명과 유사. 권4 : 先府君家傳. 권5 : 제문・만장・仁山
  書院奉安文 및 常享祝文 등이 수록.

(3) 강좌선생문집(江左先生文集)

書名	出版事項	版式狀況	一般事項	所藏番號
江左先生文集	權萬 (1688~1749)著	10卷5冊, 朝鮮木活字本, 四周雙邊, 半郭: 20.1×16.2cm, 有界, 半葉: 10行20字, 註雙行, 白口, 上下內向二葉花紋魚尾, 29.6×20cm, 線裝, 紙質: 楮紙.	表題: 江左集, 序: 丁範祖 (1800), 行狀(丁範祖 撰)	KS0432-1-04-00008

• 原典과 出刊

10권 5책의 조선목활자본. 權萬의 시문을 1800년(정조 24) 증손인 權信度 등이 편집하여 간

행. 겉표지에는 '江左集'으로 되어있고 丁範祖의 '江左先生文集序'가 있음.

• 著者紹介

權萬 : 본관은 安東, 자는 一甫, 호는 江左. 權碩忠의 증손으로, 할아버지는 權濡, 아버지는 權斗紘, 어머니는 趙啓胤의 딸. 1721년(경종 1) 사마시에 합격, 1725년(영조 1) 증광문과에 병과로 급제. 1728년 李麟佐의 난이 일어나자 의병장 柳升鉉을 도와서 반역의 무리를 진압. 1746년 병조좌랑으로 문과중시에 을과로 급제하여, 병조정랑 등을 역임. 정조 때 창의의 공으로 이조참의에 추증.

• 作品內容

『江左先生文集』은 조선 후기 학자 權萬의 시문집.

• 版本構成

- 권두 : 丁範祖의 서문.
- 권1~4 : 시 407수.
- 권5~6 : 書 65편, 序 4편, 記, 跋 8편, 傳 2편, 銘 3편.
- 권7 : 頌 1편, 箋 1편, 狀 2편, 雜著 4편.
- 권8 : 說 4편, 策 1편, 상량문 8편, 애사 6편.
- 권9 : 제문 19편, 행장 6편, 丘墓文 3편.
- 권10 : 부록으로 행장 1편, 輓詞 7수, 제문 8편 등이 수록.

(4) 개암선생문집(開巖先生文集)

書名	出版事項	版式狀況	一般事項	所藏番號
開巖先生文集	金宇宏(1524~1590)著, 金汝鎔 編. 英祖5(1729)跋.	4卷2冊, 朝鮮木版本, 四周雙邊, 半郭: 21.7×16.3㎝, 有界, 半葉: 11行21字, 註雙行, 白口, 上下內向二葉花紋魚尾, 32.3×21.1㎝, 線裝, 紙質: 楮紙.	序: 後學 平原 李光庭(1674~1756)序, 跋: 歲己酉(1729)季冬日五世孫[金]汝鎔謹識.	KS0432-1-04-00009

● 原典과 出刊

4권 2책의 조선목판본. 金宇宏의 시문을 6대손 金景濂(1660~1729)이 정리하고, 그 외 선현들의 문집에서 시편들을 보충, 1724년 金景濂과 5대손 金汝鎔(1662~1735)이 주체로 교감하여 1729년에 상, 하권으로 편차를 구성함. 李光庭에게 교정 받고 서문을 받아, 김경렴의 아들 金國采(1688~1751)가 權相一에게 행장을 부탁하는 등 간행준비. 그 후 후손들이 1758년에 권상일이 지은 행장, 李象靖이 1772년에 지은 復享文까지 수록하고 또 연보를 추가하여 1772년경 4권 2책을 목판으로 간행.

● 著者紹介

金宇宏 : 본관은 義城, 자는 敬夫, 호는 開岩. 金從革의 증손, 할아버지는 증 도승지 金致精, 아버지는 부사 金希參, 어머니는 淸州郭氏. 퇴계 이황과 남명 조식의 문인. 동생인 東岡 金宇顒과 문장으로 널리 알려짐. 1542년(중종 37) 향시에 수석, 1552년(명종 7) 진사시에도 수석으로 합격. 1573년(선조 6) 副修撰, 1578년 司僕寺正을 거쳐 동부승지·대사간·대사성 등 역임하고. 1582년 충청도관찰사가 되었다가 형조참의·장례원판결사·홍문관부제학 등을 역임.

● 作品內容

『開巖先生文集』은 조선 중기 학자 金宇宏의 시문집. 본집은 年譜, 原集 4권 합 2책으로 구성. 권수에 李光庭이 지은 서문, 年譜, 목록이 실림.

● 版本構成

- 권1 : 詩 15편, 賦 5편.
- 권2 : 疏 6편, 箚 1편, 啓辭 1편, 敎書 2편.
- 권3 : 書 3편, 雜著 3편, 跋 1편, 祭文 2편, 墓文 1편.
- 권4 : 附錄으로 權相一이 1758년에 지은 行狀, 李埈이 1634년에 지은 墓碣銘, 鄭經世·權文海·高尙顔·吳澐이 지은 輓詞, 金宇顒이 지은 祭文, 李栽가 지은 涑水書院의 奉安文, 李象靖이 지은 復享文,『南冥師友錄』과 李元禎이 지은『京山誌』에서 저자에 대한 기록을 발췌해서 실은 것 등. 권말에 金汝鎔이 지은 識가 수록.

(5) 격재선생문집(格齋先生文集)

書名	出版事項	版式狀況	一般事項	所藏番號
格齋先生文集	孫肇瑞 著, 英祖47(1771)跋.	2卷1冊, 朝鮮木版本, 四周雙邊, 半郭: 18.3×15.1㎝, 有界, 半葉: 10行20字, 註雙行, 白口, 上下內向一葉花紋魚尾, 30.9×19.8㎝, 線裝, 紙質: 楮紙.	表題: 格齋集, 序: 柳漼(1730), 跋: 李宜翰(1644), 重刊跋: 金載順(1771)	KS0432-1-04-00010

● 原典과 出刊

2권 1책의 조선목판본. 孫肇瑞의 시문을 아들 孫胤漢이 心經演義·性理群書·諸賢詩次韻 및 雜詠·疏箚·書牘을 합하여 1479년에 4책으로 초간본을 간행하였으나, 병란을 겪으면서 유실됨. 그 뒤 후손 孫相龍 등이 남은 贐詩 1권에 家藏하고 있던 시문 수편을 수록하고, 『佔畢齋集』·『朴先生遺稿』에서 抄出한 唱酬詩·序와 墓碣銘 등을 附錄에 輯錄하여 총 4권 1책으로 편집하고 柳漼·金㙐의 序文을 받아 1831년 중간본을 간행.

● 著者紹介

孫肇瑞 : 생졸년은 미상. 본관은 一直. 자는 引甫, 호는 勉齋·格齋. 得壽의 증손, 할아버지는 永裕, 아버지는 감찰을 지낸 寬, 어머니는 金翕의 딸. 金宗直과 친교가 있었고, 金宏弼·鄭汝昌 등의 문하생을 둠. 1432년(세종 14) 사마시에 합격하여 생원이 되고, 1435년(세종 17) 식년문과에 同進士로 급제. 그 해 예문관검열을 거쳐 집현전에 보직되었으며, 知鳳山郡事, 1451년(문종 1)에 병조정랑 등을 역임. 1456년(세조 2)에 成三問 등이 살해되자 벼슬을 버리고 고향에 은둔, 호조참의에 임명되었으나 취임하지 않았음. 대구의 靑湖書院에 제향 됨.

● 作品內容

『格齋先生文集』은 조선 초기 학자 孫肇瑞의 시문집. 이 문집은 本集 2권·附錄 2권 합 1책으로 구성. 권수에는 柳漼와 金㙐의 序가 수록.

● 版本構成

- 본집 권1 : 詩 25수와 「天馬歌」.
- 권2 : 「賡詩」 260제와 「無寃錄跋」 1편.
- 부록 권1 : 『佔畢齋集』에서 뽑은 唱酬詩, 『朴先生遺稿』에서 抄出한 「孫同年高祖靖平公眞 卷序」와 墓表, 아들 孫胤漢이 지은 초간시의 跋文이 수록.
- 권2 : 墓碣銘, 저자가 享祀된 靑湖書院에 관한 기록, 追贈에 관계되는 기록이 수록.
- 권미 : 李宜翰과 金載順의 중간발문이 수록.

(6) 겸암선생일고(謙菴先生逸稿)

書名	出版事項	版式狀況	一般事項	所藏番號
謙菴先生逸稿	柳雲龍 (1539~1601) 著, 英祖18(1742)序.	4卷2冊, 朝鮮木版本, 四周雙邊, 半郭: 19×16.8㎝, 有界, 半葉: 10行20字, 註雙行, 白口, 上下內向二葉花紋魚尾, 31.9×20.5㎝, 線裝, 紙質: 楮紙.	表題: 謙菴稿, 序: 金應祖(1667)·柳元之(1669)·李光庭(1742), 附: 年譜	KS0432-1-04-00011
謙菴先生逸稿	柳雲龍 (1539~1601) 著, 朝鮮後期 刊.	4卷2冊, 朝鮮木版本, 四周雙邊, 半郭: 19×16.8㎝, 有界, 半葉: 10行20字, 註雙行, 白口, 上下內向二葉花紋魚尾, 30.5×20.9㎝, 線裝, 紙質: 楮紙.	表題: 謙菴集, 序: 李光庭(1742), 跋: 金應祖(1667)·柳元之(1669), 附: 年譜·遺墨	KS0432-1-04-00012

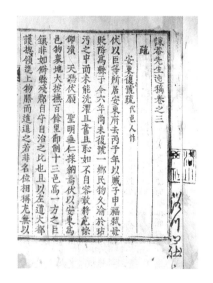

● 原典과 出刊

4권 2책의 조선목판본. 柳雲龍의 시문을 아우 류성룡이 편집하였으나 水害로 逸失됨. 6대손 孫永이 다시 수집하여 1742년(영조 18) 간행. 후에 詩·疏·書·雜著·記·識·跋·祭文·遺事·世系錄·行年記·年譜·부록 및 遺墨 등을 수록하여, 1803년(순조 3)에 重刊. 간행년에 쓴 李光庭의 서문, 癸亥 9월에 쓴 鄭宗魯의 서문.

● 著者紹介

柳雲龍 : 본관은 豊山, 자 應見, 호는 謙菴, 시호는 文

敬. 西厓 柳成龍의 형이며 李滉의 문인. 經學行義로 이름이 높아 1572년(선조 5) 음보로
典艦司別坐가 되고, 풍저창 직장, 인동현감을 거쳐 1592년(선조 25) 임진왜란 때 사복시 첨
정이 되었고, 이듬해 풍기군수로 부임하여 토적을 소탕하는 공을 세움. 1595년 원주목사,
그 후 이조판서 등에 추증. 풍기 愚谷書院과 안동의 花川書院에 제향.

● 作品内容

『謙菴先生逸稿』는 조선중기 학자 柳雲龍의 시문집. 後彫堂에는 표제가 '謙菴稿', '謙菴集'
이라고 되어있는 4권 2책 두질이 소장. 사진으로 제공한 謙菴稿라고 되어 있는 판본은 권두
에 金應祖와 柳元之의 謹識가 먼저 나와 있고, 그 다음 李光庭의 서문이 나오고 전체 목록
과, 謙菴先生의 世界之圖가 나옴. '謙菴集' 판본은 권두에 李光庭 서문, 世界之圖, 연보, 목
록, 그리고 맨 뒤에 金應祖와 柳元之의 識가 수록.

● 版本構成

- 본집 권1 : 시 48수. 권2~3 : 소 1편, 書 101편. 권4~5 : 잡저 8편, 기 3편, 논 1편, 識跋 3편,
  제문 4편. 권6 : 유사 1편, 世系錄 1편, 年記 1편.
- 부록 권1 : 연보. 권2 : 행장·묘지·묘갈명·제문·기. 권말에 「敬次退溪先生遊淸凉山韻」과
  이에 관한 7대손 柳宗春의 해설이 수록.

● 其他價値

『謙菴集』에 수록되어 있는 류성룡의 「請安東復號疏」는 안동이 부에서 현으로 강등된 사건
과 관련이 있어, 당시 시대상황을 연구하는데 귀한 자료가 됨.

(7) 경당선생문집(敬堂先生文集)

書名	出版事項	版式狀況	一般事項	所藏番號
敬堂先生文集	張興孝(1564~1633)著, 張世奎等校, 純祖18(1818)刊.	2卷1冊, 朝鮮木版本, 有圖, 四周雙邊, 半郭: 21.5×15.6cm, 有界, 半葉: 10行19字, 註雙行, 白口, 上下内向二葉花紋魚尾, 29.6×20cm, 線裝, 紙質: 楮紙.	板心題: 敬堂集, 序: 上之十九年癸酉(1693)…權愈(1633~1704)序, 挿圖(一元消長圖)	KS0432-1-04-00013

敬堂 先生文集	張興孝 (1564~1633) 著, 張世奎 等校, 純祖18(1818)刻 [後刷].	2卷1冊, 朝鮮木版本, 有圖, 四周雙邊, 半郭: 21.3×15.6㎝, 有界, 半葉: 10行19 字, 註雙行, 白口, 上下內向二葉花紋 魚尾, 31.6×20.7㎝, 線裝, 紙質: 楮紙.	序: 權愈(1693), 揷圖 (一元消長圖), 跋: 李玄 逸	KS0432-1- 04-00014
敬堂 先生續集	張興孝 著	2卷1冊, 朝鮮木版本, 有圖, 四周雙邊, 半郭: 20×15.3㎝, 有界, 半葉: 10行19 字, 註雙行, 白口, 上下內向二葉花紋 魚尾, 31.4×20.5㎝, 線裝, 紙質: 楮紙.	表題: 敬堂續集, 序: 金坽 (1811), 附: 遺墨, 刊記: 戊寅流火開刊于 城谷齋舍	KS0432-1- 04-00016

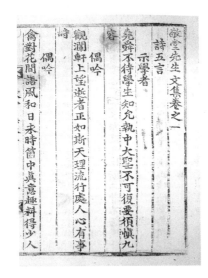

• 原典과 出刊

2권 1책의 조선목판본. 張興孝의 시문을 1653년 外孫 存齋 李徽逸이 정리. 1689년(숙종 15) 己巳換局으로 중앙에 진출한 葛庵 李玄逸이 형 李徽逸이 편차해 놓은 遺稿를 바탕으로 拾遺 2편을 추가하고 1692년에 權愈에게 부탁하여(與權太學士愈 葛庵集 卷9) 이듬해 받은 序文을 앞에 실어 原集 2권으로 편차, 목판으로 安東 鏡光書院에서 간행. 後彫堂에는 '敬堂集' 1冊이 두 권, 속집 한 冊이 소장.

• 著者紹介

張興孝 : 본관 安東, 자 行源, 호 敬堂. 아버지는 部長 彭壽, 어머니는 安東權氏. 金誠一·柳成龍·鄭逑에게서 사사 받음. 벼슬에 뜻을 두지 않고 후학을 양성하는데 힘을 쏟음. '易學'에 조예가 깊어 胡方平의 『易學啓蒙通釋』의 分配節氣圖에 오류를 발견하여 고증, 연구하여 20년 만에 十二圈圖를 만들었음.

• 作品內容

『敬堂先生文集』은 조선 중기 학자 張興孝의 시문집. 본집은 原集 2권, 續集 2권으로 구성. 原集 맨 앞에는 權愈가 1693년에 지은 서문과 目錄이 있음.

• 版本構成

- 본집 권1 : 五言詩 14편, 七言詩 11편, 賦 1편, 辭 2편, 疏 1편, 書 6편, 答問 4편, 贈言5편,

祭文 2편, 雜著 5편, 拾遺 2편이 수록.

- 권2 : 「日記要語」, 「一元消長圖」, 附錄. 권말에는 李玄逸이 지은 跋文이 수록.

(8) 경암선생문집(敬菴先生文集)

書名	出版事項	版式狀況	一般事項	所藏番號
敬菴 先生文集	李漢膺 (1778~1864), 朝鮮朝末期 刊.	13卷6冊, 朝鮮木版本, 四周雙邊, 半郭: 20×16.4㎝, 有界, 半葉: 10行20字, 註雙行, 白口, 上下內向二葉花紋魚尾, 32.5×21.8㎝, 線裝, 紙質: 楮紙.	表題: 敬菴集, 跋: 李晩埈(1881)	KS0432-1- 04-00018

• 原典과 出刊

13권 6책의 조선목판본. 李漢膺의 시문을 1885년(고
종 22) 그의 손자 興魯 등이 편집하고 간행. 권말에
李晩埈의 발문이 수록.

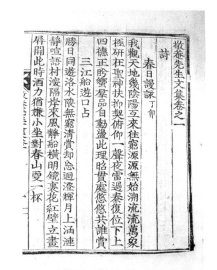

• 著者紹介

李漢膺 : 본관은 眞寶, 자는 仲模, 호는 敬菴. 東標의
후손이며, 아버지는 鎭紘. 일찍이 부모를 여의고 큰할
아버지로부터 글을 배웠으나 과거에 뜻을 두지 않고
오로지 학문에 정진함. 서예와 시문에도 탁월한 재능
을 보였으며, 만년에는 주로 후학양성에 주력. 1849년
(헌종 15)에는 추천으로 가감역에 오름. 1857년(철종
8) 通政大夫에 승자되어 첨지중추부사, 1860년에는
돈녕부도정 등 역임.

• 作品內容

『敬菴先生文集』은 조선 중기 학자 李漢膺의 시문집. 書와 잡저 등은 대부분 陰陽·心性·
理氣에 관한 논술.

• 版本構成

- 권1~2 : 시 330수.

- 권3~7 : 書 100편.
- 권8~9 : 잡저 17편, 序 4편, 기 4편, 발 8편, 잠명 3편.
- 권10 : 상량문 2편, 고유문 2편, 제문 8편, 애사 4편, 묘갈명 8편, 묘지명 5편.
- 권11 : 壙記 3편, 행장 11편.
- 권12 : 행장 6편.
- 권13 : 부록으로 행장 1편, 묘갈명 1편, 묘지명 1편, 拜門錄 1편 등 수록.

(9) 경옥선생유집(景玉先生遺集)

書名	出版事項	版式狀況	一般事項	所藏番號
景玉先生遺集	李籗(1629~1710)著, 純祖13(1813)序.	4卷2冊, 朝鮮木版本, 四周雙邊, 半郭: 20.2×16.2㎝, 有界, 半葉: 10行19字, 註雙行, 白口, 上下內向二葉花紋魚尾, 31.1×21.2㎝, 線裝, 紙質: 楮紙.	序: 上之十三年癸酉(1813)端陽節…開詔金埴(1739~1816)謹序. 跋: 上章大淵獻(辛亥, 1911) 榮菊節後學完山柳必永謹跋	KS0432-1-04-00019

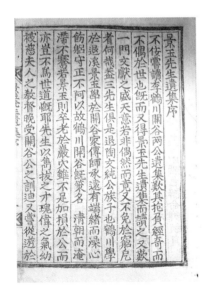

• 原典과 出刊

4권 2책의 조선목판본. 간행정황과 연도에 대한 정확한 기록은 남아있지 않지만 1911년 柳必永의 발문이 있는 것으로 보아 그시기에 간행된 것으로 추정.

• 著者紹介

李籗 : 본관은 眞城. 자는 信古, 호는 景玉. 아버지는 李爾樟이고, 어머니는 張友程의 딸. 안동에서 태어나 10세에 아버지가 돌아가시고 어머니에게 엄한 교육을 받았으며 이후 종숙부인 李爾松에게서 학문을 익혔고 金應祖에게 수학함. 1676년 과거에 급제하였으나, 과거에 뜻을 두지 않았고, 63세 때인 1691년 사옹원참봉에 제수되어 잠시 부임했다가 이내 귀향하였음.

• 作品內容

『景玉先生遺集』은 조선 초기 학자 李籗 시문집.

• 版本構成

- 본집 권1 : 詩.

- 권2 : 疏 1편, 雜著 3편, 序 등.

- 권3 : 記 9편, 跋 4편, 上樑文 2편, 祭文 4편, 墓碣誌銘 3편 등.

- 권4 : 行狀 6편, 遺事 4편.

- 부록으로 遺事와 墓碣銘 등이 수록.

(10) 경와선생문집(敬窩先生文集)

書名	出版事項	版式狀況	一般事項	所藏番號
敬窩 先生文集	金烋 (1597~1638) 著, [哲宗~高宗年間] 刊.	8卷4冊, 朝鮮木活字本, 四周雙邊, 半郭: 21.2× 16.2cm, 有界, 半葉: 10行20字, 註雙行, 白口, 上下內向二葉花紋魚尾, 31.3×20.8cm, 線裝, 紙質: 楮紙.	表題: 敬窩集, 墓 碣銘序: 金岱鎭撰	KS0432-1- 04-00020

• 原典과 出刊

8권 4책의 조선목활자본. 金烋가 臨終을 앞둔 1638년 3월에 병든 몸으로 自編. 그 후 저자의 遠孫 金鎭澔와 金義洛 등이 金岱鎭에게 묘갈명을 써 달라고 부탁하고, 金鎭澔와 金義洛 등이 문집 간행에 참여. 그런 정황으로 미루어 볼 때 哲宗 말년에서 高宗 초기인 1860년대 후반에 간행되었을 것으로 추정.

• 著者紹介

金烋 : 본관은 의성, 자는 子美, 謙可, 호는 敬窩. 張顯光의 문인. 15세 때 향리의 백일장에서 장원. 1617년(광해군 9) 폐모론을 주장하였던 鄭造가 경상도안찰사로 부임하여 陶山書院 院錄에 이름을 기재하자, 儒籍을 더럽힌다고 그 이름을 지워버릴 정도로 성격이 대쪽 같음. 1627년(인조 5) 사마시에 합격. 벼슬에 뜻을 두지 않고 성리학의 연구에만 전념. 趙絅의 간곡한 권유와 천거로 강릉참봉에 임명. 1637년에 부모 遺事를 찬술.

• 作品内容

『敬窩先生文集』은 조선 중기 학자 金烋의 시문집. 본 문집은 8권 4책으로 卷마다 권수에 해당 권의 목록이 실려 있음.

• 版本構成

- 권1~2 : 賦, 五言絶句, 七言絶句, 五言四韻, 七言四韻, 五言古詩, 七言古詩가 詩體別로 편차됨.
- 권3 : 題詠, 金剛錄, 挽詞로 連作詩 등이 남아있음.
- 권4 : 古樂府體, 小詞, 書로 구성.
- 권5~6 : 雜著. 그중 권5 朝聞錄에는 『小學』, 『大學』, 『中庸』, 『論語』, 『孟子』, 『周易』 등에서 뽑은 17條目에 대한 圖式 17개와 설명이 실려 있고 본문 앞뒤로 序文과 識가 수록.
- 권7 : 箋, 銘, 贊, 序, 記, 上樑文, 祭文, 行略 등.
- 권8 : 附錄. 1745년(영조 21)에 金聖鐸이 지은 行狀, 士友 門人들이 지은 祭文과 挽詞가 실려 있음. 권말에 金岱鎭이 지은 墓碣銘序가 실려 있음.

(11) 계암선생문집(溪巖先生文集)

書名	出版事項	版式狀況	一般事項	所藏番號
溪巖先生文集	金坽 (1577~1641) 著, 安東陶山書院, 英祖48(1772) 刊.	6卷3冊, 朝鮮木版本, 四周雙邊, 半郭: 19.7×14.6cm, 有界, 半葉: 10行19字, 註單行, 白口, 上下內向二葉花紋魚尾, 30.7×19.8cm, 線裝, 紙質: 楮紙.	表題: 溪巖集, 序: 李象靖(1772), 跋: 李世澤(1772), 識: 金紘(1772)	KS0432-1-04-00027

• 原典과 出刊

6권 3책의 조선목판본. 金坽의 덕행을 敬慕하여 1771년(영조 47) 가을에 예안 鄕中 선비들이 자금과 工匠을 모아 도산서원에서 간행하여 이듬해 3월에 완성. 李世源과 金重鉉이 간행을 맡고, 승지 李世澤가 간행을 위해 發論하여 衆議를 모으는 데에 주력, 저자의 현손 金紘가 편집에 관여함.

• 著者紹介

金坽 : 본관은 光山, 호는 溪巖. 시호는 文貞. 광산김 씨 예안 입향조 金孝盧의 증손. 할아버지는 金綏, 아버지는 현감 金富倫, 어머니는 평산신씨로 부호군 申壽民의 딸. 임진왜란이 일어나자 17세의 나이로 柳成龍의 막하로 자진 종군하기도 했으나, 광해군의 어지러운 정치를 비관해 관직을 그만두고 낙향함. 1624년 (인조 2) 李适의 난이 일어나자 한양으로 인조를 찾아 나섰으나 난이 곧 평정되어 아들 金耀亨을 시켜 소를 올리라 함. 1689년(숙종 15)에 도승지에 추증되었고, 영조 때는 院額이 하사됨.

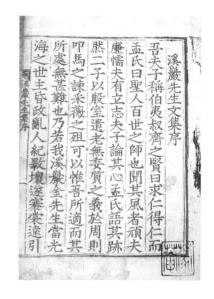

• 作品內容

『溪巖先生文集』은 조선 중기 학자 金坽의 시문집. 시는 짤막한 절구보다는 고시·율시·배율 이 많이 실려 있으며, 서는 친지와 아들·조카들에게 보낸 것. 권두에 李象靖의 서문과 총목 이 실려 있고, 각 권마다 서두에 목록이 실려 있음.

• 版本構成

- 권1~3 : 詩 326편, 권1- 오언고시와 칠언고시, 권2- 오언율시와 칠언율시, 권3- 칠언율시와 오언절구·칠언절구.
- 권4 : 書 24편, 소 2편.
- 권5 : 제문 6편, 表箋 4편, 雜著 6편, 傳·기·錄 각 2편. 表箋은 대부분 중국의 인물과 史實 을 끌어다 작성한 擬表.
- 권6 : 부록으로 권유와 이광정이 쓴 행장과 묘갈명이 있고, 그 밖에 문인·유자들의 제문과 만사가 수록.

(12) 계촌선생문집(溪村先生文集)

書名	出版事項	版式狀況	一般事項	所藏番號
溪村先生文集	李道顯 (1726-1776)著.	6卷3冊(零本), 朝鮮木版本, 四周雙邊, 半郭: 20.3×15.8cm, 有界, 半葉: 10行18字, 註單行, 白口, 上下內向二葉花紋魚尾, 33×21cm, 線裝, 紙質: 楮紙.	表題: 溪村集, 內容: 卷3-8, 共4冊 中 第1冊 缺, 第2冊 破本	KS0432-1-04-00031

• 原典과 出刊

6권 3책이 남아있는 조선목판본. 간행연대는 미상이나 柳必永이 쓴 행장에 의하면, 正祖 때 士人들이 저자의 傍後孫 冕宙와 함께 간행한 것으로 추정. 후조당에 소장된 판본은 零本으로 불에 그을린 흔적도 있고, 파본상태로 온전하지가 않음.

• 著者紹介

李道顯 : 본관은 全州, 자는 穉文, 호는 溪村. 訥隱 李光庭의 문인. 溫寧君 李裎의 후손으로, 증조부는 李瑄, 조부는 李仁溥. 부친은 李槩, 모친은 金萬柱의 딸 宣城金氏. 그의 아들 李應元은 사도세자의 죽음과 관련하여, 폐사의 원통함을 밝혀 달라고 상소를 올림. 1776년(정조 즉위년)에 이 일을 계기로 함께 역적으로 몰려 죽임을 당했고, 유족들은 유배됨. 고종 때에 그의 충절이 재평가되고 관직이 복구되어, 1899년(광무 3) 嘉善大夫 內部協辦에 추증.

• 作品內容

『溪村先生文集』은 조선 후기의 학자 李道顯의 시문집.

• 版本構成

- 권1~2 : 詩 201수.
- 권3~4 : 소 1편, 書 29편.
- 권5~6 : 잡저 18편, 序 7편, 기 4편, 識 2편, 잠 1편, 贊 2편.

- 권7 : 애사 1편, 제문 10편, 묘지명 1편, 狀 1편.
- 권8 : 부록으로 제문·上言草·詔勅·유사·가장·행장, 묘갈명 각 1편 수록.

(13) 고재선생문집(顧齋先生文集)

書名	出版事項	版式狀況	一般事項	所藏番號
顧齋先生文集	李槾(1669~1734)著, [朝鮮朝後期刊].	10卷5冊, 朝鮮木版本, 四周雙邊, 半郭: 19.7×15.4㎝, 有界, 半葉: 11行20字, 註雙行, 白口, 上下內向二葉花紋魚尾, 31.6×20.4㎝, 線裝, 紙質: 楮紙.	表題: 顧齋集	KS0432-1-04-00033

• 原典과 出刊

10권 5책의 조선목판본. 서문과 발문이 없어 정확한 간행 연대를 알 수는 없으나, 李槾의 현손 李海德이 柳致明(1777~1861)에게 墓誌銘을 부탁한 점으로 미루어보아 19세기 말엽 이후에 간행된 것으로 추정.

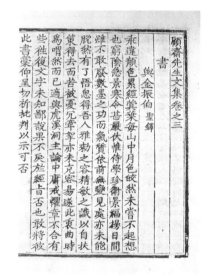

• 著者紹介

李槾 : 본관은 載寧. 자는 君直, 호는 顧齋. 아버지는 隆逸, 어머니는 光山金氏로 礎의 딸. 작은아버지 玄逸에게 학문을 익히면서 權瑎·孫德升 등과 古經을 강론함. 벼슬에 뜻을 이루지는 못했으나, 만년에 관찰사 趙顯命의 주선으로 訓迪之任을 맡아 學令을 마련해서 興學에 힘썼다고 전함 1734년에 永禧殿參奉에 제수되었으나 부임하지 않았으며, 예학이나 關防과 軍務에도 뛰어남. 임진·병자 양란 때 彈琴臺와 남한산성 등에서 패전하게 된 까닭을 명쾌히 지적하기도 하였으며, 죽령과 조령에다 산성을 쌓고 鎭營을 세워 兵農을 겸하게 하면 국방에 더욱 실익이 있음을 주장하기도 함.

• 作品內容

『顧齋先生文集』은 조선 중기 학자 李槾의 시문집.

• 版本構成

- 권1 : 詩와 書.

- 권2~6 : 書.

- 권7 : 書와 雜著.

- 권8 : 祝文·祭文·哀辭·誌碣 등이 수록.

- 권9 : 拾遺로 詩·書·雜著·祭文·哀詞.

- 권10 : 부록으로 행장·묘갈명·묘지명 등이 수록.

(14) 과헌일고(果軒逸稿)

書名	出版事項	版式狀況	一般事項	所藏番號
果軒逸稿	金純義 著	不分卷1冊, 筆寫本, 無界, 半葉: 10行20字, 31.7×21.4㎝, 線裝, 紙質: 楮紙.		KS0432-1 -04-00037

• 原典과 出刊

不分卷1冊의 필사본. 金純義의 시문들을 모아, 후에 안동 오천의 광산김씨 예안파 金緣(1487~1544), 金富弼(1516~1577), 金富儀(1525~1582), 金圻(1555~1593), 金光繼(1580~1646), 金純義(1645~1714) 등 五代 6인의 저술을 모아 놓은 시문집『烏川世稿』번역본을 같이 엮어서 출판함.

• 著者紹介

金純義 : 자는 체인, 호는 果軒. 김순의는 김염의 아우 김선의 독자였는데, 후사가 없었던 김염에게로 입후되어 가계를 이어받음. 행장의 내용을 참고하면, 그는 어려서부터 총명하고 배우기를 좋아하였는데, 행동거지가 안정되고 세심하여 종가를 계승하였으니 수 백리 먼 곳에서 아침저녁으로 부모를 섬기지 못함을 안타깝게 여겼다고 함. 아버지가 역병으로 생을 달리하시자, 몸을 돌보지 않고 운구를 모시고 선영으로 돌아와 장사를 지냄. 일찍이 한두 번 향시에는 붙었으나, 복시에는 급제하지 못함. 모친까지 천연두로 생을 마치자, '禮'에 어긋남이 없이 상을 치

룸. 낙동강 강가에 '枕洛亭'을 짓고 유유자적하게 지냄. 『중용』과 『대학』을 좋아하여 매일 한 번씩 암송하였다고 전해짐. 평생 청백한 성품으로 관직에 나아가지 않았고, 좌우에 도서를 쌓아두고 그 속에서 지내며 학문탐구와 자기 수양에 힘썼다고 함. 1662년부터 1714년까지의 기록을 『果軒日記』로 남겼는데. 그의 일기는 18세가 되던 1662년부터 시작해서 80세로 생을 마감한 1714년까지 작성. 중간 중간 누락된 연도가 있기 때문에 총 기록연간은 약 23년 정도 됨.

• 作品內容

『果軒逸稿』는 조선 중기 학자 金純義의 시문집.

• 版本構成

행장 1편과, 제문 1편, 그리고 여러 그에 대한 애도의 시 54편으로 구성.

(15) 광뢰문집(廣瀨文集)

書名	出版事項	版式狀況	一般事項	所藏番號
廣瀨文集	李野淳 (1755~1831) 著, [朝鮮朝末期刊]	13卷7冊, 朝鮮木活字本, 四周雙邊, 半郭: 22.6×16.5㎝, 有界, 半葉: 10行20字, 註單行, 白口, 上下內向二葉花紋魚尾, 32.8×21.4㎝, 線裝, 紙質: 楮紙.		KS0432-1-04-00039

• 原典과 出刊

13권 7책의 조선목활자본. 序文과 跋文이 없어 정확한 간행 연대와 경위를 알 수 없으나 서사의 생몰년을 감안할 때 조신후기에 간행된 것으로 추정.

• 著者紹介

李野淳 : 본관은 眞寶. 자는 健之, 호는 廣瀨. 이황의 9세손으로 통덕랑 龜烋의 아들, 어머니는 全州李氏로 舍人 若松의 딸. 어려서부터 총명하고 문장에 능했으며 李象靖·金宗德의 문하에서 李滉의 성리학을 연구하였으나, 평생 벼슬에 뜻을 두지 않고 학문에만 전념함. 특

히 예학에 조예가 깊었다고 함. 이황이 강의하고 李德弘이 정리 편찬한 『朱子書講錄』의 오류를 교정하고 보완하는 데 매진함. 저서로 『陶山年譜補遺』・『禮說類編』・『要存錄』 등.

● 作品内容

『廣瀬文集』은 조선 후기 학자 李野淳의 시문집.

● 版本構成

- 권1 : 辭 1수(次歸去來辭)와 詩 172수.
- 권2 : 詩 132수.
- 권3 : 書로 모두 川沙 金宗德에게 올리는 글.
- 권4 : 書, 服喪問題에 대하여 晩谷 趙述道에게 물어 본 別紙 2수를 비롯하여 趙述道에게 보내고 답한 편지, 服喪問題에 대하여 柳炳文・柳徽文에 답한 글 1수와 柳규 등 당시 학자들에게 보내고 답하는 편지로 모두 41수 수록.
- 권5~6 : 書, 주로 退溪書에 대한 문답이나, 일가친척 및 형제와의 편지 수록.
- 권7 : 雜著로 도표와 설명 위주로 구성.
- 권8 : 序 9수, 記 4수, 識跋 18수.
- 권9 : 銘 5수, 上樑文 4수, 祝文 7수, 奉安文 5수, 祭文 20수와, 뇌 1수(誄鄭叔顯象觀文), 哀辭 2수 등이 수록.
- 권10 : 碑 1수(種善碑銘竝序), 墓誌銘 2수, 墓碣銘 8수, 墓表 2수.
- 권11 : 行狀 6수, 遺事 1수, 家狀 1수.
- 권12 : 家狀 6수, 傳 4수가 수록.
- 권13 : 附錄으로 琴詩述이 撰한 行狀, 再從孫 李晩愨이 撰한 家狀, 柳致明이 撰한 墓碣銘竝序, 挽詞 7首, 뇌詞 1首, 祭文 4首 등이 수록.

(16) 괴애선생유집(乖厓先生遺集)

書名	出版事項	版式狀況	一般事項	所藏番號
乖厓先生遺集	柳楷(1626~1679)著, 哲宗(1863)序.	4卷2冊, 朝鮮木活字本, 四周單邊, 半郭: 20.7×16㎝, 有界, 半葉: 10行20字, 註單行, 白口, 上下向黑魚尾, 30.9×20.9㎝, 線裝, 紙質: 楮紙.	表題: 乖厓集, 表題・版心題: 乖厓集, 序: 柳長源(1852)・金岱鎮(1863), 跋: 柳衡鎮(1862)	KS0432-1-04-00042

● 原典과 出刊

　4권 2책의 조선목활자본. 1792년(정조 16) 현손 浩源이 柳楷의 시문을 모아 1책을 편집하고, 1863년(철종 14) 후손 致皜가 또 다른 1책을 편집하여 모두 6권으로 간행하였다고 하는데, 後彫堂 소장본은 표제가 '괴애집'이라고 표기된 4권 2책으로 된 목활자본.

● 著者紹介

　柳楷 : 본관은 全州. 자는 重吾, 호는 乖厓. 아버지는 증 호조참판 希潛, 어머니는 안동김씨로 元의 딸. 1646년(인조 24) 사마시에 합격하고, 1654년(효종 5) 문과에 급제하여 성균관전적, 춘추관기사관, 사헌부의 지평·장령, 사간원의 정언, 尙衣院正 등을 역임. 외직으로 결성·단성 등지의 현감, 밀양부사, 능주목사, 길주목사 등을 역임.

● 作品內容

　『乖厓先生遺集』은 조선 중기 학자 柳楷의 시문집. 책머리에 柳長源·金岱鎭의 서문이 있고, 책 끝에 柳衡鎭의 발문이 있음.

● 版本構成

　- 권1 : 詩·疏·啓·辭章.
　- 권2 : 書.
　- 권3 : 雜著·祭文.
　- 권4 : 부록으로시 賜祭文·行狀 등이 수록.

● 其他價値

　啓와 雜著 중의 泮中記事는 당쟁관계 자료로 도움을 줌.

(17) 구봉선생실기(九峯先生實紀)

書名	出版事項	版式狀況	一般事項	所藏番號
九峯先生實紀	李運楨 編	2卷1冊, 朝鮮石版本, 四周雙邊, 半郭 16.9×14.8㎝, 有界, 半葉: 10行18字, 註雙行, 白口, 上下內向二葉花紋魚尾, 30.3×19.6㎝, 線裝, 紙質: 楮紙.	表題: 九峯實記, 被傳者: 李道謙, 序: 李在永(1880), 跋: 許傳·金道和	KS0432-1-02-00023

• 原典과 出刊

2권 1책의 조선석판본. 1880년(정조 24) 李道謙의 시문을 5세손 運楨 등이 편집하여 간행. 권두에 李在永의 서문, 권말에 許傳·金道和의 발문.

• 著者紹介

李道謙 : 1677~1718. 본관은 慶州, 자는 好與, 호는 九峯. 이하상의 아들로 태어나 일찍 아버지를 여의고 할아버지 이정선의 밑에서 성장. 고을 선비들이 그의 효행을 찬양하여 조정에 포상을 건의하기도 함. 그의 시는 도덕암 문회에서 지은 것으로 문우들과 교유하는 감회를 표현 한 것으로 천성이 지효하고 문학이 독실하여 忠孝說과 儀禮編을 저술하고 사림이 소철하여 조봉대부, 동몽교관을 증직 받았다고 함.

• 作品內容

『九峯先生實紀』는 조선 중기 학자 李道謙의 시문집.

• 版本構成

- 권1 : 시 1수, 挽·說·제문 각 1편, 부록으로 家狀·행장·묘갈명 각 1편, 告由文 2편, 請贈疏 1편, 通文 4편, 報狀 3편, 啓狀 1편.
- 권2 : 부록에 輓 58수, 기 1편 등이 수록.

(18) 구사당선생문집(九思堂先生文集)

書名	出版事項	版式狀況	一般事項	所藏番號
九思堂先生文集	金樂行 (1708~1766)著, [朝鮮朝後期刊.	9卷5冊, 朝鮮木版本, 四周雙邊, 半郭: 19.4×15㎝, 有界, 半葉: 11行21字, 註雙行, 白口, 上下內向二葉花紋魚尾, 30.1×19.8㎝, 線裝, 紙質: 楮紙.	版心題: 九思堂集.	KS0432-1-04-00046

• 原典과 出刊

9권 5책의 조선목판본. 金樂行의 시문을 1801년에 종제 金道行이 주체가 되어『九思堂集』간행. 김낙행의 9세손 金時瀷이 쓴 跋과『제산집』중간본의 연보에 의하면, 1881년 景山齋 화재로『제산집』책판이 소실되어, 1893년 저자의 후손 金鎭誠이『제산집』을 중간하면서『구사당집』의 원집에서 누락된 시문 및 부록 등을 수집·편차하여 4권 2책의 속집을 목판으로 같이 간행하였다고 함.

• 著者紹介

金樂行 : 본관은 義城, 초명은 晉行, 초자는 退甫, 자는 艮夫, 호는 九思堂. 아버지는 교리 聖鐸, 어머니는 務安朴氏로 통덕랑 震相의 딸. 경상북도 안동 출신. 李栽의 문인으로 그는『近思錄』·『心經』등에 조예가 깊었음. 1737년(영조 13)에 홍문관교리로 재직하던 아버지가 사도세자의 추존문제로 무고를 받고 있던 이재를 변호하다가 제주도에 유배됨. 아버지를 따라 제주에 갔다가, 그 뒤 아버지가 光陽에 이배되어 죽사 고향에 돌아가 강사지냄. 효행이 지극하고 문장으로 이름이 났으며, 특히 제문에 뛰어났다고 전함.

• 作品內容

『九思堂先生文集』은 조선 후기 학자 金樂行의 시문집. 본 문집은 서·발은 없고, 卷首에 총목록이 있음.

● 版本構成

- 권1 : 시 102편이 연대순으로 수록.

- 권2~6 : 서 84편.

- 권7 : 잡저 5편.

- 권8 : 雜著 10편, 書 2편, 記 3편, 識跋 4편, 箴銘 11편, 上樑文 2편.

- 권9 : 告辭 4편, 제문 22편, 애사 4편 등이 수록.

(19) 구소선생문집(鳩巢先生文集)

書名	出版事項	版式狀況	一般事項	所藏番號
鳩巢先生文集	權聖矩(1642~1709)著, [朝鮮朝末期~日帝時代]刊.	4卷2冊, 朝鮮木版本, 四周單邊, 半郭: 20×15.9㎝, 有界, 半葉: 10行20字, 註單行, 白口, 上下內向二葉花紋魚尾, 31.3×21.1㎝, 線裝, 紙質: 楮紙.	序: 權璉夏(1813~1896)撰. 跋: 金興洛(1827~1899)謹識.	KS0432-1-04-00047

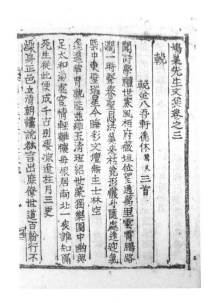

● 原典과 出刊

4권 2책의 조선목활자본. 權聖矩의 시문을 후손 宅銖가 편집하고 아들 濟說과 士友들이 간행하였으나 정확한 간행연대는 미상. 권두에 權璉夏의 서가 있고, 권말에 金興洛의 발이 있음.

● 著者紹介

權聖矩 : 자는 恕余, 호는 鳩巢, 본관은 안동. 柳稷의 문인. 1678년(숙종 4) 증광문과에 병과로 급제하여 승문원에 배속된 뒤 안동교양관으로 나갔다가 승문원정자, 자여도찰방, 전적, 병조좌랑 등 역임. 1688년 진산현감이 되어 치적을 올렸으나 무고로 파직됨. 1693년 직강에 제수되었으나 나가지 않았으나, 같은 해 여름에는 양산군수에 제수됨. 1699년 봄에 예조정랑으로 복직되어서 강진현감 등을 지냄. 만년에는 청량산 등지로 소요함.

● 作品內容

『鳩巢先生文集』은 權聖矩의 시문집. 詩는 주로 차운한 것이 많고, 만시가 78수나 됨. 「太師廟對擧疏」는 안동의 태사묘에 대한 고려 개국공신인 3성간의 主壁 문제로 金壽一 등의 상소문에 대해 우리나라와 중국선현들의 학설까지 인용하여 반박한 소. 부록의 記·詩는 저자가 관직에 종사하던 때를 權泰時·柳夏時 등이 읊은 것.

● 版本構成

- 권1~3 : 시 279수, 부 1편, 소 1편, 箋 4편, 狀 3편, 書 2편, 고유문 4편, 제문 8편, 애사 3편, 상량문 1편, 잡저 1편.
- 권4 : 부록으로 행장 1편, 묘갈명 1편, 묘지명 1편, 만사 2편, 제문 2편, 三松亭記 1편, 三松亭韻 12편 등으로 구성.

(20) 구암선생문집(懼庵先生文集)

書名	出版事項	版式狀況	一般事項	所藏番號
懼庵先生文集	李樹仁(1739~1822)著, [高宗年間]刊.	9卷5冊, 朝鮮木版本, 四周單邊, 半郭: 19.8×15.3㎝, 有界, 半葉: 10行20字, 註單行, 白口, 上下內向二葉花紋魚尾, 31.5×20.3㎝, 線裝, 紙質: 楮紙.	表題: 懼庵集, 序: 眞城李彙寧(1788~1861)謹序. 驪江李鍾祥謹序.	KS0432-1-04-00050

● 原典과 出刊

9권 5책의 조선목판본. 간년 미상이나 추각본 權周郁(1825~1901)의 발문에 의해 철종 연간(1860년)에 간행된 것으로 추정. 李樹仁의 시문을 아들 李孝永(1778~1833)과 족질 李觀永이 수습 정리하여 1827년에 李鼎基에게 遺事를 부탁하여 받고, 李鼎儼에게는 묘지명을, 柳台佐(1763~1837)에게는 묘갈명을 부탁하여 사림의 협조를 받아 간행한 것으로 추정.

● 著者紹介

李樹仁 : 본관은 道安. 자는 性安, 호는 懼庵 또는 杜巷居士. 아버지는 東都八士의 한 사람인 渭賢이며, 어머니는 寧越辛氏로 命相의 딸. 일찍이 벼슬에 뜻을 두지 않고 經史子集을 망라한 많은 서적을 박람하였는데 특히 『中庸』과 『大學』 공부에 매진하고 일상생활 속에서 실천하는 삶을 살고자 함. 중년에 「自警說」과 箴 50여 편을 지어 일생 동안 스스로를 책려하

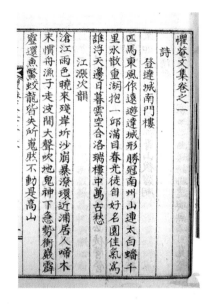

며 살았다고 전함. 1796년(정조 20) 경상도관찰사가 학행으로 천거하여 繕工監假監役에 임명되었고, 1818년(순조 18)에 壽職으로 通政大夫의 작호가 내려짐.

● 作品内容

『懼庵先生文集』은 조선 후기 학자 李樹仁의 시문집. 책머리에 李彙寧의 서문과, 책 끝에 李鍾祥의 後敍가 있음.

● 版本構成

- 권1~3 : 詩.
- 권4 : 疏·書.
- 권5 : 서·雜著·序.
- 권6 : 記·跋.
- 권7 : 箴·銘·頌·上梁文·祝文·祭文.
- 권8 : 哀辭·碑銘·墓碣銘·墓誌銘·行狀·行錄.
- 권9 : 부록으로 遺事·묘지명·묘갈명·輓詞·제문 등이 수록.

(21) 구음집(龜陰集)

書名	出版事項	版式狀況	一般事項	所藏番號
龜陰集	金光壽 (1801~1871) 著, [朝鮮朝末期]刊.	4卷2冊, 朝鮮木版本, 四周雙邊, 半郭: 19.7×16.1㎝, 有界, 半葉: 10行20字, 註單行, 白口, 上下內向二葉花紋魚尾, 32.3×21.3㎝, 線裝, 紙質: 楮紙.	墓誌銘: 族姪前行義禁府都事[金]道和(1825~1912) 謹撰.	KS0432-1-04-00052

● 原典과 出刊

4권 2책의 조선목판본. 서문과 발문이 없어 간행경위 미상.

● 著者紹介

金光壽 : 생졸년 미상. 조선 후기의 학자. 본관은 金海. 호는 龜陰. 定齋 柳致明의 문인. 묘

는 경기도 남양주시 와부읍 栗石里에 있음.

• 作品內容

『龜陰集』은 조선 후기 학자 金光壽의 시문집으로 자연에 은거하면서 山水花草와 자신의 인생에 빗대어 읊은 서정시가 다수.

• 版本構成

- 권1~3 : 시 222수, 書 17편, 잡저 3편, 제문 21편.
- 권4 : 家狀으로 行錄 1편, 行略 1편, 끝에 부록으로 만사 9수, 제문 5편, 유사 1편, 묘지명 1편 등이 수록.

(22) 국창선생집(菊窓先生集)

書名	出版事項	版式狀況	一般事項	所藏番號
菊窓 先生集	李燦 (1575~1654)著, 高宗32(1895)跋.	4卷2冊, 朝鮮木活字本, 四周單邊, 半郭: 17.8×15㎝, 有界, 半葉: 10行18字, 註單行, 白口, 上下內向二葉花紋魚尾, 29.4× 19.7㎝, 線裝, 紙質: 楮紙.	表題: 菊牕集, 序: 二十九年壬辰(1892)陽月…李晚寅謹序. 跋: 上之三十二年乙未(1895)黃蘭善謹識.	KS0432-1 -04-00054

• 原典과 出刊

4권 2책의 조선목활자본. 李燦의 시문을 저자의 후손인 李駿九가 주변 사람들의 뜻을 모아 편집 간행. 서두에는 李晚寅이 쓴 서문과 「菊窓先生世系圖」가 수록됨.

• 著者紹介

李燦 : 본관은 龍宮. 자는 仲明. 고려 太學士 行의 8대손, 柳成龍이 그의 외숙. 젊어서 자주 병을 앓은 것을 계기로 독학으로 의술을 연구하여 名醫로 널리 이름을 떨침. 1632년(인조 10) 御醫의 치료에도 효험을

얻지 못한 인조의 병을 고쳐, 왕의 특명으로 翊衛司司御로 등용되고, 이어서 宗簿寺主簿
·공조좌랑·군위현감 등을 역임. 다시 왕의 특명으로 內醫院에 나가 御藥을 바쳐 공조정랑
에 기용되고, 이어서 김산현감를 지냄.

• 作品內容

『菊窓先生集』은 조선 초기 학자 李燦의 시문집. 선조의 넋을 기리고 덕망을 길이 빛내고자
하는 목적에서 만들어진 것.

• 版本構成

- 권1 :「秋懷」등 詩 44편과 저자가 李潤雨를 애도하기 위해 지은 輓詞 등 총 37편의 만사.
- 권2 : 金坽에게 보낸 편지 등 총 9통의 서신과 洪鎬를 위해 쓴 제문 등 5편의 제문.
- 권3 : 權璉夏가 쓴 저자의 行狀 1편과 李敏求가 저자를 위해 지은 墓碣銘 1편, 그리고 그
  외 저자의 지인들이 저자의 죽음을 애도하며 쓴 만사 83편.
- 권4 : 저자가 류성룡과 김령에게 받은 편지 11편과 다른 사람이 저자를 위해 지은 제문 17
  편, 그리고 발문 1편이 수록됨.

(23) 귀암선생문집(歸巖先生文集)

書名	出版事項	版式狀況	一般事項	所藏番號
歸巖先生文集	李元禎 (1622~1680)著	10卷5冊, 朝鮮木活字本, 四周單邊, 半郭: 21.5×17.2㎝, 有界, 半葉: 10行19字, 註雙行, 白口, 上下內向二葉花紋魚尾, 30×21.4㎝, 線裝, 紙質: 楮紙.	表題: 歸巖集	KSO432-1-04-00056

• 原典과 出刊

10권 5책의 조선목활자본. 李元禎의 시문을 모아 1718년(숙종 44) 간행.

• 著者紹介

李元禎 : 본관은 廣州, 자는 士徵, 호는 歸巖. 숙종 때 이조참판을 지낸 聃命의 아버지로,
鄭逑의 門人이며, 광해군 때 공조참의를 지낸 문신이자 학자인 할아버지 潤雨에게도 수학.
1648년(인조 26) 사마시를 거쳐 1652년(효종 3) 증광문과에 갑과로 급제. 상의원 직장, 1656

년(효종 7) 예문관 검열·교리, 이듬해 지평에 임명. 판결사·승지·호조 참의를 거쳐 형조·호조 참의, 승지를 지내고, 광주부윤, 한성부좌윤·공조 참판, 형조 참판, 예조참판·호조참판, 대사간·도승지·대사성·형조판서, 대사헌·한성부판윤, 이조판서·홍문관제학 등을 역임. 이조판서로 있을 때 庚申大黜陟으로 楚山에 유배되어 가던 도중에 소환되어 杖殺됨. 1689년의 己巳換局으로 남인이 집권하자 伸寃되어 영의정에 추증되었고, 그 후에도 정국의 변화에 따라 여러 차례 追奪되었다고 함.

• 作品內容

『歸巖先生文集』은 조선 중기의 문신 歸巖 李元禎의 시문집. 서문은 없으나 책 끝에 1777년 (정조 1)에 쓴 李基慶의 발문과 1810년(순조 10)에 쓴 洪奭周 등의 발문이 수록.

• 版本構成

- 권1 : 시 60수.
- 권2~3 : 소 28편, 箚 1편, 啓辭 6편, 緘辭 2편, 獻議 2편, 諭書 2편, 箋 1편, 呈文 4편, 書 11편.
- 권4 : 잡저, 序 11편, 기 8편, 발 2편.
- 권5 : 축문 6편, 제문 33편.
- 권6 : 비명 1편, 묘지명 2편, 묘갈명 11편, 碑陰記 1편.
- 권7 : 行狀 4편, 「旅軒張先生行狀」 등.
- 권8 : 行狀 3편.
- 권9~10 : 부록으로 만사 50편, 사제문 2편, 제문 4편, 신도비명, 諡狀, 延諡告由文, 家狀跋 등으로 구성.

(24) 극재선생문집(克齋先生文集)

書名	出版事項	版式狀況	一般事項	所藏番號
克齋先生文集	申益愰(1672~1722)著, 哲宗13(1862)跋.	13卷7冊, 朝鮮木版本, 四周雙邊, 半郭: 19.9×15.6㎝, 有界, 半葉: 10行20字, 註雙行, 白口, 上下內向二葉花紋魚尾, 31.8×2 0.9㎝, 線裝, 紙質: 楮紙.	序: 柳致明(1777~1861)序, 跋: 壬辰(1862)季春仲冬…玄孫楨應謹識.	KS0432-1 -04-00057

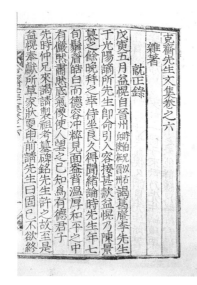

● 原典과 出刊

13권 7책의 조선목판본. 申益愰의 시문을 저자가 卒한 그 이듬해인 1723년 여름 조카 와 아들 '申瑊'이 함께 遺文을 수습, 편차하여 淨寫함. 1726년에 申瑊이 李玄逸의 아들인 密菴 李栽에게 行狀의 찬술과 遺文의 勘校를 부탁하여 받아 두고, 1862년에 현손 申楨應의 주도로 附錄을 추가하여 柳致明의 교정을 받아 문집을 간행.

● 著者紹介

申益愰 : 본관은 平山. 자 明仲. 호 克齋로, 일찍부터 학문에 전념, 經傳·子史·雜志·稗說에 이르기까지 널리 통독했고, 만년에는 성리학에 뜻을 두고 理氣說을 연구함. 1708년(숙종 34) 천거로 參奉·主簿 등에 임명되었으나 모두 사퇴. 아들 琰의 공로로 대사헌에 추증. 저서로 『克齋文集』·『雲谷陶山徽音』·『敬齋集解』·『性理徽言』·『理氣性情通看圖』·『東國勝景臥遊錄』 등.

● 作品內容

『克齋先生文集』은 조선 중기 학자 申益愰의 시문집. 柳致明이 지은 序文이 있고, 그 뒤에 總目錄이 수록.

● 版本構成

- 권1 : 辭, 詩.
- 권2~5 : 書 55편.
- 권6~9 : 雜著 10편.

- 권10 : 序 3편, 記 3편, 跋 9편, 箋 1편, 字辭 1편, 祭文 2편, 哀辭 1편.
- 권11 : 行狀 4편. 권미에 李象靖이 1764년에 지은 跋文.
- 권12~13 : 附錄으로 연보·가장·신도비명·만사·제문·봉안문·상향축문·상량문, 맨 뒤에 현손 申楨應이 1862년에 지은 識가 수록.

(25) 근시재선생문집(近始齋先生文集)

書名	出版事項	版式狀況	一般事項	所藏番號
近始齋先生文集	金垓(1555~1593)著, 金錫胤 編, 正祖7(1783)刊.	4卷2冊, 朝鮮木版本, 四周雙邊, 半郭: 19.6×15.5cm, 有界, 半葉: 10行19字, 註單行, 白口, 上下內向二葉花紋魚尾, 30.8×19.8cm, 線裝, 紙質: 楮紙.	版心題: 近始齋先生集, 序: 趙德鄰(1708), 書後: 李簿, 跋: 丁範祖(1783), 藏書印: 蒙菴	KS0432-1-04-00058
近始齋先生文集抄略	金垓 著	2冊, 筆寫本, 烏絲欄, 10行19字, 無魚尾, 註單行, 31.8×21cm, 假綴, 紙質: 楮紙.		KS0432-1-04-00059
近始齋遺墨		不分卷1冊, 筆寫本, 無界, 行字數不同, 無魚尾, 28.3×21.3cm, 線裝, 紙質: 楮紙.	表紙註記: 戊子六月十日改粧	KS0432-1-04-00060

● 原典과 出刊

4권 2책의 조선목판본. 金垓의 시문을 증손 金錫胤이 李簿의 발문과 趙德鄰의 서문을 받아 1708년 1책으로 수집·편차해 놓고, 1783년 후손인 金墅과 金瑩 등이 주축이 되어 4권 2책으로 편집하고, 丁範祖의 발문을 받아 간행.

● 著者紹介

金垓 : 본관은 光山. 자는 達遠, 호는 近始齋·始齋. 金孝盧의 증손, 할아버지는 관찰사 金緣이고, 아버지는 金富儀, 어머니는 權習의 딸. 태어난 지 7일 만에 어머니 안동권씨가 세상을 떠나게 되어, 후조당 김부필의 양자로 입적. 어릴 때부터 부모님의 가르침으로 유난히 학문

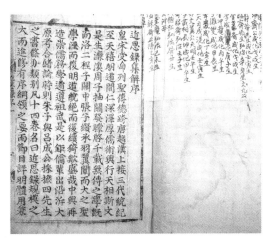

을 사랑하고 예의와 범절이 뛰어남. 1558년(선조 21) 사직서참봉에 임명되고 사마시에 합격. 벼슬에 뜻을 두지 않고 고향으로 내려와 도산서원에서 서애 류성룡, 학봉 김성일과 더불어 스승인 퇴계의 문집편수에 참여. 1589년(선조 22)에 오천 광산김씨 문중에서 두 번째로 문과에 급제. 史草를 태운 사건과 정여립의 옥사사건에 연루되어 문초를 받음. 결국 간신히 무죄가 밝혀졌으나, 삭탈관직 되고 낙향 함.

임진왜란으로 나라 전체가 도탄에 빠지자 인근 여러 고을에 격문을 띄워 동지들을 규합하였고 의병을 일으켜 '안동열읍향병대장'이 됨. 여러 차례 왜병과 전투를 하였으며 12월에는 적을 무찌르고 적장을 잡아 巡營에 바침. 이듬해 평양이 수복되면서 쫓겨 가는 왜병과 싸우던 중 1593년 부인의 부음을 받았는데 어머니는 늙고 아들은 어려 장례를 치를 수 없어 잠시 고향으로 돌아와 장례를 치르고 하루 만에 다시 진중으로 돌아가던 중 경주에서 병을 얻어 39세를 일기로 진중에서 병사함.

- 作品內容

『近始齋先生文集』은 조선 중기 학자 金垓의 시문집. 권두에 조덕린의 서문, 권말에 정범조와 이보의 발문으로 구성.

- 版本構成

- 권1 : 辭 3편과 시 107수.
- 권2~권3 : 권3 전반부까지 南致利와 예에 관하여 논의한 편지가 실림. 趙穆, 종숙부 雪月堂 金富倫, 金誠一, 金圻에게 보낸 서한. 또한 權宇에게 중국의 理學에 관한 견해, 存養涵養에 과한 자신의 견해, 남치리의 묘갈에 대한 상의, 出處에 관한 견해, 侍墓에 관한 견해를 나타낸 서한, 이외에도 郭精甫에게 보낸 여러 편의 서한이 수록. 권3의 뒷부분 雜著는 說 1편, 辨 1편, 題後 1편, 제문 2편, 表 1편, 箋 1편, 계 1편, 遺事 2편, 墓誌 2편으로 구성. 표에는 「擬太學生等請撤去諸道寺刹箋」, 유사에는 「先考成均生員府君遺事」·「伯考成均生員府君遺事」, 묘지에는 「伯考成均生員府君墓誌」·「端人光州金氏墓誌銘」이 있음.
- 권4 : 부록으로 李象靖의 행장, 蔡濟恭의 묘갈, 李玄逸의 묘지, 아들 金光繼의 가장, 金圻의 傳 등. 또 월천 조목을 비롯한 여러 사람의 제문, 만사 등이 있음.

- 其他價値

『근시재집』은 저자 김해의 자세한 이력과 임진왜란 시기 안동 지역의 의병활동을 연구하는 데 중요한 자료로 평가됨.

(26) 근암선생문집(近庵先生文集)

書名	出版事項	版式狀況	一般事項	所藏番號
近庵先生文集	朴載祐(1829~1870)著, 隆熙3(1909)跋.	4卷2冊(零本), 朝鮮木版本, 四周雙邊, 半郭: 19.3×15.8㎝, 有界, 半葉: 10行19字, 註雙行, 白口, 上下內向二葉花紋魚尾, 31.2×20.6㎝, 線裝, 紙質: 楮紙.	表題: 近庵集, 跋: 聞韶金興洛(1827~1899)謹識. 迺於戊申(1908)秋屬剞劂氏入之梓粵明年(1909)春工告訖宗弟(朴)載萬謹識. 共3冊 中 第1冊 缺	KS0432-1-04-00061

• 原典과 出刊

4권 2책이 남아있는 조선목판본. 묘갈명에 의하면 朴載祐의 養子인 朴禹鍾이 부친이 죽은지 39년 되던 1909년 여름에 遺文 2冊을 가지고 묘갈명을 부탁하였다는 기록이 있어, 간행 연도는 그 이후로 추정.

• 著者紹介

朴載祐 : 본관은 務安, 字는 聖祐, 初諱는 載華, 初字는 聖于. 壬辰倭亂 당시 嶺南에서 큰 활약을 한 朴毅長(1555-1615)의 후손으로 부친은 朴晦燦. 박회찬은 驪州李氏 李驪祥의 딸과 혼인하고 再娶로 英陽南氏 南采陽의 딸을 맞이하였는데, 박재우는 여주이씨의 소생임. 定齋 柳致明(1777-1861)의 문인. 義城金氏 金鎭宗의 딸과 혼인하여 딸 하나만을 두었기 때문에 동생 朴載明의 아들인 朴禹鍾을 後嗣로 삼음. 同甲이자 同門인 金養鎭이 지은 행장에 의하면 박재우는 先儒의 학설뿐만 아니라 陰陽·算數 등에도 뛰어났다고 전함.

• 作品內容

『近庵先生文集』은 조선 후기 학자 朴載祐의 시문집.

• 版本構成

- 권1 : 詩 29수와 輓詞 7수.
- 권2 : 서간문 33편과 答書 2편.

- 권3 : 8편의 서간문과 雜著 6편.
- 권4 : 잡저 4편과 立志·篤志·養氣에 대한 箴 3편, 祭文 9편.
- 권5 : 祭文 1편, 遺事 1편.
- 권6 : 附錄으로 박재우에 대한 내용의 「遺事」, 1894년 三從叔 朴仁燦이 지은 「書遺事後」, 金養鎭이 지은 「行狀」, 李象羲가 지은 「墓碣銘」, 柳止鎬 등이 지은 「輓詞」 6편, 金養鎭 등이 지은 「誄文」 4편, 李希淵 등이 지은 「祭文」 8편과 1900년 改葬할 때에 동생 朴載祺·載禧가 지은 「祭文」 2편이 수록. 卷末에는 박재우의 친구인 金興洛과 宗弟인 朴載萬이 지은 跋文 2편이 수록됨.

(27) 금계선생문집(錦溪先生文集)

書名	出版事項	版式狀況	一般事項	所藏番號
錦溪先生文集	黃俊良 (1517~1563)著, 英祖31(1755)跋.	2卷1冊(零本), 朝鮮木版本, 四周雙邊, 半郭: 20.1×15.1㎝, 有界, 半葉: 10行20字, 註雙行, 白口, 上下內向二葉花紋魚尾, 30.3×19.7㎝, 線裝, 紙質: 楮紙.	表題: 錦溪集, 內容: 卷8~9 外集, 跋: 上之三十一年乙亥(1755) 仲夏 … 李光庭(1674~1756)謹識. 共5冊 中 第1·2·3·4冊 缺	KS0432-1-04-00063

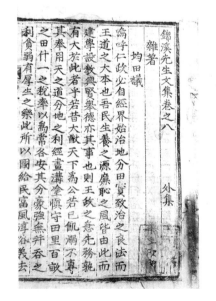

• 原典과 出刊

2권 1책이 남아있는 조선목판본. 黃俊良의 시문을 내집 5권, 외집 9권, 합 14권 5책의 목판본으로 간행되었다. 내집은 1584년(선조 17) 동생 秀良이 편집, 간행. 권말에 李山海와 李光庭의 발문이 수록. 후조당에서 소장하고 있는 판본은 外集 1冊.

• 著者紹介

黃俊良 : 본관은 平海. 자는 仲擧, 호는 錦溪. 사온서 주부 黃永孫의 증손. 할아버지는 黃孝童, 아버지는 黃繼, 어머니는 교수 黃漢弼의 딸. 李滉의 문인. 1537년(중종 32) 생원이 되고, 1540년 식년문과에 을과로 급제. 그 뒤 權知成均館學諭로 임명, 이어 성주

훈도로 차출되고, 1542년 성균관학유, 이듬해 學錄으로 승진되었으며, 양현고봉사를 겸하였음. 1544년 학정, 1547년(명종 2) 박사에 이어 전적에 올랐으며, 1548년 공조좌랑에 재직중 상을 당해 3년간 시묘한 뒤 1550년 전적에 복직됨. 이어 호조좌랑으로 전직되어 춘추관기사관을 겸했으며,『중종실록』·『인종실록』 편찬에 참여. 그 해 다시 병조좌랑으로 전직, 1551년 慶尙道 監軍御史로 임명되고, 이어 지평에 제수됨. 단양군수 및 1560년 성주목사에 임명되어 4년을 재임하다가 1563년 봄에 병으로 사직하고 돌아오는 도중 예천에서 생을 마감하였음. 자식이 없어 아우 遂良의 아들을 양자로 삼았으며, 풍기의 郁陽書院, 신녕의 백학서원에 제향 됨.

• 作品内容

『錦溪先生文集』은 조선 초기 학자 黃俊良의 시문집.

• 版本構成

- 내집 권1~3 : 시 235수.
- 권4~5 : 잡저 17편, 발 1편, 행장·제문 각 1편.
- 외집 권1~6 : 시 562수.
- 권7~8 : 소 2편, 전 3편, 書 19편, 잡저 26편, 제문 2편, 묘지명 2편, 대책 2편.
- 권9 : 부록으로 행장 1편, 제문 5편, 반사 2수, 기문 2편 등으로 구성.

(28) 금역당선생문집(琴易堂先生文集)

書名	出版事項	版式狀況	一般事項	所藏番號
琴易堂先生文集	裵龍吉(1566~1609)著, 哲宗6(1855)序.	7卷4冊, 朝鮮木版本, 四周雙邊, 半郭: 20.8×15.7㎝, 有界, 半葉: 10行20字, 註單行, 白口, 上下內向二葉花紋魚尾, 31.8×2 0.9㎝, 線裝, 紙質: 楮紙.	表題: 琴易堂集, 序: 上之六年乙卯(1855)仲秋日眞城李漢膺(1778~1864)謹序. 跋: 完山柳衡鎭謹跋.	KS0432-1-04-00067

• 原典과 出刊

7권 4책의 조선목판본. 裵龍吉이 남긴 초고를 바탕으로 저자의 사후 220여 년이 지난 1855년(철종 6)에 후손 裵善源·裵善河 형제가 정리하고 宗人 裵郁周·裵重鉉·裵鎬周가 목판으로 간행. 柳衡鎭도 교정에 참여하였는데, 이것이 초간. 배용길의 세거지가 안동이고 편찬이나 간행의 주관자가 모두 저자의 후손인 것으로 보아 간행지 역시 안동일 것으로 추정.

● 著者紹介

裵龍吉 : 본관은 興海. 자는 明瑞, 호는 琴易堂, 藏六堂. 생원 巚의 증손으로, 할아버지는 증 병조참판 天錫이고, 아버지는 관찰사 三益이며, 어머니는 英陽南氏로 蓋臣의 딸. 1575년(선조 8) 사마시에 합격하여 진사가 되고, 1585년(선조 18) 성균관에 입학. 1592년 임진왜란이 일어나자 안동에서 의병을 일으켜 金垓를 대장으로 추대하고 그의 부장으로 활약. 1594년 洗馬의 직을 받고 이어 侍直·副率을 지내고, 1597년 정유재란 때는 화의에 반대하는 상소를 올림. 1602년 별시문과에 을과로 급제, 이듬해 예문관의 검열과 待敎, 1606년 사헌부감찰 등을 역임한 뒤 1608년 충청도도사를 지냄. 金誠一의 문하에서 수학, 이어 柳成龍·趙穆·南致利 등을 사사함. 천문·지리·律曆·兵典·의약 등 다방면에 조예가 깊었고 특히 易理에 밝았음.

● 作品內容

『琴易堂先生文集』은 조선 중기 裵龍吉의 시문집. 권두에 李漢膺의 序가 있고, 권말에 柳衡鎭의 발이 있음.

● 版本構成

- 권1 : 賦 1편, 詩 316수.
- 권2 : 소 7편.
- 권3 : 書 19편.
- 권4 : 잡저 11편, 序 3편.
- 권5 : 기 8편, 발 5편, 논 4편, 辨 2편.
- 권6 : 제문 10편, 명 4편, 碣誌 3편, 묘표 6편, 행장 1편.
- 권7 : 부록으로 묘갈명 1편, 행장 1편 등이 수록.

(29) 기언(記言)

書名	出版事項	版式狀況	一般事項	所藏番號
記言	許穆 (1595~1682)著, [朝鮮朝後期]刊.	50卷17冊(零本), 朝鮮木版本, 四周雙邊, 半郭: 21×16.9㎝, 有界, 半葉: 10行18字, 註雙行, 白口, 上下內向混入魚尾, 31×21.1㎝, 線裝, 紙質: 楮紙.	序: 孔巖許穆(1595~1682) 眉叟書. 目錄1冊 包含, 本集: 24卷5冊(卷6-10, 22-27, 43-55), 別集: 26卷11冊	KS0432-1-04-00070

- **原典과 出刊**

  50권 17책이 남아있는 조선목판본. 許穆이 직접 편찬
  해놓은 시문집을 1689년(숙종 15) 왕명에 의하여 93
  권 25책[원집 46권, 속집 16권, 拾遺 2권, 自序 2권,
  자서속편 1권, 별집 26권]으로 간행. '眉叟記言'으로
  통칭. 후조당에는 目錄1冊 包含, 本集 24卷5冊(卷
  6-10, 22-27, 43-55), 別集 26卷11冊이 소장.

- **著者紹介**

  許穆 : 본관은 陽川. 자는 文甫·和甫, 호는 眉叟. 찬
  성 許磁의 증손, 할아버지는 별제 許橿, 아버지는 현
  감 許喬, 어머니는 정랑 林悌의 딸. 부인은 영의정 李
  元翼의 손녀. 1615년(광해군 7) 鄭彦訥에게 글을 배
  우고, 1617년 거창현감으로 부임한 아버지를 따라가

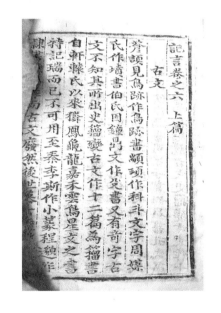

서 文緯를 사사함. 鄭逑를 찾아가 스승으로 섬김. 여러 관직을 거쳤으나 1680년 서인이 집
권하면서 부터는 고향에서 저술과 후진 양성에 몰두. 그림·글씨·문장에 모두 능했으며, 글
씨는 특히 전서에 뛰어나 동방 제1인자라는 칭사를 받음. 작품으로 삼척의 陟州東海碑, 시
흥의 領相李元翼碑, 파주의 李誠中表文이 있고, 그림으로 墨竹圖가 전함. 저서로는 『東事』
·『邦國王朝禮』·『經說』·『經禮類纂』·『眉叟記言』 등.

- **作品內容**

  『記言』은 조선 후기의 문신·학자 許穆의 시문집. 문집 이름을 '기언'이라 한 것은 언행이
  군자의 관건이며 영욕의 갈림길이므로, 이것이 두려워 날마다 반성하기 위해 말로 기록한
  때문. 저자의 서문이 있고, 권말에는 후손 磊敬의 발문이 있음.

• 版本構成

- 본집 권1 : 學 12편. 권2 : 禮 12편. 권3 : 학 4편. 권4 : 예 10편.

- 권5 : 문학 4편. 권6 : 고문 3편. 권7 : 贈言 3편. 권8 : 儒林 9편.

- 권9 : 圖像 3편, 鬼神 2편. 권10 : 인물 12편. 권11 : 淸士列傳 4편.

- 권12 : 氏族 3편. 권13 : 樓臺記 8편. 권14~15 : 田園記 12편. 권16 : 祠記 4편.

- 권17~20 : 묘비 21편, 肆 1편, 유사 1편. 권21 : 書 10편. 권22 : 善行 6편.

- 권23 : 戒懼 8편. 권24 : 기행문 2편. 권25~26 : 妖祥 1편, 世變 5편.

- 권27~28 : 산천 29편. 권29 : 서화 6편. 권30 : 邊塞 4편, 治體 1편. 권31 : 설 20편.

- 권32~36 : 東事 17편. 권37 : 陝州記事 36편. 권38~40 : 東序記言 9편.

- 권41~45 : 비문 43편, 墓文遺事 14편. 권46 : 雪公 5편.

- 권47~48 : 四方 9편. 권49~50 : 예설 11편, 학설 3편.

- 권51~53 : 論事 10편, 治道 5편, 辭受 6편, 문학 1편, 政弊 11편, 災異 3편.

- 권54~57 : 四時 6편, 慶賀 2편, 乞骸 5편, 壽考 3편, 居室 3편, 유림 6편.

- 권57 : 고시 20수. 권58 : 妖孼 2편, 節行 2편, 문장 2편, 문3편, 애사 1편.

- 권59~62 : 敍述 37편. 권63 : 부 2편, 誦 2편, 시 18수. 권64 : 職 12편.

- 권65~67 : 自序 37편으로 구성.

- 별집 권1 : 시 68수.

- 권2~4 : 소차 87편, 收議 8편.

- 권5~7 : 書 191편.

- 권8~15 : 序 53편, 기 55편, 발 37편, 설 5편, 명 7편, 頌 2편, 제문 14편, 애사 30편, 잡저 12편, 기행 6편.

- 권16~25 : 丘墓文 181편. 권26 : 행장 8편, 유사 6편 등으로 구성.

(30) 기우선생문집(騎牛先生文集)

書名	出版事項	版式狀況	一般事項	所藏番號
騎牛先生文集	李行(1352~1432)著, 高宗9(1872)刻後刷	3卷1冊, 朝鮮木版本, 四周雙邊, 半郭: 20.4×15.6cm, 有界, 半葉: 10行19字, 註雙行, 白口, 上下內向二葉花紋魚尾, 31.2×20.6cm, 線裝, 紙質: 楮紙.	表題: 騎牛集, 序: 許傳(1872), 跋: 姜蘭馨(1872)	KS0432-1-04-00071

● 原典과 出刊

3권 1책 조선목판본. 李行의 시문을 16대손인 鍾述이 1872년(고종 9)에 간행.

● 著者紹介

李行 : 본관은 驪州. 자 周道. 호 騎牛子·白巖·一可
道人. 시호 文節. 1371년(공민왕 20) 문과에 급제, 翰
林修撰을 지냄. 우왕 때 典醫副正으로 耽羅에 가서
星主 高臣傑의 아들 鳳禮를 볼모로 데리고 돌아왔는
데, 이때부터 탐라는 고려에 귀순하게 됨. 1389년(창
왕 1) 左司議大夫로 田制의 폐를 상소했고, 知申事가
되어 1390년(공양왕 2) 彝初의 옥에 연루되어 청주옥
에 갇혔으나 水災로 석방됨. 그 후 경연참찬관·예문
관대제학을 거쳐 1392년 이조판서 역임. 鄭夢周를 살
해한 判典客寺事 趙英珪를 탄핵했으며, 고려가 망하
자 은거함. 1393년(태조 2) 李穡·鄭夢周에게 李成桂
를 誣書한 죄로 울진에 귀양, 가산을 몰수당했다가 이
듬해 풀려남. 그 후 수차 벼슬을 사퇴하다가 1405년(태종 5) 예문관대제학으로 啓稟使가 되
어 명나라에 다녀와서 承寧府判使·漢城府判使를 거쳐 1407년 형조판서, 1415년 開城留後
司留後 등을 역임.

● 作品内容

『騎牛先生文集』은 고려 말, 조선 초기 학자 李行의 시문집. 주로 詩·疏·墓誌·附錄 등의
내용. 1872년에 쓴 許傳의 序와 姜蘭馨의 跋이 수록.

● 版本構成

- 권1 : 시 20수, 소 2편.
- 권2~3 : 부록으로 녹 4편, 표·제문·기·사·설·찬·행장·봉안문 각 1편이 수록.

(31) 나은선생문집(懶隱先生文集)

書名	出版事項	版式狀況	一般事項	所藏番號
懶隱先生文集	李東標(1644~1700)著, 高宗17(1880)序.	11卷6冊, 朝鮮木版本, 四周雙邊, 半郭: 20.2×16.5㎝, 有界, 半葉: 10行20字, 註雙行, 白口, 上下內向二葉花紋魚尾, 31×20.5㎝, 線裝, 紙質: 楮紙.	序: 許傳(1880), 第6冊: 續集	KS0432-1-04-00074

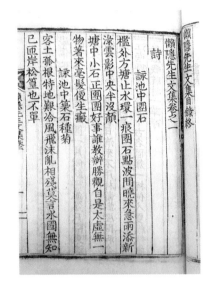

● 原典과 出刊

11권 6책의 조선목판본. 李東標의 시문을 1880년(고종 17)에 玄孫 漢膺이 수집하였고, 그것을 5대손 衡 등이 간행.

● 著者紹介

李東標 : 본관은 眞寶. 자는 君則, 호는 懶隱. 아버지는 李雲翼, 어머니는 金基厚의 딸. 從叔 李之馧에게 출계. 1675(肅宗 1) 進士試에 합격, 1683년 增廣文科에 급제. 權知成均館學諭가 되고 1689년 典籍에 올라 副修撰을 거쳐 司諫院獻納이 됨. 이어서 己巳換局을 당해 仁顯王后의 폐위에 반대하다가 파면됨. 다시 兵曹正郎, 修撰, 襄陽府使, 獻納 등을 거쳐 弘文館校理가 되고 吏曹佐郎으로 侍講院司書를 겸했으나 1692년 銓衡에 대한 의견의 相違로 사직하고 돌아옴. 8월에 다시 吏曹佐郎과 文學, 弼善 등에 임명되었으나 사양함. 그 후 13차에 걸쳐 召命을 받고 1693년 다시 執義를 거쳐 舍人과 司諫이 되어 時政을 論함. 이해 11월 通政大夫에 올라 同副承旨에서 右副承旨가 되었다가 光州牧使에 임명. 1695년 戶曹參議가 되었으나 사양하고 돌아와서 이듬해 三陟府使에 임명. 1741년(영조 17) 吏曹判書를 追贈, 1788(정조 12) 貞簡이라는 諡號를 내림.

● 作品內容

『懶隱先生文集』은 조선 후기 학자 李東標의 시문집. 문집의 책머리에 1880년 許傳의 서문.

● 版本構成

- 권1~2 : 詩.

- 권3 : 疏·箚·啓·箋.
- 권4 : 書.
- 권5 : 序·記·雜著.
- 권6 : 上樑文·祝文·祭文 등.
- 권7 : 부록으로 年譜.
- 권8 : 부록으로 李世澤이 쓴 行狀. 諡號·蔡濟恭이 쓴 神道碑銘·墓誌銘·墓表.
- 권9 : 부록으로 祭文·行錄 등이 수록.

(32) 낙금헌선생문집(樂琴軒先生文集)

書名	出版事項	版式狀況	一般事項	所藏番號
樂琴軒先生文集	李庭栢(1553~1600)著, 光武2(1898)跋.	2卷1冊, 朝鮮木版本, 四周雙邊, 半郭: 20.9×15.7㎝, 有界, 半葉: 10行18字, 註單行, 白口, 上下內向二葉花紋魚尾, 33.5×21.6㎝, 線裝, 紙質: 楮紙.	表題: 樂琴軒集, 序: 柳溎(1805)·李秉遠(1836), 跋: 金興洛·李晩燾(1898), 附: 遺墨	KS0432-1-04-00075

● 原典과 出刊

2권 1책의 조선목판본. 李庭栢의 시문을 모아 총 1책으로 1855년 간행.

● 著者紹介

李庭栢 : 본관은 眞城. 자는 汝直, 호는 樂琴軒. 할아
버지는 李演, 아버지는 李希顔, 어머니는 義城金氏로
金禮範의 딸. 양부 李希雍에게 입양됨. 鶴峰 金誠一
과는 內外從. 형이 松澗 李庭檜. 퇴계 이황 선생의 후
손. 1588년(선조 21) 생원시에 합격. 1592년 임진왜란
을 당하자 여러 고을에 격문을 돌리고 향인들에 의해
의병대장으로 추대되었고 裵龍吉이 부대장이 됨.
1592년 8월 예천 용궁에 도착하여 의병대장의 직책을
金垓에게 넘기고, 이후 배용길과 함께 의병장의 막하
에서 좌·우부장이 되어 병사와 군량을 모으는 일을

돕고 병기와 군기를 맡게 됨. 당시 이정백의 행적은 명나라 장수 楊鎬의 『南征錄』과 吳遊擊의 『惟忠行程記』에도 기록되어 있음. 이후 西厓 柳成龍의 천거로 경기전참봉에 제수되었으나 나아가지 않음.

• 作品內容

『樂琴軒先生文集』은 조선 중기 학자 李庭柏의 시문집. 유규와 이병원의 서문이 실려 있음.

• 版本構成

글이 실린 순서는 詩, 歌, 祭文, 附錄으로 되어 있고, 詩는 五言絶句, 五言律詩 등 형식별로 수록됨.

(33) 낙의재선생유집(樂義齋先生遺集)

書名	出版事項	版式狀況	一般事項	所藏番號
樂義齋先生遺集	李訥 (1569~1599) 著, [朝鮮朝末期~日帝時代]刊.	2卷1冊, 朝鮮木版本, 四周雙邊, 半郭: 19.3×15.6㎝, 有界, 半葉: 10行19字, 註單行, 白口, 上下內向二葉花紋魚尾, 30.1×19.9㎝, 線裝, 紙質: 楮紙.	表題: 樂義齋集, 序: 金道和(1910), 後叙: 李樹仁, 後識: 李淳赫(1910)	KS0432-1-04-00078

• 原典과 出刊

2권 1책의 조선목판본. 의병장 李訥의 시문을 1910년 11세손 淳赫 등이 간행.

• 著者紹介

李訥 : 본관은 淸安, 자는 若愚, 호는 樂義齋. 아버지는 첨정 新貞, 어머니는 烏川鄭氏. 어렸을 때 아버지에게서 『효경』과 『논어』를 배웠고, 학문보다 실천이 중요함을 알아 孝悌를 실행. 1592년 임진왜란이 일어나자 자기 집 종들과 주민·승려들을 모아 의병을 일으키고, '天使將'이라는 기를 앞세우고 많은 전공을 세

움. 1597년 정유재란 때에는 郭再祐와 火旺城에서 합세하여 적을 공략하였고, 통제사 元均이 패전하여 죽은 뒤에 진을 월성으로 옮김. 그해 9월 대구의 팔공산싸움에서 왼팔에 적탄을 맞았으나 전세를 승리로 이끌었음. 전쟁이 끝난 뒤 사재를 털어 병화와 흉년으로 시달린 백성을 구휼하고, 자제들을 낙의재에 모아 충효의 길을 가르쳐, 그 뒤 宣武原從功臣 1등에 녹훈됨.

● 作品内容

『樂義齋先生遺集』은 조선 중기의 학자이자 의병장 李訥의 시문집. 권두에 金道和의 서문과 권말에 순혁의 後識가 수록.

● 版本構成

- 권1 : 연보와 시 32수, 書 2편, 잡저 1편, 倡義錄 1편.
- 권2 : 부록으로 유사·행장·묘지명·遺稿奉還記·改莎告由祝文·後敍 각 1편 등 수록.

(34) 남파선생문집(南坡先生文集)

書名	出版事項	版式狀況	一般事項	所藏番號
南坡先生文集	洪宇遠(1605~1687)著, 白峯書院, 正祖6(1782)刊.	11卷7冊, 朝鮮木活字本, 四周單邊, 半郭: 21.3×13.8cm, 有界, 半葉: 10行20字, 註雙行, 白口, 上下向白魚尾, 30×19cm, 線裝, 紙質: 楮紙.	表題: 南坡集, 序: 聖上六年壬寅(1782)…平康蔡濟恭(1720~1799)謹序. 刊記: 上之六年壬寅(1782)以活字始印役于白峯書院百三十餘日告訖凡二百本.	KS0432-1-04-00083

● 原典과 出刊

11권 7책의 조선목활자본. 洪宇遠의 시문을 저자의 孫 洪日恒이 原集 5책, 年譜 1책으로 輯成. 그 뒤 저자의 玄孫 洪福全이 講義, 啓辭, 狀報, 雜著, 書 등을 모아 1책을 추가하여 총 7책으로 編定하여 1782년(정조 6)에 安城의 白峯書院에서 院儒들의 도움을 받아 活字로 간행.
『초간본』 본 문집 總目 끝에는 1782년 3월에 白峯書院에서 활자로 印役을 시작하여 130여일 만에 간행을 마쳤다는 刊記가 실려 있음.

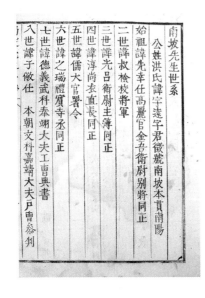

● 著者紹介

洪宇遠 : 본관은 南陽. 자는 君徵, 호는 南坡. 洪昷의 증손, 할아버지는 형조판서 洪可臣이고, 아버지는 한성서윤 洪榮, 어머니는 이조판서 許筬의 딸.

1645년(인조 23) 별시문과에 병과로 급제. 1647년 검열을 거쳐 주서·대교, 정언을 거쳐 1651년(효종 2) 예안현감이 되고, 1654년 수찬이 되었으나 金弘郁의 伸寃을 주장하다 파직을 당함. 1656년 直講·북청판관이 되고, 이듬 해 다시 직강이 된 뒤 1658년 병조정랑 등을 거쳐 1678 공조판서 등을 역임. 1680년 경신대출척으로 남인이 몰락하자 許積의 역모사건에 연루되어 명천으로 유배되었으나, 나이가 많다는 이유로 문천으로 이배된 뒤, 1687년 현지에서 생을 마감함.

● 作品內容

『南坡先生文集』은 조선 후기의 학자 洪宇遠의 시문집. 본 문집은 原集 11권, 年譜 2권 合 7책으로 구성. 권두에 1782년에 蔡濟恭이 지은 서문과 總目이 실림.

● 版本構成

- 본집 권1~3 : 詩 470여 題와 賦 5편.
- 권4~8 : 648년(인조 26)에서부터 1679년(숙종 5)에 이르기까지 그동안 제수 받은 벼슬을 사직하는 상소가 대부분인 疏 90여 편.
- 권9 : 行狀, 諡狀, 碑銘.
- 권10 : 經筵講義, 啓辭, 狀報, 雜著.
- 권11 : 書, 殿策, 策題, 論인데, 그중 書는 趙絅, 許穆, 李觀徵, 鄭之虎, 趙威鳳, 安繽, 鄭時羽, 韓㙉 등에게 보낸 편지 등.
- 年譜 권1 : 앞부분에 世系가 실려 있고 다음에 年譜가 실림.
- 권2 : 附錄으로 致祭文, 權愈가 지은 신도비명, 趙德鄰이 지은 행장, 李鳳徵과 李瀷이 지은 遺事, 李瀷이 지은 白峯書院重修記가 수록. 권미에 1782년에 저자의 玄孫 洪福全이 지은 後識가 수록됨.

(35) 노암선생문집(魯庵先生文集)

書名	出版事項	版式狀況	一般事項	所藏番號
魯庵先生文集	鄭必奎 (1760~1831)著	8卷4冊, 朝鮮木版本, 四周雙邊, 半郭:21.2×16cm, 有界, 半葉: 10行20字, 註單行, 白口, 上下內向 二葉花紋魚尾, 32.5×21.3cm, 線裝, 紙質: 楮紙.	表題: 魯庵集, 跋: 金岱鎭(1862)	KS0432-1-04-00087

• 原典과 出刊

8권 4책의 조선목판본. 鄭必奎의 시문을 金岱鎭 등이 편집하고, 1886년(고종 23) 그의 문인인 鄭昌德과 嗣孫인 昌九 등이 간행.

• 著者紹介

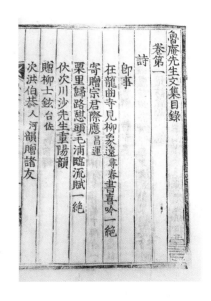

鄭必奎 : 본관은 淸州. 자는 明應, 호는 魯庵, 출신지는 경상북도 醴泉 龍宮. 조부는 鄭游德, 부친 鄭稷과 모친 義城金氏 사이의 3남 중 차남. 형은 鄭必珏, 동생은 鄭必瓊. 金江漢의 문인으로『중용』에 대해 많은 가르침을 받음. 교유한 문인들로는 金熙周·李宗休·李野淳·李秉遠·柳致明·柳尋春·李秉運 등. 1789년(정조 13) 식년시 생원 3등 50위로 합격하였으며, 1814년(순조 14) 惠陵參奉에 제수되었지만 사양하고 오직 학문 연구와 후진 양성에 전념함.

• 作品內容

『魯庵先生文集』은 조선 후기의 학자 鄭必奎의 시문집. 권말에 金岱鎭의 발문이 수록.

• 版本構成

- 권1 : 시 100수.
- 권2~4 : 書 120편.
- 권5 : 잡저 2편, 序 8편, 기 2편, 발 10편, 잠 2편, 축문 3편.
- 권6 : 제문 15편, 묘갈명 4편, 묘지명 3편.
- 권7~8 : 행장 16편, 부록으로 黃磻老가 지은 행장, 柳致明이 지은 묘갈명, 李彙載가 지은 묘지명, 아들 光馨이 지은 유사가 수록.

(36) 농암선생문집(聾巖先生文集)

書名	出版事項	版式狀況	一般事項	所藏番號
聾巖先生文集	李賢輔 (1467~1555)著, 安東, 肯構堂, 顯宗6(1665)序 [後刷].	1卷1冊, 朝鮮木版本, 四周雙邊, 半郭: 20.1×15.4㎝, 有界, 半葉: 10行20字, 註雙行, 白口, 上下內向二葉花紋魚尾, 30.8×19.8㎝, 線裝, 紙質: 楮紙.	表題: 聾巖集, 序: 趙絅(1666), 共2冊 中 第2冊 缺	KS0432-1-04-00090
聾巖先生文集	李賢輔 著	5卷2冊, 朝鮮木版本, 四周雙邊, 半郭: 19.8×15㎝, 有界, 半葉: 10行20字, 註雙行, 白口, 上下內向二葉花紋魚尾, 32.9×21.9㎝, 線裝, 紙質: 楮紙.	表題: 聾巖集, 序: 趙絅(1666)	KS0432-1-04-00091
聾巖先生文集續集	李賢輔 (1467~1555)著	2卷1冊, 朝鮮木版本, 四周雙邊, 半郭: 18.9×16㎝, 有界, 半葉: 10行20字, 註雙行, 白口, 上下內向二葉花紋魚尾, 31.6×20.7㎝, 線裝, 紙質: 楮紙.	表題: 聾巖先生續集, 跋: 李中轍(1911)·李康鎬(1911)	KS0432-1-04-00092

• 原典과 出刊

5권 2책의 조선목판본. 李賢輔의 시문을 외손자 金啓光이 간행한 것으로 일명 '농암집'이라 함. 후조당에 소장되어 있는 판본은 사진으로 보이는 1卷1冊이외에도 5卷2冊, 2卷1冊本이 소장되어 있음.

• 著者紹介

李賢輔 : 본관은 永川. 자는 菲仲, 호는 聾巖·雪鬢翁. 예안 출신. 아버지는 참찬 李欽. 洪貴達의 문인. 1498년(연산군 4)식년문과에 급제한 뒤 32세에 벼슬길에 올라 예문관검열·춘추관기사관·예문관봉교 등을 거쳐, 1504년(연산군 10) 38세 때 사간원정언을 역임. 이때에 서연관의 비행을 탄핵했다가 안동에 유배됐으나 중종반정으로 지평에 복직. 밀양부사·안동부사·충주목사를 역임하고, 1523년(중종 18)에는 성주목사로 선정을 베풀어 表裏를 하사받음. 이후 병조참지·동부승지·부제학 등을 거쳐 대구부윤·경주부윤·경상도관찰사·형조참판·호조참판을 역임. 1542년(중종 37) 76세 때 지중추부사에 제수됐으나 병을 핑계로 벼슬을 그만둠. 작품으로 「漁父歌」를 장가 9장, 단가 5장으로 고쳐 지은 것과 「效嚬歌」·「聾

巖歌」·「生日歌」 등의 시조작품 8수가 전함.

- **作品內容**

『聾巖先生文集』은 조선 중기 학자 李賢輔의 시문집.

- **版本構成**

 -1권 : 五·七言近體詩 약 140수. 그 중에는 退溪, 松齋, 慕齋, 思齋, 黃俊良, 晦齋 등과의
 　　　和唱, 또한 3편의 賦가 수록됨.
 -2권 : 퇴계와의 與答書.
 -3권 : 雜著錄으로 酒禮, 祭禮, 圖式歌 등과 歌詞 5편.
 -4권 : 부록, 行狀은 1556년(명종 11) 이황이 지은 것이고, 비명은 1566년 홍섬이 편찬. 그
 　　　외에 사제문 및 제문, 만장 등이 수록.
 -5권 : 부록이며 여러 선비의 시문이 수록됨.

- **其他價値**

수록된 한글 가사는 시가문학에 중요한 자료로 꼽힘.

(37) 농암집(農巖集)

書名	出版事項	版式狀況	一般事項	所藏番號
農巖集	金昌協 (1665~1708) 著, 金時佐 等編. 英祖30(1754)跋.	32卷16冊, 朝鮮木版本, 左右雙邊, 半郭: 18.5×13.4㎝, 有界, 半葉: 10行20字, 註單行, 白口, 上下向黑魚尾, 30.6×19㎝, 線裝, 紙質: 楮紙.	序: 崇禎紀元後八十二年己丑(1709)…昌翕(1653~1722)謹書, 跋: 崇禎紀元之百二十七年閼逢閹茂(甲戌, 1754)…元行(1702~1722)泣書. 共18冊 中 第16·17冊 缺	KS0432-1 -04-00093

- **原典과 出刊**

32권 16책의 조선목판본. 金昌協의 시문을 여러 차례 증보, 간행. 원집 34권은 김창협이 사망한 다음해인 1709년(숙종 35)에 문인 金時佐, 魚有鳳 등이 그 유문을 수집하고, 1709년 9월에 저자의 아우 金昌翕은 본 문집의 서문을 짓고, 저자의 아들 金崇謙의 詩集인「觀復菴詩稿」의 서문을 지어, 아우 昌翕 등이 활자로 초간본을 간행. 이후 곧 바로 1710년에 목판으로

重刊하였고, 1754년(영조 30)에 安東 府使 趙曔이 安東府에 보관되어 있던 판목이 많아 刓缺된 것을 안타깝게 여겨 문집을 대폭 補刻. 그 뒤 1854년(철종 5) 8월에 5대손 金洙根이 金壽恒 行狀 및 金壽恒의 碑文을 청하기 위해 尤庵 宋時烈에게 보낸 편지, 墓誌追記, 四端七情說 등을 모아 속집 2권 2책을 만들고 校訂하여 철활자(全史字)로 간행.

● 著者紹介

金昌協 : 본관은 安東. 자는 仲和, 호는 農巖·三洲. 좌의정 尙憲의 증손자, 영의정을 지낸 昌集의 아우. 아버지는 영의정 壽恒, 어머니는 安定羅氏로 해주목사 星斗의 딸. 1669년(현종 10)진사시에 합격, 1682년(숙종 8)증광문과에 전시장원으로 급제하여 전적에 출사. 이어서 병조좌랑·사헌부지평·부교리 등을 거쳐 교리·이조좌랑·咸鏡北道兵馬評事·이조정랑·집의·동부승지·대사성·兵曹參知·예조참의·대사간 등을 역임하고, 명에 의해 宋時烈의『朱子大全箚疑』를 교정함.

청풍부사로 있을 때 기사환국으로 아버지가 진도에서 사사되자, 사직하고 永平(지금의 경기도 포천시)에 은거. 1694년 갑술옥사 이후 아버지가 신원됨에 따라 호조참의·예조참판·홍문관제학·이조참판·대제학·예조판서·세자우부빈객·지돈녕부사 등에 임명되었으나, 모두 사직하고 학문에만 전념함.

● 作品內容

『農巖集』은 조선 후기 학자 金昌協의 시문집. 原集은 권두에 1709년(숙종 35) 9월에 金昌翕이 지은 서문이 있고, 이어서 권1~34의 總目이 있음. 각 권의 권수에 권별 목록이 있음.

● 版本構成

- 권1~6 : 賦 4편과 詩 890여 수.
- 권7~9 : 疏箚 60편.
- 권10 : 啓 1편, 議 1편, 講義 1편, 玉堂故事가 첨부됨.
- 권11~20 : 書 288편. 인물별, 연도순으로 편차.
- 권11 : 부친 金壽恒에게 올린 편지 및 伯父 金壽增, 仲舅 羅良佐, 형 金昌集, 아우 金昌翕,

金昌業, 金昌緝, 從弟 金昌直, 조카 金濟謙, 아들 金崇謙 등에게 보낸 편지가 수록.

- 권13 : 林泳, 李喜朝에게 보낸 편지.

- 권14 : 閔以升에게 보낸 편지.

- 권15 : 權尙游에게 보낸 편지가 수록됨.

- 권16 : 朴鐔, 金棨, 洪錫輔, 金載海, 李顯益 등에게 보낸 편지.

- 권17 : 南九萬, 李世白, 李濡, 李畬, 申琓, 崔錫鼎, 金構, 李頤命, 金柱臣, 吳泰周, 李徵明, 兪得一, 任埅, 金楺, 金聖最, 魚史衡.

- 권18 : 宋相琦, 金鎭圭, 閔鎭遠, 金克光, 崔昌大, 李宜顯 등에게 보낸 편지.

- 권19 : 族姪 金時佐에게 보낸 편지.

- 권20 : 魚有鳳, 李命華, 愼無逸, 李夏坤, 吳晉周, 沈檍 등에게 보낸 편지가 수록됨.

- 권21~22 : 序 38편.

- 권23~24 : 記 22편.

- 권25 : 題跋 16편, 雜著 9편.

- 권26 : 雜著 8편, 敎書 2편, 箋狀 4편, 上樑文 3편, 贊 2편, 銘 2편, 祝辭 1편, 婚書 2편.

- 권27 : 墓誌銘 18편.

- 권28 : 神道碑銘 1편, 墓碣銘 3편, 墓表 6편, 行狀 2편.

- 권29~30 : 祭文 38편, 哀辭 6편.

- 권31~34 : 雜識.

- 권35~36 : 附錄. 世系, 年譜, 金昌翕이 지은 墓表와 墓誌銘이 수록되어 있고, 金元行이 지은 年譜跋가 수록.

(38) 농재선생일고(聾齋先生逸稿)

書名	出版事項	版式狀況	一般事項	所藏番號
聾齋先生逸稿	李彦适(1494~1553)著, 李能燮 編, 高宗2(1865)序.	2卷1冊, 朝鮮木版本, 四周雙邊, 半郭: 20.5×16.9cm, 有界, 半葉: 10行18字, 註單行, 白口, 上下內向二葉花紋魚尾, 33.1×21.6cm, 線裝, 紙質: 楮紙.	表題: 聾齋集, 序: 趙斗淳(1796~1870) 謹書. 歲乙丑(1865)傳金官趨謁玉山書院…鍾梓氏則出示其家歲書遺稿…通政大夫前承政院左承旨陽川許傳(1797~1886)序. 跋: 十一代孫李能燮書.	KS0432-1-04-00095

• 原典과 出刊

2권 1책의 조선목판본. 李彦适의 유문을 11대 傍孫 能燮이 1853년(철종 4) 간행.

• 著者紹介

李彦适 : 본관은 驪州. 자는 子容, 호는 聾齋. 경주 출신. 아버지는 영의정에 증직된 李蕃이며, 어머니는 慶州孫氏로 鷄川君 孫召의 딸. 형 李彦迪에게 글을 배웠다고 함. 시끄러운 세상에 뜻을 두지 말고 귀먹은 듯 살아가라는 뜻으로 '聾齋'라 하였음.

1545년(인종 1) 학행으로 추천되어 慶基殿參奉에 임명되고, 이듬해 주부로 승진되었으나 부임하지 않았음. 1547년(명종 2) 松蘿道의 찰방이 되었을 때, 선정을 베풀어 주민들이 송덕비를 세움. 사헌부 持平에 증직되었고, 고종 때 사헌부 大司憲 겸 성균관 祭酒에 가증됨. 경주의 德溪祠와 德淵祠에 제향 됨.

• 作品內容

『聾齋先生逸稿』는 조선 중기 학자 李彦适의 遺文集. 권두에 趙斗淳·許傳의 서문과 권말에 이능섭의 後識가 실림.

• 版本構成

- 권1 : 詩·疏·書·雜識.
- 권2 : 부록으로 행장·묘지명·묘갈명·유사·雲泉廟宇上樑文·奉安祝文·德淵祠奉安文·改題祝文·淵淵樓記 등이 수록.

(39) 단곡선생문집(丹谷先生文集)

書名	出版事項	版式狀況	一般事項	所藏番號
丹谷先生文集	郭嶸 著, 正祖10(1786)跋.	6卷3冊, 朝鮮木版本, 四周雙邊, 半郭: 18.3×14.6cm, 有界, 半葉: 10行20字, 註雙行, 白口, 上下內向二葉花紋魚尾, 30.4×19.4cm, 線裝, 紙質: 楮紙.	表題: 丹谷集,　序: 上之五十一年乙未(1775) 丁範祖(1723~1801)撰. 跋: 柔兆敦牂(丙午, 1786)…李光靖(1714~1789)跋. 合綴: 宇宙庵集.	KS0432-1-04-00098

原典과 出刊

6권 3책의 조선목판본. 郭嶸의 시문을 6대손 郭師林이 家藏草稿를 바탕으로 수습하고 趙普陽(1709~?)이 지은 行狀 등을 부록으로 편차하여 1775년에 丁範祖에게 서문, 1786년에 李光靖에게 발문을 받은 후, 저자의 차남 郭㻆의 詩 44題와 疏 1篇과 書 1篇을 수록한「宇宙庵集」1권을 附集하여 1786년경에 목판으로 간행.

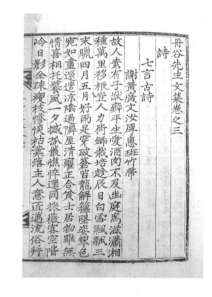

著者紹介

郭嶸 : 1568~1633. 본관은 玄風. 자는 靜甫, 호는 丹谷. 아버지는 생원 郭瀚이며, 어머니는 平海黃氏로 참봉 黃彦良의 딸. 權宇의 문인. 25세에 임진왜란이 일어나자 金誠一의 招諭文을 읽고 그의 둘째형과 함께 의병을 모집, 火旺山城에 들어가 왜적과 싸움. 1601년(선조 34) 진사시에 합격하였으나, 벼슬에 뜻을 접고 丹公山에 작은 암자를 짓고『心經』·『近思錄』·『朱書節要』등을 취하여 학문에 전념. 시문에 능했으며, 張顯光·李埈·鄭經世 등과 친하게 지냄. 白皐里祠에 세향 됨.

作品內容

『丹谷先生文集』은 조선 임진왜란 때의 의병 郭嶸의 시문집.

版本構成

- 권1~3 : 賦 2편, 詩 223수, 애사 2편, 소 2편, 書 17편.
- 권4 : 序 3편, 기 9편, 발 4편, 명 4편, 축문 2편, 제문 6편.

- 권5 : 묘갈명 4편, 묘지명 4편, 잡저 9편.
- 권6 : 부록으로 묘갈명·행장·白皇里社 初享文·常享文 등이 수록.

(40) 단지선생문집(丹池先生文集)

書名	出版事項	版式狀況	一般事項	所藏番號
丹池先生文集	河浹(1583~1625)著, 光武8(1904)刊.	2卷1冊, 朝鮮木版本, 四周雙邊, 半郭: 18.7×15.6㎝, 有界, 半葉: 10行18字, 註雙行, 白口, 上下內向二葉花紋魚尾, 29.5×20.5㎝, 線裝, 紙質: 楮紙.	表題: 丹池集. 序: 甲辰(1904) 七夕節前都事聞詔金道和(1825~1912)謹序. 跋: 上之四十一年甲辰(1904)黃花節眞城李中轍謹跋. 附: 世系圖	KS0432-1-04-00099

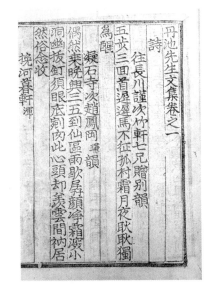

• 原典과 出刊

2권 1책의 조선목판본. 河浹의 시문을 1904년 후손 啓浤가 편집, 간행. 표지에 '丹池實記'라고 쓰여 있으나, 서문과 판심에는 '단지선생문집'으로 되어 있음.

• 著者紹介

河浹 : 본관은 진주. 자는 子幾, 호는 丹池. 아버지는 생원 河魏寶. 1583년(선조 16) 출생하여 1606년 사마시에 합격. 이후 세상이 어지러우므로 과거시험을 접고 초야에 묻혀 소요하면서 浮査 成汝信, 謙齋 河弘度 등과 교유.

• 作品內容

『丹池先生文集』은 조선 중기 학자 河浹의 시문집. 권두에 金道和의 서문과 권말에 李中轍의 발문이 있음.

• 版本構成

- 권1 : 시 14수, 제문 1편
- 권2 : 부록으로 행장·묘갈명·묘지명·만사·제문·撫實·세계도 등으로 구성.

(41) 담암선생일집(淡庵先生逸集)

書名	出版事項	版式狀況	一般事項	所藏番號
淡庵先生逸集	白文寶(1303~1374)著, [1900年代]刊.	4卷1冊, 朝鮮木版本, 四周雙邊, 半郭: 20.3×16.1㎝, 有界, 半葉: 10行18字, 註單行, 白口, 上下內向二葉花紋魚尾, 30.6×20.7㎝, 線裝, 紙質: 楮紙.	表題: 淡庵集, 內容: 逸集2卷·附錄2卷, 後叙: 金道和, 跋: 前行承政院同副承旨李晚燾(1842~1910) 謹書.	KS0432-1-04-00100

- 原典과 出刊

4권 1책의 조선목판본. 정확한 간행연도는 고증되지 않았으나 우리나라 初期 程朱學의 발전에 공헌한 '白文寶'의 공로를 후세에 전하기 위하여 19C 후반~20C 전반에 編述하여 刊行함. 후손들이 『東文選』 등에서 詩文雜著 약간을 모아 金道和의 後叙와 李晚燾의 跋을 받아 本集 2권과 附錄 2권 합 1책의 목판본으로 간행함.

- 著者紹介

白文寶 : 본관은 稷山, 자는 和父, 호는 淡庵. 아버지는 부사 白堅. 忠肅王 때 문과에 급제, 春秋檢閱을 거쳐 右常侍, 密直提學이 됨. 신라시대의 崇佛이 나라에 미친 폐단에 대해 상소를 올리기도 하였고, 1373년에 禑王이 대군이 되어 취학하자 田祿生·鄭樞와 함께 그의 師傅가 됨. 政堂文學에 이르러 稷山君에 봉해짐. 李齊賢, 李達衷과 함께 고려의 국사를 찬할 때, 그는 睿宗과 仁宗의 兩朝를 草하였다고 함.

- 作品內容

『淡庵先生逸集』은 고려 후기의 문신 白文寶의 시문집. 본 문집은 目錄·本集 2권·附錄 2권 합 1책으로 구성.

- 版本構成

- 本集 권1 : 詩로 『東文選』에서 뽑은 6수를 포함하여 11수의 시가 수록.

- 권2 : 文으로 疏箚 3편, 序 3편, 記 2편, 說 2편, 行狀 1편, 碑銘 1편으로 구성.
- 附錄 권1 : 贈遺諸篇과「動齋說」이 수록.

(42) 대계선생문집(大溪先生文集)

書名	出版事項	版式狀況	一般事項	所藏番號
大溪先生文集	李周楨 (1750~1813) 著, [朝鮮朝末期刊.	4卷2冊, 朝鮮木版本, 四周雙邊, 半郭: 19.7×16cm, 有界, 半葉: 10行20字, 註雙行, 白口, 上下內向二葉花紋魚尾, 30.2×20.7 cm, 線裝, 紙質: 楮紙.	表題: 大溪文集, 共3冊 中 第3冊 缺	KS0432-1-04-00111

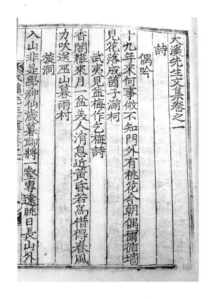

• 原典과 出刊

6권 3책의 조선목판본. 李周楨의 시문을 간행한 것. 서문·발문이 없어 편자와 간행연대를 자세히 알 수 없으나, 헌종연간에 이루어진 것으로 추정.

• 著者紹介

李周楨 : 본관은 固城. 初名은 李宗洛, 자는 翰伯, 景詹, 호는 大溪. 증조부는 八梅堂 李時沆, 조부는 李元馥, 부친은 李弘輔, 외조부는 李德龍. 南屛 鄭璞에게 가르침을 받음.

1776년(정조 52)에 大山 李象靖에게 나아가 영남 主理論의 맥을 이음. 스승인 이상정의 도학이 退溪 李滉의 학통을 이었으므로 서원에 함께 배향해 달라는 상소를 올리기도 함. 28세에 司馬試에 합격, 46세 때인 1795년(정조 19) 乙卯 春塘臺試 丙科 8위로 문과에 급제. 스승인 남병 정박 선생이 돌아가셨다는 소식을 듣고는 사직하고, 護喪을 하러 가서 喪事에 드는 모든 비용을 손수 마련하였을 정도로 스승에 대한 禮를 다함. 정조의 國喪을 당하여 假注書로 입직하였는데 일을 잘 처리하였다 하여 특별히 內廐馬와 후추 등을 상으로 받기도 함. 1804년(순조 4)에 성균관전적에 올랐다가 예조좌랑으로 轉補되었고, 結城縣監을 역임. 1813년(순조 13)에 司憲府持平이 되고, 1816년(순조 16)에 開城의 少尹 즉 經歷을 맡기도 함.

● 作品內容

『大溪先生文集』은 조선 후기의 문신·학자 李周禎의 시문집.

● 版本構成

- 권1 : 시 158수, 소 2편.
- 권2 : 書 57편.
- 권3 : 序 12편, 기 5편, 발 7편, 명 1편, 축문 3편,
- 권4 : 제문 22편, 묘지명 4편, 壙記 6편.
- 권5~6 : 행장 등 17편, 遺事 1편이 수록. 행장은 李著秀, 묘갈명은 柳致明이 지음.

(43) 대산선생문집(大山先生文集)

書名	出版事項	版式狀況	一般事項	所藏番號
大山先生文集	李象靖(1710~1781)著, [純祖年間]刊.	54卷27冊, 朝鮮木版本, 四周雙邊, 半郭: 21×16.3㎝, 有界, 半葉: 10行18字, 註雙行, 白口, 上下內向二葉花紋魚尾, 31.9×20.8㎝, 線裝, 紙質: 楮紙.	目錄1冊 包含	KS0432-1-04-00112

● 原典과 出刊

54권 27책의 조선목판본. 李象靖의 시문을 그의 사후에 동생 李光靖과 아들 李埈을 중심으로 여러 門人들이 참여하여 遺稿를 수집하고 편차해둠. 조카 李埦가 저자가 사망한지 22년만인 1802년(순조 2) 가을에 부친 李光靖의 뜻을 이어서 工役을 마쳐 52권 27책을 간행. 「大山先生實紀」권1의 저자 年譜에도 1802년 8월에 52권 27책의 문집이 완성되었다 기록되어 있음.

● 著者紹介

李象靖 : 본관은 韓山, 자는 景文, 호는 大山. 아버지는 泰和, 어머니는 載寧李氏로 玄逸의 손녀이며 栽의

딸. 1735년(영조 11)사마시와 대과에 급제하여 가주서가 되었으나 곧 사직하고, 학문에 전념함. 1739년 連原察訪에 임명되었으나, 이듬해 9월 관직을 버리고 고향으로 돌아와 大山書堂을 짓고 제자 교육과 학문 연구에 몰두함. 1753년 연일현감이 되었으나 2년 2개월 만에 관직을 버리고, 그 이후로는 오직 학문에만 힘을 쓰고 제자양성에 전념함.

● 作品內容

『大山先生文集』은 조선 후기 학자 李象靖의 시문집. 본집은 目錄 2권, 原集 52권 합 27책으로 구성됨. 序跋은 없고, 目錄 上下 2권이 맨 앞에 있음.

● 版本構成

- 권1~3 : 詩 350題.
- 권5~38 : 書 620여 편.
- 권39~42 : 雜著 33편.
- 권39 : 說 6편, 圖 3편, 錄 2편.
- 권40~41 : 『中庸』, 『性理大全』, 李珥의 『聖學輯要』, 李瀷의 『家禮疾書』, 『宋史』, 奇大升의 四端七情後說總論, 張興孝의 上寒岡問目 등을 읽고 나서 여러 조목에 대해 의견을 적어둠.
- 권42 : 私議, 記事, 論文, 서간 등.
- 권43~44 : 序 32편, 記 11편.
- 권45 : 跋 45편.
- 권46 : 箋 1편, 銘 3편, 贊 1편, 上樑文 3편, 哀辭 3편, 祝文 17편, 祭文 22편.
- 권47~48 : 碑 6편, 墓誌銘 12편, 墓碣銘 19편.
- 권49~52 : 行狀 31편.

(44) 동강선생문집(東岡先生文集)

書名	出版事項	版式狀況	一般事項	所藏番號
東岡先生文集	金宇顒(1540~1603)著, 肅宗29(1703)跋.	17卷5冊, 朝鮮木版本, 四周雙邊, 半郭: 20×15cm, 有界, 半葉: 10行21字, 註雙行, 白口, 上下內向二葉花紋魚尾, 31×19.9cm, 線裝, 紙質: 楮紙.	序: 上之八年(1667)孟夏下浣後學陽川許穆(1595~1682)序, 跋: 上之二十九年昭陽協洽(癸未, 1703) 四月丙午後學載寧李玄逸(1627~1704)跋.	KS0432-1-04-00124

• 原典과 出刊

17권 5책의 조선목판본. 金宇顒의 시문이 鄕庄의 화
재로 거의 타 버리고 奏議, 疏箚, 賦詠, 筆札 100여
편과 「續綱目」한 질만 남게 됨. 1657년에 쓰여진 許
穆의 서문에 의하면 이 시기를 즈음하여 문집의 편차
가 이루어져 1661년경 준비를 마무리하고, 저자의 神
道碑가 세워진 1723년경에 文集이 함께 간행된 것으
로 추정.

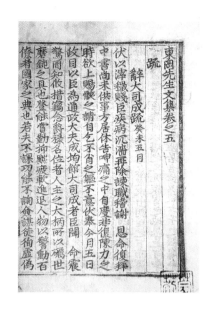

• 著者紹介

金宇顒 : 본관은 義城. 자는 肅夫, 호는 東岡·直峰布
衣. 아버지는 삼척부사 希參. 曹植의 문인. 1558년(명
종 13) 진사가 되고, 1567년 식년문과에 병과로 급제
하여 승문원권지부정자에 임명되었으나 병으로 나가지 않았음. 1573년(선조 6)홍문관정자가
되고, 수찬·부수찬을 거쳐 다시 수찬이 되었으나, 史讀文을 가르치는 책임자로서 학생들의
성적이 오르지 못한 데 대한 문책을 받아 전적으로 좌천됨. 그 후 여러 관직을 역임하다가
1597년 대사성에 이어 예조참판을 역임. 1599년 사직하고 인천에서 한거하다 이듬해 청주로
옮겨 그곳에서 세상을 마침.

• 作品內容

『東岡先生文集』은 조선 중기 문신이자 학자인 金宇顒의 시문집. 본 문집은 원집 17권, 부록
4권 합 10책으로 구성. 권수에는 許穆이 쓴 序와 目錄이 있음. 권말에 李玄逸의 跋.

• 版本構成

- 본집 권1 : 詩 51題와 詞 2편, 賦 3편.
- 권2~5 : 1573년부터 1598년까지 올린 疏 46편을 연대순으로 편차 수록.
- 권6~9 : 1573년부터 1596년까지 올린 箚 39편을 연대순으로 정리.
- 권10 : 啓 14편, 獻議 1편, 私議 1편, 敎書 1편, 傳旨 1편, 箋 1편.
- 권11~14 : 經筵講義.
- 권15 : 箴.

- 권16 : 書 16편, 雜著 2편, 祭文 8편.
- 권17 : 碑誌 2편, 行狀 2편, 遺事 1편.
- 附錄 권1 : 鄭逑가 지은 行狀과 張顯光이 지은 行狀跋.(鄭逑가 저자의 아들 金孝可의 부탁으로 짓다가 미처 마치지 못하고 죽자 뒷부분을 跋의 형식으로 張顯光이 이어 지은 것)
- 권2 : 祭文과 輓詞, 李玄逸이 지은 神道碑銘.
- 권3 : 李玄錫이 지은 諡狀.
- 권4 : 年譜.

(45) 동리선생문집(東籬先生文集)

書名	出版事項	版式狀況	一般事項	所藏番號
東籬先生文集	金允安 (1560~1622) 著, 純祖11(1811)刊.	5卷3冊, 朝鮮木版本, 四周雙邊, 半郭 18.9×15.7㎝, 有界, 半葉: 10行20字, 註單行, 白口, 上下內向二葉花紋魚尾, 31.7×21.2㎝, 線裝, 紙質: 楮紙.	表題: 東籬集, 序: 李象靖(1773), 挿圖(東籬先生世系圖·年譜), 跋: 金坽(1811)	KS0432-1-04-00127

• 原典과 出刊

5권 3책의 조선목판본. 金允安의 시문은 손자 箕山 金如萬(1625~1711)이 家藏하고 있었으나 화재로 대부분 소실됨. 5대손 金槃이 散逸되고 남은 저자의 시문을 收拾하고, 李象靖(1711~1781)에게 編次를 받음. 1803년에 安東의 士林들이 저자를 花川書院에 배향하고, 7대손 金世奎·金世瑜가 金坽(1739~1816)과 저자의 유집을 校正. 1811년에 金坽에게 발문을 받아 목판으로 문집 초간본을 간행.

• 著者紹介

金允安 : 본관은 順天, 자는 而靜, 호는 東籬. 할아버지는 金自順, 아버지는 현감 金博, 어머니는 李瀚의 딸. 柳成龍의 문인. 1588년(선조 21)에 생원시에 합격, 임진왜란 때 金垓 휘하에서 형 金允明과 함께 의병을 일으킴. 1604년 생원으

로 소를 올려 五賢을 문묘에 從祀할 것을 청하기도 함. 1612년 증광 문과에 갑과로 급제하여 대구부사·대사간을 역임.

● 作品内容

『東籬先生文集』은 조선 중기 문신 金允安의 시문집. 본집은 세계도, 연보, 원집 5권 합 3책으로 구성. 권수에는 1773년에 李象靖이 지은 서문이 있고, 이어 世系圖, 年譜, 目錄이 수록됨. 권말에 1811년에 지은 金塾의 발문이 수록.

● 版本構成

- 권1 : 10세 때인 1569년부터 56세 때인 1615년까지 지은 詩 87題.
- 권2 : 58세 때인 1617년부터 61세 때인 1620년까지 지은 詩 172제와 1591년부터 1619년까지 지은 輓詩 21제.
- 권3 : 疏 3편.
- 권4 : 書 18편, 記 2편, 祭文 11편, 雜著 3편.
- 권5 : 부록. 손자 金如萬이 지은 行狀, 權愈가 지은 墓碣銘, 李埈·李珍·李文潑 등이 지은 祭文 9편, 申楫·金坽 등이 지은 輓詩 5편, 金塾이 지은 「花川追享奉安文」이 수록.

(46) 동명선생문집(東溟先生文集)

書名	出版事項	版式狀況	一般事項	所藏番號
東溟先生文集	黃中允(1577~1648)著, 黃洙 編, 光武9(1905)刊.	8卷5冊, 朝鮮木版本, 四周雙邊, 半郭: 18.7×15.6cm, 有界, 半葉: 10行20字, 註單行, 白口, 上下内向二葉花紋魚尾, 31.9×20.3cm, 線裝, 紙質: 楮紙.	表題: 東溟集, 序: 上之四十二年乙巳(1905)…李晚燾(1842~1910)謹序, 跋: 乙巳(1905)陽復月眞城李中轍謹書.	KS0432-1-04-00128

● 原典과 出刊

8권 5책의 조선목판본. 평해황씨 해월종택에 소장되어 있는 黃中允 시문을 정리하여, 1905년 8대손 黃洙에 의해 편집 간행.

● 著者紹介

黃中允 : 본관은 平海. 자는 道先. 黃璉의 증손으로, 할아버지는 黃應澄, 아버지는 공조참

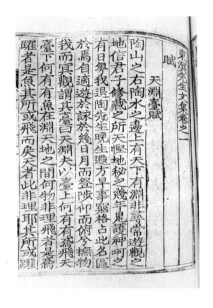

의 黃汝一, 어머니는 朴惶의 딸. 생원으로 1612년(광해군 4) 증광문과에 갑과로 급제하여, 정언·헌납·낭청·사서 등의 관직을 역임. 1620년 奏聞使로 임명되어 表文을 가지고 연경에 다녀온 뒤 동부승지·우부승지·좌부승지를 거쳐 승지에 올라 왕의 측근에서 업무를 수행함. 1623년(인조 1) 인조반정으로 정권이 교체되자 '李爾瞻의 복심이 되어 광해군의 뜻에 영합하여, 중국과의 외교를 단절하고 오랑캐와의 통호를 주장하였다'는 죄목으로 양사의 탄핵을 받아 변방에 유배되었다가 1633년 풀려나 시골로 돌아감.

• 作品內容

『東溟先生文集』은 조선 중기 학자 黃中允의 시문집.

• 版本構成

- 권1~4 : 賦·詩.
- 권5 : 疎·啓·書·雜著.
- 권6 : 雜著.
- 권7 : 序·記·上梁文·祭文·墓誌銘·行狀.
- 권8 : 附錄으로 구성.

(47) 만곡선생문집(晩谷先生文集)

書名	出版事項	版式狀況	一般事項	所藏番號
晩谷先生文集	趙述道 著, [朝鮮朝末期~日帝時代]刊.	2卷1冊(零本), 朝鮮木版本, 四周雙邊, 半郭: 20.8×15.7㎝, 有界, 半葉: 10行20字, 註雙行, 內向二葉花紋魚尾, 31.1×20.4㎝, 線裝, 紙質: 楮紙.	序: 晉陽 鄭宗魯 (1738~1816)撰, 內容: 卷4-5	KS0432-1-04-00141

• 原典과 出刊

2권 1책이 남아있는 조선목판본. 趙述道의 시문을 종자 趙居信(1749~1826)이 수습 정리. 立

齋 鄭宗魯(1738~1816)에게 校讎와 서문을 부탁하고, 정종로가 저자의 족손 趙根復과 함께 교수를 마치고 서문을 써 줌. 간행 경위에 대한 자세한 기록은 없지만, 조카 조거신의 주도로 1821년에 17권 9책의 목판으로 간행된 것으로 추정. 후조당에 소장되어 있는 판본은 그 중의 일부로 卷4~5의 1책이 소장됨.

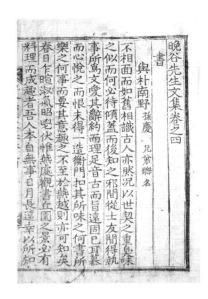

- **著者紹介**

趙述道 : 본관은 漢陽. 자는 聖紹, 호는 晩谷. 할아버지는 趙德鄰, 아버지는 趙喜堂, 어머니는 長水黃氏로 黃鍾萬의 딸. 과거공부에 매진했으나, 1759년(영조 35) 동생 趙進道가 문과에 합격하고도 조덕린의 손자라는 이유로 削科되자 벼슬에 뜻을 접음.

향인들이 그를 月課의 學正으로 추대하자 상벌을 엄격하게 행하는 한편, 呂氏鄕約에 준해 생도들을 가르쳤다고 함. 1765년(영조 41) 李象靖·金樂行의 문하에 입문하고, 金宗德·柳長源·李宗洙·鄭宗魯와 학문을 토론함. 1776년에는 月麓書堂을 지어 후학들을 지도하고 '晩谷'으로 자호를 지음. 만년에는 도선서원 유생들을 위해 「鄕飮酒攷定儀式」을 제정하고, 『朱書講錄刊補』를 교열함. 경세론에도 조예가 깊어 영양현감을 대신해 지은 9조항의 '勸農策'이 유명.

- **作品內容**

『晩谷先生文集』은 조선 후기 학자 趙述道의 시문집. 본집은 총 17권 9책으로 구성. 권수에 鄭宗魯가 지은 서문과 총목록이 수록.

- **版本構成**

- 권1~2 : 詩 224題가 저작 연도별로 수록.
- 권3~7 : 書 152편이 인물별로 연도순으로 편차.
- 권8 : 雜著 6편.
- 권9 : 잡저 7편, 序 7편.
- 권10 : 序 6편, 記 8편, 跋 16편, 箋 2편, 銘 1편.
- 권11 : 贊 2편, 上樑文 4편, 哀辭 11편, 祝文 9편.

- 권12 : 祭文 33편, 墓表 3편.

- 권13 : 墓碣 15편, 墓誌 5편.

- 권14 : 묘지 5편, 行狀 4편.

- 권15 : 행장 3편, 行錄 5편.

- 권16 : 행록 11편.

- 권17 : 행록 5편, 遺事 8편, 傳 2편.

(48) 만문유고(晚聞遺稿)

書名	出版事項	版式狀況	一般事項	所藏番號
晚聞遺稿	林萬彙 (1783~1834) 著, 林秉斗 編, 光武6(1902) 刊.	3卷1冊, 朝鮮木版本, 四周雙邊, 半郭: 16.7×15.8㎝, 有界, 半葉: 10行18字, 註單行, 白口, 上下內向二葉花紋魚尾, 32.6×21.7㎝, 線裝, 紙質: 楮紙.	序: 金道和(1902), 書先考後: 林應聲(丙辰), 書晚聞遺稿後: 柳廷鎬(1856)·李壽岳, 識: 林秉斗(1902)	KS0432-1-04-00142

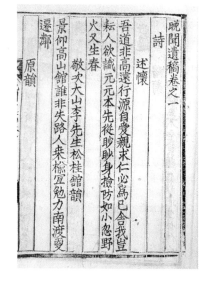

• 原典과 出刊

3권 1책의 조선목판본. 林萬彙의 시문을 아들 應聲이 편집하고, 1902년 증손 秉斗가 간행.

• 著者紹介

林萬彙 : 본관은 醴泉, 자는 茹一, 호는 晚聞. 고려 죽림칠현의 한 사람인 西河 林椿의 후손으로, 고조는 農窩 林謹明. 부친은 林興大, 모친은 咸安趙氏 趙漢成의 딸. 두 명의 부인을 두었는데, 첫째 부인은 羅州林氏이고, 둘째 부인은 慶州李氏. 타고난 성품이 뛰어나고 재주와 기예가 훌륭하였으며, 문장에도 뛰어났음. 필법 또한 예스러우면서도 우아하고 강건하였으며, 醫術에도 능하였음.

• 作品內容

『晚聞遺稿』는 조선 후기의 학자 林萬彙의 시문집. 권두에 金道和의 서문과 권말에 柳廷鎬

· 李壽岳 · 병두의 발문이 있음.

- 版本構成
  - 권1 : 시 108수.
  - 권2 : 書 5편, 제문 7편, 記 2편, 跋 1편.
  - 권3 : 부록으로 輓 · 제문 · 행장 · 묘갈명 · 묘지명 · 飛鳳臺記 등이 수록.

(49) 만오문집(晩悟文集)

書名	出版事項	版式狀況	一般事項	所藏番號
晩悟文集	鄭裕昆 (1782~1865)著	14卷7冊, 朝鮮木版本, 四周雙邊, 半郭: 19.7×15.6㎝, 有界, 半葉: 10行19字, 註雙行, 白口, 上下內向二葉花紋魚尾, 30.7×21㎝, 線裝, 紙質: 楮紙.	表題: 晩悟集	KS0432-1-04-00148

- 原典과 出刊

14권 7책의 조선목판본. 鄭裕昆의 시문을 손자인 鎭憲이 고종 때 편집, 간행된 것으로 추정. 刊記나 서·발문이 없어 정확한 간행연대는 미상. 후조당에 완질이 소장되어 있음.

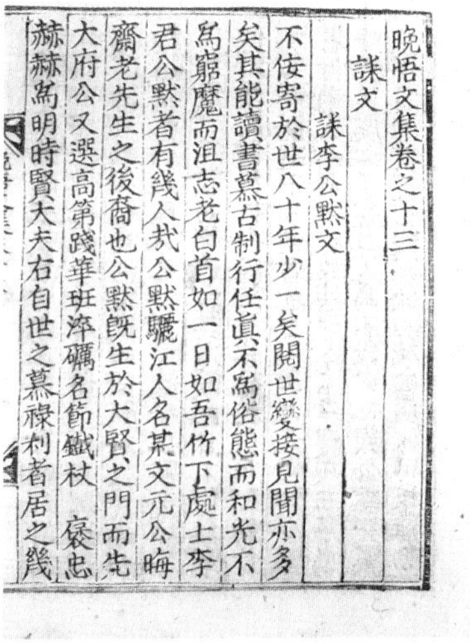

晩悟文集卷之十三
誄文
誄李公默文
不佞寄於世八十年少一矣閱世變接見聞亦多
矣其能讀書慕古制行任眞不爲俗態而和光不
爲窮魔而沮志老白首如一日如吾竹下處士李
君公默者有幾人哉公默驪江人名某文元公晦
齋老先生之後裔也公默旣生於大賢之門而先
大府公又選高第踐華班淬礪名節鐵杖 褒忠
赫赫爲明時賢大夫右自世之慕祿利者居之幾

- 著者紹介

鄭裕昆 : 본관은 迎日, 자는 德夫, 호는 晩悟. 고조는 鄭碩達, 증조는 通德郞 鄭一鑌, 조부는 鄭夏溫. 이버지는 鄭景休, 어머니는 豊山 柳氏로 柳濱의 딸. 부인은 安東 權氏로 權東箕의 딸. 6세에 아버지를 잃어, 어머니에 대한 효를 다 하였다고 함. 학문이 뛰어났으나 평생 벼슬에 뜻을 접고 어머니 봉양을 하며 '晩悟堂'이라는 정자를 짓고 유유자적 생활하다가 84세를 일기로 세상을 떠남.

- 作品內容

『晩悟文集』은 조선 후기의 학자 鄭裕昆의 시문집.

● 版本構成

- 권1 : 施.

- 권2~3 : 書.

- 권4 : 書·序·기·識·명·상량문·잡저.

- 권5~12 : 잡저.

- 권13 : 誄文·제문.

- 권14 : 부록 등이 수록.

(50) 만포집(晩浦集)

書名	出版事項	版式狀況	一般事項	所藏番號
晩浦集	安瑜重 (1802~1869)著, 高宗22(1885)跋.	6卷3冊, 朝鮮木版本, 四周雙邊, 半郭: 20.4×15.6cm, 有界, 半葉: 10行19字, 註單行, 白口, 上下內向二葉花紋魚尾, 33.1×21.6cm, 線裝, 紙質: 楮紙.	序: 陽川許傳八十三歲 (1879)翁序, 跋: 李在永 (1885)·李種杞·安禧遠	KS0432-1- 04-00153

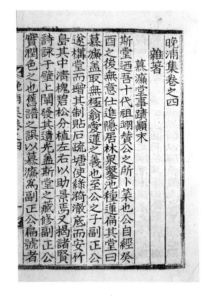

● 原典과 出刊

6권 3책의 조선목판본. 安瑜重의 시문을 1885년(고종 22) 그의 손자 禧遠과 族孫 鎬遠 등이 편집, 간행.

● 著者紹介

安瑜重 : 본관은 廣州, 자는 國瑞, 호는 晩浦. 증조부는 南皐 安明迪, 조부는 安仁濟. 부친 安景泰와 모친 宋邦弼의 딸 水原宋氏 사이에서 3남 중 차남으로 출생. 형 安珵重, 동생 安琇重. 부인은 金海許氏 許儼의 딸. 과거에 뜻을 두지 않고, 학문 연구과 후학 양성에 전념. 교유한 인물로는 金鳳喜·李徽永 등. 슬하에 2남 安孝完·安孝寔을 둠.

● 作品內容

『晩浦集』은 조선 후기의 학자 安瑜重의 시문집. 권두에 許傳의 서문과 권말에 李在永·李種杞·희원 등의 발문이 있음.

● 版本構成

- 권1 : 시 14수.
- 권2~3 : 書 78편.
- 권4~5 : 잡저 5편, 序 1편, 記 2편, 상량문 1편, 축문 1편, 제문 18편, 묘갈문 2편, 묘지명 1편, 행장 1편.
- 권6 : 부록 10편 등이 수록.

(51) 망와선생문집(忘窩先生文集)

書名	出版事項	版式狀況	一般事項	所藏番號
忘窩先生 文集	金榮祖 (1577~1648)著, 金源興·金源懼 共編, 英祖51(1775)序.	5卷4冊, 朝鮮木版本, 四周雙邊, 半郭: 21.4×15.1㎝, 有界, 半葉: 10行20字, 註雙行, 內向二葉花紋魚尾, 31.1×20.3㎝, 線裝, 紙質: 楮紙.	表題: 忘窩集, 序: 崇禎紀元後三乙未(1775)…眞城 李世澤謹書, 第4冊: 年譜·附錄	KS0432-1-04-00156

● 原典과 出刊

5권 4책의 조선목판본. 金榮祖의 시문을 1823년 김중하의 주관으로 간행되었을 것으로 추정.

● 著者紹介

金榮祖 : 본관은 豊山, 자는 孝仲, 호는 忘窩. 할아버지는 司議 金農, 아버지는 산음현감 金大賢, 어머니는 全州李氏. 金誠一의 사위. 아홉 명의 형제 중 총 다섯 명이 문과에 급제하였다고 함.

1601년(선조 34) 사마시에 합격하고, 1612년(광해군 4) 증광 문과에 병과로 급제해 承文院正字를 거쳐, 典籍에 승진하였으나 10여 년 동안 은거하는 생활을 함. 1623년 인조반정 후 복관되어, 正言·持平·副修撰·掌令·대사헌·대사성·대사간·副提學·이조참판 등을 역임하고 여섯 차례나 어사로 나감.

1633년에는 세자 책봉을 주청하기 위해 奏請使 韓仁及과 함께 부사로 중국에 다녀왔으며, 그 공로로 노비 3구와 토지 10결을 받음. 1642년에 이조참판으로 있으면서, 取才 때 인사 부정의 혐의가 있다는 사간원의 탄핵을 받고 파직당함. 영천의 龜山精舍에 제향 됨.

• 作品內容

『忘窩先生文集』은 조선 중기 학자 金榮祖의 시문집. 본집은 目錄, 原集 5권, 附錄 합 4책으로 구성. 권수에 1775년에 李世澤이 지은 序가 있음.

• 版本構成

- 권1 : 시 156題를 詩體 구분 없이 수록.
- 권2 : 시 125題.
- 권3 : 시 112제와 書 15편.
- 권4 : 疏 4편, 箚 3편, 啓辭 25편, 箋 4편, 祭文 8편.
- 권5 : 雜著 3편, 記, 墓表, 行狀. 附錄으로는 年譜와 李世澤이 지은 行狀, 李敏求가 지은 墓碣銘, 金墌이 지은 墓誌銘과 輓詞 39편, 祭文 11편, 奉安文, 常享祝文, 朝天送別錄 25편. 만사는 趙絅, 金是樞 등이 지었으며, 조천송별록은 1633년 世子冊封 奏請副使로서 북경에 갈 때 金尙容, 金尙憲, 李聖求, 李敏求 등이 지어 준 시.

(52) 매산선생문집(梅山先生文集)

書名	出版事項	版式狀況	一般事項	所藏番號
梅山先生文集	鄭重器(1685~1757)著, 正祖21(1797)跋.	8卷4冊, 朝鮮木版本, 四周雙邊, 半郭: 21.8×15.7㎝, 有界, 半葉: 10行20字, 註單行, 白口, 上下內向二葉花紋魚尾, 33×21.5㎝, 線裝, 紙質: 楮紙.	跋: 上之二十一年丁巳(1797)十一月上浣晉陽鄭宗魯(1738~1816)跋. 共6冊 中 第15冊 缺	KS0432-1-04-00159

• 原典과 出刊

8권 4책의 조선목판본. 鄭重器의 시문을 차남 鄭一鑽이 수집 편차하여 李象靖의 교감과 永川 士林의 협조를 받아 1790년 저자의 부친 鄭碩達의 『涵溪集』과 함께 목판으로 간행. 그 후 1797년 鄭宗魯의 발문을 追刻. 후조당에 소장되어 있는 판본에는 1797년 鄭宗魯의 발문이 수록된 판본임.

● 著者紹介

鄭重器 : 본관은 迎日. 자는 道翁, 호는 梅山. 好禮의
증손, 할아버지는 時諶, 아버지는 碩達, 어머니는 權墩
의 딸. 鄭萬陽·鄭葵陽 형제 및 李衡祥의 문인. 1727년
(영조 3) 생원으로 증광문과에 병과로 급제. 1731년 승
정원주서가 되고, 이어 結城縣監으을 지냈고, 사간원
정언을 거쳐 1753년 사헌부지평이 되고, 뒤에 형조참
의를 역임.

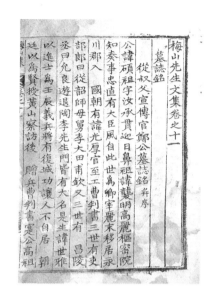

● 作品內容

『梅山先生文集』는 조선 후기 학자 鄭重器의 시문집.

● 版本構成

- 권1~2 : 詩 235題.
- 권1 : 1700년부터 1732년까지의 시 101제.
- 권2 : 1733년부터 1757년까지의 시 134제.
- 권3 : 疏 6편.
- 권4~7 : 書 162편. 권4 : 46편. 권5 : 32편. 권6 : 34편. 권7 : 50편.
- 권8 : 雜著 14편.
- 권9 : 序 2편, 記 6편, 跋 6편, 上樑文 2편.
- 권10 : 祝文 7편, 祭文 38편, 誄文 1편.
- 권11 : 墓誌銘 13편, 墓碣銘 15편.
- 권12 : 行狀 7편, 傳 2편. 행장은 族曾祖 鄭好信, 伯從祖 鄭時相, 叔祖 鄭時僑, 6대조 鄭允
良, 종형 鄭重祿, 족증조 鄭好義, 權德麟에 대한 것이며, 傳은 金浣과 權得重에 대한 것.
권말에 鄭宗魯가 1797년에 지은 발문이 수록.

(53) 매원유고(梅園遺稿)

書名	出版事項	版式狀況	一般事項	所藏番號
梅園遺稿	金光繼 (1580~1646) 著, [朝鮮朝後期]寫	4卷2冊, 筆寫本, 烏絲欄, 半葉: 10行18字, 無魚尾, 34.7×22㎝, 假綴, 紙質: 楮紙.	所藏印: 蒙菴, 內容: 詩, 書.	KS0432-1-04-00164
梅園遺稿	[朝鮮朝後期]寫	4卷2冊, 筆寫本, 四周雙邊, 半郭: 20.2×14.5㎝, 有界, 半葉: 10行18字, 註單行, 無魚尾, 28.6×19㎝, 線裝, 紙質: 楮紙.	內容: 詩, 書, 祭文, 附錄.	KS0432-1-04-00165
梅園遺稿	上同	不分卷1冊, 筆寫本, 四周雙邊, 半郭: 20.3×16㎝, 有界, 半葉: 10行20字, 註單行, 無魚尾, 28.2×19.8㎝, 線裝, 紙質: 楮紙.		KS0432-1-04-00166

• 原典과 出刊

　4권 1책의 필사본. 金光繼의 시문을 정리한 것.

• 著者紹介

　金光繼 : 본관은 光山, 자는 以志, 호는 梅園. 부친은 金垓, 모친은 眞城李氏로 퇴계 선생의 조카인 李宰의 딸. 처음 大菴 朴惺에게 배우다가 안동부사로 부임한 鄭寒岡에게 『心經』 등을 물어 학문이 크게 성취했다고 함.

　경상감사 金時讓이 나라에 천거하여 童蒙教官·齋郎·別檢 등에 임명되었으나 나아가지 않았음. 1627년(인조 5) 정월 정묘호란, 1636년(인조 14) 또 병자호란 때 의병을 일으키기도 함. 그가 사망하자 大司諫인 鶴沙 金應祖가 墓誌를 짓고 공조판서 李家煥이 墓碣銘을 지었음. 저서로 『梅園遺稿』 4책과 『梅園日記』가 전함.

• 作品內容

　『梅園遺稿』는 조선 중기 학자 金光繼의 시문집.

(54) 매월당시집(梅月堂詩集)

書名	出版事項	版式狀況	一般事項	所藏番號
梅月堂詩集	金時習 (1435~1493)著, 宣祖16(1583)刊.	21卷10冊(零本), 金屬活字本(再鑄甲寅字本), 四周雙邊, 半郭: 26.4×16.8cm, 有界, 半葉: 10行18字, 註單行, 白口, 上下內向二·三葉混入花紋魚尾, 32.8×21.8cm, 線裝, 紙質: 楮紙.	寶物 第1019號, 表題: 梅月堂集, 序: 李耔(1521)·李珥(1582)·李山海(1583), 內容: 卷1-11·14-23,　附: 補遺, 藏書記: 後彫堂藏	KS0432-1-04-00168

● 原典과 出刊

21권 10책이 남아있는 조선금속활자본. 金時習의 시문 중 散失된 自書詩稿를 李耔가 구하여 이것을 補寫하고 추가하여 3권으로 엮고 1521년 序를 지어둠. 그후 朴祥, 尹春年이 시문을 수집하고, 尹春年이 저자의 傳을 붙여 간행(이 舊本은 현재 전하지 않음). 1583년(선조 16)에 선조가 芸閣에 명하여 舊本을 증보하여 改鑄甲寅字로 간행하게 함. 후조당에 완질은 아니지만 零本 10책이 소장되어 있고, 보물 제 1019호로 지정되어 한국국학진흥원에 수탁함.

● 著者紹介

金時習 : 본관은 江陵. 자는 悅卿, 호는 梅月堂·淸寒子·東峰·碧山淸隱·贅世翁, 법호는 雪岑. 서울 출생으로 생육신의 한 사람. 증조부 金允柱는 安州牧使, 할아버지 金謙侃은 五衛部將, 아버지 金日省은 蔭補로 忠順衛를 지냈으며, 그의 어머니는 울진 仙槎張氏.

김시습은 서울 성균관 부근에서 태어나, 1437년(세종 19) 3살 때부터 외조부로부터 글자를 배움. 5세부터 글을 지을 줄 알아, 그 명성이 세종에게까지 알려져 '五歲'라는 별호를 얻게 됨. 하지만 15세에 어머니의 죽음으로 18세에 송광사에서 불교입문을 함. 31세 때인 1465년(세조 11) 봄에 경주로 내려가 경주의 남산인 金鰲山에 金鰲山室을 짓고 칩거하면서 '매월당'이란 호를 사용하며 37세(1471)까지 우리나라 최초의 한문소설로 불리는『금오신화』를 비롯한 수많은 시편들을『遊金鰲錄』에 남김.

1481년(성종 12) 47세에 安氏를 아내로 맞아들여 잠시 환속하였으나, 이듬해 '廢妃尹氏事件'이 일어나자, 다시 관동지방 등지로 방랑의 길에 나섰다고 전함. 당시 襄陽府使였던 柳自漢

과 교분이 깊어 서신왕래가 많았으며, 한 곳에 오래 머물지 않고 강릉·양양·설악 등지를 두루 여행하며, 『關東日錄』에 있는 100여 편의 시들을 지음.

● 作品內容

『梅月堂詩集』은 조선 초기 학자 金時習의 시문집. 권수에 李耔·李山海가 지은 序 2편과 尹春年, 李耔가 지은 傳 2편이 실려 있고 詩集과 文集으로 나누어 총 23권 9책으로 편차됨[41]. 본 문집은 詩集 15권, 文集 8권 합 9책으로 구성됨. 권수에는 1521년에 쓴 李耔의 序, 1583년에 쓴 李山海의 序와 尹春年이 지은 「梅月堂先生傳」 그리고 선조의 명으로 1582년에 지은 李珥의 「金時習傳」과 目錄이 수록.

● 版本構成

- 詩集－권1~8 : 各體詩를 주제 또는 문체별로 묶어 小題를 달아 편차함.
- 권9~14 : 遊覽時 지은 작품들을 엮어 편명을 달았음.
- 권9 : 1458년에 엮은 「遊關西錄」.
- 권10 : 1460년에 엮은 「遊關東錄」.
- 권11 : 1463년에 엮은 「遊湖南錄」.
- 권12 : 1473년에 엮은 「遊金鰲錄」이 실려 있고 위 「四遊錄」 末尾에는 각각 後志가 첨부됨.
- 권13 : 「關東日錄」.
- 권14 : 1486년경에 지은 「溟州日錄」이 수록.
- 권15 : 賦와 雜體詩.
- 文集－권16~17 : 雜著 20편.
- 권18 : 論 4편.
- 권19 : 贊 31편.
- 권20 : 傳 10편, 說 9편, 辨 3편, 序 1편, 義 8편,
- 권21 : 銘 8편, 箴 3편, 記 1편, 誥 1편, 篇 1편, 書 3편.
- 권22 : 騷賦 7편, 琴操 1편, 辭 1편.
- 권23 : 騷註 1편, 雜說 3편이 수록.

---

41) 이 판본은 현재 국내에는 完本이 없고 日本 蓬左文庫에 完本이 소장되어 있다고 한다.

(55) 매촌문집(梅村文集)

書名	出版事項	版式狀況	一般事項	所藏番號
梅村文集	琴詩述 (1783~1851)著, [高宗年刊 (1864~1906)]刊.	6卷3冊, 朝鮮木活字本, 有圖, 四周單邊, 半郭: 20.8× 16.7㎝, 有界, 半葉: 10行19字, 註單行, 白口, 上下內向 二葉花紋魚尾, 31.1×21.2㎝, 線裝, 紙質: 楮紙.	表題: 梅村集.	KS0432-1-04-00169
梅村文集	上同	6卷3冊, 朝鮮木活字本, 四周單雙, 半郭: 20.8×16.7㎝, 有界, 半葉: 10行19字, 註單行, 白口, 上下內向二葉 花紋魚尾, 31.3×21.4㎝, 線裝, 紙質: 楮紙.		KS0432-1-04-00170

● 原典과 出刊

6권 3책의 조선목활자본. 琴詩述의 시문을 정리하여
간행. 서문과 발문이 없어 편자와 간행연대 추정 불가.

● 著者紹介

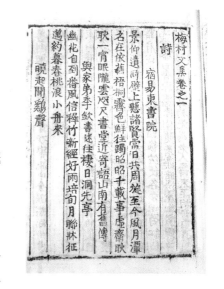

琴詩述 : 본관은 奉化. 자는 繼聞, 호는 梅村. 아버지
는 琴汝玉, 어머니는 禮安金氏로 金弘命의 딸. 어려
서는 後溪 李頤淳에게 수학함. 관례를 치르고는 俛庵
李㙖에게는 『中庸』 수업을 수학하고, 光瀨 李野淳에
게는 의문점을 물으며 공부함. 중년 이후로는 『論語』
에 심취함.

1844年(헌종 10) 문과에 급제하여 사헌부감찰과 성균
관전적에 제수되고, 1845년 사헌부감찰에 다시 제수
됨. 1848년에 사헌부지평에 제수되고 1851년(철종 2) 사간원정언에 제수되었으나 모두 부임
치 않다가 그해 10월에 생을 마침.

● 作品內容

『梅村文集』은 조선 후기의 학자 琴詩述의 시문집.

● 版本構成

- 권1~2 : 詩 162수.
- 권3 : 疏 2편, 書 27편.

- 권4 : 잡저 2편, 序 4편, 記 3편, 跋 2편, 상량문 2편, 제문 13편, 誄詞 3편.
- 권5 : 묘지명 1편, 행장 6편.
- 권6 : 부록으로 家狀·행장·묘갈명·묘지명 각 1편, 輓詞 20수, 제문 5편 등이 수록. 시는 문사가 평이하면서도 내용이 심오하고 교훈을 소재로 한 것이 대부분. 疏는 士林을 대표하여 지은 것인데, 金垓을 서원에 享祀하게 해줄 것과 趙穆의 賜諡를 청한 것으로, 그들의 행적·이력·도학연원 등을 소상하게 진술한 명문으로 꼽힘. 書 中 李仲聞에게 답한 서한은 四端七情을 논한 것으로, 先儒들의 학설을 절충하여 理氣二元的인 측면에서 논설함. 잡저에는 李滉의 「心統性情中圖」를 舊圖와 비교하여 다시 개정된 부분을 세밀하게 해설하고 있음. 「碁三百算法圖」에서는 천체의 운행 도수를 曆法的 계산으로 선유들의 산법을 참고하여 저자 나름대로 도표를 만들고 알기 쉽게 풀어 놓음.

(56) 매헌선생문집(梅軒先生文集)

書名	出版事項	版式狀況	一般事項	所藏番號
梅軒先生文集	琴輔(1521~1584)著, 1913跋.	3卷2冊, 朝鮮木版本, 四周雙邊, 半郭: 17.6×15.1㎝, 有界, 半葉: 10行18字, 註雙行, 白口, 上下內向二葉花紋魚尾, 30.3×20㎝, 線裝, 紙質: 楮紙.	表題: 梅軒集, 序: 李彙寧, 跋: 金鶴鎭(1909)·琴書述(1853)·琴佑烈(1891), 附: 松坡公碣銘(琴胤古)	KS0432--04-00171

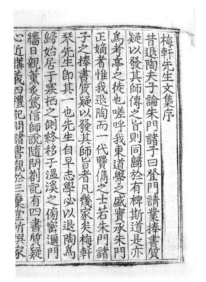

• 原典과 出刊

3권 2책의 조선목판본. 琴輔의 시문이 생전에 화재로 대부분 소실되어, 10세손 琴佑烈(1824~1904)이 남아 있는 저자의 시문과 관계 기록을 陶山의 草本과 여러 문중의 古蹟에서 수집하고, 許傳(1797~1886)에게 받은 행장과 李彙載(1795~1875)에게 받은 묘갈명 등 부록 문자를 모아 1891년에 4권 2책으로 편차해 둠. 이를 嗣孫 琴祜烈(1853~1926)이 1909년에 金鶴鎭의 발문을 받아 목판으로 간행.

• 著者紹介

琴輔 : 본관은 奉化, 자는 士任, 호는 梅軒 또는 柏栗

堂으로 아버지는 첨지중추부사 元壽이고, 어머니는 안동김씨로 掌令 永鍫의 딸. 1546년(명종 1) 사마시에 합격하였으나, 벼슬에 뜻을 버리고 李滉에게 수학. 南溪에 寒栖菴을 짓고 학문에 주력하였고, 만년에는 溫溪의 松內로 처소를 옮겨 살았음.

● 作品內容

『梅軒先生文集』은 조선 중기 학자 琴輔의 시문집. 본집은 年譜, 原集 3권, 附錄 합 2책으로 권수에 李彙寧이 지은 序文, 그 뒤에 年譜, 目錄이 있음.

● 版本構成

- 권1 : 詩 30題, 賦 1편.
- 권2 : 書 7편, 祭文 3편, 碣文 2편, 雜著 5편.
- 권3 : 雜著 1편. 부록은 師友寄贈 10편, 琴是養이 지은 家狀, 許傳이 지은 行狀, 琴이 지은 墓誌銘, 李彙載가 지은 墓碣銘. 권말에 1909년에 金鶴鎭이 지은 발문, 1853년에 琴書述이 지은 발문, 1891년에 琴佑烈이 지은 識가 수록됨.

(57) 명호문집(明湖文集)

書名	出版事項	版式狀況	一般事項	所藏番號
明湖文集	李言直 (1631~1698)著, 李養淵 編, 隆熙3(1909)序.	上下1冊, 朝鮮木版本, 四周單邊, 半郭: 20.5× 16.4㎝, 有界, 半葉: 13行18字, 註雙行, 白口上 下內向二葉花紋魚尾, 30.2×20.4㎝, 線裝, 紙質: 楮紙.	表題: 明湖集, 序: 李晃宙, 後序: 金道和(1909), 跋: 李燦和.	KS0432-1-04-00177

● 原典과 出刊

上下 1책의 조선목판본. 1909년 간행.

● 著者紹介

李言直 : 본관은 永川, 자는 子愼, 호는 明湖·石后. 증조부는 李令承, 조부는 李士慶. 부친 李休運과 모친 南宇의 딸 英陽南氏 사이에서 태어남. 蔡之海의 딸 仁川蔡氏와, 郭崿의 딸 苞山郭氏 등 두 부인을 둠. 6세에 부친에게 학문을 배우고 8세에 洛村 李道長의 문하에서 수학. 1654년(효종 5) 중국 崇禎帝가 별세했다는 소식을 듣고 '海東의 忠義'라는 挽詩를지

음. 만년에 石后亭에서 머물며 학문에 힘씀. 또한 大明洞에 南寧社를 건축하고서 '明湖山人'이라는 호를 지음. 1696년(숙종 22) 徐文重의 천거로 寢郎에 올랐으나 나아가지 않음. 평소 孝悌忠信으로써 행실을 삼가고 모범을 보이다가, 향년 68세를 일기로 생을 마감.

• 作品內容

『明湖文集』은 조선 중기의 학자 李言直의 시문집. 권말에 金道和의 後序와 李燦和의 발문이 수록.

• 版本構成

  - 권상 : 시 40수, 소 2편, 書 5편, 기 1편, 발 2편, 명·잠·상량문·告文 각 1편

  - 권하 : 부록으로 만사 11편, 行錄·가장·유사·행장·묘표·묘갈명·봉안문·축문 각 1편 등으로 구성.

(58) 몽암선생문집(蒙庵先生文集)

書名	出版事項	版式狀況	一般事項	所藏番號
蒙庵先生文集	李埰(1616~1684)著, 純祖32(1832)刻 [後刷].	6卷3冊, 朝鮮木版本, 四周單邊, 半郭: 20.8×15.6㎝, 有界, 半葉: 10行20字, 註雙行, 白口, 上下內向二葉花紋魚尾, 31.6×21.7㎝, 線裝, 紙質: 楮紙.	表題: 蒙庵集, 序: 上之三十二年(1832)…柳尋春序跋: 上之三十二年 壬辰(1832) 李秉遠(1774~1840)謹書. 壬辰(1832) 族玄孫李鼎基謹跋.	KS0432-1-04-00181

• 原典과 出刊

  6권 3책의 조선목판본. 李埰의 시문을 1832년(순조 32)에 후손인 李潤祥 등이 편집하고 간행.

• 著者紹介

  李埰 : 본관은 驪州, 자는 錫吾, 호는 夢庵. 조부는 養拙堂 李宜澄, 부친은 從仕郎 李曒. 태어

날 때부터 특이한 才質이 있어, 8, 9세에 從祖인 李宜
活에게 수학하여 경전과 역사에 능통했고, 글을 잘 지
었다고 함. 1666년(현종 7) 丙午式年司馬試에 進士 2
등으로 합격. 그 후에 여러 차례 鄕試에 응하였으나 번
번이 낙방하고 1665년(현종 6)에 비로소 上舍에 뽑힘.
1676년(숙종 2)에 遺逸로 천거되어 英陵參奉과 氷庫
別檢에 제수되었으나 부임하지 않음. 1669년(현종 10)
에 경주부윤 閔周冕 등과 더불어 『東京雜記』를 편찬
·간행. 이 책은 17세기 경주지역 사정과 신라시대 전
설·역사·풍속·문물 등을 매우 풍부하게 수록함. 그
후 1845년(현종 11)에 成原黙에 의하여 증보, 중간됨.

• 作品內容

『蒙庵先生文集』은 조선 중기 학자 李埰의 시문집. 6권 3책으로 이루어진 문집의 권두에는
柳尋春의 서문과 권말에는 李秉遠·李鼎基의 발문이 수록.

• 版本構成

 - 권1~2 : 詩.
 - 권3 : 詩·詞·疏.
 - 권4 : 書·雜著·序·記·跋·文廟享祠志跋.
 - 권5 : 祝文·祭文·箴·上樑文·丘墓文·行狀.
 - 권6 : 부록으로 행장·家狀後敍·墓碣銘·墓誌銘·輓詞·祭文 등이 수록.

(59) 몽재문집(蒙齋文集)

書名	出版事項	版式狀況	一般事項	所藏番號
蒙齋文集	李安道 (1541~1584) 著	2卷1冊, 朝鮮石版本, 四周單邊, 半郭: 20.6×14.6㎝, 有界, 半葉: 10行20字, 註單行, 白口, 上下內向二葉花紋魚尾, 28.9×19.5㎝, 線裝, 紙質: 楮紙.	表題: 蒙齋集, 遺事(李龜應 撰), 墓誌銘(鄭崑壽 撰), 墓碣銘(柳根 撰), 刊記: 陶山書院刊行	KS0432-1-04-00182

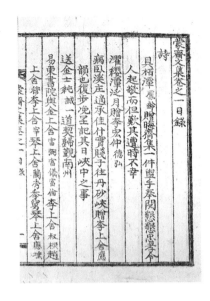

● 原典과 出刊

2권 1책의 조선석판본. 陶山書院에서 편집, 간행. 서
문과 발문이 없음.

● 著者紹介

李安道 : 본관은 眞城, 자는 逢原, 호는 蒙齋. 퇴계 李
滉의 장손으로, 軍器寺僉正을 지낸 寯의 아들. 할아
버지인 퇴계 문하에서 공부하여 성리학에 조예가 깊
었으며 많은 유생들과 교유함.

1561년(명종 16) 辛酉 式年試에 합격하였으며, 1574
년(선조 7) 蔭敍로 穆淸殿參奉에 임명됨. 그 후 儲倉
副奉事, 尙書院副直長, 司醞直長 등을 역임. 아버지
가 병이 들어 고향으로 내려갔다가 부친상을 치른 다음해에 44세의 나이로 생을 마감함. 예
안의 東溪書院에 제향됨.

● 作品內容

『蒙齋文集』은 조선 중기의 문신이자 학자인 李安道의 시문집.

● 版本構成

- 권1 : 詩 54수·書 16편·策 1편·논 1편·箚錄 11편·家庭雜錄 19편·考終錄 1편.
- 권2 : 부록으로 만사 21편·제문 18편·유사 3편·묘지명·묘갈명 각 1편 등이 수록.

(60) 무송헌선생문집(撫松軒先生文集)

書名	出版事項	版式狀況	一般事項	所藏番號
撫松軒先生文集	金淡(1416~1464)著, 英祖43(1767)跋 [後刷].	6卷3冊, 朝鮮木版本, 四周雙邊, 半郭: 19×15.3㎝, 有界, 半葉: 10行18字, 註雙行, 白口, 上下內向二葉花紋魚尾, 31.1×21㎝, 線裝, 紙質: 楮紙.	序: 赤狗(丙戌, 1646)…金應祖(1587~1667)拜手謹識. 三刊跋: 上之四十三年丁亥(1767)金坧.	KS0432-1-04-00184

● 原典과 出刊

6권 3책의 조선목판본. 천문학자였던 金淡의 시문을 저자 사후 女孫 金功이 『東文選』과 列邑의 題詠 등에서 저자의 詩文 몇 편을 찾아내어 모아 둠. 6대손 金鎜이 重試對策과 張顯光이 1635년에 지은 神道碑銘을 추가하여 1644년에 木板으로 文集을 初刊[42]. 그 후 1707년 8대손 金萬柱가 문집을 불분권 1책으로 重刊[43]. 1767년에는 10대손 金墀이 문집을 三刊함. 김방은 1766년 가을에 지역의 儒林들과 함께 炊沙 李汝馪이 裒集한 저자의 履歷錄을 바탕으로 행장, 신도비명, 기문록 등을 참조하여 年譜를 編次하였고, 중간본의 부록과 저자의 시문을 합해 上下卷으로 편차하여 大山 李象靖의 校正을 받았으며, 이것을 합하여 1767년 여름에 2권 1책의 목판본으로 간행함.

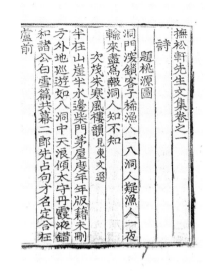

● 著者紹介

金淡 : 본관은 禮安. 자는 巨源, 호는 撫松軒. 할아버지는 고려 때 중랑장 金輅이고, 아버지는 현감 金小良, 어머니는 平海黃氏. 1435년(세종 17) 庭試에 병과로 급제하여 홍문관정자로 임명됨. 1437년에는 집현전저작랑, 1439년에 집현전박사가 됨. 이순지와 더불어 당대에 가장 뛰어난 천문학자로서 세종대의 천문·역법 사업에 크게 공헌하였고, 정인지·정초·정흠지·이순지 등과 더불어 『칠정산내편』·『七政算內篇丁卯年交食假令』·『칠정산외편』·『七政算外篇丁卯年交食假令』·『大統曆日通軌』·『太陽通軌』·『太陰通軌』·『交食通軌』·『五星通軌』·『四餘纏度通軌』·『重修大明曆』·『庚午元曆』·『宣德十年月五星陵犯』 등 많은 천문역서를 교정하고 편찬함.

● 作品内容

『撫松軒先生文集』는 조선 초기 천문학자 金淡의 시문집. 본집 卷首에는 金應祖가 1646년에 지은 識와 目錄이 수록됨.

---

42) 이 초간본은 현재 고려대학교 중앙도서관 등에 소장되어 있다.

43) 卷首에 1646년에 金應祖가 지은 識가 있고 卷末에 1707년에 張瑠, 權斗寅, 金萬柱가 지은 跋이 있으며 규장각 등에 소장되어 있다.

● 版本構成

- 권1 : 詩 7題·頌 1篇·箋 1편·疏 17편.
- 권2 : 啓辭 43편.
- 권3 : 獻議 4편·對策 1편·雜錄 2편.
- 권4~6 : 附錄.
- 권4 : 1447년 世宗이 田品을 정할 것을 명하면서 내린 御書를 비롯하여 權鏴이 지은 行狀, 史傳, 張顯光이 지은 神道碑銘, 5대손 金友益이 지은 家狀, 10대손 金埠가 지은 墓誌, 저자가 배향된 丹溪書院에 관련된 글 등이 수록. 말미에 張瑠, 權斗寅, 8대손 金萬柱가 1707년에 지은 重刊跋 3편과 10대손 金壄이 1767년에 지은 三刊跋이 수록됨.
- 권5~6 : 年譜인데, 1871년에 단계서원이 毁撤된 일까지 기록되어 있음.

(61) 문소세고(聞韶世稿)

書名	出版事項	版式狀況	一般事項	所藏番號
聞韶世稿	金希參 等著, 金鎭東 編, [朝鮮朝後期刊].	32卷11冊, 朝鮮木活字本, 有圖, 四周雙邊, 半郭: 21.6×14.2㎝, 有界, 半葉: 10行20字, 註雙行, 白口, 上下向二葉花紋魚尾, 30.8×19.2㎝, 線裝, 紙質: 楮紙.	序 : 柳長源 (1790), 跋: 金鎭東(1798)	KS0432-1-02-00055

● 原典과 出刊

32권 11책 조선목활자. 1798년 김진동 등이 간행.

● 著者紹介

金希參 : 본관은 義城. 자는 師魯. 호는 七峰. 아버지는 左承旨에 추증된 致精, 어머니는 星州李氏 訓練院 參軍 季恭의 딸. 金就成·李光·宋希奎의 문인.

1531년(중종 26) 생원시에 합격하고, 1540년 문과에 급제. 諫院·憲府·吏曹·兵曹佐郎·玉堂 등을 역임. 또, 司饔院正에서 三陟府使로 나가 善政을 베풀었음. 아버지 치정과 그의 아들 宇弘·宇宏·宇容·宇顒 4형제가 孝友로 이름이 알려짐. 이조판서에 추증되었고,

川谷의 鄕賢祠에 봉향됨. 저서로는 『칠봉일집』 1권.

● 作品內容

『聞韶世稿』는 조선 중기의 문신이자 학자인 金希參과 그의 아들 金宇弘 등의 문집을 엮은 것.

● 版本構成

- 권1 : 金希參의 시문집인 「七峯先生逸集」과 金宇弘의 「伊溪逸稿」가 수록.

- 권2~4 : 金宇宏의 「開巖先生文集」이 수록.

- 권5 : 金宇容의 「茅溪逸稿」와 金宇顒의 「洞岡先生逸稿」.

- 권6 : 金得可의 「柱峯逸稿」등이 수록.

- 권7~8 : 金瑔의 「天有堂遺稿」이 수록.

- 권9 : 金秋任의 「畏棲菴逸稿」.

- 권10~11 : 金秋吉의 「鶴汀逸稿」등이 수록.

- 권12~17 : 金聲久의 「八吾軒先生文集」.

- 권18~19 : 金汝鏜의 「修撰公遺稿」가 수록.

- 권20 : 「望道翁遺稿」, 「拙菴遺稿」, 「處士公墓誌」.

- 권21 : 金景燦의 「松鶴遺稿」.

- 권22 : 金景瀗의 「松鶴遺稿」와 「松庵遺稿」등이 수록.

- 권23~25 : 金景溫의 「丹砂遺稿」.

- 권26 : 金景澈의 「石坡逸稿」.

- 권27~29 : 金景泌의 「鶴陰遺稿」.

- 권30 : 金必東의 「羅溪遺稿」.

- 권31 : 金宅東에는 「日枝窩遺稿」.

- 권32 : 金瑞東의 「百懶軒遺稿」가 수록.

(62) 문월당선생문집(問月堂先生文集)

書名	出版事項	版式狀況	一般事項	所藏番號
問月堂先生文集	吳克成(1559~1617)著, 哲宗1(1850)序 [後刷].	4卷2冊, 朝鮮木版本, 四周雙邊, 半郭: 19.8×15.6cm, 有界, 半葉: 10行20字, 註雙行, 白口, 上下內向二葉花紋魚尾, 32.1×20.9cm, 線裝, 紙質: 楮紙.	序: 上之元秊庚戌(1850)柳致明(1777~1861)謹序, 李敦禹(1807~1884)謹序, 跋: 通訓大夫英陽縣監安東鎭管兵馬節制都尉豊山洪羲升謹跋.	KS0432-1-04-00190

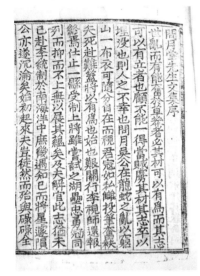

• 原典과 出刊

4권 2책의 조선목판본. 吳克成의 시문이 극히 적어 문집으로 엮지 못하다가, 「壬辰日記」가 발견된 뒤 비로소 문집 간행을 계획한 것으로 추정. 저자의 후손 吳鼎協과 吳正龜 등이 家藏草稿를 바탕으로 수집 편차하여 1850년경 柳致明과 李敦禹의 서문을 받아 4권 2책의 목판으로 간행.

• 著者紹介

吳克成 : 본관은 咸陽. 자는 誠甫, 호는 問月堂. 아버지는 참봉 吳敏壽. 1594년(선조 27) 무과에 급제하여 선전관으로 등용됨. 그 뒤 司僕寺主簿를 거쳐 1596년에 황간현감이 되었음. 정유재란이 일어나자, 兵使를 도와 전공을 세우기도 하였고, 1601년에 훈련원판관에 이르렀음.

• 作品內容

『問月堂先生文集』은 조선 중기 학자 吳克成의 시문집. 권두에 柳致明(1850)과 李敦禹가 쓴 序가 있고, 그 뒤에 목록이 수록.

• 版本構成

- 권1 : 詩, 疏, 書, 記, 祭文. 시는 모두 9題로 저작 연대순으로 편차되어 있음.
- 권2~3 : 雜著로 「壬辰日記」 上下와 「黃澗榜諭文」이 수록.
- 권4 : 附錄. 鄭經世, 徐渻, 李埈 등 9명의 輓詞와 趙德鄰이 지은 墓表, 李漢膺과 李彙寧이

지은 行狀, 저자를 明皐書院에 봉안할 때의 봉안문과 상향축문이 수록됨. 권말에 洪義升의 跋이 있고, 「宣武原從勳錄傳旨」와 「掌樂院契帖」이 별도의 부록으로 첨부되어 있음.

(63) 물암선생문집(勿巖先生文集)

書名	出版事項	版式狀況	一般事項	所藏番號
勿巖先生文集	金隆(1549~1594)著, 英祖50(1774)序.	4卷3冊, 朝鮮木版本, 四周雙邊, 半郭: 20.9×14.6cm, 有界, 半葉: 10行20字, 註單行, 白口, 上下內向二葉花紋魚尾, 31.2×19.4cm, 線裝, 紙質: 楮紙.	表題: 勿巖集, 序: 歲甲午(1774)春正月下澣韓山李象靖(1740~1781)序, 跋: 丁範祖(1723~1801)跋, 第3冊: 年譜·附錄	KS0432-1-04-00193

- 原典과 出刊

4권 3책의 조선목판본. 金隆의 시문을 1774년(영조 50) 李象靖이 편집을 하여, 후손 世琬·尙建 등이 간행.

- 著者紹介

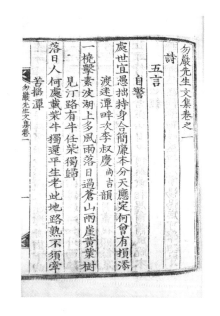

金隆 : 본관은 咸昌. 자는 道盛, 호는 勿巖. 아버지는 참봉 應麟, 어머니는 현풍곽씨로 子保의 딸. 李滉의 문하에서 『소학』·『가례』·『태극도설』·『通書』 등을 수학. 『중용』·『대학』 등 경서와 算法, 천문학에도 조예가 깊었다고 함.

1592년 임진왜란 때 격문을 지어 의병할 것을 호소하였고, 이듬해 學行으로 참봉에 천거되었음. 또 좌승지에 추증되었고, 榮豐 三峯書院에 제향됨. 저서로는 『물암집』 외에도 『三書講錄』 등이 있음.

- 作品內容

『勿巖先生文集』은 조선 중기 학자 金隆의 시문집. 권두에 이상정의 서문과 권말에 丁範祖의 발문이 있음.

● 版本構成

- 권1 : 詩 102수, 賦 1편.

- 권2 : 書 5편, 잡저 1편, 箋 1편, 跋 2편, 제문 4편, 補遺로 시 6편.

- 권3~4 : 잡저 5편. 권5 : 부록으로 연보 1편, 행장 1편, 묘지명 1편, 묘갈명 1편, 만사 1수, 제문 6편, 三峰書院奉安文·상량문·師友贈遺錄·記聞錄·묘표 등이 수록.

(64) 박곡선생문집(朴谷先生文集)

書名	出版事項	版式狀況	一般事項	所藏番號
朴谷先生文集	李元祿 (1629~1688)著, [朝鮮朝末期]刊.	4卷2冊, 朝鮮木版本, 四周雙邊, 半郭: 19.8×16㎝, 有界, 半葉: 10行18字, 白口, 上下內向二葉花紋魚尾, 31×21.2㎝, 線裝, 紙質: 楮紙.	表題: 朴谷集, 版心題: 朴谷文集, 跋: 八代孫相善.	KS0432-1-04-00195

● 原典과 出刊

4권 2책의 조선목판본. 李元祿의 시문을 8대손 李相孫이 저자의 유문을 정리하고 편집하여 간행함.

● 著者紹介

李元祿 : 본관은 廣州, 자는 士興, 호는 朴谷. 1629년 洛村 李道長의 아들로 태어나 眉叟 許穆의 문하에서 수학함. 1651년 생원진사시에 합격하고, 1663년(현종 4) 식년시 을과에 장원으로 급제함. 이천현감·장연부사·의주부윤·부승지 등을 거쳐 예조참판·호조참판·대사간·대사헌 등을 역임.

1680년(숙종 6) 庚申黜陟으로 관직에서 물러나 안동에서 은거하며 말년을 보냄. 眉叟 許穆의 문하에서 수학하여 1648년(인조 26)에 향시에 합격, 1651년(효종 2)에 생원시에 장원으로 합격. 洗馬侍直에 임명되어 1663년(현종 4)에 을과 장원으로 문과에 합격하였으며 1665년(현종 6)에 성균관 典籍을 거쳐 형조좌랑·병조좌랑·장연부사·의주부윤·호조참의·병조참의·경상도관찰사·함경감사·예조참판 등을 역임. 1680년(숙종 6)에 大司憲이 되어 5차례나 역임하고, 謝恩 府使로 벼슬을 마침.

● 作品内容

『朴谷先生文集』은 조선 중기 분신 李元祿의 시문집.

● 版本構成

- 권1 : 詩 4수와 書 15수, 疏 5수(寫進箚錄疏, 擬上辭兵曹參議疏, 辭左議政疏, 再疏, 辭左尹疏), 箚 1수(雷變箚原本逸), 啓辭 1수(大司憲避嫌啓辭), 箋 8수, 序 1수(光山李氏族契序), 跋 1수(書詩傳節要續後), 箴 1수(進夙興夜寐續箴)등이 수록.
- 권2 : 祭文 13수, 丘墓文 2수, 雜著 4수(問剛柔, 氣數策, 性策, 范滂願埋首陽山論)등이 남아있음.
- 권3~4 : 敎書 2수(敎慶尙道觀察使書, 敎咸鏡道觀察使書)와 賜祭文, 祭文(李元祿) 16수, 挽詞 113수, 行狀, 墓碣銘 등이 수록.

(65) 백담선생문집(栢潭先生文集)

書名	出版事項	版式狀況	一般事項	所藏番號
栢潭先生文集	具鳳齡(1526~1586)著, [朝鮮朝後期]刊.	12卷4冊, 朝鮮木版本, 四周單邊, 半郭: 18.5×15.8cm, 有界, 半葉: 10行20字, 註雙行, 白口, 上下內向二葉花紋魚尾, 30.1×20.6cm, 線裝, 紙質: 楮紙.	表題: 栢潭集, 序: 洪汝河(1670)	KS0432-1-04-00200
栢潭先生續集	具鳳齡 著	4卷2冊, 朝鮮木版本, 四周單邊, 半郭: 20.8×14.4cm, 有界, 半葉: 10行20字, 註雙行, 白口, 上下內向二葉花紋魚尾, 30.2×20.6cm, 線裝, 紙質: 楮紙.	表題: 栢潭續集, 序: 金坽(1811)	KS0432-1-04-0201

● 原典과 出刊

원집12권 4책, 속집 4권 2책의 조선목판본. 具鳳齡의 시문을 간행. 원집은 1645년(인조 23) 풍기군수 金啓光이 편집·간행하고, 속집은 그 뒤 1691년(숙종 17) 李裕垂와 金成九가 간행. 4권 2책의 목판본으로 표제는 栢潭續集이다. 김굉의 서문이 있는 것으로 보아 좀 뒤늦게 중간된 것으로 추정.

● 著者紹介

具鳳齡 : 처음 외종조부 權彭老에게 『小學』을 배워 문리를 얻고, 1545년 李滉의 문하에 들어가 수학함. 시문에 뛰어나 奇大升과 비견되었는데, 「渾天儀記」를 짓는 등 천문학에도 조예

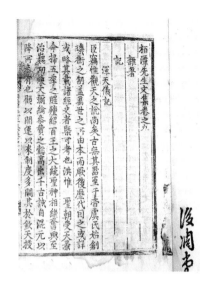

가 깊었음. 만년에 精舍를 세워 후학들과 經史를 토론함.

• 作品内容

  『栢潭先生文集』은 조선 중기 학자 具鳳齡의 시문집. 권두에 洪汝河의 서문과 권말에 柳東濬의 발문이 있고, 속집에는 김굉의 서문이 수록.

• 版本構成

  - 본집－권1~5 : 詩 629수, 賦 1편.
  - 권6~7 : 소 2편, 箚 1편, 啓 1편, 議 2편, 교서 1편, 批答 1편, 冊文 1편, 靑詞 3편, 축문 2편, 제문 4편, 箋 6편, 表 1편.
  - 권8~9 : 書 87편, 기 1편, 설 1편, 논 3편, 제문 19편, 묘갈명 3편, 묘표 1편.
  - 권10 : 喪禮問答 1편, 遺語 1편, 부록에 세계도와 연보 각 1편, 제문 108편, 봉안문·축문·행장·묘갈명·사제문 각 1편 등이 수록.
  - 속집－권1~4 : 시 637수, 부 1편, 辭 1편, 書 45편, 명·賛 각 1편, 축문 4편, 제문 9편, 부록에는 만사 10수, 제문 3편, 謚狀·소 각 1편 등이 수록.

(66) 백암선생문집(栢巖先生文集)

書名	出版事項	版式狀況	一般事項	所藏番號
栢巖先生文集	金玏 (1540~1616)著, 英祖(1772)刊.	7卷4冊, 朝鮮木版本, 四周雙邊, 半郭: 20.9× 13.9㎝, 有界, 半葉: 10行22字, 註單行, 白口, 上下内向二葉花紋魚尾, 30.8×19㎝, 線裝, 紙質: 楮紙.	序: 壬辰(1772)…李象靖(1710~1781)序. 跋: 壬辰(1772)五月日前行吏曹正郎金㙉謹書.	KS0432-1-04-00202

• 原典과 出刊

  7권 4책의 조선목판본. 金玏의 시문이 家藏草本으로 약간 전해져 왔는데, 6대손 金㙉가 從子 金若鍊 및 族子 金世鍊으로 하여금 草本대로 謄寫하게 하여 연대순으로 편차하게 하고,

저자의 외손 金烋 및 從孫 金鎏가 편차한 연보 2권 및 부록을 합하여 李象靖의 교정을 거쳐 1772년에 목판으로 간행함.

● 著者紹介

金玏 : 본관은 禮安. 자는 希玉, 호는 柏巖. 金萬秤의 증손으로, 할아버지는 증 좌승지 金佑이고, 아버지는 진사 金士明, 백부인 형조원외랑 金士文에게 입양됨. 李滉의 문인. 1576년(선조 9) 식년 문과에 병과로 급제, 1578년 검열·전적을 거쳐서 예조원외랑·정언이 됨. 1580년 전적 겸 서학교수가 되고 弘文錄에 등록되었고, 이듬해 부수찬·지평·직강 등이 됨. 1584년 영월군수, 1590년 집의·사간·검열·사인·사성·사복시정이 됨. 이조판서에 추증되었고, 시호는 敏節.

● 作品內容

『柏巖先生文集』은 조선 중기 학자 金玏의 시문집. 본 문집은 원집 6권, 補遺, 年譜, 附錄 합 4책으로 되어 있다. 권수에는 1772년에 쓴 李象靖의 序가 있고, 이어 목록이 수록됨.

● 版本構成

- 권1 : 辭(次歸去來辭) 1편, 賦(止水賦) 1편, 詩 98題.
- 권2 : 94제의 시가 연대순으로 편차되어 있음.
- 권3 : 敎書 2편, 疏 8편, 箚 5편이 실려 있음.
- 권4 : 箚 4편, 啓辭 3편이 실려 있음.
- 권5 : 狀啓 10편, 呈文 7편.
- 권6 : 書 10편, 雜著(招募文) 1편, 序 1편, 箋 4편, 上梁文 2편, 祭文 11편이 수록. 補遺에는 詩 4제, 書 1편. 이어 年譜 수록. 부록 上은 賜祭文 1편, 祭文 6편, 輓詞 33편, 鄕賢祠奉安文 1편, 常享祝文 1편.

(67) 백졸암선생문집(百拙庵先生文集)

書名	出版事項	版式狀況	一般事項	所藏番號
百拙庵先生文集	柳稷(1602~1662)著, 正祖13(1789)跋.	4卷2冊, 朝鮮木版本, 四周雙邊, 半郭: 20.3×15.5cm, 有界, 半葉: 10行18字, 註單行, 白口, 上下內向二葉花紋魚尾, 33.1×21.3cm, 線裝, 紙質: 楮紙.	表題: 百拙庵集, 序: 李象靖(1781), 跋: 柳道源(1789)	KS0432-1-04-00203

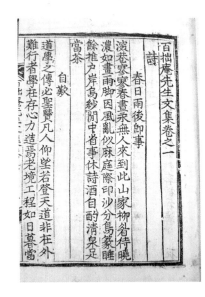

• 原典과 出刊

4권 2책의 조선목판본. 柳稷의 손자 柳夏時가 1700년에 孤山 李惟樟(1625~ 1701)에게 행장을, 1703년에 葛庵 李玄逸(1627~1704)에게 묘지명을 받았으며, 증손 樸齋 柳錫斗가 家藏草稿를 바탕으로 유문을 수집 편차하여 稿本으로 정리함. 이후 5대손 柳鳳來와 柳昌來가 위의 고본에 6대손 柳允文이 海左 丁範祖(1723~1801)에게 받은 묘갈명 등의 부록을 첨부하여, 從玄孫 柳長源의 교정과 大山 李象靖(1711~1781)의 산정을 거쳐 1789년에 4권 2책을 목판으로 간행.

• 著者紹介

柳稷 : 본관은 文化, 자는 廷堅, 호는 百拙庵. 할아버지는 柳復起, 아버지는 柳友潛. 1630년(인조 8) 진사시에 합격하였으나 『중용』과 『대학』 연구에 힘씀. 1635년 황해도의 유생들이 李珥의 文廟從祀를 주장하였는데, 조정의 관리들은 成渾까지 문묘에 종사시켜야 한다고 疏를 지어 올림. 그러나 인조는 그들의 도덕이 높지 못하다고 승낙하지 않음. 1650년(효종 1) 다시 성균관에서 그 주장을 들고 나와, 中外가 호응하여 士論이 통일되었다고 奏達함. 이때에 영남에서 반대하는 의견이 일어나자, 疏首로 유생 800여명과 함께 서울에 올라와서 상소함. 이에 성균관에서는 유직의 이름을 儒籍에서 삭제하고 付黃의 벌까지 내림. 이때부터 유직은 문을 닫고 세상일에 뜻을 버리고 집에 '百拙庵'이라는 扁額을 걸고 은둔함. 그 뒤 성균관에서 부황을 해제할 것을 상소하여 벌을 모두 해제 받았으나, 다시는 벼슬길에 나가지 않았음. 문인들과 더불어 道學을 강론하여, 원근의 선비들과 隣邑의 수령들이 찾아와서 가르침을 청하고 공경했다고 함.

• 作品內容

『百拙庵先生文集』은 조선 중기 학자 柳稷의 시문집. 본집은 原集 4권, 附錄 합 2책으로 구성
되어 있으며, 권수에는 1781년에 李象靖이 지은 序와 目錄이 수록.

• 版本構成

- 권1~2 : 詩. 모두 127제의 시가 시체 구분 없이 수록됨.
- 권3 : 書 23편.
- 권4 : 雜著 9편, 序 1편, 祭文 8편. 부록에는 1700년에 李惟樟이 지은 行狀, 1703년에 李玄逸이
　　지은 墓誌銘, 丁範祖가 지은 墓碣銘, 金學培·金啓光·權聖矩가 쓴 祭文 3편, 金應祖·李徽逸
　　·曹挺融·金是榀 등이 쓴 挽詞 8편. 권미에는 1789년에 從玄孫 柳道源이 쓴 跋이 수록.

(68) 별동선생집(別洞先生集)

書名	出版事項	版式狀況	一般事項	所藏番號
別洞先生集	尹祥(1373~1455)著, 英祖25(1749)刊.	3卷1冊, 朝鮮木版本, 四周雙邊, 半郭: 17.8×13.8㎝, 有界, 半葉: 10行18字, 註雙行, 白口, 上下內向二葉花紋魚尾, 29.2×18.9㎝, 線裝, 紙質: 楮紙.	表題: 別洞集, 序: 金宗直(1487), 後跋: 李光庭(1745), 刊記: 崇禎紀元後百二十二秊己巳(1749)二月日峨山齋舍開刊	KS0432-1-04-00212

• 原典과 出刊

3권 1책의 조선목판본. 尹祥의 시문을 그의 아들 季殷
이 초간본을 간행한 것으로 추정되나 정확한 간년은
미상임. 1745년(영조 21) 10세손 三徵 등에 의하여 중
간본이 간행되었고, 1900년에 속집 2권을 합하여 2책
으로 재간됨.

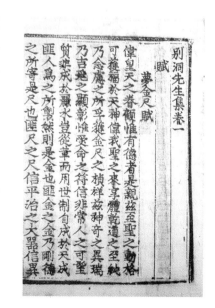

• 著者紹介

尹祥 : 본관은 醴泉으로 초명은 尹哲, 자는 實夫, 호는
別洞. 尹忠의 증손, 할아버지는 증 호조참의 尹臣端.
아버지는 예천군의 향리인 尹善. 향리의 아들로 태어
나 과거 시험으로 양반 신분에 오름. 鄭夢周의 문인.
성리학에 밝은 趙庸이 1392년(태조 1) 역성혁명을 반

대해 예천에 유배되어오자, 趙末生·裵杠 등과 함께 문인이 됨. 그 해 진사시에 합격한 뒤, 이듬해 생원시에도 합격. 1396년(태조 5) 24세의 나이로 식년 문과에 同進士로 급제해 선산·안동·상주 및 한성 서부 등지의 教授官을 거쳐, 예조정랑 때 서장관으로 燕京에 다녀와서 성균관사예가 됨. 황간·榮川·대구 등지의 郡事를 맡은 뒤, 사성을 거쳐 대사성에 발탁됨. 1448년(세종 30) 예문관제학으로서 元孫[단종]의 입학례를 거행할 때 특명으로 박사가 됨. 향리에서 자제들을 가르치다가 3년여 만에 83세로 일생을 마침.

● 作品内容

『別洞先生集』은 조선 전기의 문신·학자 尹祥의 시문집. 본 문집은 原集 3권·續集 2권 합 2책으로 구성됨. 原集은 권수에 1487년(성종 18)에 지은 金宗直의 서문과 世系圖·目錄이 수록됨. 권두에 金宗直의 서문과 권말에 李光庭의 발문이 있음.

● 版本構成

- 原集-권1 : 賦 1편·詩 82題·表箋 12편. 詩는 시체별로 편차되어 있으며 5언절구 6제, 5언 율시 7제, 7언절구 33제, 7언율 27제 및 오·칠언 장편시가 각각 1제.
- 권2 : 疏·陳言 4편·書 1편·序 2편·記 2편·제문 7편·策 4편·拾遺 2편·歌謠 6편.
- 권3 : 부록으로서 연보·묘갈명 및 聞見錄·奉安文·常享祝文이 수록됨. 권미에는 1745년에 쓴 李光庭의 後紋가 실려 있음.
- 「續集」-目錄, 권1 : 17제의 시와 9편의 表箋이 수록됨. 시는 詩體別로 5언율시 4제, 7언절 구 6제, 7언율시 7제가 실려 있으며, 表箋은 冬至·誕日·正朝 등에 대한 축하 箋文.
- 권2 : 附錄으로 1867년 柳厚祚가 지은 行狀, 朴周鍾이 지은 行錄, 李中麟이 지은 神道碑銘, 그리고 聞見錄과 上言으로 구성됨. 권미에는 1900년 속집 발간 당시에 쓴 柳道獻의 발문이 수록.

(69) 병곡선생문집(屏谷先生文集)

書名	出版事項	版式狀況	一般事項	所藏番號
屏谷先生文集	權榘 (1672~1749) 著, 正祖21(1797) 刊.	10卷5冊, 朝鮮木版本, 四周雙邊, 半郭: 20.6×15.5㎝, 有界, 半葉: 11行22字, 註雙行, 白口, 上下內向二葉花紋魚尾, 31.7×20.7㎝, 線裝, 紙質: 楮紙.	表題: 屏谷集, 跋: 柳一春(1797), 刊記: 上之二十一年 丁巳(1797)夏我外王考屏谷先生文集開刊于屏山書院	KS0432-1-04-00213

● 原典과 出刊

　10권 5책의 조선목판본. 權榘의 시문을 1797년(정조 21) 士人 金弼衡의 발의로 외손인 柳一春이 주도하여 병산서원에서 목판본 원집 8권, 부록 2권으로 문집을 간행함. 이때 李宗洙가 勘校하였고 柳㳻와 柳象春이 교정본을 모아서 정리하였으며, 류상춘이 定稿本을 淨寫함. 刊役은 柳漢祚와 金世奎가 감독함. 표제는 屛谷先生文集.

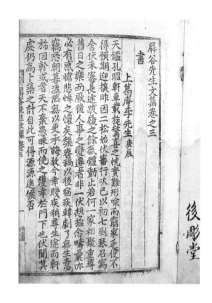

● 著者紹介

　權榘 : 본관은 安東, 자는 方叔, 호는 屛谷. 아버지는 宣敎郞 權憕, 어머니는 豊山柳氏로 현감 柳元之의 딸. 李玄逸의 문인, 일찍이 과거에 뜻을 접고 학문에 힘씀. 안동 足積洞에서 社倉을 열어 흉년에 빈민들을 구제하였다고 하며, 향약을 실시하여 고을에 미풍양속을 일으켰다고 함.

● 作品內容

　『屛谷先生文集』은 조선 후기 학자 權榘의 시문집.

● 版本構成

　- 권1~2 : 시 266수.

　- 권3~4 : 書 66편, 잡저 2편.

　- 권5~8 : 잡저 41편, 序 2편, 記 5편, 跋 5편, 銘 9편, 제문 11편, 애사 4편, 묘갈명 1편, 묘지명 1편, 행장 3편, 유사 3편.

　- 권9~10 : 부록으로 행장·詙記謹書·實錄記略·慕山瑣錄 각 1편 등으로 구성됨. 권말에 류일춘의 발문이 수록. 書의 별지는 주로 경전에 대한 논술.

(70) 봉양유서(鳳陽遺書)

書名	出版事項	版式狀況	一般事項	所藏番號
鳳陽遺書	徐載信 (1821~1856) 著, [朝鮮朝末期~日帝時代]刊.	3卷1冊, 朝鮮木版本, 四周雙邊, 半郭: 19.5×15.6cm, 有界, 半葉: 10行20字, 註單行, 白口, 內向二葉花紋魚尾, 30.7×20.2cm, 線裝, 紙質: 楮紙.	表題: 鳳陽遺稿, 跋: 永嘉權相翊 (1863~1934)謹跋.	KS0432-1-04-00216

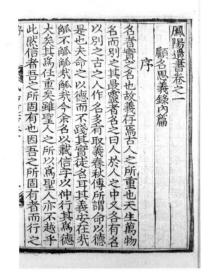

● 原典과 出刊

3권 1책의 조선목판본. 서문과 발문이 없어 간행 경위를 정확히 알 수 없음.

● 著者紹介

徐載信 : 본관은 大邱, 자는 仲行, 호는 鳳陽. 경상북도 慶州 安康縣 香壇里에서 출생. 증조부는 徐在淳, 조부는 將仕郎 徐相元, 부친은 徐光顯. 외조부는 李益祥. 蒼軒 趙友慤의 문인. 총명한 자질을 바탕으로 학문을 연마하여 일찍이 학업을 성취함. 조우각이 세상을 떠난 후에도 더욱 분발하여 홀로 학문에 힘썼으며 經典외에도 諸子百家와 國朝典章, 醫藥, 卜筮 등을 두루 연구함.

● 作品內容

『鳳陽遺書』은 조선 말기의 학자 徐載信의 시문집.

● 版本構成

- 권1 : 顧命思義錄內篇.
- 권2 : 逸稿로 시 9수, 歌 1수, 銘 1편, 書 2편, 잡저 2편, 序 1편, 記 2편, 제문 5편, 유사 1편.
- 권3 : 부록으로 家狀草記 · 행장 등이 수록.

(71) 부훤당선생문집(負暄堂先生文集)

書名	出版事項	版式狀況	一般事項	所藏番號
負暄堂 先生文集	金楷 (1633~1708)著, [朝鮮朝後期刊.	4卷2冊, 朝鮮木版本, 四周雙邊, 半郭: 19.4×15.1 cm, 有界, 半葉: 10行21字, 註單行, 白口, 上下內 向二葉花紋魚尾, 30.1×19.4cm, 線裝, 紙質: 楮紙.	序: 通訓大夫行安 邊府使柳範休 (1744~1823)謹序.	KS0432-1- 04-00217

● 原典과 出刊

4권 2책의 조선목판본. 金楷의 시문집으로 간년은
미상.

● 著者紹介

金楷 : 본관은 安東, 字는 正則. 아버지는 金光瀗
(1602~1668), 어머니 淸州鄭氏는 鄭伸의 딸로서 芝軒
鄭士誠(1545~1607)의 손녀. 경상도 豊山에서 출생.
28세 때인 1660년(현종 1) 生員試에 장원. 懶隱 李東
標(1644~1700)와 친분이 깊었음. 평생 관직에 나아가
지 않고 학문에만 전념함.

항상 後學들을 讀書課農이라는 4글자로 훈계하고 게
으름을 경계함. 만년에 近嵒村으로 이주하여 負暄이라
고 堂號를 짓고 살았음. 부인 延安李氏는 李漢美의 딸
로서 萬祉, 萬禎의 2男과 蔡善徵에게 시집간 1女를 둠.

● 作品內容

『負暄堂先生文集』은 조선 후기의 학자 負暄堂 金楷의 시문집. 卷首에는 柳範休가 지은 序
文과 전체의 目錄이 있음.

● 版本構成

- 권1 : 詩 70여 수.
- 권2 : 詩 60여 수, 輓詩 38수.
- 권3 : 書簡文 7편, 記文 10편, 祝文 5편, 祭文 8편이 있음.

- 권4 : 雜著 7편, 墓碣銘 4편이 수록. 卷末 : 附錄으로 金坵에 관한 내용이 있는데, 鄭宗魯
(1738~1816)가 지은 「行狀」, 1750년 權相一(1679~1759)이 지은 「墓碣銘」이 있음.

(72) 북애선생문집(北厓先生文集)

書名	出版事項	版式狀況	一般事項	所藏番號
北厓先生文集	金坵(1547~1603)著, 金燮 編, 純祖28(1828)刊.	4卷2冊, 朝鮮木活字本, 四周雙邊, 半郭: 19×15.6cm, 有界, 半葉: 10行18字, 註單行, 白口, 上下內向二葉花紋魚尾, 32.1×20.8cm, 線裝, 紙質: 楮紙.	表題: 北厓文集, 序: 鄭宗魯·李野淳, 跋: 金是瓚 (1828)	KS0432-1-04-00218
北厓先生文集	上同	4卷2冊, 朝鮮木活字本, 四周雙邊, 半郭: 19×15.6cm, 有界, 半葉: 10行18字, 註單行, 白口, 上下內向二葉花紋魚尾, 32×20.7cm, 線裝, 紙質: 楮紙.	序: 鄭宗魯·李野淳, 跋: 金是瓚 (1828)	KS0432-1-04-00219
北厓先生文集	上同	2卷1冊(零本), 朝鮮木活字本, 四周雙邊, 半郭: 19×15.6cm, 有界, 半葉: 10行18字, 註單行, 白口, 上下內向二葉花紋魚尾, 32×20.7cm, 線裝, 紙質: 楮紙.	跋: 金是瓚(1828), 內容: 卷3-4, 共2冊 中 第1冊 缺	KS0432-1-04-00220

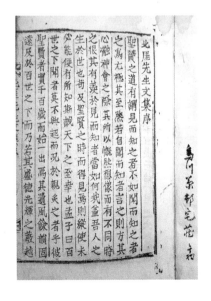

● 原典과 出刊

4권 2책의 조선목판본. 家藏되어 오던 金坵의 시문을 6세손 金欽, 金燮 등이 수습. 辭 1, 賦 1, 詩 183, 書 5, 募糧文 1, 祭文 3, 鄕約 1, 狀 1, 傳 1 등 198편을 정리하여 1冊으로 유고를 정리 편차해 둠. 1775년에 李世澤에게 행장과 묘갈명을 받았으나 간행이 이루어지지는 않음. 그 후 1828년에 金是瓚이 지은 발문, 1897년에 李晩燾가 지은 묘지명, 그 밖에 제문 등의 부록 문자가 遺稿에 추가됨. 간행년도는 이만도가 1897년에 지은 저자의 묘지명이 본집에 포함되어 있는 것으로 보아 인행은 1897년 이후에 이루어진 것으로 추정.

● 著者紹介

金坵 : 본관은 光山, 자는 止叔, 호는 北厓. 禮安의 烏川村에서 출생. 아버지는 병사 富仁,

어머니는 영천이씨로 賢輔의 딸. 李滉의 문인. 1602년 遺逸로 천거되어 順陵參奉이 됨. 부모의 상에 모두 3년간씩 廬墓를 살 정도로 효성이 지극했다고 함. 임진왜란 때에는 그의 從弟 垓와 함께 고을 사람들을 모아 의병을 일으키고, 整齊將兼召募事가 되어 많은 군량을 모음. 1598년 도산서원의 山長이 되어 『退溪全書』의 간행에 힘을 쏟아 그 일을 끝냄. 1602년 순릉 참봉에 제수되었으나 곧 사임하고, 고향에 돌아와 이황이 남긴 학문을 강론하면서, 후진양성에 전념하였다고 함.

● 作品內容

『北厓先生文集』은 조선 중기 학자 金圻의 시문집. 본집은 권두에 鄭宗魯(1738~1816), 李野淳(1755~1831)이 지은 서문과 목록이 수록.

● 版本構成

- 권1~2 : 辭 1편, 賦 1편, 시 122題가 수록. 시는 「詠竹菊一盆」부터 졸하던 1603년에 지은 「病中吟」까지 著作順으로 수록. 李純道·朴惺·李德弘·金垓·吳守盈·趙穆 등이 지은 시에 차운한 작품들이 다수. 또 「校退溪先生文集有作」은 1599년에 「退溪集」을 교정하던 중에 지은 것이고, 「退溪先生文集刊畢……」은 1600년에 「퇴계집」 간행을 마치고 그 감회를 읊은 것.

- 권3 : 書 5편, 祭文 3편, 狀 1편, 傳 1편, 雜著 2편. 편지 중 「與廬江書院士林書」는 여강서원의 사림들에게 이황의 문집이 난리 중에 遺失될까 걱정되니, 雲洞書院이나 伊山書院처럼 몇 질을 傳寫하여 別處에 보관해 둘 것을 청한 내용. 「與巡察使書」는 1592년에 순찰사에게 咸昌 唐橋를 침입한 왜적을 막기 위한 방법을 건의한 내용. 제문은 외삼촌 李文樑, 종제 金垓와 金㙉을 위해 지은 것. 狀은 先考 金富仁에 대한 것이고, 傳은 종제 金垓를 위한 것. 잡저는 왜적을 물리치기 위해 형편되는 대로 군량미를 내자고 호소하는 내용의 「諭鄕人募粟文」과 呂氏鄕約과 이황이 만든 향약을 참고하여 만든 「鄕約」의 내용.

- 권4 : 李世澤이 지은 行狀과 墓碣銘, 李晩燾가 지은 墓誌銘, 權春蘭·金垲 등이 지은 祭文 8편, 趙穆·朴惺 등이 지은 輓詞 7편, 「洛川鄕社奉安文」 등.

- 권미 : 후손 金是瓚이 1828년에 지은 발문이 있음.

(73) 북정집(北亭集)

書名	出版事項	版式狀況	一般事項	所藏番號
北亭集	李宗周 (1753~1818)著, 憲宗13(1847)跋.	5卷2冊, 朝鮮木版本, 四周雙邊, 半郭: 21.1×16.2 ㎝, 有界, 半葉: 10行18字, 註單行, 白口, 上下內向二葉花紋魚尾, 32.6×21.6㎝, 線裝, 紙質: 楮紙.	跋: 丁未(1847)端陽日前樂正李彙寧(1788~1861)跋.	KS0432-1-04-00221

• 原典과 出刊

5권 2책의 조선목판본. 李宗周의 시문을 간행. 정확한 간행연도 미상.

• 著者紹介

李宗周 : 본관은 固城, 자는 春伯, 호는 北亭. 증조부는 李時興, 조부는 李元美, 부친은 李弘直. 생부 李弘載와 생모 朴震紀의 딸 密陽朴氏 사이에서 출생. 生家의 동생으로 李周城이 있음. 부인은 柳明休의 딸 全州柳氏. 金宗德·李象靖의 문하에서 수학.

1780년(정조 4) 식년시 진사 3등 52위로 합격했지만, 벼슬길에 오르지 않고, 학문 연구와 자기 수양에 전념함. 詩文으로 명성이 높았으며, 德行으로 士友들의 공경을 받음.

• 作品內容

『北亭集』은 조선 후기의 학자 李宗周의 시문집. 권두에 琴詩述의 서문과 권말에 1847년에 쓴 李彙寧의 발문이 있음.

• 版本構成

- 권1~2 : 詩.
- 권3 : 시·상량문·記·序.
- 권4 : 제문·행장.
- 권5 : 부록으로 만사·제문·행장·묘지명 등이 수록됨.

(74) 비지선생문집(賁趾先生文集)

書名	出版事項	版式狀況	一般事項	所藏番號
賁趾先生 文集	南致利 (1543~1580)著, 安東, 許瀨亭, 1935刊.	2卷2冊, 朝鮮木版本, 四周雙邊, 半郭: 20.1×15.5㎝, 有界, 半葉: 10行20字, 註雙行, 白口, 上下內向二葉花紋魚尾, 31.9×20.9㎝, 線裝, 紙質: 楮紙.	表題: 賁趾集, 序: 許穆, 重刊書: 李光靖(1707), 跋: 鄭維藩(己丑)·南礏·南斗元, 書後: 丁思愼(癸未), 印刷兼發行所: 許瀨亭	KS0432-1-04-00222
賁趾先生 文集	上同	2卷2冊, 朝鮮木版本, 四周雙邊, 半郭: 20.4×15.5㎝, 有界, 半葉: 10行20字, 註雙行, 白口, 上下內向二葉花紋魚尾, 31×20.2㎝, 線裝, 紙質: 楮紙.	表題: 賁趾集, 序: 許穆, 重刊書: 李光靖(1707), 跋: 鄭維藩(己丑)·南礏·南斗元, 書後: 丁思愼(癸未)	KS0432-1-04-00223

● 原典과 出刊

2권 2책의 조선목판본. 南致利의 시문을 1889년(고종 26) 후손 斗源과 丁思愼이 편집하고 간행함. 중간본 이 정확히 언제 간행되었는지 알 수 없으나, 후조당 소장본은 두 질 모두 중간본 서문이 있는 판본임.

● 著者紹介

南致利 : 본관은 英陽, 자는 成仲·義仲, 호는 賁趾. 안동 출신으로 아버지는 藎臣, 어머니는 草溪卞氏로 진사 百源의 딸. 어려서 金彦璣의 문하에서 수학하다 가 1563년(명종 18) 고종형 琴蘭秀를 통해 이황의 문 인이 됨. 1564년에는 李滉을 따라 淸凉山 유람에 동 행하였고, 도산서당에서 「太極圖說」을 강론하기도 함.

1570년(선조 3) 이황이 사망하자 28세의 나이로 相禮로 추대되었으며, 이듬해인 1571년에는 동 문들과 예안의 易東書院에서 회동하여 이황의 유문을 수습. 1575년에는 여강서원에서 『理學通 錄』을 교정하였으며, 1576년에는 34세의 나이로 廬江書院院規를 제정함. 1578년에는 이황의 『啓蒙傳疑』를 교정하였고, 학행을 인정받아 鄭逑·金長生·李德弘과 함께 유일로 천거됨.

● 作品內容

『賁趾先生文集』은 조선 중기 학자 南致利의 시문집. 권두에 許穆·李光靖의 서문이 있고,

권말에 鄭維藩·南업·남두원·정사신 등의 발문이 있음.

• 版本構成

- 권1~2 : 시·만사 14수, 賦 4편, 書 13편, 제문 1편, 잡저 1편, 묘지 2편, 遺墨 1점.
- 권3~4 : 부록으로 世系圖·행장·묘표·墓道立石文 각 1편, 제문 4편, 만사 5수, 文 2편, 언행록 25편 등으로 구성.

(75) 불구당선생문집(不求堂先生文集)

書名	出版事項	版式狀況	一般事項	所藏番號
不求堂先生文集	金廷 (1606~1681)著, 高宗4(1867)跋.	4卷2冊, 朝鮮木版本, 四周雙邊, 半郭: 18.9×15.9㎝, 有界, 半葉: 10行18字, 註單行, 白口, 上下內向二葉花紋魚尾, 32.6×21.3㎝, 線裝, 紙質: 楮紙.	表題: 不求堂集, 跋: 崇禎後四丁卯(1867)金岱鎭敬書, 崇禎後四丙寅(1866)…朴周鐘謹書.	KS0432-1-04-00224

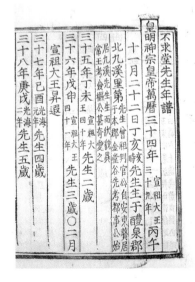

• 原典과 出刊

4권 2책의 조선목판본. 金廷의 시문을 1867년(고종 4) 김왕의 5세손 金光一 등이 편집하고 간행함.

• 著者紹介

金廷 : 본관은 義城, 자는 汝定, 호는 不求堂. 증조부는 金鴂, 조부는 •金亨胤. 부친 金克繼와 모친 平山申氏 사이에서 출생. 부인은 郡守 李光輔의 딸 全州李氏. 旅軒 張顯光의 문하에서 수학함. 1621년(광해군 13) 부친상을 당하였으며, 1633년(인조 11) 사마시에 합격. 1636년(인조 14) 병자호란이 일어나자 李山來와 의병을 일으킴.

1639년(인조 17) 대과에 급제한 후 成均館典籍에 제수되었고, 1641년(인조 19) 모친상을 당하자 고향으로 돌아와 3년 喪을 마친 후에 다시 軍資監參奉 및 成均館學諭에 제수됨. 이후 내직으로 사헌부감찰·형조좌랑·형조정랑·춘추관 등을 겸직하면서 『仁祖實錄』 편찬에 참여. 외직으로 茂長·延安·梁山의 수령 및 충청도사 등을 지냈으나, 과거시험장에서 일어난 불상사로 전라남도 海南에 유배됨. 후에 사면되어 延曙丞에 제수되었으며 함평현감으로 있을 때 치적이 좋아 通政大夫에 올랐으며. 후에 五衛將을 제수되었으나 나아가지 않음. 만년에는 경상북도 醴泉의 鼎山書院에서 후진을 양성하는 데 힘씀

● 作品內容

『不求堂先生文集』은 조선 중기 학자 金廷의 시문집. 권두에 年譜가 있고, 권말에 후손 金岱鎭과 朴周鐘의 발문이 수록.

● 版本構成

- 권1 : 詩 71수.
- 권2 : 疏 2편.
- 권3 : 序 3편, 記 5편, 頌 1편, 雜著 1편, 祝文 2편, 祭文 24편.
- 권4 : 부록으로 輓詞 26편, 제문 2편, 尊周錄·行狀 등이 수록됨. 시는 반 이상이 輓詩이며, 그밖에 送別詩·贈詩·和唱詩 등이 수록.

(76) 사미헌문집(四未軒文集)

書名	出版事項	版式狀況	一般事項	所藏番號
四未軒文集	張福樞 (1815~1900)著, [朝鮮朝末期刊.	11卷6冊, 朝鮮木版本, 四周單雙, 半郭: 20.3×16.4cm, 有界, 半葉: 10行20字, 註單行, 白口, 上下內向二葉花紋魚尾, 29.7×21cm, 線裝, 紙質: 楮紙.		KS0432-1-04-00227

● 原典과 出刊

11권 6책의 조선목판본. 서문과 발문이 없어 간행 경위와 간행 연대를 알 수 없음.

● 著者紹介

張福樞 : 본관은 仁洞, 자는 景遐, 호는 四未軒. 旅軒 張顯光의 8대손, 아버지는 張浤, 3세 때 조부의 명에 따라 큰아버지 張寬에게 입양됨. 조부 覺軒 張儔로부터 학업의 기초를 닦음. 스승 없이 독학으로 공부하여, 후진 양성에 주력하여 4백여 명의 제자를 배출하면서 禮學과 經學 등에 많은 저술을 남김.

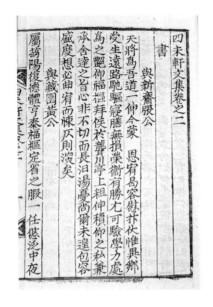

저서로는 성리학의 기본적인 쟁점에 속하는 태극의 개념 파악을 주목한 「太極圖說問答」, 事父母·友兄弟 등 9조목에 걸쳐 齊家의 주요 문제를 뽑아 그 실천 방안을 제시한 「訓蒙九箴」, 『聖學十圖』의 「숙흥야매잠」에 관련된 注解들을 모아 체계적으로 집약한 뒤, 그것을 정리하여 퇴계의 철학을 심화·발전시킨 「夙興夜寐箴集說」, 어린아이들의 초학교육, 그 가운데서도 특히 윤리 도덕 교육을 깊이 있게 탐구하고 해설한 「訓蒙要解」·「童蒙訓」, 그리고 「三綱錄刊補」 등이 있음. 그 밖의 저서로 경학과 예학에 관한 핵심적인 사항 58조를 골라 요약·정리한 「問辨至論」과 「四書啓蒙」·「家禮補疑」·「讀書瑣錄」·「月川講義」·「慕遠堂講義」·「墨坊講義」 등.

• 作品內容

『四未軒文集』은 조선 말기의 학자 張福樞의 시문집.

• 版本構成

- 권1 : 詩 129수, 疏 2편.
- 권2~5 : 書 280편.
- 권6 : 잡저 15편.
- 권7 : 序 23편, 記 21편.
- 권8 : 跋 9편, 箴 2편, 銘 7편, 贊 2편, 상량문 3편, 축문 12편, 제문 16편, 誄文 2편, 애사 7편.
- 권9~10 : 碑 4편, 묘지명 17편, 묘갈명 60편. 권11: 행장 19편, 유사 6편, 傳 1편 등이 수록.

(77) 사천문집(沙川文集)

書名	出版事項	版式狀況	一般事項	所藏番號
沙川文集	徐昌鏡 (1726~1799)著, 純祖33(1833)跋.	4卷2冊, 朝鮮木活字本, 四周單邊, 半郭: 22.6×16.7㎝, 有界, 半葉: 10行20字, 註雙行, 白口, 上下內向二葉花紋魚尾, 31.2×20.7㎝, 線裝, 紙質: 楮紙.	表題: 沙川集, 序: 己巳(1809) 陽復月黃龍漢(1744~1818)書. 跋: 昭陽大荒落(癸巳, 1833)南呂月眞城李仁行(1758~1833)謹書.	KS0432-1-04-00231

• 原典과 出刊

4권 2책의 조선목활자본. 徐昌鏡의 시문을 1821년(순조 21) 그의 아들 徐弘胤이 편집·간행.

• 著者紹介

徐昌鏡 : 자는 正甫이고 호는 沙川. 生員 萬維의 아들로 大山 李象靖의 문인. 通訓大夫 司僕寺正에 추증. 어려서부터 총명하고 효성이 지극하였음. 14세에 부친을 잃었을 때 슬픔을 이기지 못하고 정신을 잃기도 함. 일찍 돌아가신 아버지를 대신해 어머니에게 孝를 다하였고, 노년에 모친상을 당하였을 때에는 여름임에도 상복을 벗지 않고 부채질도 하지 않았을 정도로 효심이 깊었다고 함.

평소 '莊敬'을 위주로 하여, 늘 경계하고 마음을 다스리는 공부를 게을리 하지 않았고, 일상의 행위에서 실천하고 익숙하게 하는 공부를 강조하였다고 함. 일찍이 과거 공부를 한 적이 있었으나, 과거를 완전히 단념한 1762년(영조 38)이후에는 대나무, 국화, 芭蕉를 심어 뜻을 깃들였다고 전함

• 作品內容

『沙川文集』은 조선 후기의 학자 徐昌鏡의 시문집으로 권두에 黃龍漢의 서문이 있고 권말에 李仁行의 발문이 수록.

• 版本構成

- 권1 : 詩 95수, 애사 1편.

- 권2 : 書 16편.

- 권3 : 序 1편, 記 1편, 跋 1편, 銘 1편, 제문 12편, 잡저 1편.

- 권4 : 부록으로 행장·묘갈·묘지·가장 각 1편, 만사와 제문 약간 편이 수록되어 있음.

(78) 사헌문집(思軒文集)

書名	出版事項	版式狀況	一般事項	所藏番號
思軒文集	鄭來成 (1744~1835)著, 鄭雲逵 編, 哲宗11(1860)跋.	6卷3冊, 朝鮮木版本, 四周雙邊, 半郭: 19.2×15㎝, 有界, 半葉: 10行18字, 註雙行, 白口, 上下內向二葉花紋魚尾, 31×20.7㎝, 線裝, 紙質: 楮紙.	表題: 思軒集, 跋: 上之十一年庚申(1860)端陽節後生完山柳衡鎭謹跋.	KS0432-1-04-00232

• 原典과 出刊

6권 3책의 조선목판본. 鄭來成의 시문을 아들 元洛이 편집해고, 1860년(철종 11) 손자 雲逵가 간행.

• 著者紹介

鄭來成 : 본관은 淸州, 자는 岐瑞, 호는 思軒, 안동출신. 아버지는 僉知中樞府事로 추증된 重燮, 어머니는 權萬元의 딸. 1780년(정조 4) 식년문과에 병과로 급제. 그 뒤 벼슬길에 올라서는 전적과 좌랑이 되었음. 벼슬살이를 하면서도 틈만 나면 문을 닫아놓고 책을 읽었다고 함.

1785년 전라도도사에 제수되었으나 어버이가 연로하였으므로 사양하고 고향에 내려가 인근 마을의 자제들을 불러 모아 경서를 강의하였음. 그 뒤 다시 掌樂院主簿와 宗廟署令 등을 지내다가 1800년에 사직하고 귀향하여 부모상을 치름. 그 뒤 다시 병조참판·한성부좌윤 등을 역임.

• 作品內容

『思軒文集』은 조선 후기의 문신인 鄭來成의 시문집. 권말에 柳衡鎭의 발문이 있음.

• 版本構成

- 권1 : 詩 126수.
- 권2 : 疏 4편.
- 권3 : 書 24편, 誄辭 8편, 箋 3편, 상량문 3편.
- 권4 : 축문 4편, 제문 23편.
- 권5 : 序 2편, 識跋 11편, 잡저 4편, 묘갈명 2편.
- 권6 : 부록으로 만사·사제문·제문·행장·묘갈명·유사 등이 수록. 소의 「辭司諫院正言疏」
  는 聖學에 힘쓸 것, 기강의 진작, 軍政의 정비, 廉恥의 장려, 科試의 엄격함, 糴糶의 균등
  등 당시의 폐단 6개조를 설명한 뒤 그 矯救策을 개진한 것. 잡저 중 「經術詞章辨」은 과거의
  경술과 사장의 난이 등에 관하여 견해를 밝힌 것.

(79) 삼산선생문집(三山先生文集)

書名	出版事項	版式狀況	一般事項	所藏番號
三山先生文集	柳正源(1703~1761)著, 哲宗14(1863)跋.	8卷4冊, 朝鮮木版本, 四周雙邊, 半郭: 20.0×15.7㎝, 有界, 半葉: 10行18字, 註雙行, 白口, 上下內向二葉花紋魚尾, 31.2×20.8㎝, 線裝, 紙質: 楮紙.	表題: 三山集, 跋: 癸亥(1863)柳衡鎭跋.	KS0432-1-04-00237

• 原典과 出刊

8권 4책의 조선목판본. 柳正源의 시문을 1863년에 간행됨. 증손 柳致黙이 주관히어 重本을
편차하고 종숙인 소은 柳炳文과 好古窩 柳徽文의 교정을 거쳐, 1820년 三山亭에 머무르며
王考의 문집을 교정함. 그러나 1863년에 와서야 현손 柳箕鎭, 柳衡鎭, 柳宅欽이 참여하여
원집 6권 3책, 부록 2권 1책 합 8권 4책을 목판으로 간행하게 됨.

• 著者紹介

柳正源 : 본관은 全州. 자는 淳伯, 호는 三山. 안동 출신으로 아버지는 錫龜, 어머니는 延

安李氏로 天麟의 딸. 1729년(영조 5) 생원시를 거쳐 1735년 증광문과에 을과로 급제했으나 부친상으로 관직에 나가지 않았음. 1749년에 성균관전적을 거쳐 慈仁縣監이 되었고, 홍문록에 올랐으나 대간직을 거치지 않았다는 지평 徐海朝의 비판을 받아 이름이 삭제됨. 1751년 3월 안동에 귀향해 尹光紹와 함께 鄕飮酒禮를 실시하고, 盧江書院에서 會講함. 1752년 鄭羽良의 천거로 지평에 임명되었으나 사직했고, 그 뒤 수찬에 여러 번 임명되었으나 나아가지 않았음. 1753년에서야 다시 弘文錄에 올랐음. 1754년 필선이 되었고, 1756년 元仁孫과 蔡濟恭의 추천으로 부교리가 되고, 동부승지에 임명되었으나 사직함. 1758년 춘천현감에 부임하고 1760년 형조참의·동부승지·우부승지·판결사 등에 임명되었으나 모두 사직함. 그 뒤 대사간·호조참의에 임명됨.

• 作品內容

『三山先生文集』은 조선 후기 학자 柳正源의 시문집. 서문은 없고, 권말에 류형진의 발문이 수록됨.

• 版本構成

- 권1 : 詩 70수, 疏 19편.
- 권2 : 講義 2편.
- 권3~4 : 書 66편.
- 권5 : 잡저 8편.
- 권6 : 序 2편, 記 2편, 識跋 3편, 箋狀 5편, 說 3편, 제문 10편, 묘지 4편.
- 권7~8 : 부록으로 연보·만사·제문·행장·묘갈명·묘지명 등이 수록됨.

(80) 삼우당선생실기(三憂堂先生實紀)

書名	出版事項	版式狀況	一般事項	所藏番號
三憂堂先生實紀	文就光 等編, 哲宗3(1852)刊.	4卷2冊, 朝鮮木活字本, 四周雙邊, 半郭: 20.2×16㎝, 有界, 半葉: 10行20字, 註雙行, 白口, 內向二葉花紋魚尾, 31.6×21.2㎝, 線裝, 紙質: 楮紙.	表題: 三憂堂先生實紀, 被傳者: 文益漸, 序: 金道和, 舊序: 金義淳(1818)·洪義浩(1818), 敍後: 吳羽常(1818), 跋: 柳廷鎬	KS0432-1-02-00068

• 原典과 出刊

　4권 2책의 조선목판본. 文益漸의 실기로, 한꺼번에 편집되지 않고 1464년(세조 10) 文致昌이 편한 「事實本記」와 朴思徽가 편한 「行蹟記」, 文泳光이 편한 「功行錄」 등을 1819년(순조 19) 문익점의 후손 文桂恒 등이 편집하고 간행함. 그것을 1900년 丹城新安思齋에서 다시 중간한 것이 일반적인 추정임.

　권 책 수와 판본·편자·서·발문은 이본이 많아서 일정하지 않음. 대체로 박사휘·金義淳 등의 舊序와 1899년 奇宇萬이 쓴 서문이 있으며, 발문은 문계항·文基良 등이 쓴 것이 있음. 후조당에 소장된 판본은 다른 이본으로 金道和의 서문이 있고, 1818년에 쓰여진 金義淳과 洪義浩의 舊序가 있으며, 같은 1818년에 쓰여진 吳羽常의 敍後가 있고, 柳廷鎬의 발문이 있음. 哲宗3년인 1852년에 간행된 것으로 추정됨.

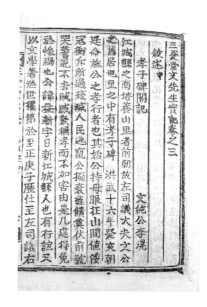

• 著者紹介

　文益漸 : 본관은 南平. 첫 이름은 益瞻. 자는 日新, 호는 三憂堂. 淑宣의 아들. 1360년(공민왕 9)에 문과에 급제하여 金海府司錄과 諄諭博士등을 지냄. 1363년 司諫院左正言으로 있을 때 서장관이 되어 啓稟使 李公遂를 따라 원나라에 갔으나, 정치적 격동기에 휘말린 문익점은 관직에서 쫓겨나 귀국하고, 원나라에서 귀국할 때 從者 金龍을 시켜 목화의 종자를 붓대 속에 넣어 와서 장인인 鄭天益에게 주고 함께 시험재배를 하며, 3년간의 노력 끝에 드디어 성공함. 결국 전국에 목화씨를 퍼지게 하였고, 물레 만드는 법을 배워 의복을 짜서 입도록 함.

그의 사후 조선조 태종 때에 參知政府事 江城君에 추증되었고 1440년(세종 22)에는 영의정과 富民候에 추징되었으며 시호는 忠宣公. 그의 고향 단성의 道川書院과 전라남도 장흥의 月川祠宇에 사당이 세워짐. 또 문익점과 정천익이 처음 목화를 시험 재배하였던 경상남도 산청군 단성면 사월리에는 文益漸棉花始培地가 사적 제 108호로 지정되어 있고 여기에 三憂堂先生棉花始培事蹟碑가 세워져 있음.

● 作品內容

『三憂堂先生實紀』는 고려 말의 문신이자 학자인 文益漸(1329~1398)의 실기.

● 版本構成

『삼우당실기』는 이본이 많아 내용에 차이가 있는데 후조당 소장 판본의 내용은 世系, 年譜, 遺文, 詩, 敍述 등으로 구성됨.

(81) 상현록(尙賢錄)

書名	出版事項	版式狀況	一般事項	所藏番號
尙賢錄	禹師德·禹弘澤 共編, 高宗8(1871)跋.	2卷1冊, 朝鮮木版本, 有圖, 四周雙邊, 半郭: 18.1×15.6cm, 有界, 半葉: 10行20字, 註雙行, 上下內向二葉花紋魚尾, 31.5×20.8cm, 線裝, 紙質: 楮紙.	被傳者: 禹倬(1263~1342), 序: 歲戊戌(1778)…韓山李象靖(1710~1781)序, 跋: 歲辛未(1871)正月下弦聞韶金岱鎭敬跋. 內容: 禹倬先生事蹟, 書院享祀始末錄.	KS0432-1-04-00244

● 原典과 出刊

2권 1책의 조선목판본. 禹倬의 시문을 조선 고종 8년(1871) 간행. 조선 正祖 초기에 후손 師德·弘澤 등이 遺詩·遺事 등을 모아 편집하고, 1871년(高宗 8)에 역시 후손 宅準·鍾璣 등이 原錄에 빠져 있는 것을 諸家文獻에서 뽑아 수록, 간행함.

● 著者紹介

禹倬: 본관은 丹陽, 자는 天章 또는 卓甫·卓夫, 호는 白雲·丹巖. '易東先生'이라 부르며, 시조 禹玄의 7대손으로, 南省典書門下侍中으로 증직된 禹天珪의 아들. 1278년(충렬왕 4) 鄕貢進士가 되고, 과거에 올라 寧海司錄이 됨. 1308년(충선왕 즉위년) 監察糾正이 되었고, 후

에 벼슬에서 물러난 뒤에는 禮安에 은거하면서 후진
교육에 전념함. 李滉의 발의로 1570년(선조 3) 예안에
易東書院이 창건되었으나, 1871년(고종 8)에 훼철당
했다가 1966년 복원됨. 또 다른 서원인 龜溪書院은
영남대학교 구내로 옮겨짐. 시호는 文僖.

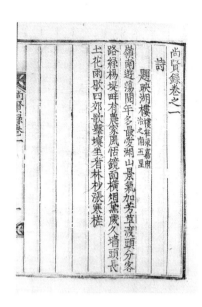

• 作品內容

『尙賢錄』은 고려 말기의 문신·학자인 禹倬(1263~
1342)의 유고집. 책머리에 李象靖의 서문과 책 끝에
金岱鎭의 발문이 수록.

• 版本構成

- 권1 : 詩 1수 및 遺事·贈遺諸篇·追感諸篇 등 수록.
- 권2 : 우탁이 祭享되어 있는 易東·丹巖·龜溪 등 여러 서원의 사적·常享祝文·奉安文·移
　　安文·賜額致祭文·上樑文 등과 우탁의 登科紅牌·榜目을 수록.

(82) 서계문집(西谿文集)

書名	出版事項	版式狀況	一般事項	所藏番號
西谿文集	金在燦 (1811~1888) 著	6卷3冊, 朝鮮木版本, 四周雙邊, 半郭: 20.6×15.2 cm, 有界, 半葉: 10行20字, 註單行, 白口, 上下內向二葉花紋魚尾, 32.1×21cm, 線裝, 紙質: 楮紙.	表題: 西谿集, 序: 金道和(1907), 跋: 李中轍(1915)	KS0432-1-04-00245

• 原典과 出刊

6권 3책의 조선목판본. 金在燦의 시문을 1915년에 그의 손자 金永奎가 편집하고 간행함.

• 著者紹介

金在燦 : 본관은 光山, 자는 贊玉, 호는 西谿. 증조부는 金宅九, 조부는 金星說. 부친 金道振
과 모친 金兒鍊의 딸 宣城金氏 사이에서 출생. 두 명의 부인을 두었는데, 첫째 부인은 李宗
相의 딸 眞城李氏, 둘째 부인은 朴標中의 딸 潘南朴氏. 젊어서부터 柳尋春의 문하에서 공부

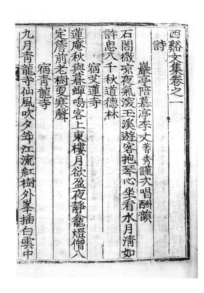

하였으며, 金晉玉·李士安·琴德謨·金國凝 등과 학문에 정진하며 교유함.

문장으로 명성이 있었으나 과거에 실패하고 나서 오로지 학문에만 뜻을 둠. 經傳과 性理書를 탐독하고 심오한 경지에 오르니 마을에서 추앙을 받았고, 후진 양성에 힘을 쏟음. 향년 78세를 일기로 생을 마감함. 저서로 『太極圖』·『心經贊圖』·『庸學孝說』·『太極西銘演註』·『西谿集』 등.

• 作品内容

『西谿文集』은 조선 말기의 학자 金在燦의 시문집. 권두에 金道和의 서문과 권말에 李中轍의 발문이 수록.

• 版本構成

- 권1~2 : 詩 151수, 挽詞 54편.
- 권3~4 : 書 40편.
- 권5 : 記 2편, 識, 跋 2편, 상량문 2편, 銘 2편, 고사 2편, 애사 4편, 제문 14편, 묘갈명 1편, 행록, 유사 3편.
- 권6 : 부록으로 만사·誄文·제문·행장·묘갈명·유사가 각 1편씩 수록됨.

(83) 서산선생문집(西山先生文集)

書名	出版事項	版式狀況	一般事項	所藏番號
西山先生文集	金興洛 (1827~1899)著, [朝鮮朝末期~日帝時代]刊.	30卷16冊, 朝鮮木版本, 四周雙邊, 半郭: 20×16.1cm, 有界, 半葉: 10行18字, 註單行, 白口, 上下內向二葉花紋魚尾, 32.1×20.8cm, 線裝, 紙質: 楮紙.	内容: 目錄1冊·文集24卷12冊·續集6卷3冊	KS0432-1-04-00249

• 原典과 出刊

30권 16책의 조선목판본. 金興洛의 시문을 편집 간행한 것으로 본집 24권, 속집 6권, 부록 2권으로 구성됨. 간기가 없어 간행 연대와 간행 경위를 정확히 추정하기 어려움.

• **著者紹介**

　金興洛 : 본관은 의성, 자는 繼孟, 호는 西山이며 안동
출신. 金誠一의 胄孫으로 아버지는 綾州牧使 鎭華이
며, 어머니는 李元祥의 딸. 柳致明의 문인. 1841년(헌
종 7) 성현의 격언을 초록하여 『諸訓集說要覽』을 지
었음. 1845년 4월 유치명의 제자가 되면서 李滉 · 李象
靖 · 유치명으로 이어지는 영남학파의 주요한 학통을
계승하게 됨. 이해 겨울 가정과 사우로부터 보고 들은
바를 모아서 『困學錄』을 편성하고, 또한 「初學箴」 ·
「畏天說」을 지음.

1850년(철종 1) 親命으로 增廣試에 응시함. 1851년
『鶴峯集』을 중간하고, 그 이듬해에는 『家禮儀』를 편
성함. 1854년 「拙守要訣」과 「입학오도」 및 「主一說」

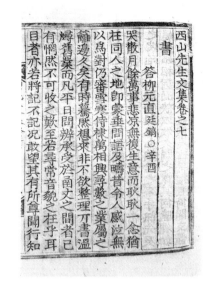

을 지음. 1867년(고종 4) 어사 朴瑄壽가 遺逸로서 천거하여 仁陵參奉에 임명되었고, 얼마
뒤 司甕院主簿 · 경상도도사에 임명되었으나 모두 부임하지 아니함. 1878년 집 서쪽 伏屛山
에 西山齋를 지음. 1882년 사헌부지평에 임명되었으나 또한 나가지 아니하였다고 함. 1889
년 退溪先生文集攷證을 會校함. 1894년 7월에는 승정원우부승지에 오르고. 이해 8월 영해부
사로 임명되었으나 사직소를 올림. 한말 영남의 대유학자로 李敦禹 · 權璉夏 등과 교유하였
으며, 학자 · 의병 · 독립운동가 등 수많은 제자를 양성함. 사후 邵溪書堂에 입향 됨.

• **作品內容**

　『西山先生文集』은 조선 말기의 문신이자 학자인 金興洛의 시문집.

• **版本構成**

- 본집 권1 : 시 206수.
- 권2~12 : 疏 1편, 書 494편.
- 권13~14 : 잡저 15편.
- 권15 : 序 2편, 記 4편, 跋 15편, 애사 5편, 誄文 1편, 축문 12편.
- 권16 : 제문 19편, 비문 4편.
- 권17~20 : 묘지명 9편, 묘갈명 34편, 묘표 8편.
- 권21~24 : 행장 25편.

- 속집 권1~3 : 시 40수, 書 139편, 잡저 1편, 기 3편.
- 권4 : 발 6편, 고유문 4편, 제문 11편, 묘지명 4편.
- 권5~6 : 묘갈명 5편, 묘표 6편, 행장 21편.
- 부록 권1~2 : 연보·행장·묘갈명·壙誌 각 1편, 만사 13수, 제문 26편, 기·상량문·고유문 각 1편 등이 수록.

(84) 서애선생문집(西厓先生文集)

書名	出版事項	版式狀況	一般事項	所藏番號
西厓先生文集	柳成龍(1542~1607)著, [朝鮮朝末期刊.	17卷9冊, 朝鮮木版本, 四周雙邊, 半郭: 20.6×15.5cm, 有界, 半葉: 11行21字, 註雙行, 白口, 上下內向二葉花紋魚尾, 31.9×20.5cm, 線裝, 紙質: 楮紙.	跋: 張顯光(1663)·李埈(1632), 共10冊 中 第2冊 缺	KS0432-1-04-00250
西厓先生文集	上同	2卷1冊(零本), 朝鮮木版本, 四周雙邊, 半郭: 21.2×15.5cm, 有界, 半葉: 11行21字, 註雙行, 白口, 上下內向二葉花紋魚尾, 31.5×20.7cm, 線裝, 紙質: 楮紙.	內容: 卷1-2	KS0432-1-04-00251
西厓先生文集	上同	2卷1冊(零本), 朝鮮木版本, 四周雙邊, 半郭: 19.4×15.1cm, 有界, 半葉: 11行21字, 註雙行, 白口, 上下內向二葉花紋魚尾, 30.1×19.8cm, 線裝, 紙質: 楮紙.	表題: 西厓集, 內容: 卷11-12	KS0432-1-04-00252

● 原典과 出刊

17권 9책, 2권 1책 등이 남아 있는 조선목판본. 柳成龍의 시문을 1633년(인조 11)에 그의 아들 袗이 陜川郡守로 있으면서 편집하고 간행함. 총 27권 14책. 목판본. 본집 20권, 별집 4권, 연보 3권, 도합 27권. 이조참의 李敏求의 序와 예조참의 李埈·張顯光의 발문이 수록.

● 著者紹介

柳成龍 : 자는 而見, 호는 西厓, 본관은 豊山. 李滉의 문인으로 1566년 문과에 급제하여 승문원권지부정자

가 되고 이듬해 검열이 되었다. 1569년(선조 2) 聖節使의 서장관으로 명나라에 다녀와 감찰, 전적 등의 벼슬을 거치고 양관대제학, 우의정, 좌의정, 영의정을 지냈다. 도학과 문장과 덕행을 겸했다 하여 특히 영남 유생들의 추앙을 받았다. 시호는 文忠, 안동의 虎溪書院, 屏山書院 등에 제향 되었다. 책머리에는 李敏求가 쓴 서문이 실려 있다.

● 作品內容

『西厓先生文集』은 조선 중기 학자 柳成龍(1542~1607)의 시문집.

● 版本構成

- 본집 권1~2 : 시 220여수.
- 권3 : 奏文 4편, 소 4편.
- 권4 : 소 7편.
- 권5 : 箚 8편.
- 권6 : 書狀 25편.
- 권9 : 呈文 5편, 書 13편.
- 권10~12 : 書 139편.
- 권13~16 : 잡저로 讀史蠡測・喪葬質疑・戰守機宜十條・北邊獻策議・貢物作米議・沈遊擊求通事倭國議・策問三首 등 127편.
- 권17 : 序 6편, 기 3편, 논 3편, 발 6편.
- 권18 : 발 29편, 箋 1편, 명 2편.
- 권19 : 제문 10편, 비갈 9편.
- 권20 : 묘지 9편, 행장 4편 등이 수록.
- 별집 권1 : 시 150여수.
- 권2 : 소 3편, 차 5편, 계사 3편, 呈文 1편, 呈文 5편.
- 권3 : 書 70여편. 권4 : 잡저 31편, 발문 3편, 명 1편, 제문 7편 등이 수록.
- 연보에는 서두에 세계도를 게재하고 있음. 권1~2는 유성룡 연보. 권3은 부록으로, 행장・교서・國王致祭文・東宮致祭文・병산서원봉안문・상향축문・남계서원봉안문・도남서원봉안문 등과 만사 19편이 게재되어 있음.

(85) 석계선생문집(石溪先生文集)

書名	出版事項	版式狀況	一般事項	所藏番號
石溪先生文集	李時明(1590~1674)著, [朝鮮朝後期]刊.	6卷3冊, 朝鮮木版本, 四周雙邊, 半郭: 17.6×15.1cm, 有界, 半葉: 10行18字, 註雙行, 白口, 上下內向二葉花紋魚尾, 31.6×21cm, 線裝, 紙質: 楮紙.	表題: 石溪集, 內容: 文集4卷2冊·附錄2卷1冊, 附: 遺墨	KS0432-1-04-00256
石溪先生文集	李時明(1590~1674)著, [1900年代]刊.	2卷1冊, 朝鮮木版本, 四周雙邊, 半郭: 18.7×15.1cm, 有界, 半葉: 10行20字, 註單行, 白口, 上下內向二葉花紋魚尾, 31×20cm, 線裝, 紙質: 楮紙.	表題: 石溪集, 附: 遺墨	KS0432-1-04-00257

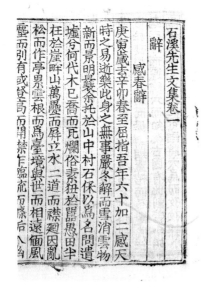

● 原典과 出刊

2권 1책의 조선목판본. 李時明의 시문을 두 번에 걸쳐 간행함. 초간본과 중간본 모두 序跋이 없어 간행경위는 자세하지 않지만, 家藏草稿를 바탕으로 수집 편차하여 간행. 초간본은 현재 국립중앙도서관(한46-가2258), 장서각(D3B-567), 성균관대학교 존경각(D3B-500) 등에 소장됨.

● 著者紹介

李時明 : 본관은 載寧, 자는 晦叔, 호는 石溪. 寧海 출신. 현감 涵의 아들, 이조판서 玄逸의 아버지. 張興孝의 문인. 1612년(광해군 4) 사마시에 합격하여 성균관에 들어갔으나, 광해군의 난정을 보고 과거를 단념함. 1636년(인조 14) 병자호란 이후 국치를 부끄럽게 여겨 세상과 인연을 끊고 은거. 학행으로 康陵參奉에 제수되었으나 부임하지 않고 1640년(인조 18)에는 영양의 石保, 1653년(효종 4)에는 영양의 首比, 1672년(현종 13)에는 안동 兜率院으로 옮겨 후진양성에 주력함. 시문에 능하고 초서도 잘 썼으며, 특히 李滉의 학통을 이은 장흥효에게 理學을 전수받아 다시 아들 徽逸·현일에게 전하여줌으로써 主理學의 전승에 크게 기여함. 특히 金坽·趙絅과 교분이 깊었음.

● 作品內容

『石溪先生文集』은 조선 중기의 학자 李時明의 시문집.

• 版本構成

- 본집 권1~2 : 辭 1편, 賦 3편, 시 157수.

- 권3~4 : 疏 1편, 書 13편, 序 4편, 記 6편, 跋 2편, 箴銘 3편, 축문 3편.

- 부록 권1~2 : 만사 10수, 제문 5편, 행장·묘지명·묘갈명 각 1편, 비명 2편, 기 1편, 상량문 1편, 사실 1편이 수록됨.

(86) 석문선생문집(石門先生文集)

書名	出版事項	版式狀況	一般事項	所藏番號
石門先生文集	鄭榮邦(1577~1650)著, 純祖21(1821)跋.	4卷3冊, 朝鮮木版本, 四周雙邊, 半郭: 19.4×16.1cm, 有界, 半葉: 10行20字, 註雙行, 白口, 上下內向二葉花紋魚尾, 32.2×21.4cm, 線裝, 紙質: 楮紙.	序: 鄭彦忠·趙述道(1802), 後識: 鄭來周(1732), 跋: 柳尋春(1821)	KS0432-1-04-00258

• 原典과 出刊

4권 3책의 조선목판본. 鄭榮邦의 시문을 1821년(순조 21)에 7대손 鄭仁勛이 家藏草稿를 바탕으로 다시 繕寫하고 교감하여 1821년에 鄭必奎, 柳尋春에게 跋文을 받아 목판으로 간행.

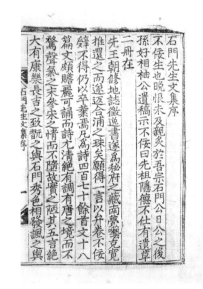

• 著者紹介

鄭榮邦 : 본관은 東萊, 자는 慶輔, 호는 石門. 조부는 進士 元忠, 생부는 湜, 양부는 澡. 愚伏 鄭經世가 고향 예천에서 후진들을 가르칠 때 그의 문하에서 性理學을 공부하였으며 1605년(선조 38년) 乙巳 增廣試에서 進士 三等 64위로 급제함. 경학과 唐詩에 조예가 뛰어남. 스승이 그의 재능을 아깝게 여겨 관직에 나갈 것을 여러 번 권하였으나 당시의 혼란한 정치를 싫어해 벼슬하지 않고 眞寶에 내려와 학문 연구에 전념함. 1609년(광해군 1년)에 그가 건축한 경북 예천군 지보면에 있는 석문종택이 경상북도 문화재자료 제492호로 지정되었으며, 병자호란 이후 영양군 입암면 연당리로 이주하여 축조한 英陽瑞石池가 중요민속자료 제108호로 지정되어 전하고 있음.

• 作品內容

『石門先生文集』은 조선 중기 학자 鄭榮邦의 시문집. 권두에 鄭彦忠·趙述道의 서문, 권말에 鄭來周·鄭必奎·柳尋春의 발문이 수록.

• 版本構成

- 권1 : 辭 2편, 賦 2편, 五言絶句 105수, 五言律詩 94수, 五言排律 5수.
- 권2 : 五言古詩 23수, 六言 2수, 七言絶句 163수.
- 권3 : 七言律詩 88수, 七言排律 16수, 七言古詩 10수, 雜詩 3수, 挽詞 40수.
- 권4 : 疏 2편, 書 7편, 記 2편, 제문 9편, 誌碣 2편, 行錄·유사·잡저.
- 부록 : 묘지명·묘갈명·家狀·제문·만사·告由文·奉安文·拾遺가 수록.

(87) 석문시고(石門詩稿)

書名	出版事項	版式狀況	一般事項	所藏番號
石門詩稿	張后相 (1677~1742) 著, 隆熙4(1910)刊.	3卷1冊, 朝鮮木版本, 四周雙邊, 半郭: 19.4×15.2cm, 有界, 半葉: 10行20字, 註雙行, 白口, 上下內向二葉花紋魚尾, 31.9×21cm, 線裝, 紙質: 楮紙.	序: 庚戌(1910)流頭節完山柳必永(1842~1924)謹序. 跋: 李康鎬(1909), 庚戌(1910)流頭節五代孫 [張]鎭昊拜手謹識.	KS0432-1-04-00259

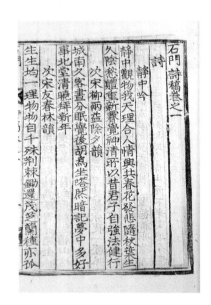

• 原典과 出刊

3권 1책의 조선목판본. 張后相의 시문을 1910년 5대손 鎭昊가 편집하고 간행하였음.

• 著者紹介

張后相 : 본관은 仁同. 자는 蒙予, 호는 石門. 안동 출신. 아버지는 첨지중추 瑜, 어머니는 禮安金氏로 墩의 딸. 張瑠의 문하에서 수학함. 성균관의 학유·학록·학정을 거쳐 1714년 박사가 되었고, 이듬해 전적에 올랐음. 1716년 사헌부감찰을 지내고, 1720년 성균관직강이 됨. 1722년(경종 2) 성균관사예를 거쳐 예조정랑이 되었으며, 이듬해 함흥의 능침실화사건에 李師尙과

함께 奉審官이 되어 다녀왔다고 함. 1726년(영조 2) 선전관에 제수되었으나 부임하지 않았고, 1728년 이인좌의 난에는 근왕병을 일으켜서 적을 막기도 하였음.

• 作品内容

『石門詩稿』은 조선 후기의 문신·학자 張后相의 시문집. 권두에 柳必永의 서문, 권말에 진호의 발문이 수록.

• 版本構成

- 권1~2 : 시 219수, 書 4편, 제문 1편, 記 1편.
- 권3 : 부록으로 제문 5편, 행장·묘갈명·고유문 각 1편 등으로 구성.

(88) 석병선생문집(石屛先生文集)

書名	出版事項	版式狀況	一般事項	所藏番號
石屛先生文集	李休運(1597~1668)著, 隆熙2(1908)刊.	上下1冊, 朝鮮木活字本, 四周雙邊, 半郭: 20.8×16.7㎝, 有界, 半葉: 10行20字, 註單行, 白口, 上下內向二葉花紋魚尾, 30.6×20.2㎝, 線裝, 紙質: 楮紙.	表題: 石屛文集, 序: 戊申(1908)柳道獻(1835~1909)序. 戊申(1908)崔岦敎. 跋: 崇禎甲申後二百六十五年戊申(1908)八月二十九後孫李昺淵謹識.	KS0432-1-04-00260

• 原典과 出刊

2권 1책의 조선목활자본, 李休運의 시문을 1908년 그의 후손 李濚淵과 李岱鉉이 편집하고 간행함. 권두에 柳道獻·李中麟·崔岦敎의 서문, 권말에 후손 李昺淵의 발문이 수록됨.

• 著者紹介

李休運 : 본관은 永川, 자는 嘉會, 호는 石屛. 증조부는 江原道觀察使 賀淵 李仲樑, 조부는 東巖 李令承, 부친은 檀巖 李士慶. 寒岡 鄭逑(1543~1620)의 문하에서 수학하면서 退溪 李滉의 문집 手撰에 선발되어 간

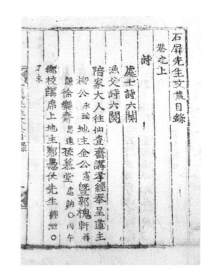

행에 참여하기도 함. 또『心經』을 읽고 그 내용에 대하여 圖說을 그림. 1662년(현종 3) 遺逸로 천거되어 成均館司藝에 除授되었음.

• 作品內容

『石屛先生文集』은 조선 후기 학자 李休運의 시문집.

• 版本構成

- 권1 : 시 63수, 疏 1편, 書 13편, 잡저 3편, 序 3편, 제문 2편, 묘표 1편, 가장 1편.
- 권2 : 부록으로 만사 10수, 제문·行略草記·행장·묘표·묘갈명·봉안문·축문·고유문·達城誌·裹錄 각 1편과 시 10수가 수록.

(89) 설월당선생문집(雪月堂先生文集)

書名	出版事項	版式狀況	一般事項	所藏番號
雪月堂先生文集	金富倫 (1531~1598) 著, 1926跋.	6卷3冊, 朝鮮石版本, 四周雙邊, 半郭: 18.9×15㎝, 有界, 半葉: 10行20字, 註雙行, 白口, 上下內向二葉花紋魚尾, 30.7×20.5㎝, 線裝, 紙質: 楮紙.	跋: 柔兆攝提格(丙寅, 1926)…十代孫濟冕謹識.	KS0432-1-04-00270

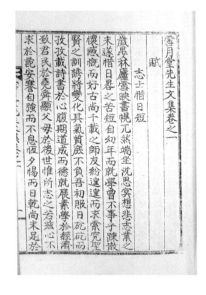

• 原典과 出刊

6권 3책의 조선석판본. 金富倫의 시문을 아들 溪巖 金坽이 桐溪 鄭蘊과 함께 문집으로 간행하려다가 이루지 못하였고, 그 뒤 5대손 金紘이 「溪巖手錄」과 「退溪集」 가운데 저자에 관계된 글을 모아 家狀 1통을 구성하여 문집을 간행하려 했으나 역시 하지 못함.

이후 1787년경 6대손 金台翼이 그 從姪이자 저자의 7대손인 金是瓚을 통해 5대손 金紘이 구성한 家狀 및 저자의 遺稿를 당시 서울 근교에서 은거 생활을 하고 있던 蔡濟恭에게 보여 주고 墓碣銘을 부탁하고 李光靖에게 行狀을 부탁하여 묘갈명은 1787년경, 행장은 1789년에 완성해둠. 그리하여 3冊의 定稿本으로 編校하여

家傳하였으나 간행하지 못함. 근세에 들어와 13대손 金基業 등이 문집 간행을 도모하고 10대손 金濟冕 등이 上記 定稿本을 改正하여 6권 3책으로 1940년에 安東에서 石印하였음. 『초간본』 문집의 말미에 붙은 金濟冕이 지은 識에는 1926년에 印出을 마쳤다고 적혀 있으나 저본의 板權紙에는 1939년에 출판 허가를 받아 1940년에 인쇄한 것으로 되어 있음.

● 著者紹介

金富倫 : 본관은 光山. 자는 惇敍. 호는 雪月堂. 아버지는 생원 綏이며, 어머니는 順天金氏로 粹洪의 딸. 李滉의 문인으로 1555년(명종 10) 사마시에 합격, 1572년(선조 5) 遺逸로 천거되어 集慶殿參奉에 제수되었으나 부임하지 않음. 1585년에 전라도 同福縣監으로 부임하여 향교를 중수하고 봉급을 털어 서적 8백여 책을 구입하는 등 지방교육 진흥에 많은 공헌을 함. 또 學令 수십조를 만들어 학생들의 교육에도 힘씀. 1592년 임진왜란이 일어나자 가산을 털어 鄕兵을 도왔고, 봉화현감이 도망가자 假縣監이 되어 선무에 힘썼다고 함. 그리고 관찰사 金睟에게 적을 막는 三策을 올렸는데, 충심이 지극한 내용이었다고 전해짐.

金誠一, 李潑과 도의를 강마하였으며, 만년에 관직에서 물러난 뒤 향리에 '설월당'이라는 정자를 짓고 후진을 양성하는 데 전념함. 『대학』과 『심경』을 깊이 연구하였으며, 예학에 대해서도 사우 간에 많은 질의가 있었다고 전해짐.

● 作品內容

『雪月堂先生文集』은 조선 중기 학자 金富倫의 시문집. 본집은 6권 3책으로 이루어진 詩文集으로, 目錄은 권1·2, 권3·4, 권5·6으로 각기 세 군데로 구성.

● 版本構成

- 권1 : 賦로, 「志士惜日短」 1편이 맨 앞에 수록. 오언과 칠언시 155수.
- 권2 : 오언과 칠언시 155수. 이 시들은 9세에 지었다는 「晩春卽事」를 시작으로 저작 연대순으로 편차되어 있음. 이 가운데 「讀陳了翁責沈文」 등 1546년 退溪의 문하로 들어간 전후로 지어진 시 8수에는 '先生批云'의 형식으로 퇴계의 詩評이 각 수의 말미에 실려 있음. 내용에 있어서도 「憶溪堂梅」와 「憶陶山梅」는 「退溪集」에서 「次韻金惇敍梅花」라는 시로 차운되는 등 퇴계선생과 밀접하게 연관되어 있고, 鄭琢이나 禹性傳, 從兄 金富儀 등 퇴계 문하의 인물들과 나눈 시가 대다수.
- 권3 : 書 30편. 첫번째로 나오는 「上退溪先生問目」은 선생의 답서가 남아 있지 않아 문목만 실리고, 두 번째 「上退溪先生」은 문목이 없어져 「退溪集」 28권에 있는 계축년의 「答金惇敍」

를 전재한 것이고, 세 번째와 네 번째 「上退溪先生問目」은 문목별로 元書와 「退溪集」28권
에 나온 답서를 엮어 놓았고, 다섯 번째 「上退溪先生」은 「退溪集」에는 언급되지 않은 편지.
그 외에 「答金方伯子昻」은 子昻 金睟가 임진왜란 때 禦敵策을 물은 데 대한 답서.

- 권4 : 祭文과 雜著로, 「祭退溪先生文」 등 11편의 제문이 실려 있고, 잡저로는 「退溪先生言
行箚錄」과 「問答箚錄」·「洞規後識」·「福川鄕校學令」·「齋規」 등 9편이 수록. 특히 「福川
鄕校學令」은 1585년에 同福 縣監이 되어 興學에 뜻을 두고 만든 20조로 된 학령.

- 권5 : 「心經」과 「大學」의 讀書箚記가 실려 있는데, 어려운 곳에는 곳곳에 諺解와 口訣을
써서 해석해 놓았음.

- 권6 : 附錄으로, 李光靖이 지은 행장과 蔡濟恭이 지은 묘갈명, 權春蘭 등이 지은 제문 5편
이 실려 있으며, 권미에 1926년 金濟晃이 쓴 識가 수록됨.

(90) 성재선생문집(惺齋先生文集)

書名	出版事項	版式狀況	一般事項	所藏番號
惺齋先生文集	琴蘭秀(1530~1600)著, 琴鼎基 等編, 隆熙3(1909)刊.	4卷2冊, 朝鮮木活字本, 四周單邊, 半郭: 20.5×18.7cm, 有界, 半葉: 10行18字, 註單行, 白口, 上下內向二葉花紋魚尾, 31.9×21.4cm, 線裝, 紙質: 楮紙.	表題: 惺齋文集, 序: 戊申(1908)嘉平節後學聞韶金道和(1825~1912)謹序, 跋: 己酉(1909)…後學眞城李晚燾(1842~1910)謹跋. 己酉(1909)…十代孫鼎基謹書.	KS0432-1-04-00275

• 原典과 出刊

4권 2책의 조선목활자본. 琴蘭秀의 시문을 8세손 琴
詩述과 琴書述 형제 대에 이르러 『退溪集』 등 여러
문집에서 저자의 시문을 수집 정리하는 작업을 함. 이
를 바탕으로 10세손 琴鼎基와 琴岱基가 금난수의 시
문을 다시 수집하고, 연보 및 부록 등을 증보 합편하
여 1909년에 목활자로 간행.

• 著者紹介

琴蘭秀 : 본관은 奉化. 자는 聞遠, 호는 惺齋 또는 孤
山主人. 아버지는 첨지중추부사 憲이며, 어머니는 英

陽南氏로 교수 軾의 딸. 처음 金進에게 글을 배웠고, 뒤에 李滉의 문하에 들어가서 수학함. 1561년(명종 16) 사마시에 합격. 1577년(선조 10) 齊陵의 참봉을 비롯하여 集慶殿과 敬陵의 참봉을 지내고, 1585년 長興庫奉事가 됨.

그 뒤 直長·장례원사평을 지냈으나, 1592년 임진왜란이 일어나자 노모의 봉양을 위해 고향에 은거하다가 정유재란 때 고향에서 의병을 일으키니 많은 선비들이 호응해서 참가하고 지방민들은 군량미를 헌납했다고 함. 그 해 성주판관에 임명되었으나 부임하지 않았고, 1599년 고향인 봉화의 현감에 임명되어 1년 만에 사임하고 집에 돌아왔다고 함. 좌승지에 추증되고 禮安의 東溪精舍에 제향됨.

• 作品内容

『惺齋先生文集』은 조선 중기 학자 琴蘭秀의 시문집.

• 版本構成

- 권1 :「讀心經書」 등 시 104수가 수록. 대부분 溪門의 師友들 사이에 주고받은 贈答詩.
- 권2 : 書 10편과 雜著 10편이 수록.
- 권3 : 도산서당 건립시의 始末을 상세히 기록한 「陶山書堂營建記事」와 「普賢菴壁上書前後八山記」·「도산서당영건기사」 등의 記, 「座右銘」·「柳而見玉淵亭銘」 등의 銘, 「祭退溪先生文」 등의 祭文, 그리고 「惺齋先生年報」 등 7편이 수록.
- 권4 : 부록으로 墓碣銘·遺事·跋 등 11편이 수록됨.

(91) 성헌선생일집(惺軒先生逸集)

書名	出版事項	版式狀況	一般事項	所藏番號
惺軒先生逸集	白見龍 (1543~1622)著	3卷1册, 朝鮮木活字本, 四周雙邊, 半郭: 20.5×16㎝, 有界, 半葉: 10行18字, 註單行, 白口, 上下内向二葉花紋魚尾, 30.9×21㎝, 線裝, 紙質: 楮紙.	表題: 惺軒集, 序: 金道和(1907)·李晚燾(1907)	KS0432-1-04-00280

• 原典과 出刊

3권 1책의 조선목판본. 白見龍의 시문을 1906년 후손이 편집하고 간행함.

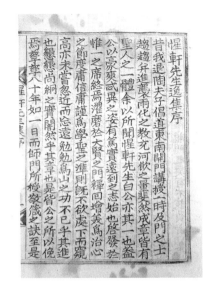

• 著者紹介

白見龍 : 본관은 大興. 자는 文瑞, 호는 惺軒. 진사 白眉良의 아들. 어머니는 江城文氏로 참봉 文闓의 딸. 처음 金彦璣에게 글을 배우다 뒤에 李滉의 문하에서 수학함. 趙穆·金誠一·柳成龍과 교유함. 1592년(선조25) 임진왜란이 일어나자 李涵·白仁國 등과 의병을 일으켜 김성일의 휘하에 들어가 공을 세웠고, 정유재란 때는 火旺山城으로 들어가서 郭再祐와 함께 적을 무찔렀다고 함. 1609년(광해군 1) 생원시에 합격하였으나 관직에 뜻을 버리고 학문에 정진함. 雲山書院에 제향 됨.

• 作品內容

『惺軒先生逸集』은 조선 중기 학자 白見龍의 시문집. 권두에 李晩燾·金道和의 서문과 권말에 李晩翊의 발문이 수록됨.

• 版本構成

- 권1~2 : 시·만사 222수, 書 9편, 제문 3편, 행장 3편.
- 권3 : 부록으로 만사 7수, 행장·묘지명·묘갈명 각 1편, 文 2편, 記 1편, 시 21수, 後識 1편 등이 수록됨.

(92) 성호선생문집(星湖先生文集)

書名	出版事項	版式狀況	一般事項	所藏番號
星湖先生文集	李瀷(1681~1763)著, 密陽, 1917刊.	52卷25冊, 朝鮮木版本, 四周雙邊, 半郭: 18.6×14.8㎝, 有界, 半葉: 10行20字, 註單行, 白口, 上下內向二葉花紋魚尾, 27.2×18.6㎝, 線裝, 紙質: 楮紙.	內容: 目錄上下1冊·文集50卷23冊·附錄2卷1冊, 識: 李秉休(1774), 跋: 安禧遠·金鎬承·柳永佑, 印刷所兼發行所: 慕濂堂, 藏板記: 密陽退老藏板 丁巳入梓	KS0432-1-04-00281

● 原典과 出刊

52권 25책의 조선목판본. 李瀷의 시문을 저자 사후 11
년 뒤인 1774년(영조 50) 조카 李秉休 등이 필사본으
로 70권 규모로 초고 편집을 완성. 그 후 1917년 7세
손 李德九와 李炳主 등이 밀양군 퇴로리에서 목판본
으로 50권 27책의 문집을 간행. 하지만 이 초간본이
1774년 이병휴의 필사본보다 내용이 크게 축소되어,
이것을 1922년 李佐·安禧遠 등이 68권 36책으로『성
호선생전집』이라는 책제로 간행함. 그러므로 현전하
는 문집은『성호선생문집』과『성호선생전집』두 본이
남아있음.

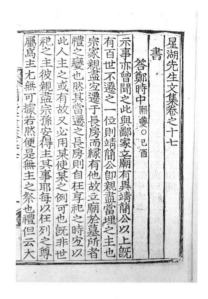

● 著者紹介

李瀷 : 본관은 驪州. 자는 子新, 호는 星湖. 팔대조 繼孫이 성종 때에 벼슬이 병조판서·지중
추부사에 이르러 이때부터 여주이씨로서 가통을 세움. 증조부 尙毅는 의정부좌찬성, 할아버
지 志安은 사헌부지평을 지냈고, 아버지 夏鎭은 사헌부대사헌에서 사간원대사간으로 還任
되었다가 1680년(숙종 6) 경신대출척 때 진주목사로 좌천, 다시 평안도 운산에 유배됨. 1681
년 10월 18일에 아버지 하진과 그의 후부인 權氏 사이에 운산에서 태어남. 아버지는 1682년
6월에 전부인 李氏 사이의 3남 2녀와 후부인 권씨 사이의 2남 1녀를 남긴 채 55세를 일기로
유배지 운산에서 사망하셨다고 전함.

● 作品内容

『星湖先生文集』은 조선 후기 실학자 李瀷의 시문집.

● 版本構成

- 〈1922년 중간본〉
- 권1~6 : 賦·詩.
- 권7~8 : 海東樂府의 詩.
- 권9~37 : 書. 선배·친우·문인들과 주고받은 편지로, 대개 경전에의 異說 또는 의문처에 대
 한 문답, 성리설에 대한 문답, 예설에 관한 논란, 그리고 당시의 弊政을 논한 실학적인 내용.

- 권38~47 : 잡저. 경전 및 예설에 대해 논변한 것을 비롯하여 상례에 관한 논변을 상세하게 서술.

- 권48 : 잡저·잠·명·찬·송.

- 권49~52 : 序.

- 권53 : 기.

- 권54~56 : 題跋.

- 권57 : 축문·제문·애사.

- 권58 : 碑銘.

- 권59 : 묘표·묘갈명.

- 권60~62 : 묘갈명.

- 권63~65 : 묘지명.

- 권66~67 : 행장·行錄.

- 권68 : 유사·전·小傳·雜傳 등으로 구성.

- 부록 권1 : 家狀·행장·묘지·묘갈명.

- 권2 : 筵說·諡狀·제문·찬·畵像贊·발. 이익의 가계와 행적 등을 밝히고 있음. 가장은 조카 이병휴가, 행장은 문인 尹東奎가, 묘갈명은 蔡濟恭이 썼고, 筵說은 柳厚祚가 추존을 상주한 글. 제문은 安鼎福 등이, 찬은 李廷斗 등이 썼음.

(93) 소고선생문집(嘯皐先生文集)

書名	出版事項	版式狀況	一般事項	所藏番號
嘯皐先生文集	朴承任(1517~1586)著, 朴希天 編, 正祖16(1782)跋.	4卷5冊, 朝鮮木版本, 四周雙邊, 半郭: 21.1×15.9㎝, 有界, 半葉: 10行21字, 註雙行, 白口, 上下內向二葉花紋魚尾, 30.3×19.8㎝, 線裝, 紙質: 楮紙	表題: 嘯皐集, 續集序: 歲辛丑(1781)…李象靖(1710~1781)序, 跋: 壬寅(1782)…六代孫希天拜手謹識.第3·4冊: 續集, 第5冊:附錄	KS0432-1-04-00282
嘯皐先生文集	朴承任(1517~1586)著, [朝鮮朝後期刊].	2卷1冊(零本), 朝鮮木版本, 四周雙邊, 半郭: 21.5×15.8㎝, 有界, 半葉: 11行21字, 註雙行, 白口, 上下內向二葉花紋魚尾, 32.7×21.1㎝, 線裝, 紙質: 楮紙	板心題: 嘯皐文集. 內容: 卷3-4	KS0432-1-04-00283

• 原典과 出刊

原集 4권 2책, 속집 4권 2책, 부록 상·하 각 1권 1책으로 되어 있는 조선목판본. 朴承任의 시문을, 저자가 죽은 후 15년이 되는 1600년(선조 33)에 제자 金玏·吳澐·裵應褧 등이 編次·교정하여 간행함. 그리고 원집에 누락된 원고를 6대손 希天 등이 수습하고, 李象靖 등이 교정하여 1782년(정조 6)에 속집과 부록을 편차, 원집과 함께 간행함.

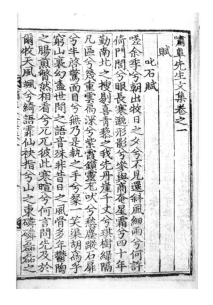

• 著者紹介

朴承任 : 본관은 潘南. 자는 重甫, 호는 嘯皐. 아버지는 朴珩, 어머니는 禮安金氏로 金萬鎰의 딸. 李滉의 문인. 1540년(중종 35)식년문과에 병과로 급제하여 승문원·예문관·승정원·홍문관 등에서 여러 淸宦職을 역임하고, 正字로 賜暇讀書함. 이어서 수찬에 승진되고, 이조좌랑을 거쳐 正言이 됨. 1547년(명종 2) 예조정랑에 다시 임명되었으나, 이듬해 어머니의 상을 당하자 바로 귀향함.

1557년 直講을 거쳐 司藝가 되었으나, 윤원형의 세도가 더욱 심해져 벼슬에서 은퇴하여 독서에 힘을 쏟음. 이듬해 풍기군수로 다시 임명되어 치적을 쌓았고, 그 후 軍資監正에 임명되었고, 判校를 거쳐 1565년 병조참의에 승진되고, 이듬해 동부승지로 전직되었다가 얼마 뒤 진주목사로 부임하게 됨.

1569년(선조 2) 동지부사로 명나라에 다녀왔으며, 1571년 황해도관찰사로 나갔다가 이듬해 좌승지에 임명되었음. 1573년 도승지에 승진되었으며, 이듬해 경주부윤이 되고, 1576년 다시 도승지에 임명되었고, 강화부유수·여주목사를 거쳐 1581년 춘천부사로 나갔다가 병으로 사직하고 귀향게 됨. 1583년 공조참의를 거쳐 대사간이 되었으나 言事에 연루되어 왕의 뜻에 거슬려 창원부사로 좌천되었으며, 얼마 뒤 중앙에 소환되었다가 병사하였다고 함.

• 作品內容

『嘯皐先生文集』은 조선 중기의 학자 朴承任의 시문집. 본집은 原·續集 모두 賦를 시작으로 하여 저작 시기별로 편차한 詩를 싣고 있으며 序·跋·記·書·雜著·祭文 그리고 碑銘과 墓誌의 순으로 散文을 편차함. 續集에서는 詩에 이어 公擧文과 書簡을 편차한 점이 원집과는 다름.

● 版本構成

- 原集 권1 : 4편의 賦와 詩.

- 권2 : 挽詞.

- 권3 : 교육과 관련된 散文이 수록.

- 續集 권1~2 : 詩, 上疏 4편, 箚子 1편, 啓辭 5편이 수록.

- 附錄 상권 : 제자 任屹과 金中淸이 지은 저자의 행장과 鄭經世가 지은 묘갈명이 수록.

- 하권 : 만사와 제문 이외에 퇴계선생이 지어 준 詩와 서간, 周世鵬 등 知舊, 門生이 보냈던 글들, 기타 記聞錄 등으로 구성됨.

(94) 소와문집(素窩文集)

書名	出版事項	版式狀況	一般事項	所藏番號
素窩文集	金鎭宇 (1786~1850)著, [朝鮮朝末期~日帝時代]刊.	6卷3冊, 朝鮮木活字本, 四周單邊, 半郭: 21.4×15.4cm, 有界, 半葉: 10行20字, 註單行, 白口, 上下內向二葉花紋魚尾, 31.4×20.6cm, 線裝, 紙質: 楮紙	序: 李敦禹, 跋: 族弟金道和(1825~1912)謹書.	KS0432-1-04-00286

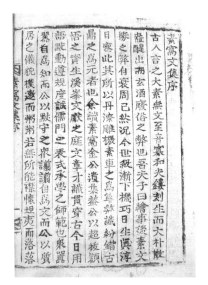

● 原典과 出刊

6권 3책의 조선목활자본. 金鎭宇의 시문을 철종연간에 아들 著洛이 편집하고 간행한 것으로 추정.

● 著者紹介

金鎭宇 : 義城金氏로 자는 啓魯, 호는 素窩. 현재의 경상북도 안동시 임하면 금소리에서 태어났으며 족조인 竹翁 金龍燮의 문하에서 공부함. 14살 무렵 부친상을 당하여 1822년 어머니의 뜻에 따라 중형이 있는 영양의 琴臺로 이사함. 1833년에 輞川으로 돌아가 자신의 거처를 勉義室이라고 하였음. 1835년에 다시 영양으로 돌아가 고을의 후진을 양성함. 1849년에 錦陽으로 돌아와 『心經』과 『近思錄』에 전념함.

● 作品內容

『素窩文集』은 조선 후기 학자 金鎭宇의 시문집. 권두에 李敦禹의 서문과 권말에 金道和의 발문이 수록.

● 版本構成

- 권1~3 : 시 303수.
- 권4 : 書 50편, 잡저 1편.
- 권5 : 序 3편, 記·跋 各 2편, 銘 1편, 상량문 3편, 뇌문 4편, 애사 3편, 축문 1편, 제문 9편.
- 권6 : 행장 5편, 부록으로 행장·묘갈명 각 1편으로 구성. 書에는 「與定齋柳公」·「與李士珍」·「與李忠立」 등이 있음. 잡저의 「日月山遊錄」은 1825년(순조 25)에 족조인 金泰以와 趙晦伯·趙弼汝 등과 함께 일월산을 유람하고 쓴 기행문.

(95) 소은집(素隱集)

書名	出版事項	版式狀況	一般事項	所藏番號
素隱集	柳炳文 (1766~1826)著, 1914刊.	6卷3冊, 朝鮮木活字本, 四周單邊, 半郭: 22×15.4㎝, 有界, 半葉: 10行20字, 註單行, 花口, 上下向黑魚尾, 30.8×20.4㎝, 線裝, 紙質: 楮紙	跋: 閼逢攝提格(甲寅, 1914)…曾姪孫[柳]必永(1841~1924)謹書.	KS0432-1-04-00288

● 原典과 出刊

6권 3책의 조선목활자본. 柳炳文의 시문을 好古窩 柳徽文이 편집하다가 완성하지 못하고 세상을 뜨자, 1854년(철종 5)에 族曾孫 柳必永과 從玄孫 柳璋植이 다시 편집하고 간행함.

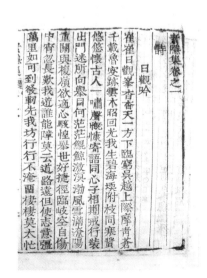

● 著者紹介

柳炳文 : 본관은 全州. 자는 仲虎, 호는 素隱. 조부는 大司憲 柳正源이고, 부친은 柳萬休. 壺谷 柳範休의 문하를 왕래하면서 수학. 1800년(정조 24) 龍田에서 素隱谷으로 이사함. 평생 학문에 전념하고 처사로 자처함. 저서로 『湖書要訓』·『春秋世族譜』·『內外源派圖』·『譜系辨證』·『完山世牒』 등.

• 作品內容

『素隱集』은 조선 후기의 학자 柳炳文의 시문집. 서문은 없고, 권말에 유필영이 쓴 발문이 수록.

• 版本構成

- 권1 : 시 180여수.
- 권2 : 書 24편.
- 권3 : 잡저 12편.
- 권4 : 序 3편, 記 2편, 識跋 6편, 銘 2편, 상량문 1편, 애사 5편, 고유문 3편.
- 권5 : 제문 10편, 묘표 6편, 壙記 6편, 유사 3편, 행록.
- 권6 : 부록으로 행장·만사·誄詞·제문·묘표·묘지명 등이 수록.

(96) 송계선생문집(松溪先生文集)

書名	出版事項	版式狀況	一般事項	所藏番號
松溪先生文集	李亨男 (1556~1627) 著, 高宗22(1885) 跋.	2卷1冊, 朝鮮木版本, 四周雙邊, 半郭: 19.4×15.7㎝, 有界, 半葉: 10行18字, 註單行, 白口, 上下內向二葉花紋魚尾, 32.1×21.8㎝, 線裝, 紙質: 楮紙.	序: 門後孫前承旨李彙寧 (1788~1888)謹序, 跋: 上之二十三[二]年乙酉(1885)重光節光山金在燦(1811~1888)謹識.	KS0432-1-04-00293

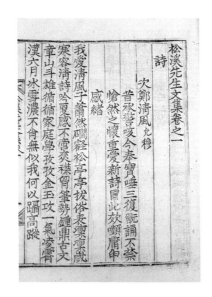

• 原典과 出刊

2권 1책의 조선목판본. 李亨男의 시문을 1885년(고종 22)경에 후손 在燦 등이 편집, 간행함.

• 著者紹介

李亨男 : 본관은 眞城. 자는 嘉仲, 호는 松溪. 부친은 李濟. 그는 1588년(선조 21) 생원과 진사시에 모두 합격하였으나 출세의 뜻을 끊고 松溪에 숨어 살며 독서와 수양에 힘을 기울임. 임진란 때에는 창의하여 鄕兵整齊將이 되어 안동을 지키기에 진력함. 1600년(선조 33) 景陵參奉을 제수했으나 부임치 않고 도산서원에

서 『退溪集』의 교정에 참여하여 족보와 함께 간행하였다고 함. 여강서원의 원장이 되어 원우의 중건에 진력하고, 광해정란 때 세상에 대한 미련을 끊고 은둔함.

● 作品內容

『松溪先生文集』은 조선 중기의 의병 李亨男의 시문집. 권두에 李彙寧의 서문이 있고, 권말에 金在燦과 후손 中麟의 발문이 수록.

● 版本構成

- 권1 : 시 86수, 書 4편, 제문·잡저 각 1편.
- 권2 : 부록으로 행장·만사·제문·묘갈명·묘지명·봉안문·常享祝文·告由文 등이 수록. 시는 대부분이 酬唱詩와 만사로서, 꾸밈에 힘쓰지 않고 沖澹한 意趣가 있다는 평을 받음. 「讀李提督詩有感述懷」는 임진왜란 때 우리나라에 파견된 명나라 제독 李如松의 시를 읽고 느낀 점을 표현한 것. 잡저 「鄕兵召募文」은 임진왜란 때 臨河에서 의병을 모집하기 위하여 쓴 글.

(97) 송소선생문집(松巢先生文集)

書名	出版事項	版式狀況	一般事項	所藏番號
松巢先生文集	權宇 (1552~1590)著, 純祖11(1811)刻 [後刷].	4卷2冊, 朝鮮木版本, 四周單邊, 半郭: 19.4×15.1㎝, 有界, 半葉: 10行21字, 註單行, 白口, 上下向二葉花紋魚尾, 30.8×20.8㎝, 線裝, 紙質: 楮紙.	表題: 松巢集, 序: 鄭宗魯 (1811), 跋: 張顯光(1811)·李埈·金得硏, 識: 金應祖·權達忠(1811)	KS0432-1-04-00295

● 原典과 出刊

4권 2책의 조선목판본. 權宇의 시문을 1811년(순조 11) 尙州 山陽에서 7대손 達忠에 의해서 편집·간행됨.

● 著者紹介

權宇 : 본관은 安東. 자는 定甫, 호는 松巢. 秉節校尉 權甲成의 증손으로, 할아버지는 將仕郎 權燁고, 아버지는 생원 權大器, 어머니는 訓導 李濟의 딸. 李滉의 문인. 1573년(선조 6) 생원시에 합격한 뒤 벼슬에 뜻을 접고 학문에 전념하여 이름을 날림. 1586년 敬陵參奉에

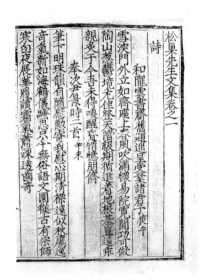

제수되고, 1589년 왕자(뒤의 광해군)의 사부에 제수되었으나 그 다음해에 세상을 떠남. 광해군은 즉위 후 스승인 권우의 옛 은혜에 보답하고자 좌승지를 추증하고 禮官을 보내어 제사지내게 함. 경주의 鏡光書院에 제향 됨.

● 作品內容

『松巢先生文集』은 조선 중기 학자 權宇의 시문집. 권두에 鄭宗魯의 서문, 권말에 달충의 발문이 수록됨.

● 版本構成

- 권1~2 : 시 175수, 賦 1편, 辭 1편, 書 28편.
- 권3~4 : 제문 10편, 잡저 6편, 행장 2편, 부록으로 만사 5수, 사제문 1편, 제문 10편, 행장·묘갈명 각 1편, 魯林書院의 奉安文·常享祝 각 1편, 鏡光書院의 復享文·常享祝 각 1편, 舊跋 3편, 識·御賜書帖後跋 각 1편 등이 수록됨.

(98) 송암선생문집(松巖先生文集)

書名	出版事項	版式狀況	一般事項	所藏番號
松巖先生文集	權好文(1532~1587)著	9卷3冊(零本), 朝鮮木版本, 四周單邊, 半郭: 17.8×15.2cm, 有界, 半葉: 10行21字, 註雙行, 白口, 上下向二葉花紋魚尾, 30.4×19.6cm, 線裝, 紙質: 楮紙.	表題: 松巖集, 序: 李玄逸, 跋: 柳世陽(1680), 內容: 文集6卷2冊·續集3卷1冊(卷4-6), 附: 獨樂八曲, 共4冊 中 第3冊 缺	KS0432-1-04-00296
松巖先生別集	權好文 著	2卷1冊, 朝鮮石版本, 四周雙邊, 半郭: 21.4×16.4cm, 有界, 半葉: 10行21字, 註雙行, 白口, 上下向二葉花紋魚尾, 31.2×20.8cm, 線裝, 紙質: 楮紙.	表題: 松巖別集, 序: 權相圭, 附: 年譜, 年譜識: 權靖夏(1899)·金道和	KS0432-1-04-00297

● 原典과 出刊

9권 3책이 남아있는 조선목판본. 權好文의 시문을 안동 靑城書院에서 1679년(숙종 5) 원집을 간행. 후에 후손 宅孚 등이 1809년 간행한 속집과 연보를 합편하고, 후손 寧甲 등이 1895년

별집을 간행. 文集 6卷 2冊·續集 3卷 1冊(卷4-6), 別
集 2卷 1冊.

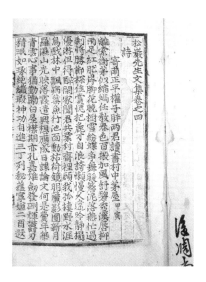

• 著者紹介

權好文 : 본관은 안동, 자는 章仲. 호는 松巖. 安州教
授 규의 아들. 1549년(명종4) 아버지를 여의고 1561년
29세에 진사시에 합격했으나, 1564년에 어머니상을 당
하자 벼슬을 단념하고 靑城山 아래에 無悶齋를 짓고
그곳에 은거함. 李滉을 스승으로 모셨으며, 같은 문하
생인 柳成龍·金誠一 등과 교분을 나눔. 集慶殿參奉
·內侍教官등에 제수되었으나 나가지 않았다고 함.
56세로 일생을 마쳤으며, 안동의 靑城書院에 제향 됨. 그는 평생을 자연에 묻혀 살았는데
이황은 그를 瀟灑山林之風이 있다고 하였고, 벗 유성룡도 江湖高士라 하였음. 작품으로는
『송암집』에 경기체가의 변형형식인 「獨樂八曲」과 연시조인 「閑居十八曲」이 전함.

• 作品內容

『松巖先生文集』은 조선 선조 때의 문인이자 학자인 權好文의 시문집. 李玄逸의 서문이 있음.

• 版本構成

- 원집 권1~3 : 시 500여 수.
- 권4 : 시·賦·詞·狀·祭文.
- 권5 : 錄·記·書·說·銘 등. 이중『閑居錄』은 자신을 관직에 천거하려 하자, 벼슬할 뜻이
  없음을 밝힌 글.
- 권6 : 『雜儀輯錄』과『續錄』이 수록되어 있음. 『잡의집록』은 부부·부자·형제 간의 도리와
  노비사역, 제사, 이웃과의 화목 등에 관해 설명한 家箴과 술좌석의 초청법·예의 등에 관해
  설명한 酒禮로 되어 있음. 부록에는 行狀·墓誌·祭文·挽詞 등이 수록.
- 속집 권1~5 : 시 약 390수.
- 권6 : 賦·문·기·書·설·묘갈·묘지 등이 수록. 끝에 국한문을 혼용한 경기체가를 본뜬『獨
  樂八曲』, 연시조『閑居十八曲』을 수록함.
- 별집 권1 : 賦·시. 권2 : 시·書·상량문·제문·狀·序·記가 수록됨.

(99) 송오선생문집(松塢先生文集)

書名	出版事項	版式狀況	一般事項	所藏番號
松塢先生文集	鄭佺 (1569~1639)著, 哲宗11(1860)刊.	4卷2冊, 朝鮮木版本, 四周雙邊, 半郭: 19.1×15.8㎝, 有界, 半葉: 10行18字, 註單行, 白口, 上下內向二葉花紋魚尾, 31.5× 20.7㎝, 線裝, 紙質: 楮紙.	表題: 松塢集, 跋: 乙未(1835)鄭之貞. 今庚申(1860)春始付剞劂氏… 後學完山柳衡鎭謹跋.	KS0432-1-04-00298

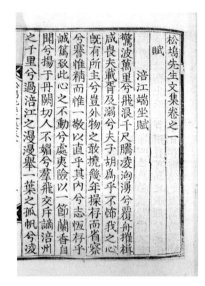

• 原典과 出刊

4권 2책의 조선목판본. 鄭佺의 시문 稿本이 화재로 인하여 불타 버린 뒤에 1835년경 7대손 鄭之貞이 저자의 詩文을 收拾하여 2冊으로 編次해 두고, 1860년에 이르러 6대손 鄭來儉과 8대손 鄭東逵, 鄭雲逵 등이 정지정이 편차해 둔 稿本을 가지고 木板으로 4권 2책의 문집을 간행함.

• 著者紹介

鄭佺 : 본관은 淸州, 자는 壽甫, 호는 松塢. 양구현감 士誠의 아들. 아버지를 통하여 李滉의 학문을 이어받았으며, 金誠一·柳成龍·具鳳齡의 문하에서 수학을 함. 1601년(선조 34) 생원시에 합격하였으나 대과에는 실패하였고, 광해군 때의 대북정권하에서 과거에 대한 뜻을 완전히 접게 됨. 인조반정 뒤 遺逸로 천거되어 의금부도사에 임명되었으나 나가지 않고, 일생 동안 朱熹의 학문을 연구하였다고 함.

• 作品內容

『松塢先生文集』은 조선 중기 학자 鄭佺의 시문집.

• 版本構成

- 권1 : 賦 3편, 詩 42제.
- 권2 : 疏 5편, 書 5편.
- 권3 : 書 12편, 告由文 1편, 祭文 3편, 策 3편, 論 3편, 墓誌銘 1편, 行錄 1편.
- 권4 : 附錄으로 金是榲, 朴檜茂, 李時明 등이 지은 輓詞 17편, 李傅逸, 從弟 鄭伏, 弟 鄭俛

·鄭伸이 지은 祭文 4편, 李玄逸이 지은 行狀, 李溟翼이 지은 墓碣銘 등이 수록. 권말에 7대손 鄭之貞이 1835년에 지은 後識와 柳衡鎭이 1860년에 지은 跋이 수록됨.

(100) 송재시고(松齋詩稿)

書名	出版事項	版式狀況	一般事項	所藏番號
松齋詩稿	李堣 (1469~1517)著, [朝鮮朝後期刊].	2卷2冊, 朝鮮木版本, 四周雙邊, 半郭: 18.8×15.1cm, 有界, 半葉: 10行18字, 註雙行, 白口, 上下內向二葉花紋魚尾, 31.1×20.4cm, 線裝, 紙質: 楮紙.	表題: 松齋集, 開東跋: 吳澐(1584)·藥圃病人 (1583), 附: 松齋誌銘·碣銘·年譜·拾遺	KS0432-1-04-00301

● 原典과 出刊

2권 2책의 조선목판본. 李堣의 시문을 저자 사후에 조카인 李滉이 그의 저술 가운데 남아 있던 「關東行錄」과 「歸田錄」 등의 시를 모아 필사본으로 정리. 그후 이황의 제자이며 저자의 외종손인 吳澐이 1584년(선조 17) 충주목사로 있을 때 초간본 3권 1책을 간행. 속집은 저자의 12대손인 李元魯가 1900년에 편집·간행하여 원집과 함께 전해 짐.

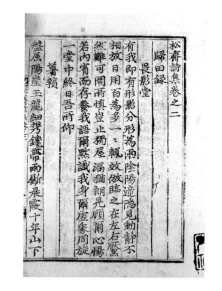

● 著者紹介

李堣 : 본관은 眞寶. 자는 明仲, 호는 松齋. 云侯의 증손으로, 할아버지는 선산부사 禎이고, 아버지는 진사 繼陽이며, 어머니는 副司直 金有庸의 딸. 李滉의 숙부. 1492년(성종 23) 생원, 1498년(연산군 4) 식년 문과에 병과로 급제해 승문원권지부정자가 되고, 이어 예문관검열·대교·봉교를 거쳐 1501년 성균관전적에 올라 사간원정언·이조좌랑·사헌부헌납·병조정랑 겸 지제교·사헌부장령 겸 춘추관기주관·봉상시첨정·사간·군기시부정 등을 역임. 1506년 동부승지에 임명되어 지제교와 춘추관수찬관을 겸했다가 중종반정이 일어나 가담하고 협력한 공로로 靖國功臣 4등에 녹훈, 靑海君에 봉해지고 우부승지로 벼슬이 승진되어 經筵參贊官을 겸하게 됨. 문장이 맑고 典雅하다는 평을 받았으며, 예안의 淸溪書院에 제향 됨.

● 作品內容

『松齋詩稿』은 조선 중기의 학자 李塤의 시문집.

● 版本構成

- 원집 권1 : 『松齋詩集』 권1로 저자가 강원도관찰사로 있을 때 관동 지방을 유람하면서 지은
  시가 실려 있고, 끝에 申用漑의 關東錄跋文이 신용개의 친필대로 판각되어 있음.
- 권2 : 『송재시집』. 그가 벼슬에서 물러나 있던 동안에 지은 「畏影堂」을 비롯한 120여 수의
  시들이 수록됨.
- 권3 : 『松齋詩集拾遺』로 20여 수의 시와, 중종반정 때 받은 공신의 칭호와 관작을 삭탈당하
  고 자신의 처지를 밝힌 自明疏를 수록하고 있음.
- 속집은 원집에 빠져 있는 家藏의 글을 모은 것으로, 그 첫머리에 원집에는 없었던 원집
  목록을 첨부함.
- 속집 권1 : 시·書.
- 권2 : 序·記·묘갈명 등이 실려 있음.
- 권3 : 부록으로 敎書, 종후손인 李彙載의 遺事, 『海東名臣錄』·『宣城邑誌』·『師友錄』 등에
  서 저자에 관한 기록을 뽑은 遺事撫錄, 저자와 시를 주고받은 사람들의 글을 모아 놓은
  贈次敍述을 싣고 있으며, 끝에 종후손인 李中麟의 識와, 속집을 간행한 후손 李元魯의 발
  문이 수록됨.

(101) 송파선생일고(松坡先生逸稿)

書名	出版事項	版式狀況	一般事項	所藏番號
松坡先生逸稿	朴全(1514~1558)著, 純祖9(1809)序.	不分卷1冊, 朝鮮木版本, 四周雙邊, 半郭: 19.8×14.7㎝, 有界, 半葉: 10行19字, 註單行, 白口, 上下內向二葉花紋魚尾, 31.5×19.4㎝, 線裝, 紙質: 楮紙.	表題: 松坡集, 版心題: 松坡逸稿, 序: 鄭宗魯(1809), 藏書記: 後彫堂	KS0432-1-04-00302

● 原典과 出刊

不分卷1冊의 조선목판본. 朴全의 산실되고 남은 시문을 8대손 朴周元이 모아 遺稿를 편차하
고, 9대손 朴龜一이 1809년에 鄭宗魯(1738~1816)에게 서문을 받아 목판으로 문집을 간행함.

• 著者紹介

朴全 : 본관은 務安, 경상북도 영덕군 寧海面에서 출
생함. 자는 勉夫, 호는 松坡. 1546년(명종 1) 增廣庭
試에 급제하여 2년 뒤에 성균관전적을 지내고 司憲府
監察이 되었음. 1551년 예조좌랑을 거쳐 北評事에 임
명되었으며, 그 뒤 1554년 호조좌랑, 1557년 호조정랑
등을 역임.

西厓 柳成龍의 아버지인 柳仲郢, 知製敎를 지낸 權
擘 등과 교유하였으며, 천성이 강직하고 절개가 곧아
불의에 굽히지 않았다고 함. 그와 그의 부인의 유덕을
추모하기 위하여 후손들이 세운 정자 夢花閣이 경북
奉化郡 봉화읍에 있음.

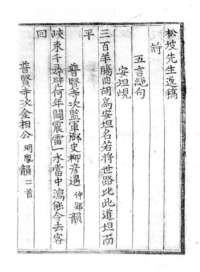

• 作品内容

『松坡先生逸稿』은 조선 중기 학자 朴全의 시문집.

• 版本構成

- 본집에는 시 96수, 銘 8편, 辭·說·策·행장·家狀 각 1편 등이 수록됨.

(102) 수암선생문집(修巖先生文集)

書名	出版事項	版式狀況	一般事項	所藏番號
修巖先生文集	柳袗(1582~1635)著, 安東, 屛山書院, 肅宗39(1713)刊.	4卷3冊, 朝鮮木版本, 四周雙邊, 半郭: 20,6×14.7㎝, 有界, 半葉: 10行20字, 註單行, 白口, 上下內向二葉花紋魚尾, 31.9×20.6㎝, 線裝, 紙質: 楮紙.	表題: 修巖集, 第3冊. 年譜, 刊記: 癸巳(1713)七月屛山書院重刊.	KS0432-1-04-00307
修巖先生遺墨	筆寫年 未詳.	不分卷1冊, 筆寫本, 無界, 半葉: 10行28字, 無魚尾, 24.4×15.4㎝, 線裝, 紙質: 楮紙.		KS0432-1-04-00308

• 原典과 出刊

4권 3책 조선목판본. 柳袗의 시문을 1734년 후손 柳緯河와 柳聖和가 편집하고 간행함.

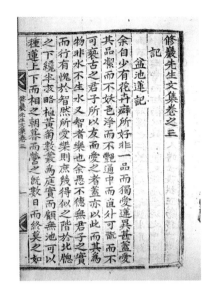

• 著者紹介

柳袗 : 본관은 豊山, 자는 季華, 호는 修巖. 아버지는 영의정 柳成龍. 임진왜란 뒤 아버지에게서 글을 배우고 1610년(광해군 2) 사마시에 합격함. 1612년 해서지방에서 金直哉의 誣獄이 일어났을 때에 무고를 당하여 5개월간 옥고를 치름. 1616년에 遺逸로 천거되어 世子翊衛司洗馬에 제수되었으나 사양하였다고 함. 1623년(인조 1) 인조반정 뒤 다시 학행으로 천거되어 봉화현감이 되었고, 수령으로 있으면서 田畝와 賦稅를 바로잡음. 이듬해 형조정랑이 되었는데, 오랫동안 해결하지 못한 冤獄을 해결하여 판서 李曙의 경탄을 샀다고 함. 1627년에 청도군수가 되었다가, 이듬해에 收布匠人에 대한 보고에 허위가 있다 하여 파직 당하였음. 1634년 지평으로 있을 때 장령 姜鶴年이 당시 서인정권의 정책을 크게 비판하여 심한 논란이 일어났는데, 이때 강학년을 두둔하여 대간들로부터 공격을 받음. 고관대작을 역임하지는 않았지만 世臣의 후예답게 깨끗하고 성실하게 생애를 보냈다고 함. 이조참판에 추증되었으며, 안동 屛山書院에 제향 됨.

• 作品內容

『修巖先生文集』은 조선 중기 학자 柳袗의 시문집. 권두에 趙德鄰의 서문이 있음.

• 版本構成

- 권1 : 시 38수, 疏 2편, 啓辭, 誌銘, 행장, 記, 잡저 6편, 書 20편.
- 권2 : 書 20편, 부록으로 행장·유사·挽章·제문·봉안문, 補遺로 시 2수, 제문 1편이 수록됨.

(103) 수은집(睡隱集)

書名	出版事項	版式狀況	一般事項	所藏番號
睡隱集	姜沆 (1567~1618)著, [朝鮮朝後期]刊.	2卷1冊(零本), 朝鮮木版本, 四周單邊, 半郭: 19.6×14.9㎝, 有界, 半葉: 10行17字, 註雙行, 白口, 上下向二葉花紋魚尾, 30.8×19.4㎝, 線裝, 紙質: 楮紙.	內容: 卷3-4	KS0432-1-04-00309

• **原典과 出刊**

2권 1책이 남아있는 조선목판본. 姜沆의 시문을 1658
년(효종 9) 尹舜擧 등 그의 문인들이 4권 4책의 목판
본으로 간행함. 원집 외에 「看羊錄」·부록·별집으로
구성됨.

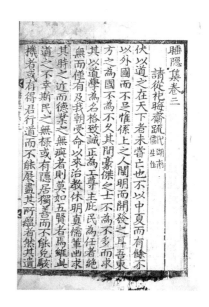

• **著者紹介**

姜沆 : 본관은 晉州. 자는 太初, 호는 睡隱. 영광 출
신. 좌찬성 姜希孟의 5대손으로, 할아버지는 姜五福,
아버지는 姜克儉, 어머니는 通德郎 金孝孫의 딸. 성
혼의 문인. 1593년 전주 별시문과에 병과로 급제, 교
서관정자가 되고 이듬해 가주서를 거쳐 1595년 교서
관박사, 1596년 공조좌랑과 이어 형조좌랑을 역임.
1597년 고향에 내려와 있던 중 정유재란이 일어나자 순찰사 종사관 金尙寯과 함께 격문을
돌려 의병 수백 인을 모았다고 함. 영광이 함락되자 포로가 되어 오쓰성[大津城]에 유폐되고
이곳에서 出石寺의 스님 요시히도[好仁]와 친교를 맺어, 그로부터 일본의 역사·지리·관제
등을 알아내어 『賊中見聞錄』에 수록, 본국으로 보내는 공을 세움. 1598년 오사카[大阪]를 거
쳐 교토[京都]의 후시미성[伏見城]으로 이송되어, 후지와라[藤原惺窩]·아카마쓰[赤松廣通] 등
과 학문적 교유를 하며 두 사람에게 많은 도움을 받아 1600년에 포로 생활에서 풀려나 가족
들과 함께 귀국함.
1602년 大邱敎授에 1608년 順天敎授 임명되었으나 스스로 죄인이라 여겨 향리에서 독서와
후학 양성에만 전념. 尹舜擧 등 많은 제자를 배출하기도 함. 일본 억류 중 사서오경의 和訓
本 간행에 참여해 몸소 발문을 썼고, 『曲禮全經』·『소학』·『近思錄』·『근사속록』·『근사별
록』·『通書』·『正蒙』 등 16종을 수록한 『姜沆彙抄』를 남김. 이늘은 일본의 內閣文庫에 소장
되어 있음. 그밖에 「文章達德錄」과 동양문고 소장본 『歷代名醫傳略』의 서문을 쓰기도 함.
1882년(고종 19)에 吏曹判書兩館大提學이 추증됨. 영광의 龍溪祠·內山書院에 제향되고, 일
본의 효고현[兵庫縣]에 있는 류노[龍野] 성주아카마쓰[赤松廣通]기념비에 이름이 새겨짐. 저
서로 『雲堤錄』·『綱鑑會要』·『左氏精華』·『看羊錄』·『文選纂註』·『수은집』 등.

● 作品內容

『睡隱集』은 조선 중기의 학자 姜沆의 시문집. 권두에 宋時烈의 서문이 있음.

● 版本構成

- 권1 : 대부분 율시와 절구.

- 권2 : 賦·啓·상량문·제문·銘으로 되어 있음.

- 권3 : 소·문·序·記·書·잡저로 구성.

- 권4 : 행장·묘지명·묘갈명 등으로 구성.

- 별책인 「간양록」은 賊中封疏·倭國八道六十六州圖·告俘人檄·諸承政院啓辭·涉亂事迹
  으로 구성. 이것은 저자가 일본 伏見城에 억류되어 있을 때 그 곳의 與地·官號·형세 등을
  몰래 적어 본국에 보낸 것과, 자신이 난을 겪은 내용 및 술회·증답의 시편들을 합친 것인데,
  임진왜란의 사료로 중요한 내용임. 별집 부록은 「詩賦詔表議說集」과 그의 행장·시·書·
  제문·만사·제묘문·사우상량문 등으로 구성.

(104) 시암선생문집(時庵先生文集)

書名	出版事項	版式狀況	一般事項	所藏番號
時庵先生文集	南皐(1807~1873)著, [1900年代]刊.	15卷8冊, 朝鮮木版本, 四周雙邊, 半郭: 20.5×16.1cm, 有界, 半葉: 10行20字, 註單行, 白口, 上下內向二葉花紋魚尾, 32×21cm, 線裝, 紙質: 楮紙.	表題: 時庵集, 跋: 通政大夫杆城郡守完山柳止鎬謹跋.	KS0432-1-04-00318

● 原典과 出刊

15권 8책의 조선목판본. 南皐의 시문을 간행. 저자 사후 아들 南孝述은 1891년경 문인이자
사위인 修齋 柳廷鎬(1837~1907)가 지은 遺事를 김흥락에게 보내어 행장을 받고, 家狀을 종
형 南寧窩 孝源(1819~1901)을 통해 李敦禹에게 보내어 묘갈명을, 1895년경에는 金道和에게
묘지명을 받아 유적을 정리함. 남효술은 1892년경 愚軒 金養鎭(1829~1901)에게 초고의 교감
을 위촉하였고, 1900년 저자의 문인 南啓煥(1828~ 1900) 등의 도움을 받아 목판으로 문집을
간행.

● 著者紹介

南皐 : 본관은 英陽, 初諱는 宅煥, 자는 仲元, 初字는 仲安, 호는 時庵, 初號는 遯庵, 당호는

老栢堂. 거창부사 만취헌 南老明의 6대손으로 아버지 南有魯와 어머니 대흥백씨의 차남으로 출생. 1840년 (순조 7)에 34세로 생원시에 급제한 후 고향으로 돌아와 1849년(헌종 15년) 영덕군 축산면 칠성리에 大遯 精舍를 지어 학문에 전념함. 성리학에 해박하였으며 韻文과 詩에 능하였다고 함. 退溪學의 再傳弟子로서 영해향리는 물론 안동 청송 경주 울진지방까지 대학자로 칭송이 자자하여 海防師表 時庵선생으로 불림. 저서로 『論語集註考證』·『孝經衍義』·『治平龜鑑』·『困勉錄』·『非國語辯』·『金蘭錄』·『追遠志』 외 30편 등이 있음.

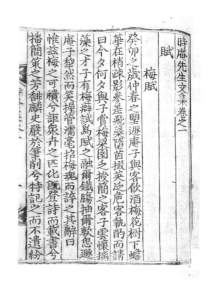

• 作品内容

『時庵先生文集』은 조선 후기 학자 南皐의 시문집.

• 版本構成

- 권1~3 : 후반부는 賦 1편, 詩 360題. 부는 매화에 대한 내용이고, 시는 詩體 구분 없이 저작 연대순으로 편차되어 있음. 권3의 후반부는 疏 1편이 수록됨.

- 권4~6 : 書 108편.

- 권7~9 : 雜著로 困勉錄.

- 권10~11 : 잡저 17편.

- 권12 : 序 12편, 記 7편, 跋 15편, 字辭 3편, 銘 6편, 贊 2편.

- 권13 : 上梁文 3편, 誄文 8편, 祝文 4편, 祭文 29편.

- 권14 : 墓碣誌銘 4편, 墓表 3편, 行狀 1편, 遺事 3편.

- 권15 : 附錄으로 金興洛이 쓴 행장, 李敦禹가 지은 묘갈명, 金道和가 지은 묘지명, 李在穆, 李庭德, 柳健欽 등이 지은 挽詞 7수 및 李鉉發, 朴宇永, 李孝淵, 白基東 등이 쓴 제문 10수가 수록되어 있음. 권말에는 柳止鎬의 跋이 있음.

(105) 식암선생문집(息庵先生文集)

書名	出版事項	版式狀況	一般事項	所藏番號
息庵先生文集	黃暹 (1544~1616)著, [朝鮮朝後期]刊.	5卷3冊, 朝鮮木版本, 四周雙邊, 半郭: 18.9×14.8㎝, 有界, 半葉: 10行20字, 註雙行, 白口, 上下內向二葉花紋魚尾, 30.3×19.7㎝, 線裝, 紙質: 楮紙.	表題: 息庵集, 序: 申景濬(1769), 附: 息庵先生年譜	KS0432-1-04-00322

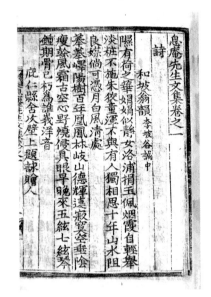

• 原典과 出刊

5권 3책의 조선목판본. 黃暹의 시문은 저자가 세상을 떠난 1616년에서 154년이 지난1769년에 간행됨.

• 著者紹介

黃暹 : 본관은 昌原. 자는 景明, 호는 息庵·遯庵. 서울 출생. 黃希聖의 증손으로, 할아버지는 찬성 黃士祐, 아버지는 同知敦寧府事 黃應奎, 어머니는 儀賓都事 李壽旅의 딸. 鄭琢의 문인. 1564년(명종 19) 성균관유생이 되고, 1570년(선조 3) 식년문과에 갑과로 급제, 한성부참군·해운판관·황해도사·호조좌랑 등을 거쳐 1577년 서천군수가 됨. 정언을 거쳐, 사간·집의·도승지 등을 역임하고 성주목사가 됨.

1592년 임진왜란 때에는 병조참지로서 大駕를 扈從하고, 平安道募運使에 선임되어 군량 수운에 공을 세움. 이듬해 호조참의로서 대가를 따라 해주에 이르러 募軍과 식량공급 등 당면 국방정책을 건의하였다고 함. 1594년 안동부사가 되고, 뒤에 다시 이조와 호조의 참의, 도승지 등을 역임. 호조·이조·예조의 참판을 거쳐, 대사헌·지제교 등을 지냄. 광해군 즉위 후에는 관직에서 물러나 한가로이 지내면서 후진교육에 여생을 보냈다고 함. 이조판서에 추증되고, 1714년 풍기 愚谷書院에 제향, 시호는 貞翼.

• 作品內容

『息庵先生文集』은 조선 중기 학자 黃暹의 시문집. 본집은 원집 5권, 연보 합 3책으로 구성. 권두에 1769년에 申景濬이 지은 序文, 目錄이 수록.

● 版本構成

- 권1~2 : 詩 374제.

- 권3~4 : 批答 1편, 疏 5편, 書 17편, 雜著 2편, 序 1편, 記 1편, 跋 2편, 銘 2편, 贊 1편, 箋文 1편, 冊文 1편, 祝文 2편, 祭文 16편, 行狀 1편이 수록.

- 권5 : 附錄으로, 李瀷이 지은 行狀, 아우 黃是가 지은 墓誌, 郭 등이 지은 祭文 2편, 愚谷書院에 봉안할 때 지은 봉안문과 상향축문, 李廷龜 등이 지은 만사 2편, 南泰著가 지은 神道碑銘. 마지막에 1708년에 愚谷書院에 봉안될 때까지를 기록한 年譜가 수록됨.

(106) 신암문집(愼庵文集)

書名	出版事項	版式狀況	一般事項	所藏番號
愼庵文集	李晚愨(1815~1874)著, [隆熙年間(1907~1910)]刊.	10卷5冊, 朝鮮木版本, 四周雙邊, 半郭: 20.9×16.2cm, 有界, 半葉: 10行20字, 註單行, 白口, 上下內向二葉花紋魚尾, 30.8×20.3cm, 線裝, 紙質: 楮紙.	表題: 愼庵集, 跋: 門人簇子中轍謹書.	KS0432-1-04-00323

● 原典과 出刊

10권 5책의 조선목판본. 李晚愨의 시문을 그가 세상을 떠난 지 30여 년 뒤에 찬술하였다는 기록이 남아있음. 간행시기는 정확하지 않지만 행장의 기록으로 보아 1904년 이후에 외종질 柳淵博과 족자 李中轍이 간행한 것으로 추정.

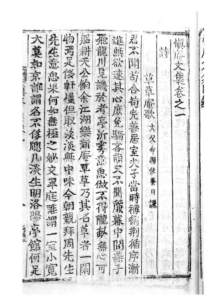

● 著者紹介

李晚愨 : 본관은 眞寶, 자는 謹休, 호는 愼庵·巖后. 아버지는 통덕랑 彙運, 어머니는 全州柳氏로 진사 晦文의 딸. 외숙 柳致明에게 글을 배움. 1865년(고종 2) 直指使 朴珪壽의 추천으로 繕工監假監役에 임명되었으나 나아가지 않았음.

일찍이 榮利의 뜻을 버리고 경전과 『朱書節要』를 깊

이 연구하면서 후진양성에 전력함. 당시의 석학 李敦禹·姜楗·尹最植 등과 교의를 맺음. 성리학에도 조예가 깊어 李滉·奇大升 간에 있었던 四七理氣論을 연구, 발전시켰다고 함. 또, 『退溪全書』 중에서 긴요한 宗旨만을 발췌하여 「溪書約選」을 편집하였고, 고증학에도 밝아 庸學疑目인 「巖后類記」를 남김.

• 作品内容

『愼庵文集』은 조선 중기 학자 李晩愨의 시문집. 권수에 총목록이 수록.

• 版本構成

- 권1 : 詩 155題.
- 권2~6 : 전반부는 書 223편.
- 권6 : 후반부는 雜著 1편.
- 권7 : 雜著 1편, 字說 2편, 序 4편, 記 12편.
- 권8 : 跋 5편, 上樑文 1편, 誄辭 5편, 祝文 3편, 祭文 16편.
- 권9 : 묘지명 12편, 묘갈명 9편, 묘표 5편, 행장 3편.
- 권10 : 부록으로 權璉夏, 姜晉奎, 金道和, 李銓, 姜 등이 지은 만사 5편.
  유치임, 李文稷, 권연하, 강건, 김헌락, 김흥락, 李晩運 등이 지은 제문 7편.
  李晩燾가 찬한 가장과 柳廷鎬가 찬한 행장이 있고, 권미에 저자의 族子 李中轍이 지은 跋이 수록됨.

(107) 신야선생문집(新野先生文集)

書名	出版事項	版式狀況	一般事項	所藏番號
新野先生文集	李仁行 (1758~1833)著, [朝鮮朝末期刊].	14卷7冊, 朝鮮木活字本, 四周雙邊, 半郭: 23.1×17.3cm, 有界, 半葉: 10行18字, 註雙行, 白口, 上下內向二葉花紋魚尾, 33.7×21.7cm, 線裝, 紙質: 楮紙.	表題: 新野文集, 行狀: 上之二年丙申(1836)···柳致明(1777~1861)謹狀.	KS0432-1-04-00324

• 原典과 出刊

14권 7책의 조선목활자본. 李仁行의 서문을 문집으로 간행. 서발문이 없어 명확한 간행 경위

를 알 수 없지만 부록에 실린 글 중에서 가장 후대의
것인 1836년 유치명의 행장이 씌어진 시기를 기준으
로 그 이후에 목활자로 간행된 것으로 추정.

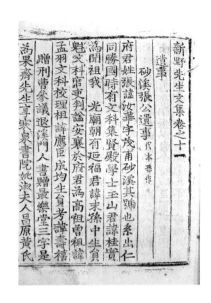

● **著者紹介**

李仁行 : 본관은 眞寶, 자는 公宅, 호는 晩聞齋·日省
·新野. 瀁의 후손으로, 아버지는 觀燮. 經史에 두루
통하여 正祖의 친명으로 성균관에 居齋하기도 함.
1790年(정조 14)에 應製對策으로 인하여 溫陵參奉에
발탁되었고, 벼슬이 世子翊衛司翊衛에 이름. 書筵에
도 입시하여 진강하였는데, 동료들로부터 眞講官이라
는 칭송을 들었다고 함. 만년까지 책을 놓지 않았는
데, 특히 『심경』·『근사록』을 아꼈다고 함.

● **作品內容**

『新野先生文集』은 조선 후기 학자 李仁行의 시문집. 본집은 권수에 간략한 총목록이 실려
있음.

● **版本構成**

- 권1~2 : 詩 142題. 시는 詩體에 관계없이 생원시에 합격한 1783년부터 1831년경까지 저작
  연대순으로 편차되어 수록.
- 권3 : 書筵講義와 書 24편.
- 권4 : 書 48편.
- 권5 : 雜著 8편, 序 11편.
- 권6 : 記 8편, 識跋 14편, 箋 3편, 銘 2편, 字詞 2편, 上樑文 4편, 哀辭 2편.
- 권7 : 祝文 18편, 祭文 23편.
- 권8 : 墓碣銘 12편, 墓誌銘 8편 - 주로 다른 사람의 부탁을 받고 그 집안의 선조에 관해 쓴
  것이 대부분.
- 권9~10 : 行狀 16편.
- 권11 : 遺事 3편.

- 권12~13 : 西遷錄 上·下와 疏廳錄.
- 권14 : 附錄으로 유치명이 1836년에 쓴 행장과 朴時源이 쓴 유사, 아들 李淵浩가 쓴 가장이 수록됨.

(108) 야성세고(冶城世稿)

書名	出版事項	版式狀況	一般事項	所藏番號
冶城世稿	宋鎭澤 編, [朝鮮朝末期]刊.	13卷6冊, 朝鮮木活字本, 四周雙邊, 半郭: 22.7×16.2㎝, 有界, 半葉: 10行20字, 註雙行, 內向二葉花紋魚尾, 32×21.5㎝, 線裝, 紙質: 楮紙.	跋: 鷹峯七世孫鎭天敬識, 刊記: 京山後裔孫泰仁敬跋.	

• 原典과 出刊

13권 6책의 조선목활자본. 冶爐[경남 합천] 宋氏 가문의 遺稿를 모아 간행함. 후손 宋祺善이 1896년(건양 1) 여러 종친들과 상의하여 문집 간행에 대한 동의를 얻은 뒤, 俛溪 宋希奎부터 南村 宋履錫에 이르는 9世 약 300년 간의 유고를 수습하고, 여기에 鼻祖 冶城君 宋吉昌의 墓碑와 訥齋 宋碩忠의 行狀을 첨부하여 1898년(광무 2)에 간행.

• 著者紹介

宋吉昌 : 생몰년 미상, 고려시대.
宋碩忠 : 1454~1524, 자 元老, 호 訥齋.
宋希奎 : 1494~1558, 자 天章, 호 俛溪散翁.
宋鉉 : 1517~1556, 자 台卿.
宋師瀷 : 1519~1592, 자 敬淑, 호 新淵.
宋惟敬 : 1536~1592, 자 仲直, 호 省庵.
宋遠器 : 1548~1615, 자 學懋, 호 啞軒.
宋光廷 : 1556~1607, 자 贊哉, 호 松磵.
宋光弘 : 1562~1618, 자 德華, 호 雙溪.
宋光啓 : 1566~1615, 자 君沃, 호 龍溪.
宋天祥 : 1573~1634, 자 天望, 호 隱湖.
宋賢老 : 1594~1637, 자 雲卿, 호 思溪.

宋時詠 : 1579~1626, 자 志興, 호 砂田.

宋時準 : 1588~1617, 자 尙志, 호 遯窩.

宋時綱 : 1607~1683, 자 紀甫, 호 存順齋.

宋世弼 : 1607~1684, 자 公彦, 호 丹邱.

宋世彬 : 1612~1677, 자 彬彬, 호 晩悔亭.

宋煜 : 1631~1701, 자 賁卿, 호 挹翠軒.

宋煇 : 1676~1732, 자 賁叔.

宋泰基 : 1685~1762, 자 汝亨.

宋命基 : 1680~1755, 자 定夫, 호 梅軒.

宋斗基 : 1703~1738, 자 樞瑞, 호 龍湖.

宋玄錫 : 1679~1764, 자 夏瑞.

宋履錫 : 1698~1782, 자 伯綏, 호 南村.

● **作品內容**

『冶城世稿』는 冶爐(경남 합천) 宋氏 가문의 遺稿를 모아 23人의 행적을 冶爐宋氏世稿로 엮음.

● **版本構成**

- 권1:『冶城君遺稿』·『訥翁先生遺稿』·『㗆溪先生逸集』·『正字公逸稿』·『新淵先生實紀』.
- 권2:『省庵逸稿』·『啞軒先生遺集』.
- 권3:『松磵遺集』·『雙溪逸稿』.
- 권4:『龍溪遺集』·『隱湖思溪兩世忠孝錄』.
- 권5:『砂田逸稿』·『遯窩逸稿』·『存順齋逸稿』.
- 권6:『丹邱遺稿』.
- 권7:『晩悔亭遺稿』·『挹翠軒逸稿』·『盆山公逸稿』.
- 권8:『司藝公逸稿』·『梅軒遺稿』·『龍湖逸稿』.
- 권9:『僉樞公逸稿』·『南村遺稿』 등.

(109) 약포선생속집(藥圃先生續集)

書名	出版事項	版式狀況	一般事項	所藏番號
藥圃先生續集	鄭琢 (1526~1605)著, [朝鮮朝末期刊.	4卷2冊, 朝鮮木版本, 四周雙邊, 半郭: 20.4×14.8 cm, 有界, 半葉: 10行20字, 註雙行, 白口, 上下內向 二葉花紋魚尾, 31×20.4cm, 線裝, 紙質: 楮紙.	後識: 鄭必奎 (1818), 藏書 記: 後彫堂	KS0432-1-04-00338

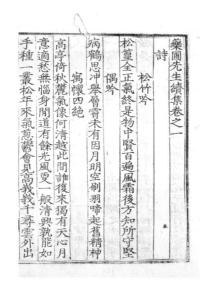

• 原典과 出刊

4권 2책의 조선목판본. 鄭琢의 시문을 1756년(영조 32)에 저자의 5대손 鄭玉이 수집하고 편차, 權正宅, 鄭崒과 함께 교정하여 1760년에 海州에서 목판으로 7권 4책을 간행. 그 후 후손 鄭光翊이 원집에서 누락된 유문을 수집하고 鄭必奎가 편차를 담당하여 續集의 발간을 준비하여 1818년 저자가 배향된 道正書院에서 목판으로 續集 4권 2책을 간행함.

현재 초간본은 규장각, 성암고서박물관 등에 소장되어 있고, 1760년 간행된 초간본과 1818년 간행된 속집의 합본이 규장각에 소장되어 있음. 후조당에는 속집 4권 2책이 소장되어 있음.

• 著者紹介

鄭琢: 본관은 淸州, 자는 子精, 호는 藥圃·栢谷. 현감 鄭元老의 증손, 할아버지는 생원 鄭僑, 아버지는 鄭以忠, 어머니는 韓從傑의 딸. 李滉과 曺植의 문인.

1552년(명종 7) 성균생원시를 거쳐 1558년 식년문과에 병과로 급제. 1565년 정언을 거쳐 예조정랑·헌납 등을 지냄. 1568년 춘추관기주관을 겸직하고, 『明宗實錄』편찬에 참여함. 1572년 (선조 5) 이조좌랑이 되고, 이어 도승지·대사성·강원도관찰사 등을 역임. 1581년 대사헌, 1582년 進賀使로 명나라에 갔다가, 그 뒤 예조·형조·이조의 판서를 역임. 1589년 謝恩使로 명나라에 다시 다녀옴. 1592년 임진왜란 때 왕을 의주까지 호종하고, 1594년에는 郭再祐·金德齡 등을 천거하여 전란 중에 공을 세우게 하여, 이듬해 우의정이 됨. 1599년 병으로 잠시 귀향했다가 이듬해 좌의정에 승진되고 판중추부사를 거쳐, 1603년 영중추부사에 오름. 이듬해 扈從功臣 3등에 녹훈되었으며, 西原府院君에 봉해짐. 예천의 道正書院에 제향. 시호는 貞簡.

• 作品内容

『藥圃先生續集』은 조선 중기 학자 鄭琢의 시문집.

• 版本構成

- 原集 권1 : 詩體의 구분 없이 연도순으로 詩 147편과 書 16편이 수록.
- 권1후반~권2 : 書. 「上退溪先生書」를 비롯해서 모두 42편으로 인물 위주로 편차됨.
- 권3 : 啓 8편, 獻議 6편, 祭文 9편, 記 4편, 序 2편, 跋 1편이 수록.
- 권4 : 墓誌銘 2편, 雜著 8편, 그리고 「避難行錄上」이 있음.
- 권6~7 : 龍灣見聞錄과 附錄. 鄭蘊, 趙顯命 등과 栢潭集, 涪溪記聞, 退溪門人錄 등에서 추록한 저자 관계 사실, 그리고 祭文과 挽詞, 저자 생전에 받은 贈行詩가 수록됨. 권말에 원집을 간행한 鄭玉의 跋이 있음.
- 續集 권1 : 詩體의 구분 없이 94題의 시가 수록.
- 권2 : 疏箚 5편, 啓 6편, 箋 3편.
- 권3 : 書 67편, 識 1편, 祭文 4편이 수록. 疏箚와 啓, 箋의 내용은 모두 辭職과 謝恩에 관한 것이고, 書는 전체의 반 이상이 趙穆에게 보낸 편지임.
- 권4 : 부록으로서 黃汝一이 지은 行狀, 鄭允穆이 쓴 家狀, 李象靖이 쓴 墓表後敍, 祭文, 挽詞와 贈詩 등이 수록됨. 권말에 속집 간행을 주관한 鄭必奎의 跋이 있음.

(110) 여헌선생문집(旅軒先生文集) 및 속집

書名	出版事項	版式狀況	一般事項	所藏番號
旅軒先生文集	張顯光 (1554~1637) 著, [朝鮮朝後期 刻後刷].	11卷6冊, 朝鮮木版本, 四周雙邊, 半郭: 22.5×17.4㎝, 有界, 半葉: 11行22字, 註雙行, 白口, 上下內向二葉花紋魚尾, 32.8×22.1㎝, 線裝, 紙質: 楮紙.	表題: 旅軒先生集	KS0432-1-04-00341
旅軒先生文集	上同	11卷6冊, 朝鮮木版本, 四周雙邊, 半郭: 22.3×17.5㎝, 有界, 半葉: 11行22字, 註雙行, 白口, 上下內向二葉花紋魚尾, 34.7×22.9㎝, 線裝, 紙質: 楮紙.		KS0432-1-04-00342
旅軒先生文集	上同	11卷5冊, 朝鮮木版本, 四周雙邊, 半郭: 21.9×17.4㎝, 有界, 半葉: 11行22字, 註雙行, 白口, 上下內向二葉花紋魚尾, 32.2×22.2㎝, 線裝, 紙質: 楮紙.		KS0432-1-04-00343

旅軒先生 續集	張顯光 (1554~1637)著, [朝鮮朝後期刊].	10卷5冊, 朝鮮木版本, 四周雙邊, 半郭: 19.8×15.9㎝, 有界, 半葉: 10行20字, 註單行, 白口, 上下內向二葉花紋魚尾, 30.3×20.3㎝, 線裝, 紙質: 楮紙.		KS0432-1-04-00345
旅軒先生 續集	張顯光 (1554~1637)著, [朝鮮朝後期刊].	8卷4冊, 朝鮮木版本, 四周雙邊, 半郭: 20×15.9㎝, 有界, 半葉: 10行20字, 註單行, 白口, 上下內向二葉花紋魚尾, 30.8×21.1㎝, 線裝, 紙質: 楮紙.	共5冊 中 第1冊 缺	KS0432-1-04-00346
旅軒先生 性理說	上同	5卷4冊(零本), 朝鮮木版本, 四周雙邊, 半郭: 22.6×17.7㎝, 有界, 半葉: 10行22字, 註雙行, 白口, 上下內向二·三葉花紋魚尾, 32.8×22.3㎝, 線裝, 紙質: 楮紙.	表題: 旅軒 先生集, 內 容: 卷4-8	KS0432-1-04-00344

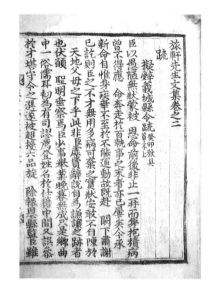

● 原典과 出刊

11권 6책과 10권 5책의 조선목판본. 張顯光의 시문을 저자 사후 아들 응일이 바로 수습하여, 1640년 10월 문인 金應祖가 인동 부사로 부임해 오자 그의 도움을 받아 바로 刊役에 들어가서 1642년에 간행을 완료. 性理說 8권 6책과 원집 11권 6책(또는 5책)의 목판본. 이후 重刊은 續集의 간행과 아울러 19세기 말경에 가서야 이루어진 것으로 추정.

● 著者紹介

張顯光 : 본관은 仁同. 자는 德晦, 호는 旅軒. 아버지는 贈吏曹判書 烈, 어머니는 京山李氏로 齊陵參奉 彭錫의 딸. 1567년(명종 22)부터 진사 張崎에게 학문을 배웠고, 1571년(선조 4) 「宇宙要括帖」을 지었음.

재능이 뛰어나 1576년 조정에 천거됨. 1591년 겨울 典獄署參奉에 임명되었으나 나가지 않았고, 1601년 經書校正廳郎廳에, 1602년 거창현감·經書諺解校正郎廳에 임명되었으나 나가지 않다가, 그 해 11월공조좌랑으로 부임하여 『주역』 교정에 참가했음. 형조좌랑에 옮겨졌으나 이듬해 2월에 돌아와 일생을 학문과 교육에 종사했고 정치에 뜻을 두지 않았다고 함.

● 作品內容

『旅軒先生文集』은 조선 중기 학자 張顯光의 시문집.

● 版本構成

- 原集 권1~3 : 詞, 賦, 詩, 疏.

- 권4~5 : 書. 권5는 문목에 답한 書를 따로 모아 놓음.

- 권6~8 : 雜著.

- 권8~10 : 序, 記, 跋, 論, 銘, 上樑文.

- 권11~13 : 축문, 제문, 비명, 묘갈, 묘지, 행장 – 오산서원 등의 축문, 정구, 成渾, 박성 등의 제문, 金宏弼의 신도비명, 河緯地, 張潛 등의 묘갈, 鄭瑠 등의 묘지, 정구, 박성의 행장 등.

- 續集 권1 : 詞, 賦, 詩. 시체별로 분류하였으며 원집과 마찬가지로 문천상의 시에 차운한 작품이 많고, 이 외에 차운시와 화운시, 만시와 증시가 원집에 비해 많이 실려 있음.

- 권2 : 疏, 書, 答問目.

- 권3 : 狀, 祝文, 祭文, 뇌문, 上樑文.

- 권4~8 : 雜著, 銘, 論, 記, 說, 謚文 등이 수록. 권8 뒷부분은 碑碣誌銘, 행장, 金淡의 신도비명, 李民宬의 묘지명 등과 曺好益의 행장, 李奎文의 행록.

- 권9~10 : 부록, 조임도의 「就正錄」, 신열도의 「拜門錄」, 張乃範 등의 「記聞錄」, 金慶長 등의 「景遠錄」 등 문인들의 기록과 正宗朝의 사제문, 申弘望 등이 지은 제문 등이 수록됨.

(111) 영가세고(永嘉世稿)

書名	出版事項	版式狀況	一般事項	所藏番號
永嘉世稿	權漢功 等 著, 權周郁 編, 高宗27(1890)序.	4卷2冊, 朝鮮木版本, 四周雙邊, 半郭: 18.6×15.7㎝, 有界, 半葉: 10行19字, 註雙行, 白口, 上下內向二葉花紋魚尾, 30.7×21㎝, 線裝, 紙質: 楮紙.	序: 歲白虎(庚寅, 1890)… 權璉夏(1813~1896)序, 跋: 上之二十七年庚寅(1890) …李在永謹跋.	KS0432-1-02-00099

● 原典과 出刊

4권 2책의 조선목판본. 1890년(고종 27)에 安東 權氏 후손 權周郁이 권한공의 『一齋先生逸稿』, 권한공의 아들 權仲和의 『東皐先生逸稿』, 권극립의 『東峰先生逸稿』와 권봉의 『省齋公逸稿』를 함께 엮어서, 『永嘉世稿』 4권 2책으로 간행함. 立巖精舍에서 간행. 卷首에 權璉夏의 序文(1890년 작)과 「永嘉世稿目錄」이 수록됨.

● 著者紹介

權漢功 : 1269~1349. 고려후기 문신. 본관은 安東. 호는 一齋. 僉議評理 權頔의 아들. 충렬왕 때 과거에 급제해 密直副使, 同知密直司事, 知密直司事·密直使, 첨의평리를 역임. 관직이 都僉議政丞에 이르렀고, 醴泉府院君에 봉해졌으며 일찍이 원나라의 명을 받아 太子左贊善이 됨. 시호는 文坦. 저서로 『一齋逸稿』.

權仲和 : 1322~1408. 權漢功의 아들. 고려 말 조선 초의 문신이자 의료인. 본관은 安東. 자는 容夫, 호는 東皐. 1353年(공민왕 2) 문과에 을과로 급제해 右左副代言을 거쳐 知申事로 銓選을 담당. 三司左使·문하찬성사 등을 역임. 1404年(태종 4) 우의정, 영의정부사가 된 뒤 벼슬을 그만두었는데, 평생 권력에 아부하지 않았다고 함. 의약에 정통해 『三和子鄕藥方』을 徐贊 등과 함께 『鄕藥簡易方』으로 편집. 『新編集成馬牛醫方』을 새로 편집하기도 하였음. 시호는 文節.

權克立 : 1558~1611. 權漢功의 7대손. 본관은 안동. 자는 强哉, 호는 東峯. 龜峯 周博의 문하에서 수학하여, 두터운 학문을 지니고 독실한 행실을 취하였다고 함. 말년에 旅軒 張顯光과 더불어 도의를 강마하며, 孫宇男·鄭四象·鄭四震과 더불어 여헌과 도의로 道契함. 저서로 『東峯遺稿』.

權對 : 1592~1672. 權克立의 아들. 조선 중기 성리학자. 본관은 안동, 호는 省齋. 旅軒 張顯光의 문인. 『旅軒集』 附錄 「景遠錄」에 權對이 스승 장현광의 일대기를 기록한 글이 수록됨. 장현광이 만년에 立巖으로 들어가 여생을 보낼 때, 권봉과 함께 하였다고 함. 저서로 『省齋公逸稿』.

● 作品內容

『永嘉世稿』는 安東 權氏 후손 權周郁이 權漢功(1269-1349)과 그 아들 權仲和(1322-1408), 權漢功의 7대손 權克立(1558-1611)과 그 아들 權對(1592-1672) 등 4인의 詩文과 遺蹟을 모아 편집한 책.

• 版本構成

- 권1 : 權漢功의 시문과 사적을 모은 『一齋先生逸稿』.
- 권2 : 權仲和의 시문을 모은 『東皐先生逸稿』.
- 권3 : 權克立의 『東峯先生逸稿』.
- 권4 : 權對의 『省齋公逸稿』가 수록.
- 권말에는 '立巖精舍開刊'이라는 刊記와 李在永의 발문(1890년 작)이 수록.

• 其他價値

安東 權氏의 家學 전통을 밝히고 安東 權門의 인물과 그 시대를 연구하는데 도움이 되는 자료임.

(112) 옥봉선생문집(玉峯先生文集)

書名	出版事項	版式狀況	一般事項	所藏番號
玉峯先生文集	權暐 (1552~1630)著, [朝鮮朝末期]刊.	4卷2冊, 朝鮮木版本, 四周雙邊, 半郭: 20.1×16.1cm, 有界, 半葉: 10行18字, 註單行, 白口, 上下內向二葉花紋魚尾, 31.5×20.8cm, 線裝, 紙質: 楮紙.	表題: 玉峯集, 序: 金坽, 跋: 柳致明 (1845)	KS0432-1-04-00356

• 原典과 出刊

4권 2책의 조선목판본. 權暐의 시문을 1847年(헌종 13) 자손들이 편집하고 간행함.

• 著者紹介

權暐 : 본관은 安東, 자는 叔晦, 호는 玉峯·玉山野翁. 부호군 權琨의 현손이며 성균생원 權士彬의 증손. 할아버지는 현감 權檥, 아버지는 생원 權審行, 어머니는 절충장군 康希哲의 딸, 처는 順興安氏 安霖의 딸. 趙穆, 金誠一, 金彦璣 문하에서 수학. 權宇, 金圻 등과 교유.

아버지인 권심행이 억울하게 변고를 당하여 벼슬길에 나아갈 생각을 하지 않다가 어머니를 위해 뒤늦게 과

거에 응시하여 50세인 1601년(선조 34) 문과에 급제. 나이가 많았으므로 바로 典籍에 임명되었다가 겨울에 공조좌랑에 제수됨. 이후 해미현감, 형조좌랑·호조좌랑·예조좌랑을 거쳐 1609년에는 輸城察訪에 임명되었으나 질병으로 사임함.

• 作品內容

『玉峯先生文集』은 조선 초기 학자 權暐의 시문집. 권말에 柳致明의 발문이 수록.

• 版本構成

- 권1~3 : 詩 147수, 疏 1편, 書 6편, 잡저 5편, 축문 1편, 제문 14편, 행장 1편, 碑碣 2편, 묘지명 2편.
- 권4 : 부록으로 만사 14수, 贈遺 15수, 묘갈명 2편, 묘지명·행장·行錄 각 1편, 봉안문 3편, 축문·고유문·상량문 각 1편 등이 수록.

(113) 옥천선생문집(玉川先生文集)

書名	出版事項	版式狀況	一般事項	所藏番號
玉川先生文集	趙德鄰 (1658~1737)著, [朝鮮朝後期刊.	18卷9冊, 朝鮮木版本, 四周雙邊, 半郭: 19×15.5㎝, 有界, 半葉: 10行20字, 註單行, 白口, 上下內向二葉花紋魚尾, 31.1×20.6㎝, 線裝, 紙質: 楮紙.		KS0432-1-04-00357

• 原典과 出刊

18권 9책의 조선목판본. 趙德鄰의 시문을 손자 運道·術道가 수집하고 편차해둠. 그 후 6대손 秉禧 등이 權璉夏 등의 교정을 받아 1898년(고종 35)에 간행. 서문과 발문이 없음.

• 著者紹介

趙德鄰 : 본관은 漢陽, 자는 宅仁, 호는 玉川. 아버지는 忠義衛 頵. 1678년(숙종 4) 사마시에 합격하여 진사가 된 뒤 1691년 증광문과에 병과로 급제, 설서·교리·사간 등을 역임. 당쟁의 소용돌이에서 몇 번의 유배를 거쳐 1727년 정미환국으로 소론이 집권하게 되자 유배에서 풀려남.

1728년 3월 李麟佐의 난이 일어나자 嶺南號召使에 격문을 돌리고 의용병을 규합하여 대구 사마방목에 내려갔으나 난이 평정되자 罷兵하였음. 이 공로로 동부승지에 임용되고 經筵에

참석하였으나, 얼마 뒤 병으로 사직하고 학문에 몰두
함. 1736년 서원의 남설을 반대하는 소를 올리자,
1725년의 소와 연관되어 노론의 탄핵을 받고 제주로
유배 가던 중 강진에서 숨을 거둠.

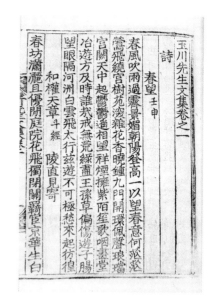

- 作品內容

『玉川先生文集』은 조선 후기 학자 趙德鄰의 시문집.

- 版本構成

- 권1~2 : 詩 200여 수.

- 권3~4 : 疏・箋文・狀.

- 권5~6 : 書 100여 편.

- 권7~8 : 잡저・序・記跋・銘.

- 권9 : 상량문・축문・제문・哀辭.

- 권10 : 碑・墓碣銘.

- 권11~14 : 묘갈명・묘표・묘지명.

- 권15~17 : 行狀.

- 권18 : 부록으로 李象靖이 쓴 저자의 행장, 蔡濟恭의 墓碣銘幷序, 金良鉉의 제문, 柳聖和의
만사 등이 수록됨.

(114) 옥천련방고(玉泉聯芳稿)

書名	出版事項	版式狀況	一般事項	所藏番號
玉泉聯芳稿	姜鍾仁 編, [高宗32(1895)] 刊.	3卷3冊, 朝鮮木版本, 四周雙邊, 半郭: 20.4×15.1㎝, 有界, 半葉: 10行20字, 註雙行, 白口, 上下內向二葉花紋魚尾, 30.6×20㎝, 線裝, 紙質: 楮紙.	序: 姜泰重(1847), 跋: 權璉夏・柳止鎬・金道和・李中鏡(1895)・柳喬榮	KS0432-1-04-00358

- 原典과 出刊

3권 3책의 조선목판본. 姜周祐와 그의 아우 姜周祐의 시문집을 1908년 후손 健秀・永浩 등
이 편집하고 간행함.

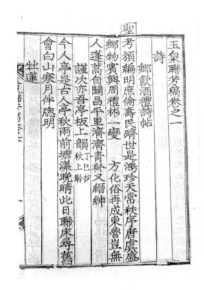

• 著者紹介

姜周祜 : 1754~1821. 본관은 晉州, 자는 受天, 호는 玉泉. 아버지는 副護軍 晩輔, 어머니는 경주김씨로 禹鼎의 딸. 姜始煥과 姜瀚의 문하에서 수학함. 1783년 (정조 7) 생원시에 합격. 어려서부터 효성이 지극하였으며, 젊었을 때 전국의 명산을 두루 구경하고 「遊金剛山錄」·「遊太白山錄」·「遊俗離山錄」 등의 많은 기행문을 씀.

중년에는 書塾을 열어 후진양성에 전념하면서 『心經』·『近思錄』에 대하여 깊이 연구함. 心性說과 理氣說 등의 논설과 「鬼神辨」에 대한 변론까지도 잡저로 남겨놓음. 제자로는 姜健秀·姜永浩·張相煥 등.

姜周祐 : 본관은 晉州, 호 四益齋. 옥산 기슭에 사당을 짓고 많은 후학을 양성함.

• 作品內容

『玉泉聯芳稿』는 조선 후기의 학자 姜周祜와 그의 아우 姜周祐의 시문집. 권두에 姜泰重의 서문과 권말에 柳喬榮의 발문이 수록.

• 版本構成

- 권1 : 시 52수, 書 73편.
- 권2 : 잡저 12편.
- 권3 : 序 4편, 記 3편, 跋 3편, 贊 1편, 제문 20편, 묘지 2편, 부록과 續錄 등이 수록되어 있음. 書는 스승 姜瀚과 姜始煥에게 경전에 대하여 질의, 문답한 것이 대다수. 「遊金剛山錄」·「遊太白山錄」·「遊俗離山錄」·「南遊錄」 등은 저자가 전국의 유명한 산천과 고적·유물들을 직접 보고 기록한 기행문.

(115) 온계선생일고(溫溪先生逸稿)

書名	出版事項	版式狀況	一般事項	所藏番號
溫溪先生逸稿	李瀣(1496~1550)著, 英祖48(1772)序.	4卷3冊, 朝鮮木版本, 四周雙邊, 半郭: 20×14.6㎝, 有界, 半葉: 10行18字, 註雙行, 白口, 上下內向二葉花紋魚尾, 30.7×19.3㎝, 線裝, 紙質: 楮紙.	表題: 溫溪逸稿, 序: 李象靖(1772), 跋: 李世澤(1771), 年譜後識: 李級, 附: 遺墨, 第3冊: 世系圖·年譜	KS0432-1-04-00360
溫溪先生逸稿	上同	4卷3冊, 朝鮮木版本, 四周雙邊, 半郭: 19.6×14.6㎝, 有界, 半葉: 10行18字, 註雙行, 白口, 上下內向二葉花紋魚尾, 31.0×20.2㎝, 線裝, 紙質: 楮紙.	表題: 溫溪集, 序: 李象靖(1772), 跋: 李世澤(1771), 年譜後識: 李級, 第1冊: 世系圖·年譜, 年譜後識: 李級, 附: 遺墨	KS0432-1-04-00361
溫溪先生逸稿	上同	4卷3冊(零本), 朝鮮木版本, 四周雙邊, 半郭: 19.6×14.6㎝, 有界, 半葉: 10行18字, 註雙行, 白口, 上下內向二葉花紋魚尾, 31×20.2㎝, 線裝, 紙質: 楮紙.	表題: 溫溪先生文集, 序: 李象靖(1772), 跋: 李世澤(1771), 附: 遺墨, 共3冊 中 第3冊(年譜) 缺	KS0432-1-04-00362

• 原典과 出刊

4권 3책의 조선목판본. 李瀣의 시문을 1772년(영조 48) 후손이 편집하고 간행함.

• 著者紹介

李瀣 : 본관은 眞寶, 자는 景明, 호는 溫溪. 선산 禎의 증손으로, 할아버지는 진사 繼陽이고, 아버지는 식진사 埴이며, 어머니는 司正 朴緇의 딸. 李滉의 형. 어려서 작은아버지 堣에게 글을 배워 1525년(중종 20)에 진사가 되었고, 1528년 식년문과에 병과로 급제. 1533년에 사산·정언 등을 거쳐 1541년 직제학에 올랐으며, 慶尙道賑恤敬差官·좌승지·도승지 등을 거쳐 첨지중추부사·대사헌·대사간·예조참판을 역임. 1545년(명종 즉위년) 강원도관찰사, 1547년에 황해도관찰사, 1549년에 청홍도관찰사를 거쳐 1550년에는 한성부우윤이 되었음.

명종이 즉위하면서 李無彊의 탄핵을 받아 무고사건에 연좌된 具壽聃의 일파로 몰리게 되어 갑산으로 귀양가는 도중에 양주에서 병사함. 隷書에 뛰어났으며 선조 때 벼슬이 환급됨. 이조판서에 추증되었으며, 영주의 三峰書院, 예안의 淸溪書院에 제향됨. 시호는 貞愍.

● 作品內容

『溫溪先生逸稿』는 조선 중기 학자 李瀣의 시문집. 권두에 李象靖의 서문이, 권말에 7세손 李世澤의 발문, 7세손 李級의 識가 수록됨. 원집 4권과 연보를 합쳐 모두 3책.

● 版本構成

- 권1 : 詩 101수.

- 권2 : 拾遺 賦 3편, 시 8수, 유묵.

- 권3~4 : 부록으로 묘지·朝天別章·貞夫人墓誌·행장·遺事撫錄·三峯書院奉安文·淸溪書院奉安文·請諡疏·신도비명, 권외에 연보·세계도 등이 수록.

(116) 요산당선생문집(樂山堂先生文集)

書名	出版事項	版式狀況	一般事項	所藏番號
樂山堂先生文集	李翼龍(1732~1784)著, 隆熙3(1909)刊.	4卷2冊(卷1~2, 5~6), 朝鮮木版本, 四周單邊, 半郭: 20.4×16.7㎝, 有界, 半葉: 10行18字, 註雙行, 內向二葉花紋魚尾, 30.4×20.5㎝, 線裝, 紙質: 楮紙.	表題: 樂山堂集, 序: 己酉(1909) … 柳道獻(1835~1909)謹序, 跋: 己酉(1909)李中稷謹跋.	

● 原典과 出刊

6권 3책의 조선목판본. 李翼龍의 시문을 1909년 증손 李岱鉉이 간행함.

● 著者紹介

李翼龍 : 본관은 永川, 자는 而五, 호는 樂山堂·野翁. 고조할아버지는 石屛 李休運, 寒岡 鄭逑의 문인으로 유일로 천거되어 성균관 사예를 역임. 아버지는 龜巖處士 李載春, 어머니는 徐淑의 딸 達城徐氏. 이재춘과 달성 서씨 사이에 아들이 없어서 龜溪處士 李恆春과 徐渲의 딸 달성 서씨 사이에서 낳은 李翼龍을 양자로 들이게 됨.

이익용은 5세에 할아버지에게 학문을 배우고, 7세에는 아버지에게서 『小學』을 배움. 大山 李象靖의 문하에서 經學과 儀禮를 수학함. 1754년(영조 30) 향시를 보았으나, 벼슬에 뜻을 접고 오로지 후학에게 강습하고 학문을 연구하는 데에 전력함. 아버지가 거처했던 小堂에서 독서하며, '樂山堂'이라 편액하고 학자들과 교유함. 고조할아버지와 증조할아버지, 할아버지를 제향하는 三孝堂을 공의로써 건립. 만년에는 집을 증축하여 '野翁家塾'이라 편액하고, 서가에 2,400여 권의 책을 쌓아 놓고 또 본가에 별도로 1,300여 권을 소장하고 독서하며 후진 양성을 위해 힘을 쏟음.

● 作品內容

『樂山堂先生文集』은 조선 후기의 학자 李翼龍의 시문집. 권두에 柳道獻·李中轍의 서문, 권말에 李冕宙·李中稷과 종후손 昺淵의 발문이 수록.

● 版本構成

- 권1 : 詩 78수.
- 권2 : 書 9편.
- 권3 : 잡저 9편, 序 5편, 跋 1편.
- 권4~5 : 銘 7편, 贊 11편, 축문·제문 3편, 묘표 8편, 記事 6편.
- 권6 : 부록으로 薦目·사시회의록·실기·유사 등 13편이 수록됨.

(117) 우간문집(雨澗文集)

書名	出版事項	版式狀況	一般事項	所藏番號
雨澗文集	金虎運(1768~1811)著, 高宗9(1872)序.	6卷3冊, 朝鮮木版本, 四周雙邊, 半郭: 19.4×15.7㎝, 有界, 半葉: 10行18字, 註單行, 白口, 上下內向二葉花紋魚尾, 32.5×21.1㎝, 線裝, 紙質: 楮紙.	表題: 雨澗集, 序: 上之九年壬申(1872)李敦禹(1807~1884)謹序.	KS0432-1-04-00371

● 原典과 出刊

6권 3책의 조선목판본. 金虎運의 시문을 1872년(고종 9) 손자 鎭麟·鎭麒 등이 편집하고 간행함.

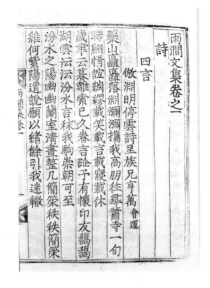

• 著者紹介

金虎運 : 본관은 의성, 초명은 迪運, 자는 耀吉, 호는 雨澗. 아버지는 金始弘, 어머니는 高靈申氏로 통덕랑 申思柱의 딸. 안동에 세거해 온 김호운의 집안은 文學行懿로 명성이 자자하였다고 함. 예안 분포리에서 태어났으며, 삼산재 柳長源과 雨皐 金道行 등에게 학문을 배움. 1804년(순조 4) 생원시에 합격하였고, 1809년(순조 9) 문과에 급제하여 승문원정자에 보임되었으나 벼슬길에 나아가지 않고 학문에 전념하여 經學과 禮說에도 정통하였다고 함.

• 作品内容

『雨澗文集』은 조선 후기의 학자 金虎運의 시문집. 권두에 李敦禹가 쓴 서문이 수록.

• 版本構成

- 권1 : 詩 44수.
- 권2 : 書 2편.
- 권3 : 서 16편, 箋 9편, 銘 2편, 序 2편, 記 3편, 識 4편, 辨 4편.
- 권4 : 잡저 11편.
- 권5 : 애사 5편, 제문 10편, 유사 1편.
- 권6 : 부록으로 만사 · 誄文 · 제문 · 행장 · 묘갈명 · 묘지명 등이 수록.

(118) 우계선생문집(迂溪先生文集)

書名	出版事項	版式狀況	一般事項	所藏番號
迂溪先生文集	朴潭(1655~1694)著, 高宗27(1890)跋.	2卷1冊, 朝鮮木版本, 四周雙邊, 半郭: 19.5×16㎝, 有界, 半葉: 10行19字, 註單行, 白口, 上下內向二葉花紋魚尾, 31.5×21㎝, 線裝, 紙質: 楮紙.	表題: 迂溪集, 序: 柔兆困敦(丙子, 1876)小雪節…韓山李敦禹(1807~1884)謹序, 跋: 上章攝提格(庚寅, 1890)仲春下澣通政大夫前行敦寧府都正安陵李秀榮謹識.	KS0432-1-04-00372

● 原典과 出刊

　2권 1책의 조선목판본. 朴潭의 시문을 1890년(고종 27) 후손 亨燦·宇永 등이 편집하고 간행함.

● 著者紹介

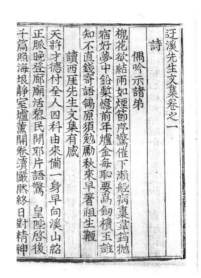

　朴潭 : 본관은 務安, 자는 靜而, 호는 迂溪. 부친은 大司憲을 지낸 朴文約이고, 모친은 持平 申弘望의 딸 鵝洲申氏. 李徽逸·李玄逸의 문하에서 수학. 어려서부터 병약하여 집밖에 나가지 않고 독서에만 전념하여, 經史子集부터 稗官小說에 이르기까지 읽지 않은 책이 없어 다방면으로 박식하였다고 함. 스승 이휘일이 『洪範衍義』를 완성하지 못하자, 이현일과 함께 완성함.

● 作品內容

　『迂溪先生文集』은 조선 후기의 학자인 朴潭의 시문집. 권두에 李敦禹의 서문과 권말에 李秀榮의 발문이 수록.

● 版本構成

- 권1 : 시 28수, 挽 14수, 書 12편, 축문 3편, 제문 2편.
- 권2 : 부록으로 행장·묘지명·묘길명 각 1편, 만사 39수, 제문 1편 등이 수록. 詩 중 「讀西厓文集有感」 2수는 柳成龍의 문집을 읽고 그 감회를 읊은 것으로, 그의 학덕과 공적을 찬양한 것임. 書에는 李玄逸·李栽에게 보낸 것이 있음.

(119) 우재선생문집(愚齋先生文集)

書名	出版事項	版式狀況	一般事項	所藏番號
愚齋先生文集	孫仲暾(1463~1529)著, 孫澕翼 編, 觀稼亭, 1935刊.	4卷2冊, 朝鮮木版本, 四周雙邊, 半郭: 19.7× 15.4㎝, 有界, 半葉: 10行18字, 註單行, 白口, 上下內向二葉花紋魚尾, 29.4×20㎝, 線裝, 紙質: 楮紙.	表題: 愚齋集, 跋: 十五世孫厚翼謹識, 刊記: 乙亥(1935)觀稼亭藏板.	KS0432-1-04-00375

● 原典과 出刊

4권 2책의 조선목판본. 孫仲暾의 시문을 15대손 晧翼과 厚翼이 편집하여 1900년에 간행하였음.

● 著者紹介

孫仲暾 : 본관은 慶州, 자는 大發, 호는 愚齋. 손중돈은 鷄川君 昭의 아들로, 金宗直의 문인. 1489년(성종 20) 식년문과에 병과로 급제, 한림원에 배속되었음. 호조정랑·장령·사복시정 등 여러 淸職을 역임하였으나 1504年(연산군 10)년 金海都護府使로 있을 때 간관들이 거의 다 쫓겨나는 정치적 혼란 속에 파직 당함.

1506년 중종반정 후 상주목사로 기용되었고 선정을 베풀어 표리를 하사 받는 한편 忠佐衛副護軍·右承旨, 左承旨 등으로 승진함. 1513年(중종 8) 대사간이 되었고 이어 도승지, 尙瑞院正, 漢城府右尹, 경상도관찰사 등을 역임한 후 1517년 공조참판으로 聖節使가 되어 명나라에 다녀와 여러 지역의 관찰사를 지냄. 世子右副賓客·형조참판·대사헌·공조판서·이조판서·한성부판윤·우참찬 등을 역임. 중종 때 청백리에 녹선되었으며, 경주의 東江書院과 尙州의 涑水書院에 제향됨, 시호는 景節.

● 作品内容

『愚齋先生文集』은 조선 중기의 문신이자 학자인 孫仲暾의 시문집. 권말에 厚翼의 발문이 수록.

● 版本構成

- 권1 : 시 1수, 書 1편, 疏 6편, 계 46편.
- 권2 : 장 6편, 箚子 2편, 經筵議 26편, 일기 1편.
- 권3 : 立朝編年 상하 2편이 수록.

(120) 우헌유고(愚軒遺稿)

書名	出版事項	版式狀況	一般事項	所藏番號
愚軒遺稿	權灝(1634~1695)著, 權永浩 編, 高宗13(1876)序.	2卷1冊, 朝鮮木活字本, 四周單邊, 半郭: 19.2×16㎝, 有界, 半葉: 10行18字, 註單行, 白口, 上下內向二葉花紋魚尾, 30.6×20.5㎝, 線裝, 紙質: 楮紙.	表題: 愚軒集, 序: 李敦禹(1876), 行狀(權靖夏 撰) 墓誌銘(權璉夏 撰), 墓碣銘(金興洛 撰)	KS0432-1-04-00379

● 原典과 出刊

　2권 1책의 조선목활자본. 權灝의 시문을 1876년(고종 13) 후손 永浩 등이 편집하고 간행함.

● 著者紹介

　權灝 : 1634~1695. 본관은 安東, 자는 聖源, 호는 愚軒. 아버지는 處善, 어머니는 全義李氏. 敬堂 張興孝의 문인인 樊谷 權昌業과 진사 李再煜 등에게 수학하여 향시에는 세 차례나 합격했으나 끝내 會試에는 합격하지 못함. 벼슬에 오르지 못했으나 한 평생 글을 보는 데 게을리 하지 않았다고 함.

● 作品內容

　『愚軒遺稿』는 조선 후기 학자 權灝의 시문집. 권두에 李敦雨의 서문이 수록.

● 版本構成

- 권1 : 시 52수, 제문 14편, 축문 4편, 잡저 5편.
- 권2 : 부록으로 만사 30수, 제문 3편, 행장·묘지명·묘갈명 각 1편이 수록. 詩는 대부분 서정시이며,「題日錄」·「無題」·「述懷」 등. 雜著의「書冊錄序」에는 서책의 보존방법이 자세하게 설명되어 있음. 만사·제문은 權昌業·李揚遠·李垸 등 당시 인물들의 행적을 살피는 데 참고자료가 됨. 이 밖에「太師廟贍錄跋」은 태사묘에 대하여 소상히 기록한 것.

(121) 운암선생일고(雲巖先生逸稿)

書名	出版事項	版式狀況	一般事項	所藏番號
雲巖先生逸稿	金緣(1487~1544)著, 正祖7(1783)刊.	2卷1冊, 朝鮮木版本, 四周雙邊, 半郭: 18.8×15.2㎝, 有界, 半葉: 10行19字, 註單行, 白口, 上下內向二葉花紋魚尾, 30.5×19.6㎝, 線裝, 紙質: 楮紙.	貴重本(文集遺稿類), 表題: 雲巖先祖逸稿, 版心題: 雲巖逸稿, 序: 蔡濟恭(1783), 跋: 丁範祖(1783)	KS0432-1-04-00382
雲巖先生逸稿	金緣(1487~1544)著	2卷1冊, 朝鮮木版本, 四周雙邊, 半郭: 18.6×15.2㎝, 有界, 半葉: 10行19字, 註單行, 白口, 上下內向二葉花紋魚尾, 31.3×20㎝, 線裝, 紙質: 楮紙.	序: 蔡濟恭(1783), 跋: 丁範祖(1783), 表紙落	KS0432-1-04-00383

• 原典과 出刊

2권 1책의 조선목판본. 오랫동안 家藏되던 金緣의 시문을 8세손 金瑩이 蔡濟恭에게 서문을 받고, 丁範祖에게 발문을 받아, 연보와 관계기록을 수집하고 편차하여 1783년 목판본으로 간행함.

• 著者紹介

金緣: 본관은 光山, 자는 子迪·子裕, 호는 雲巖. 할아버지는 金淮, 아버지는 광산김씨 예안파 입향조인 聾叟 金孝盧(1454~1534), 어머니는 陽城李氏로 李持의 딸. 金緣은 1510年(중종 5) 생원시와 진사시 양과에 급제하고, 1519年(중종 14) 식년문과에 을과로 급제하여 승문원부정자, 성균관전적을 거쳐 1524년(중종 19) 사간원정언이 됨.

당시 權臣이었던 金安老의 비행을 논박하여 파직되게 하고, 자신은 노부모 봉양을 구실로 歸養을 요청함. 그 뒤 사헌부지평에 올랐으나, 김안로 일파인 沈彦光·蔡無擇 등이 김안로를 복직시키려 하자, 李彦迪과 함께 이를 끝까지 반대하기도 함. 1531년(중종 26) 김안로가 다시 실권을 잡아 鏡城通判으로 좌천되었으나, 1537년(중종 32) 김안로가 주살되고, 그 일파가 축출되면서 사간원사간으로 다시 발탁되었음. 1542년(중종 37) 승정원동부승지 및 승정원우부승지를 역임하면서 국왕의 측근에서 農政에 특별한 관심을 보이기도 함. 강원도관찰사에 제수되어 가뭄이 심해 폐단이 많았던 영동 지방에 대한 구황사업에 힘써 도내의 백성들이 모두 김연의 치적에 감복하였다고 함. 1544년(중종 39) 경주부윤에 임명되었으나 임지에서 숨을 거둠.

• 作品内容

『雲巖先生逸稿』는 조선 중기 학자 金緣의 시문집. 본집은 연보 원집 2권 합1책으로 되어있음. 권수에 1783년 蔡濟恭이 지은 서문과 연보, 목록이 있고, 권말에는 丁範祖가 지은 발문이 수록.

• 版本構成

- 권1 : 詩 7편, 賦 1편, 對策 1편, 論 1편, 記 1편, 疏 1편, 箋 1편. 詩에는 聾巖 李賢輔와 관련된 시 3수가 포함되어 있음. 賦인 「盤圓則水圓」은 전국시대 荀況이 지은 '盤圓則水圓'을 소재로 中宗에게 정사를 바르게 할 것을 권하는 내용. 對策은 나라를 다스리는 요체에 대한 것으로, '禮讓'을 가장 중요한 것으로 보고 이에 힘쓸 것을 주장한 것. 論인 「韓歆父子自殺論」은 漢 光武帝에게 간언하다 받아들여지지 않자 韓歆부자가 함께 자살한 것은 '忠'이라는 측면에서도 '孝'라는 측면에서도 잘못되었다는 주장을 편 것. 記는 興慶宮 안에 '花萼相輝樓'를 세운 것을 칭송하는 내용. 疏는 성균관 유생들을 대신하여 지은 것으로, 1519년에 賜死된 趙光祖의 伸冤을 요청하는 내용.

- 권2 : 부록으로 行狀 1편, 神道碑銘 1편, 墓誌銘 1편, 家狀 1편, 賜祭文 1편, 祭文 2편, 輓詞 2편, 別章이 수록. 行狀은 1783년에 丁範祖가 지은 것. 神道碑銘은 같은 해에 蔡濟恭이 지은 것. 墓誌銘은 외손 朴惺이 지었고, 家狀은 아들 金富儀가 지었음. 祭文은 李彦迪, 張應旌이 지었고, 그 외 李彦迪과 周世鵬이 지은 輓詞가 있음. 別章에는 李耔, 宋麟壽, 李滉, 成守琛, 丁應斗, 成世昌 등이 저자에게 지어준 송별시 14수가 수록됨.

(122) 운천선생문집(雲川先生文集)

書名	出版事項	版式狀況	般事項	所藏番號
雲川先生文集	金涌 (1557~1620)著, 光武2(1898)刊.	5卷4冊, 朝鮮木版本, 四周雙邊, 半郭: 20.5×15.2cm, 有界, 半葉: 10行19字, 註雙行, 白口, 上下內向二葉花紋魚尾, 31.5×20.8cm, 線裝, 紙質: 楮紙.	表題: 雲川集, 序: 權愈(1883), 挿圖(世系圖·年譜), 附: 遺墨	KS0432-1-04-00385

• 原典과 出刊

5권 4책의 조선목판본. 金涌의 시문을 1694年(숙종 20)김용의 현손 金昌錫 등이 편집하고

간행함. 1881년(고종 18) 판본이 소실되자 1898년에 중간함.

• 著者紹介

金涌 : 본관은 義城, 자는 道源, 호는 雲川. 金禮範의 증손으로, 할아버지는 생원 金璡, 아버지는 찰방 金守一, 어머니는 司果 趙孝芬의 딸. 金誠一의 조카. 1590년(선조 23) 증광 문과에 병과로 급제. 承文院權知正字를 거쳐 예문관검열로 옮겼다가 천연두가 발병해 사직함. 1592年(선조 25) 임진왜란이 일어나자 향리인 안동에서 의병을 일으켜 安東守城將에 추대되었고, 이듬해 예문관의 검열·奉教, 성균관의 典籍 등을 역임함. 이어 正言·獻納·副修撰·持平 등을 거쳐 이조정랑에 오름. 濟用監正·世子弼善·執義 등 중앙 관직에 머물다가 예천군수·상주목사·홍주목사 등의 지방 관직을 지냄. 1609년 奉常寺正으로 춘추관편수관을 겸해『宣祖實錄』의 편찬에 참여했으며, 그 공으로 통정대부에 올라 병조참의를 지냈으며, 1616년 60세의 나이로 여주목사를 지냄. 조정의 당쟁, 맏아들의 죽음으로 향리로 돌아왔으나 4년 뒤에 생을 마감함. 안동 臨湖書院·黙溪書院 등에 제향됨. 저서로는『雲川集』 외에도『雲川扈從日記』(보물 제484호) 등이 있음.

• 作品內容

『雲川先生文集』은 조선 중기의 문신·학자 金涌의 시문집.

• 版本構成

- 권1~2 : 시 396수, 부 2편.
- 권3 : 소 1편, 書 5편, 잡저 1편, 序 2편, 교서 1편, 箋 2편, 상량문 2편.
- 권4~5 : 제문 28편, 묘갈명 2편, 묘지명 3편, 언행록 1편.
- 부록 2권 : 세계도·연보·행장·지문·묘갈명·제문·봉안문·만사·유묵 등.

(123) 월사선생집(月沙先生集)

書名	出版事項	版式狀況	一般事項	所藏番號
月沙先生集	李廷龜 (1564~1635)著, [朝鮮朝後期]刊.	1卷1冊(零本), 朝鮮木版本, 四周雙邊, 半郭: 20.4×13.94㎝, 有界, 半葉: 10行21字, 註雙行, 白口, 上下內向二葉花紋魚尾, 27.4×17.4㎝, 線裝, 紙質: 楮紙.	表題·版心題: 月沙集, 內容: 卷21, 跋: 崇禎紀元後九十三年庚子(1720)正月日曾孫[李]喜朝(1655~1724)謹識.	KS0432-1-04-00388

● 原典과 出刊

1권 1책이 남아있는 조선목판본. 李廷龜의 시문을 崔有海가 1636年(인조 14) 공주에서 77권 22책(본집 63권, 별집 7권, 부록 5권, 연보 2권)을 간행. 그 뒤에 1688年(숙종 14) 경상감사 李世華 등이 重刊. 1720년 李翊相이 그의 종질 喜朝 등과 별집 7권을 추가하여 대구에서 간행. 후조당에서는 그 중 권21의 1책이 소장됨.

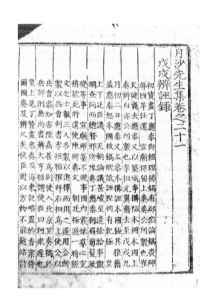

● 著者紹介

李廷龜 : 본관은 延安, 자는 聖徵, 호는 月沙·保晚堂·癡菴·秋崖·習靜, 시호는 文忠. 세조 때의 名臣인 李石亨의 현손, 아버지는 현령 李啓, 어머니는 金彪의 딸. 尹根壽의 문인. 1577(선조 10) 14세 때에 陞補試에 장원을 하였고, 1585년(선조 18) 22세에 진사, 5년 뒤인 1590년(선조 23)에는 증광문과에 병과로 급제함. 1592년 임진왜란 때 왕의 行在所에서 說書[44]가 되었고, 1593년(선조 26) 명나라의 사신 宋應昌을 만나『대학』을 강론하기도 하여 높은 평가를 받음. 1601년(선조 34) 34세 때에는 동지사의 서장관으로 명나라에 갔다가 귀국한 뒤에 대제학에 올랐으며, 1604년(선조 37) 세자책봉주청사로 명나라에 다녀오는 등으로 여러 차례에 걸쳐 중국을 내왕함. 중국문인들의 요청에 의하여 100여 章의『朝天紀行錄』을 간행하기도 함.

---

44) 세자에게 경전과 역사를 가르치는 정7품관

• 作品内容

『月沙先生集』은 조선 중기의 문신 李廷龜의 시문집. 汪煇·姜曰廣·梁之垣·張維·宋時烈 등의 序와 최유해·安邦俊 등의 跋이 수록됨.

• 版本構成

- 本集 권1~18 : 詩 1,660여수.
- 권19~20 : 大學講義.
- 권21 : 戊戌辨誣錄.
- 권22~25 : 奏 13편, 咨 16편, 啓 36편, 揭 34편.
- 권26~29 : 筵中啓事 7편, 筵中講義 5편, 啓辭 19편, 議 18편, 疏 17편.
- 권30~34 : 箚 61편, 雜著 文 2편, 說 1편, 표 2편, 책문 8편, 歌帖 25편.
- 권35~41 : 書牘 47편, 記 25편, 序 29편, 跋 9편, 상량문 2편.
- 권42~48 : 신도비명 26편, 비명 4편, 묘갈명 23편, 묘지명 8편.
- 권49~54 : 묘지명 1편, 묘표 8편, 碑陰記 2편, 행장 5편, 諡狀 2편.
- 권55~57 : 제문 22편, 제문 15편, 애사 1편, 表箋 27편.
- 권58 : 책문 8편, 教命文 3편, 頒教文 11편, 교서 2편, 악장 2편, 歌謠 1편.
- 권59 : 呈文 4편, 書啓 5편.
- 권60~62 : 南宮錄-권60은 계사 21편, 권61은 계사 35편, 露布 1편, 권62는 계사 45편.
- 권63 : 庚申朝天紀事로 萬曆皇帝大行儀·泰昌皇帝登極儀 등.
- 別集 권1~3 : 雜著 13편.
- 권4 : 차 3편, 계 2편.
- 권5 : 簡帖 1편, 서독 14편.
- 권6 : 신도비명 6편, 묘갈명 5편, 묘표 1편, 시장 1편.
- 권7 : 별집 부록으로 유사와 月沙集跋 등.
- 附錄 권1 : 제문 23편, 挽章 33수.
- 권2 : 행장 1편.
- 권3 : 시장 1편.
- 권4 : 묘지명 1편.
- 권5 : 신도비명 1편, 연보 2권 등.

(124) 월천선생문집(月川先生文集)

書名	出版事項	版式狀況	一般事項	所藏番號
月川先生文集	趙穆(1524~1606)著, [朝鮮朝後期刊.	6卷4冊, 朝鮮木版本, 四周雙邊, 半郭: 19.1×15.2cm, 有界, 半葉: 10行20字, 註雙行, 白口, 上下內向二葉花紋魚尾, 30.8×20.2cm, 線裝, 紙質 楮紙.	表題: 月川集, 序: 許穆(1662), 第4冊: 附錄·年譜	KS0432-1-04-00389

• 原典과 出刊

　6권 3책의 조선목판본. 趙穆의 시문을 1666년(현종 7)에 아들 錫明이 편집하고, 예안현감 李碩寬이 간행함.

• 著者紹介

　趙穆 : 본관은 橫城, 자는 士敬, 호는 月川. 아버지는 참판 大春, 어머니는 安東權氏로 受益의 딸. 李滉의 문인. 1552년(명종 7)생원시에 합격했으나 大科를 포기하고 학문과 수양에만 전념함. 1566년 공릉참봉에 임명되었으나 사양하고, 이황을 모시며 경전 연구에 주력함. 이후 成均館首薦·集慶殿參奉·동몽교관·종부시주부·造紙署司紙·공조좌랑 등에 제수되었으나 모두 부임하지 않았다고 함. 1576년(선조 9)봉화현감에 제수되자 사직소를 냈으나 허락되지 않아 봉직하면서 향교를 중수함.

　1580년 이후 전라도도사·경상도도사·충청도도사·형조좌랑·신녕현감·영덕현령·전생서주부·공조정랑·상서원판관·금산군수·단양군수·합천군수·장원서장원 등에 제수되었으나 모두 부임하지 않았음. 1594년 군자감주부로 잠시 있으면서 일본과의 講和를 강력히게 반대하기도 함. 이후 장악원정·사재감정·예빈시정·공조참의·공조참판 등에 제수되었으나 모두 재덕과 노병을 이유로 사직소를 내고 사퇴함.

• 作品內容

　『月川先生文集』은 조선중기의 학자 趙穆의 시문집. 권두에는 許穆의 서문, 저자의 세계도·연보 등이 있고, 권말에는 金應祖의 발문이 수록됨.

• 版本構成

- 권1 : 시 118수.

- 권2 : 소 6편, 그 중 辭職疏가 5편.

- 권3 : 書 21편.

- 권4 : 心經稟質·朱書節要稟質·尙書疑義·家禮疑義.

- 권5 : 잡저 4편.

- 권6 : 발 3편, 축문 2편, 묘갈 2편, 묘지 1편, 논 2편 등이 수록.

(125) 유일재선생실기(惟一齋先生實紀)

書名	出版事項	版式狀況	一般事項	所藏番號
惟一齋先生實紀	金達鉉 (1520~1588) 等編, [朝鮮朝末期]刊.	2卷1冊, 朝鮮木版本, 四周雙邊, 半郭: 18.8×16.2cm, 有界, 半葉: 10行18字, 註雙行, 白口, 上下內向二葉花紋魚尾, 32.4×21.2cm, 線裝, 紙質: 楮紙.	跋. 被傳者: 金彦璣, 表題: 惟一齋實記, 跋: 金正欽	KS0432-1-02-00115
惟一齋先生實紀	上同	2卷1冊, 朝鮮木版本, 四周雙邊, 半郭: 18.8×16.2cm, 有界, 半葉: 10行18字, 註雙行, 白口, 上下內向二葉花紋魚尾, 32.4×21.2cm, 線裝, 紙質: 楮紙.	被傳者: 金彦璣, 表題: 惟一齋實記, 跋: 金正欽	KS0432-1-02-00116
惟一齋先生實紀	上同	2卷1冊, 朝鮮木版本, 四周雙邊, 半郭: 18.8×16.2cm, 有界, 半葉: 10行18字, 註雙行, 白口, 上下內向二葉花紋魚尾, 32.4×21.2cm, 線裝, 紙質: 楮紙.	被傳者: 金彦璣, 表題: 惟一齋先祖實紀, 跋: 金正欽	KS0432-1-02-00117

• 原典과 出刊

2권 1책의 조선목판본. 金彦璣의 시문을 조선조 말기 간행함.

• 著者紹介

金彦璣 : 본관은 光山, 자는 仲瑙, 호는 惟一齋. 김언기는 안동 臥龍 佳野洞에서 후진양성과 학구생활로 일생을 지낸 학자로, 그의 선대는 본래 서울에서 벼슬을 했으나 조부인 潭庵 金用石이 연산군의 난정을 보고 안동 九潭에 내려와 터를 잡고, 후손들에게 벼슬에 나아가지 말 것을 훈계하였다고 함.

1561년에는 가야에 서당을 짓고 수십 명의 문도들을 양성하며 세상을 떠나는 날까지 후진 양성에 힘썼다고 함. 192명의 그의 문도들은 거의 대부분 안동 인근 출신들인 점으로 미루어 이황의 학문을 천양하여 그 학맥이 안동지방에 뿌리내릴 수 있도록 하였다는 점에서 그 공이 크다고 함.

• 作品內容

『惟一齋先生實紀』는 조선 중기 학자 金彦璣의 시문집.

• 版本構成

- 권1 : 「題茅齋」 등 시 6제와 부 1편, 書 2편, 識 1편 등이 수록. 이 가운데 첫 머리의 「제모재」의 뒤에는 이 시에 차운한 것들이 여러 편 보이는데, 작자는 주로 具鳳齡·金誠一·權好文 등 20명.
- 권2 : 부록으로 모두 저자와 관련된 타인들의 기록. 柳成龍·琴應壎 등 동문제현 및 그를 추모하여 지은 만사와 제문을 비롯하여, 그의 일대기를 정리한 행장, 묘갈명 등이 추가로 수록. 「門人錄」에는 192명의 문도들의 명호, 관향과 거주지, 생년 등이 실려 있어 평생에 걸친 강학 활동의 성과를 알려 주고 있음.

(126) 율곡선생문집(栗谷先生文集)

書名	出版事項	版式狀況	一般事項	所藏番號
栗谷先生文集	李珥 (1536~1584) 著, 朝鮮朝後期 刊.	1卷1冊(零本), 朝鮮木版本, 四周雙邊, 半郭: 21.9×16.5㎝, 有界, 半葉: 10行22字, 註雙行, 白口, 上下內向三葉花紋魚尾, 33.7×22㎝, 線裝, 紙質: 楮紙.	表題·版心題: 栗谷集, 內容: 卷1	KS0432-1-04-00396

• 原典과 出刊

1권 1책이 남아있는 조선목판본. 栗谷 李珥의 시문을 간행한 것으로 詩集은 朴枝華가 編輯했고, 文集은 弟子 朴汝龍이 成渾의 가르침을 받아가며 編輯해서 1611년(광해군 3년) 海州에서 刊行. 후조당에 소장되어 있는 것은 권1에 해당하는 1책.

• 著者紹介

李珥 : 본관은 德水, 자는 叔獻, 호는 栗谷·石潭·愚齋. 아버지는 증좌찬성 李元秀, 어머니는

현모양처의 사표로 추앙받는 師任堂申氏. 아명을 見龍이라 했는데, 어머니 사임당이 그를 낳던 날 흑룡이 바다에서 집으로 날아 들어와 서리는 꿈을 꾸었다 하여 붙인 이름이라고 함. 그 産室은 夢龍室이라 하여 지금도 보존되고 있음.「동호문답」,「성학집요」등의 저술을 남김. 현실·원리의 조화와 實功·實效를 강조하는 철학사상을 제시했으며,「동호문답」·「만언봉사」·「시무육조」등을 통해 조선 사회의 제도 개혁을 주장함. 우리나라의 18대 名賢 가운데 한 명으로 文廟에 배향되어 있음.

● 作品內容

『栗谷先生文集』은 조선 중기 학자 율곡 李珥의 시문집.

● 版本構成

- 권1~2 : 辭와 賦, 詩.
- 권3~8 : 疏箚, 啓와 義.
- 권9~13 : 書, 應製文, 序, 跋, 記.
- 권14~16 : 說과 贊, 銘, 祭文, 雜著.
- 권17~18: 神道碑銘, 墓碣銘, 墓誌銘과 行狀.
- 권19~30 : 성학집요, 격몽요결, 祭義秒, 經筵日記.
- 권31~32 : 語錄.
- 권33~38 : 부록으로 世系圖와 年譜, 행장 등이 수록. 다음에 부록과 속편 발문이 있고, 나머지 6권은 습유.

(127) 읍청정유고(挹淸亭遺稿)

書名	出版事項	版式狀況	一般事項	所藏番號
挹淸亭遺稿	金富儀 (1525~1582)	不分卷1冊, 筆寫本, 四周雙邊, 半郭: 20.8×16.4㎝, 有界, 半葉: 10行19字, 無魚尾, 29.3×18.4㎝, 線裝, 紙質: 楮紙.	藏書印: 蒙菴	KS0432-1-04-00399
挹淸亭遺墨(詩抄)	上同	不分卷1冊, 筆寫本, 半郭: 20.8×16.4㎝, 無界, 半葉: 12行字數不同, 無魚尾, 29.3×18.4㎝, 線裝, 紙質: 楮紙.	表紙註記: 戊子 六月十日改粧	KS0432-1-04-00400

● 原典과 出刊

金富儀의 시문을 1책으로 정리한 필사본.

● 著者紹介

金富儀 : 본관은 光山, 자는 愼仲, 호는 挹淸亭. 아버지는 대사헌 金緣, 어머니는 昌寧曺氏로 曺致唐의 딸. 형이 後彫堂 金富弼. 1525년(중종 20) 안동부 예안현에서 출생. 일찍부터 형 김부필과 함께 退溪 李滉의 문하에서 수학. 이황의 신뢰를 입어 易東書院 초대 원장으로 추대되었을 뿐만 아니라 이황이 덕성의 함양을 목적으로 艮齋 李德弘에게 제작하도록 했던 渾天儀와 璇璣玉衡의 수리와 보완 작업을 맡았음.

1555년(명종 10) 생원시에 합격하였으며 이듬해에 모친상을 당했으므로 탈상을 마치고 나서 성균관에 유학함. 이 때 省庵 金孝元, 坡谷 李誠中과 교유함. 1575년 司瞻寺郎官에 제수되었으나 형 김부필이 눈병을 앓고 있어서 부임하지 않았고, 1577년에 다시 集慶殿參奉에 제수되었으나 風痺로 부임하지 못하였음. 김부의는 修身과 操行에 있어 모두 힘을 기울였는데, 『退溪門人錄』에는 김부의의 수업 태도에 관해서 '돈독히 하고 힘써 행하였다'고 기록하였음.

● 作品內容

『挹淸亭遺稿』는 조선 후기 학자 金富儀의 시문집.

● 版本構成

- 권1 : 시, 부·서·논·신도비·제문.
- 권2 : 부록으로 朴惺의 묘갈명과 琴應夾의 묘지명, 金是瓚의 행장, 그리고 「贈遺」와 상향문.

(128) 음애일록(陰崖日錄)

書名	出版事項	版式狀況	一般事項	所藏番號
陰崖日錄	李耔(1480~1533) 著, 壬辰前後 寫.	1冊(41張), 筆寫本, 無界, 半葉: 13行23字, 33.2× 22.4㎝, 線裝, 紙質: 楮紙.	表題: 國朝先賢 行錄.	

● 原典과 出刊

필사본 1권 1책으로 전해지고 있는 李耔의 雜錄. 『陰崖雜記』라고도 함.

● 著者紹介

李耔 : 본관은 韓山, 자는 次野, 호는 陰崖·夢翁·溪翁. 李穡의 후손으로, 대사간 李禮堅의 아들. 1501년(연산군 7) 진사가 되었고, 1504년 식년문과에 장원급제해 사헌부감찰을 지냄. 千秋使의 서장관으로 북경에 다녀온 뒤 이조좌랑에 승진했지만, 연산군 정권의 관직 생활에 환멸을 느껴 의성현령으로 자청함. 1506년 중종반정 후에 홍문관수찬·교리 등을 지내다가 1510년(중종 5) 아버지의 상으로 관직을 떠남. 1513년 복직하여 부교리·부응교·사간원사간 을 역임하고, 이듬해 어머니의 상으로 사직했다가 1517년부터 홍문관전한·직제학을 거쳐 부제학에 승진함.

그 후에 좌승지로 옮겼다가 다음해에 대사헌이 됨. 1518년 宗系辨誣奏請使의 부사로 북경 에 파견되었다가, 1519년 귀국해 한성판윤·형조판서·우참찬 등에 임명됨. 1519년 기묘사화 가 일어나 그도 연좌되어 파직·숙청당하였음. 그 뒤 음성·충주 등지에 은거하여 세상을 등지고 독서와 시문으로 소일하고, 李延慶·金世弼·李若氷 등과 학문을 토론하며 여생을 마쳤다고 함.

● 作品内容

『陰崖日錄』은 조선 중기 학자 李耔가 지은 雜錄으로 내용은 1509年(중종 4) 9월부터 1516年 12월까지 조정에서 일어난 일 등을 기록한 것. 이 중 1511년, 1512년과 1515년, 1516년은 저자가 服喪 중이었으므로 기록이 빠져 있음. 1509년에 柳洵을 파직시킨 사건의 경위에서부 터 朝廷人事, 불교 억압에 대한 일, 三浦倭亂 등 나라에 큰 일이 있을 때의 疏草·朝報 및 인물평 등을 수록함.

또, 1516년 12월에 거행된 魯山祭를 계기로 하여 노산묘에 대한 조야의 여론 및 저자의 의견 도 기록함. 時政의 得失과 인물의 賢邪, 天災時變, 倭寇와의 교섭 실사, 농사에 관한 舊俗 등도 기록함. 『陰崖集』 권3에 『陰崖日錄』으로 실려 있으며, 『大東野乘』 권6에는 『陰崖日記』 로 실려 있음.

(129) 이우당선생문집(二愚堂先生文集)

書名	出版事項	版式狀況	一般事項	所藏番號
二愚堂先生文集	權寏(1580~1651)著, 純祖16(1816)刊.	2卷1冊(零本), 朝鮮木版本, 四周雙邊, 半郭: 20.6×14.2㎝, 有界, 半葉: 10行19字, 註雙行, 白口, 上下內向二葉花紋魚尾, 31.7×20.2㎝, 線裝, 紙質: 楮紙.	表題: 二愚堂集, 序: 上之十三年癸酉(1813)…聞韶金㙆(1739~1816)序, 跋: 上之十四[六]年丙子(1816)孟冬昌原黃龍漢(1744~1818)識. 內容: 卷1-2, 共2冊 中 第2冊 缺	KS0432-1-04-00408

- **原典과 出刊**

  2권 1책이 남아있는 조선목판본. 權寏의 시문은 그가 세상을 떠난지 백년간이나 草稿로 전해왔음. 그의 증손인 以鎬 등이 남은 유문을 찾아내어 외현손인 金世綾에게 맡기어 편집과 교정을 하였고 그 후에 후손인 燾 등이 1816(純祖 16)년에 간행한 것으로 추정.

- **著者紹介**

  權寏 : 본관은 安東, 자는 宅甫, 호는 二愚堂. 아버지는 증사헌부집의 權大器, 어머니는 興海裵氏로 裵希度의 딸. 鄭逑의 문하에서 수학. 1610년(광해군 2)에 생원시에 합격, 1627년(인조 5) 정묘호란이 일어나자 의병을 일으켰으며, 1635년 장릉참봉에 천거되어, 그 뒤 사옹봉사·직장 등을 지냄. 1639년 식년문과에 병과로 급제, 성균관전적에 제수되었으며, 1640년 예부좌랑, 1641년 幽谷道察訪, 1646년 강원도사를 역임함.

- **作品內容**

  『二愚堂先生文集』은 權寏(1580~1652)의 시문집.

- **版本構成**

  - 권1~2 : 詩 219수.
  - 권3 : 疏 4편, 書 17편, 箋文 2편, 축문 1편, 제문 5편, 묘지 1편.
  - 권4 : 부록으로 만사 18수, 제문 5편, 행장·묘갈명·別廟奉安文 등이 수록.

(130) 이재선생문집(頤齋先生文集)

書名	出版事項	版式狀況	一般事項	所藏番號
頤齋先生文集	權璉夏 (1813~1896)著, 光武10(1906)跋.	17卷9冊, 朝鮮木版本, 四周雙邊, 半郭: 19.6×15.9㎝, 有界, 半葉: 10行21字, 註單行, 白口, 上下內向二葉花紋魚尾, 32.5×2 1.7㎝, 線裝, 紙質: 楮紙.	表題: 頤齋集, 跋: 丙午(1906)不肖孫相耆謹識.	KS0432-1-04-00410

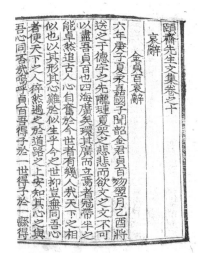

- 原典과 出刊

  17권 9책의 조선목판본. 權璉夏의 시문을 1906년 그의 손자 權相耆가 편집·간행함.

- 著者紹介

  權璉夏 : 본관은 安東, 자는 可器, 호는 頤齋. 할아버지는 諫院公 權文度, 아버지는 疏軒公 權載綸, 어머니는 眞城李氏 李大淳의 딸. 양할아버지는 權同度, 양부는 權載德. 본래 양부 권재덕과 양모 義城金氏 사이에는 權啓夏라는 아들이 있었는데, 권계하가 다른 집안의 봉사손으로 가게 되면서 권연하가 권재덕의 양자가 되었음. 柳致明의 문인, 1879년 經學으로 천거되어 繕工監役을 제수받고, 壽職으로 敦寧府都正을 지내고 嘉善大夫, 嘉義大夫로 연임되었으나 辭職疏를 올렸음.

  禮學과 主理論에 밝았으며 각지의 書院이나 祠廟에서 講會를 개최하는 한편 각 지방의 孝子, 烈女, 忠信들에 대한 이야기를 책으로 엮어내기도 하였으며『定齋文集』편찬에도 참여하였다고 함.

- 作品內容

  『頤齋先生文集』은 조선 후기 고종 때 학자 權璉夏의 시문집. 권말에 권상기의 識가 있음.

- 版本構成

  - 권1 : 시 178수.
  - 권2~5 : 疏 3편, 書 176편.

- 권6~8 : 잡저 10편, 序 20편, 記 16편.
- 권9~10 : 跋 19편, 銘 4편, 상량문 5편, 애사 7편, 축문 10편, 제문 22편.
- 권11~12 : 비명 5편, 묘지명 9편.
- 권12~16 : 묘갈명 16편, 묘갈명 26편, 행장 20편, 유사 7편, 傳 3편.
- 권17 : 부록으로 만사 12편, 제문 10편, 행장·묘갈명 등이 수록.

(131) 일재선생문집(一齋先生文集)

書名	出版事項	版式狀況	一般事項	所藏番號
一齋先生文集	金性昊(1775~1845)著, 隆熙2(1908)刊.	10卷5冊, 朝鮮木活字本, 四周雙邊, 半郭: 21.7×15.8㎝, 有界, 半葉: 10行20字, 註雙行, 白口, 上下內向二葉花紋魚尾, 31.8×21.3㎝, 線裝, 紙質: 楮紙.	表題: 一齋集, 序: 丙午(1858)重陽節完山柳致明(1777~1861)序, 識: 戊申(1908)八月日不肖曾係錫東謹識. 揷圖, 第5冊: 易圖發揮	KS0432-1-04-00416

● 原典과 出刊

　10권 5책의 목활자본. 金性昊의 시문을 간행함.

● 著者紹介

　金性昊 : 1775~1845. 자세한 생평에 대한 기록이 남아 있지 않음.

● 作品內容

　『一齋先生文集』은 조선 후기의 학자 金性昊의 시문집으로, 권두에 1858년 柳致明이 쓴 서문이 있고, 권말에는 증손 錫東의 後識가 수록됨.

● 版本構成

- 권1~2 : 賦 1편, 시 275수.
- 권3 : 書 31편.

- 권4 : 잡저로 題後·贊·解義 등 24편.

- 권5 : 역시 잡저로 讀柳誠伯讀書瑣語.

- 권6 : 잡저 11편, 序 2편, 記 4편, 箴 4편, 銘 4편, 識 2편.

- 권7 : 축문 1편, 제문 12편, 행장 4편.

- 권8 : 부록으로 행장·묘갈명·제문·輓.

- 권9 : 易圖發揮.

- 권10 : 圖卦會通 등이 수록되어 있음.

(132) 일포집(逸圃集)

書名	出版事項	版式狀況	一般事項	所藏番號
逸圃集	朴時源 (1764~1842)著, 朝鮮朝後期 刊.	8卷4冊, 朝鮮木活字本, 四周單邊, 半郭: 22.8×17㎝, 有界, 半葉: 10行18字, 註雙行, 內向二葉花紋魚尾, 33.3×21.9㎝, 線裝, 紙質: 楮紙.	跋: 李彙寧(1788~ 1861)謹識.	KS0432-1-04-00418

• 原典과 出刊

8권 4책의 조선목활자본. 朴時源의 시문을 간행함.

• 著者紹介

朴時源 : 본관은 潘南, 자는 穉實, 호는 逸圃. 할아버지는 鼎九, 아버지는 師豹, 어머니는 權就揆의 딸. 榮川에서 살았다고 함. 1798년(정조 22) 식년문과에 갑과로 급제, 벼슬이 사간에 이르렀음.

• 作品內容

『逸圃集』은 조선 후기의 학자 朴時源의 시문집. 권말에 李彙寧의 발문이 수록됨.

• 版本構成

- 권1 : 詩 150수.

- 권2 : 挽詞 97수.

- 권3 : 疏 2편, 書 10편, 잡저 9편, 序 8편.

- 권4 : 記 18편, 識跋 15편, 箴 2편, 銘 3편.

- 권5 : 說 8편, 傳 2편, 誄辭 10편, 축문 7편.

- 권6 : 제문 28편, 묘갈명 2편, 행장 6편.

- 권7 : 상량문 11편, 유사 7편.

- 권8 : 부록으로 행장·묘갈명·제문·만사·기·가장 등이 수록.

(133) 임연재선생문집(臨淵齋先生文集)

書名	出版事項	版式狀況	一般事項	所藏番號
臨淵齋先生文集	裵三益(1534~1588)著, 哲宗6(1855)序.	6卷3冊, 朝鮮木版本, 四周雙邊, 半郭: 21.2×16cm, 有界, 半葉: 10行20字, 註雙行, 白口, 上下內向二葉花紋魚尾, 31.5×21cm, 線裝, 紙質: 楮紙.	表題: 臨淵齋集, 序: 乙卯(1855)姑洗節 完山柳致明(1777~1861)謹序.	KS0432-1-04-00422

● 原典과 出刊

6권 3책의 조선목판본. 裵三益의 시문을 1855년(철종 6) 9대손인 翰周 등이 편집, 간행.

● 著者紹介

裵三益 : 1534~1588. 본관은 興海, 자는 汝友, 호는 臨淵齋. 배삼익은 天錫의 아들로 安東에서 살았음. 李滉의 문인으로 1558년(명종 13) 生員試에 합격하고 1564년 문과에 급제하여 學諭를 거쳐 學錄, 學正, 博士를 역임하고 戶曹佐郎에 올랐다고 함. 1575년(선조 8) 典籍, 刑曹正郎에 제수되었으나 나아가지 않았고 그 뒤 외직인 豊基郡守에 임명되어 선정을 베풀었음. 그 이후에도 여러 벼슬을 거쳐 成均館大司成에 까지 이르렀으며, 1588년 黃海道觀察使가 되어 구황사업에 힘쓰다가 病死함.

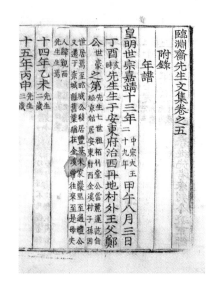

● 作品內容

『臨淵齋先生文集』은 조선 중기의 학자 裵三益의 시문집.

● 版本構成

- 권1~3 ; 詩 361수가 수록. 문집 중 「時務十條疏」는 신하가 임금에게 정책을 건의하는 자세와 임금이 신하의 정책을 받아들이는 마음가짐에 대하여 서술한 뒤 정책시행의 요목을 10조목으로 나누어 기술하였음.

啓 가운데 「論納粟便宜啓」는 당시 조세부과의 원칙과 시행과 정상의 실용성을 논의한 글이며, 「請禁同姓通婚啓」는 동성끼리의 혼인이 점차 행하여지는 경향이 일어남을 우려하여 동성혼을 엄격히 금할 것을 청한 글. 그밖에 「朝天錄」은 1587년(선조 20)에 謝恩使로 5개월 동안 명나라에 다녀온 과정을 일기형식으로 적은 것.

(134) 자암선생문집(紫巖先生文集)

書名	出版事項	版式狀況	一般事項	所藏番號
紫巖先生文集	李民宬(1573~1649)著, 高宗23(1886)跋.	7卷3冊, 朝鮮木版本, 四周雙邊, 半郭: 20.1×16.3cm, 有界, 半葉: 10行20字, 註雙行, 白口, 上下內向二葉花紋魚尾, 31.8×21.3cm, 線裝, 紙質: 楮紙.	序: 乙丑(1745)仲春上澣驪州李瀷(1681~1763)識. 上之十七年(1741)仲春乙巳平原後人李光庭(1674~1756)謹書. 跋: 今上丙戌(1886)刊事始完…金興洛(1827~1899)謹識.	KS0432-1-04-00424

● 原典과 出刊

7권 3책의 조선목판본. 李民宬의 시문을 1741년(영조 17) 증손 李秀泰가 간행함.

● 著者紹介

李民宬 : 본관은 永川, 자는 而壯, 호는 紫巖. 李世憲의 증손으로, 할아버지는 李汝諧. 아버지는 관찰사 李光俊, 어머니는 平山申氏로 선무랑 申權의 딸. 張顯光의 문인.

1600년(선조 33) 별시문과에 병과로 급제하여 그 뒤 검열·정언·병조좌랑을 거쳐, 1603년 암행어사로 평안도에 가서 수령의 비행과 민정을 살폈으며, 1608년 영천군수로 나갔다고 함. 1618년(광해군 10) 명나라에서 군원을 요청하자, 원수 姜弘立의 막하로 출전하여 富車싸움에서 패하여 청군의 포로가 되기도 함. 17개월 동안 청나라의 항복 권유를 물리치고, 1620년

에 석방되어 의주에 이르렀을 때 사원을 가진 朴燁의
무고를 받아, 4년간 평안도에서 은거생활을 하다가
1623년(인조 1) 인조반정으로 서울로 올라옴.

李适의 난 때와 정묘호란 때 왕을 호종하였고, 1636년
병자호란이 일어나자 嶺南號召使 장현광의 종사관이
되어 출전하였음. 난이 끝난 뒤 군자감정으로 通政階
에 올랐고, 이어 동래부사가 되어 번거로운 폐단을 근
절하였다고 함. 그 뒤 판결사·호조참의·형조참판에
임명되었다가, 1645년에 경주부윤으로 나감. 이조판
서에 추증되었고, 시호는 忠簡. 저서로『建州見聞錄』
·『자암집』등.

● 作品內容

『紫巖先生文集』은 조선 중기의 학자 李民宬의 시문집. 권두에 李溥과 李光庭의 서문이 있
고, 권말에 외손 柳升鉉의 발문이 수록됨.

● 版本構成

- 권1~2 : 賦 3편, 시 14수, 疏箚 9편, 啓辭 1편, 書 29편, 제문 4편.
- 권3~4 : 序·跋 각 3편, 묘지·행장·잡저 각 1편.
- 권5~6 : 柵中日記 1편, 錄 2편, 憂憤詩 1수.
- 권7 : 부록으로 행장·신도비 각 1편, 제문 5편, 만사 23수 등이 수록.

(135) 자유헌선생문집(自濡軒先生文集)

書名	出版事項	版式狀況	一般事項	所藏番號
自濡軒先生文集	李萬白(1656~1716)著, 高宗15(1878)序.	4卷2冊, 朝鮮木版本, 四周雙邊, 半郭: 18.2×14.6㎝, 有界, 半葉: 10行19字, 註單行, 白口, 上下內向二葉花紋魚尾, 29.6×19.3㎝, 線裝, 紙質: 楮紙.	表題: 自濡軒集, 序: 宗後生鍾祥謹序, 聖上十年(1873)…李敦壽序, 戊寅(1878)…姜蘭馨謹序, 跋: 鄭顯德(1810~1883)謹跋, 李啓魯謹識.	KS0432-1-04-00425

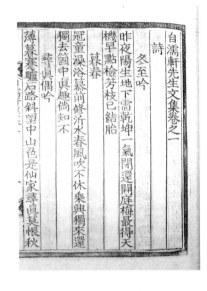

• 原典과 出刊

4권 2책의 조선목판본. 李萬白의 시문을 1878년(고종 15) 그의 7대손 翊九가 편집하고 간행함.

• 著者紹介

李萬白 : 본관은 驪州, 자는 汝自, 호는 自濡軒. 大提學을 지낸 李行의 후손. 부는 李長胤. 鄕試에 합격했으나 會試에 실패한 뒤, 벼슬을 단념하고 학문에 전념하여 經史는 물론 陰陽·山水에 通達하였다고 함. 글씨에도 뛰어났으며, 權斗經, 郭世翼 등과 交遊가 깊었다고 전함.

• 作品內容

『自濡軒先生文集』은 조선 중기 학자인 李萬白의 시문집. 권두에 李鍾祥·李敦禹·姜蘭馨 등의 서문이 있고, 권말에 鄭顯德의 발문과 李啓魯의 識가 수록됨.

• 版本構成

 - 권1 : 시 81수.

 - 권2 : 書 3편, 제문 3편, 잡저 4편, 유묵 1점.

 - 권3 : 만장 53수, 제문 4편, 諸賢唱酬 3수, 諸賢書札 11편, 雙鏡堂記略, 今是堂重建記略.

 - 권4 : 가장·행장·묘갈명·묘지명 각 1편, 說 2편 등이 수록.

(136) 장고세고(長皐世稿)

書名	出版事項	版式狀況	一般事項	所藏番號
長皐世稿	金恁(1604~1667) 等 著, 金興魯 編, 朝鮮朝後期 刊.	10卷4冊, 朝鮮木版本, 四周雙邊, 半郭: 20.7×16.1㎝, 有界, 半葉: 11行21字, 註單行, 白口, 上下內向二葉花紋魚尾, 31.4×21.1㎝, 線裝, 紙質: 楮紙.	藏書記: 後彫堂藏	KS0432-1-02-00126

• 原典과 出刊

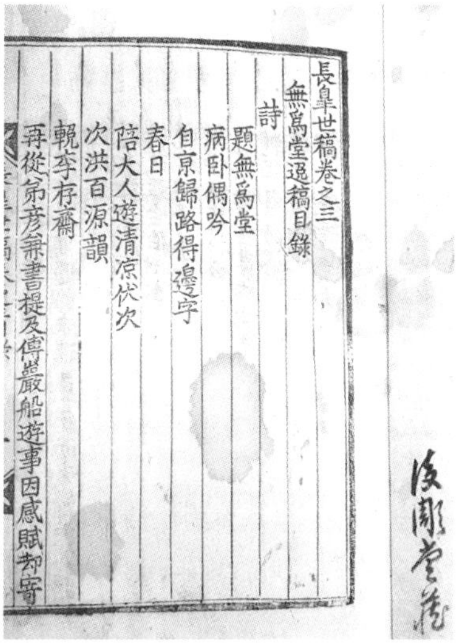
長皐世稿卷之三
無爲堂遐稿目錄
詩
題無爲堂
病卧偶吟
自京歸路得邊字
春日
陪大人遊淸凉伏次
次洪百源韻
輓李存齋
再從弟彦兼書提及倚巖船遊事因感賦却寄

10권 4책의 조선목판본. 안동 출신의 金恁과 그의 아들·손자 등 3대 8인의 시문을 세 차례에 걸쳐 간행. 언제 초간이 이루어졌는지는 미정. 형태도 현재의 문집보다 소략하였으며, 목판본이 景山齋舍에 보관되어 있다가 화재로 일부분이 소실되었다고 함.

두 번째 간행은 金養鎭(1829~1901)이 1890년에 구본에 의거 재각·출간함. 세 번째 간행은 1933년에 金興魯(1873~1949) 등이 간행.

• 著者紹介

金恁 : 1604~1667. 본관은 義城, 安東 출신. 자는 受而, 호는 野庵. 고조는 金璡이고, 증조부는 龜峰 金守一이고, 조부는 贈吏曹判書 雲川 金涌이다. 부친은 金是楗이고, 생부 中訓大夫 兵曹 行正郞 金是柱의 4남 중 차남으로 출생. 1635년(인조 13) 증광시 생원진사 3등 77위로 합격하였으나, 벼슬에 뜻을 두지 않고 학문에 정진함. 사후에 司憲府大司憲에 증직됨.

金泰基 : 1625~1700. 金恁의 장남.

金履基 : 1628~1712. 金恁의 차남.

金鼎基 : 1632~1699. 金恁의 조카.

金世欽 : 1649~1720. 金泰基의 아들.

金昌文 : 1649~?. 金履基의 아들.

金昌錫 : 1652~1720. 金履基의 아들.

金世鎬 : 1652~1722. 金恁의 三男인 金益基의 아들.

• 作品内容

『長皐世稿』는 1890년 간행된 안동 출신의 金恁(1604-1667)과 그의 아들, 조카, 손자 등 義城 金氏 일가 인물들의 詩文과 遺蹟을 모아서 정리한 책. 義城 金氏 가문 인물들의 행적과 家學의 경향을 연구하는데 유용한 자료.

• 版本構成

- 권1~2 : 金恁의 『野庵文集』.

- 권3 : 金泰基의 『無爲堂逸稿』.
- 권4 : 金履基 『一柳堂逸稿』.
- 권5 : 金鼎基의 『牧庵逸稿』.
- 권6 : 金世欽의 『七灘逸稿』.
- 권7 : 金昌文의 『質齋文集』.
- 권8 : 金昌錫의 『月灘文集』.
- 권9 : 金世鎬의 『龜州文集』.

(137) 장암집(藏庵集)

書名	出版事項	版式狀況	一般事項	所藏番號
藏庵集	金昌祖 (1581~1637)著, 朝鮮朝後期 刊.	2卷1冊, 朝鮮木活字本, 四周雙邊, 半郭: 21.7×14.2㎝, 有界, 半葉: 10行21字, 註單行, 白口, 上下向二葉花紋魚尾, 31.4×20.1㎝, 線裝, 紙質: 楮紙.		KS0432-1-04-00428

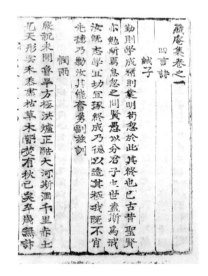

• 原典과 出刊

2권 1책의 조선목활자본. 金昌祖의 시문을 순조에서 고종연간에 6대손 相寅이 편집, 간행한 것으로 추정.

• 著者紹介

金昌祖 : 본관은 豊山, 자는 孝彦, 호는 藏庵·晚築. 김창조는 太賢의 아들로 안동에서 생활 함. 1605년(선조 38) 진사가 되었고, 인조반정 후인 1624년(인조 2) 昌陵參奉, 1630년 의금부도사를 지내고, 1634년 司饗院奉事에 제수되었으나 부임하지 않았음. 이듬해 靑巖道察訪이 되었으나, 병자호란 때 청나라와 강화가 이루어지자 벼슬에서 물러나 낙향하던 도중에 숨을 거둠.

• 作品內容

『藏庵集』은 조선중기의 문신 金昌祖의 시문집.

• 版本構成

- 권1 : 詩 213수가 수록되어 있고 만시와 화답시도 수록됨. 記의 「忘窩記」는 亭子의 기문으로 風敎에 도움이 되는 글.
- 권2 : 부록으로 가장·묘갈명 각 1편, 만사 3편, 제문 2편, 보유로 書 1편, 봉안문 6편 등이 수록되어 있음.

(138) 적암선생문집(適庵先生文集)

書名	出版事項	版式狀況	一般事項	所藏番號
適庵先生 文集	金台重 (1644~1711) 著, 朝鮮朝後期 刊.	4卷2冊, 朝鮮木版本, 四周雙邊, 半郭: 20.7×15.4㎝, 有界, 半葉: 10行21字, 註單行, 白口, 上下內向二葉花紋魚尾, 33.2×21.3㎝, 線裝, 紙質: 楮紙.	行狀(李栽 撰), 墓誌銘(權斗經 撰), 墓碣銘(權斗寅 撰), 言行錄(金聖鐸 撰), 藏書記: 後彫堂藏	KS0432-1-04-00430

• 原典과 出刊

4권 2책의 조선목판본. 金台重의 시문을 간행. 문집의 序文과 跋文이 없어 정확한 간행 시기는 알 수 없으나, 密菴 李栽가 1712년(숙종 38)에 지은 行狀과 1723년(경종 3)에 쓴 陶淵書堂學令의 後敍가 있는 점으로 미루어 보아 18세기 전반에 편찬된 것으로 추정됨.

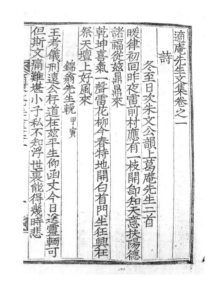

• 著者紹介

金台重 : 본관은 義城, 자는 天三, 호는 適庵. 할아버지는 표은 金是榲, 아버지는 金邦衡. 눌째 아들로 태어난 김태중은 金是相에게 入後한 숙부 金㷜의 양자가 됨. 어머니는 순천김씨로 金光燁의 딸, 부인은 남양홍씨로 洪克의 딸.

1678년(숙종 4) 향시에 합격했으나 벼슬을 단념하고 학문에 몰두함. 金學培와 葛庵 李玄逸의 문인. 1693년(숙종 19) 이현일의 천거로 健元陵參奉에 제수되었으나 벼슬길에 나아가지 않았음. 만년에는 지금은 임하댐이 건설되면서 수몰된 陶淵에 정사를 짓고 白雲洞規를 모방하여 學令을 세우는 등 후진을 양성하여 一門에서 문학에 뛰어난 선비들을 많이 배출시켰다고 함.

• 作品內容

『適庵先生文集』은 조선 후기 학자 金台重의 시문집.

• 版本構成

- 권1 : 詩 148수.
- 권2 : 書 40편, 잡저 3편.
- 권3 : 제문 10편, 묘지 1편, 행략 2편, 유사 1편.
- 권4 : 부록으로 행장·묘지명·묘갈명·언행록·誄詞 각 1편, 만사 15수, 제문 6편, 行狀告成 文 등으로 구성.

(139) 점필재집(佔畢齋集)

書名	出版事項	版式狀況	一般事項	所藏番號
佔畢齋集	金宗直(1431~1492)著, 壬辰以前 刊.	23卷5冊(零本), 朝鮮木版本, 四周單邊, 半郭: 23.2×17㎝, 有界, 半葉: 10行19字, 註雙行, 黑口 上下內向黑魚尾, 31.8×20.8㎝, 線裝, 紙質: 楮紙.	寶物 第1019號, 版心題: 畢齋	KS0432-1-04-00433

• 原典과 出刊

23권 5책이 남아있는 조선목판본. 金宗直의 시문을 그가 죽은 다음해인 1493년(성종 24) 그의 제자 曺偉가 편집함. 1497年(연산군 3)에 鄭錫堅이 최초로 간행하였으나, 무오사화로 세상에 실전함. 1520年(중종 15)에 저자의 생질인 康仲珍이 남은 원고를 수습하여 선산에서 간행함.

이것이 현전하는 판본 중 가장 오래된 것. 완질은 아니지만 23권 5책이 보물 제1019호로 지정되어 후조당에 소장되어 있음. 『점필재집』은 '선산본' 이외에도 후대에 몇 차례에 걸쳐 새롭게 간행되었는데, 1649년(인조 27) 밀양 禮林書院에서 경상감사로 있던 李曼이 임진왜란 때 선산본의 판각이 불타서 없어져 새로 판각하여 간행한 것이 있고, 예림서원(초간)본은 선산본과 내용은 같으나(25권 7책), 편차에 있어 시집 23권과 문집 2권이 일관성을 유지하고

있음이 다르고, 1869년(고종 6)과 1892년에 김종직의 13대손 墳과 14손 昌鉉에 의하여 '예림
서원중간본' 및 '禮林書院修完本'이 각각 간행됨.

• 著者紹介

金宗直 : 본관은 善山, 자는 孝盥·季昷, 호는 佔畢齋. 아버지는 사예 叔滋, 어머니는 밀양
박씨로 司宰監正 弘信의 딸. 정몽주와 길재의 학통을 계승하여 김굉필 및 조광조로 이어지
는 조선시대 도학 정통의 중추적 역할을 함. 생전에 지은 「弔義帝文」은 무오사화가 일어나는
원인이 되기도 함. 1453년(단종 1) 진사가 되고, 1459년(세조 5) 식년문과에 정과로 급제.
이듬해 賜暇讀書하였으며, 1462년 승문원박사 겸 예문관봉교에 임명됨. 이듬해 감찰이 되고,
이어서 경상도병마평사·이조좌랑·수찬·함양군수 등을 거쳤으며, 1476년(성종 7) 선산부사
가 되었음. 1483년 우부승지에 올랐으며, 이어서 좌부승지·이조참판·예문관제학·병조참판
·홍문관제학·공조참판 등을 역임.

1486년에는 申從濩 등과 함께 『東國輿地勝覽』을 編次하였으며, 세조·성종 대에 걸쳐 벼슬
을 하면서 항상 절의와 의리를 숭상하고 실천하여 사림들로부터 존경받는 인물이 됨. 1498년
(연산군 4) 무오사화를 일으켰을 당시 많은 사람들이 죽거나 귀양을 가게 되었고, 김종직도
생전에 써둔 「조의제문」과 관련되어 剖棺斬屍를 당하였음.

• 作品內容

『佔畢齋集』은 조선 전기의 문신 金宗直의 시문집.

• 版本構成

- 선산본 『점필재집』의 편차를 살펴보면 권두에 南袞의 序가 수록됨.
  제1책 : 시집과 문집이 각기 1권씩 편철되어 있음.
- 제2책 : 시집 1권, 문집 1권이 들어 있음.
- 제3~7책 : 총 21권의 시집. 전체적으로 보면 시집이 23권, 문집이 2권인 셈이다. 23권의 시
  집 속에는 각 體의 한시가 저작연대순으로 약 1,103題 1,600여 수가 들어 있음.
- 2권의 문집에는 첫째 권이 教 2편, 贊 1편, 책문 4편, 제문 1편, 애사 1편, 辭 1편, 賦 3편,
  書 5편, 序 13편, 둘째 권은 說 2편, 跋 7편, 記 14편, 圖誌 2편, 신도비명 1편, 묘지명 4편,
  遊錄 1편 등의 순으로 구성되어 있음.

(140) 정묵재선생유집(靜默齋先生遺集)

書名	出版事項	版式狀況	一般事項	所藏番號
靜默齋先生遺集	李尙逸(1609~1678)著, 朝鮮朝末期 刊.	3卷1冊, 朝鮮木版本, 四周雙邊, 半郭: 18.1×15cm, 有界, 半葉: 10行18字, 註雙行, 白口, 上下內向二葉花紋魚尾, 31.7×21cm, 線裝, 紙質: 楮紙.	板心題: 靜默齋集, 序: 完山柳致明(1777~1861)謹序.	KS0432-1-04-00435

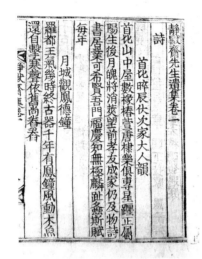

• 原典과 出刊

3권 1책의 조선목판본. 李尙逸의 유집을 간행한 것.

• 著者紹介

李尙逸 : 본관은 載寧, 자는 翼世, 호는 靜默齋. 時明의 아들이며 진사시에 합격하였음. 문집에는 그의 학자적인 기질이 자주 드러남.

• 作品內容

『靜默齋先生遺集』은 조선 후기 문인인 李尙逸의 유집.

• 版本構成

- 권1 : 시 36수, 辭 1편, 疏 3편, 記 2편, 說 1편, 제문 7편.
- 권2 : 상량문 1편, 행장 1편.
- 권3 : 부록으로 행장·壙記·묘갈명·만사·제문 등으로 구성.

(141) 정부인안동장씨실기(貞夫人安東張氏實紀)

書名	出版事項	版式狀況	一般事項	所藏番號
貞夫人安東張氏實紀	李獻遠 編, 木川書堂, 光武8(1904)跋.	不分卷1冊, 朝鮮木版本, 四周雙邊, 半郭: 20.4×15cm, 有界, 半葉: 7行12字, 註雙行, 白口, 內向二葉花紋魚尾, 29.4×49.5cm, 線裝, 紙質: 楮紙	被傳者 : 李時明妻張氏(1598~1680). 表題: 張夫人實紀. 跋: 甲辰(1904)三月上浣九代孫李壽炳謹跋. 附: 遺墨	KS0432-1-02-00130

• 原典과 出刊

1책의 조선목판본. 조선 후기 학자 李時明(1590~1674)
의 부인 安東張氏의 유고와 행장 등을 모아 간행. '張
氏遺稿'라고도 하는데, 이 책은 현손인 李宇泰가 그녀
의 필적과 시문을 모아 1844년(헌종 10) 甲辰에 9대손
인 壽炳이 간행하였다는 발문이 있음.

• 著者紹介

貞夫人安東張氏 : 본관은 安東. 張興孝의 딸로, 李時
明의 부인이며, 李玄逸의 어머니. 어려서부터 총명하
여 시문·서화에 능하였고, 數理學에도 통달하였다고
함. 10세 전후에 지은 「鶴髮詩」·「蕭蕭吟」·「聖人吟」
등은 시상이 탁월한 명시로 꼽힘. 당시의 명필 鄭允穆
이 그녀가 쓴 「赤壁賦」를 보고 극찬을 했다고 함.

19세에 출가하여 남편을 내조하고, 슬하에 현일 등 대학자를 많이 길러내어 宋代 程顥·程頤
형제를 낳은 侯夫人과 李珥의 어머니 申師任堂에 비견된다고 함.

• 作品內容

『貞夫人安東張氏實紀』은 조선 후기 학자 李時明(1590~1674)의 부인 張氏의 유고와 행장 등
을 모은 시문집. 이 책에 수록된 글은 7수의 시와 1편의 書를 비롯하여, 부록으로 行實記
등 장씨의 행장과 유묵(글씨)이 대부분임.

• 版本構成

詩는 「鶴髮詩」(8언 3장)와 오언절구 5수, 칠언절구 1수가 있고, 書는 「寄兒徽逸」이 있으며,
그 밑에 아들 휘일의 답신인 「附答上書」가 수록되어 있음.

부록에는 「행실기」와 「壙誌」·「傳家寶帖跋」, 그리고 유묵 16폭을 덧붙여놓았음. 아들에게
보낸 편지인 「기아휘일」은 아들이 과음으로 병이 난 것을 편지로써 경계한 것. 시 중 「鶴髮
詩」·「稀又詩」 등은 시상이 탁월한 명시로, 당대에 애송되던 작품이라고 함.

(142) 정재선생문집(定齋先生文集)

書名	出版事項	版式狀況	一般事項	所藏番號
定齋先生文集	柳致明 (1777~1861)著, 高宗20(1883)刊.	53卷27冊, 朝鮮木版本, 四周雙邊, 半郭: 19.8×15.9㎝, 有界, 半葉: 10行20字, 註雙行, 白口, 上下內向二葉花紋魚尾, 31.5×20.5㎝, 線裝, 紙質: 楮紙.	年譜末刊記: 今上二十年癸未(1883)刊行文集(37卷19冊), 三十八年辛丑(1901)刊行續集及附錄(17卷8冊)	KS0432-1-04-00440

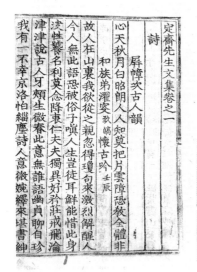

● 原典과 出刊

53권 27책의 조선목판본. 柳致明의 시문을 1883년(고종 20) 문인 李敦禹 등이 편집·간행함. 속집 및 부록은 1901년 간행됨. 목록 1권, 본집 36권, 속집 12권, 부록 5권, 합 54권 27책의 목판본(목록 1권포함).

● 著者紹介

柳致明 : 본관은 全州, 자는 誠伯, 호는 定齋. 李象靖의 외증손, 아버지는 진사 晦文, 어머니는 韓山李氏. 이상정의 문인인 南漢朝·柳範休·鄭宗魯·李瑀 등의 문하에서 수학함.

1805年(순조 5) 별시문과에 병과로 급제. 승문원부정자·성균관전적·사간원정언·사헌부지평·세자시강원문학 등을 거쳐 1831년 全羅道掌試都事가 됨. 1832年 홍문관교리에 발탁되었고, 1835年(헌종 1) 우부승지가 됨. 그 뒤 초산부사·공조참의를 거쳐 1847년 대사간이 됨. 초산부사로 있을 때에는 賑政에 힘쓰고 還穀·田結의 폐단을 교정하는 등 여러 가지 치적을 쌓아 백성들이 生祠堂을 지었다고 함. 1853년(철종 4) 嘉善階에 오르고 한성좌윤·병조참판 등을 역임.

1855年 莊獻世子의 추존을 청하는 상소를 올렸다가 대사간 朴來萬의 탄핵을 받고 상원에 유배되어 智島에 안치되었다가 그 해에 석방됨. 1856年 嘉義大夫의 품계에 올랐으나 나가지 않았고, 1857年 제자들이 지어준 雷巖의 晚愚齋에서 후진 양성에 전념하였다고 함. 1860년 동지춘추관사가 되고, 이듬해 별세하였음.

● 作品內容

『定齋先生文集』은 조선 후기의 문신·학자 柳致明의 시문집.

• 版本構成

- 本集 권1 : 詩 16수, 疏 13편.
- 권2~21 : 書 676편, 잡저 23편.
- 권22~23 : 序 21편, 記 17편, 跋 30편, 字辭 3편, 銘 1편, 뇌문 6편.
- 권24~26 : 축문 46편, 제문 22편, 傳 1편, 碑 7편, 묘지명 30편.
- 권27~30 : 묘갈명 64편, 묘갈명 21편, 묘표 6편.
- 권31~36 : 諡狀 2편, 행장 3편, 행장 30편, 유사 11편 등이 수록.
- 續集 권1 : 詩 14수, 소 1편, 書 32편.
- 권2~6 : 書 244편.
- 권7~8 : 잡저 20편.
- 권9~10 : 序 31편, 기 9편, 발 21편, 애사 2편, 뇌문 4편, 축문 20편, 제문 15편.
- 권11~12 : 묘지명 18편, 묘갈명 28편, 묘표 7편, 행장 4편, 유사 3편.
- 附錄 권1 : 연보.
- 권2 : 만사 · 제문 · 文集告成文.
- 권3 : 행장 · 묘갈명.
- 권4 : 寓慕錄 · 敍述 · 어록.
- 권5 : 가장 등이 수록됨.

(143) 정암선생문집(靜菴先生文集)

書名	出版事項	版式狀況	一般事項	所藏番號
靜菴先生 文集	趙光祖 (1482~1519)著	8卷4冊, 朝鮮木版本, 四周雙邊, 半郭: 18.0×14.0 ㎝, 有界, 半葉: 10行18字, 註雙行, 白口, 上下內向 混入花紋魚尾, 29.1×19.3㎝, 線裝, 紙質: 楮紙	跋: 金鍾秀(1781) · 朴世采(1681 · 1685)	KS0432-1-04-00438

• 原典과 出刊

8권 4책의 조선목판본. 趙光祖의 遺文과 事蹟을 李箕疇 등이 수집해 그의 5대손 渭叟에게 줌. 선조의 어명으로 金宏弼 · 李彦迪 · 鄭汝昌 등의 문집과 함께 『儒先錄』이라는 이름으로 贊錄됨. 그 뒤 1683년(숙종 9) 朴世采 등에 의해 原集 4편에 부록을 추가, 5편으로 편찬되고 宋時烈에 의해 간행됨. 그 뒤 죽수서원본을 底本으로 梁會淵이 閔正植의 후원을 받아 1892년(고종 29)에 간행함.

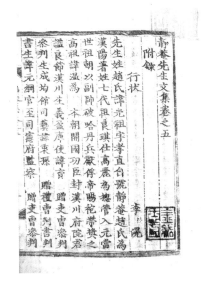

• 著者紹介

趙光祖 : 본관은 漢陽, 자는 孝直, 호는 靜菴. 한성 출생으로 개국공신 趙溫의 5대손, 趙育의 증손, 할아버지는 趙衷孫, 아버지는 감찰 趙元綱. 어머니는 驪興閔氏로 閔誼의 딸. 17세 때 魚川察訪으로 부임하는 아버지를 따라가, 무오사화로 유배 중이던 金宏弼에게 수학함. 『소학』·『近思錄』 등을 토대로 성리학 연구에 힘써 金宗直의 학통을 이은 士林派의 영수가 됨.

1510년(중종 5) 사마시에 장원으로 합격, 1515년(중종 10) 造紙署司紙라는 관직에 초임되어, 그 해 가을 별시문과에 을과로 급제하여 전적·감찰·예조좌랑을 역임. 1517년에는 교리로 경연시독관·춘추관기주관을 겸임했으며, 1518년 부제학이 되었고, 그 해 11월에는 대사헌에 승진되어 부빈객을 겸하게 됨. 그는 한편으로 薦擧試取制인 賢良科를 처음 실시하게 하여 金湜·安處謙·朴薰 등 28인이 뽑혔으나, 훈구대신들의 탄핵으로 투옥, 영의정 鄭光弼의 간곡한 비호로 賜死를 겨우 면하고 능주에 유배됨. 그 뒤 기묘년 12월 바로 사사됨.

• 作品内容

『靜菴先生文集』은 조선 중기의 문신이자 학자 趙光祖의 시문집. 1683년 송시열의 서문, 1681년 박세채의 발문이 수록.

• 版本構成

- 本集 권1 : 賦 1편, 시 5수.
- 권2 : 對策 1편, 疏 1편, 啓辭 13편, 書 1편, 잠 1편, 묘갈 1편, 供狀 3편.
- 권3 : 經筵陳啓 44편.
- 권4 : 경연진계 36편, 拾遺로 啓 5편.
- 권5 : 筵中記事 4편, 습유에 記事와 유묵으로 구성.
- 附錄 권1 : 事實.
- 권2 : 語類.
- 권3 : 계·소·차.
- 권4 : 傳旨·제문·축문·記文·발문.

- 권5 : 세계와 연보.
- 권6 : 행장·묘지명·신도비명·발문 등으로 구성.

(144) 제산선생문집(霽山先生文集)

書名	出版事項	版式狀況	一般事項	所藏番號
霽山先生文集	金聖鐸 (1684~1747)	14卷7冊(零本), 朝鮮木版本, 四周雙邊, 半郭: 19.4×14.9㎝, 有界, 半葉: 11行21字, 註單行, 白口, 上下內向一葉花紋魚尾, 30.6×19.8㎝, 線裝, 紙質: 楮紙.	表題·版心題: 霽山集, 藏書記: 後彫堂, 內容: 卷1-6·9-16	KS0432-1-04-00445

● 原典과 出刊

14권 7책이 남아있는 조선목판본. 金聖鐸의 시문을
아들 金樂行이 간행을 하려다 이루지 못하고 세상을
떠나자, 조카 金道行이 김성탁과 친분이 있던 남인 학
자들과 함께 진행함.

김도행의 편지 「答柳叔文叔遠」에 10여 년 동안 방치
했던 큰아버지의 유고를 勘定하는 일이 이제 거의 끝
나게 되었다는 내용, 류도원의 편지 「與大山李先生」
에 이미 16권 8책으로 정본을 만들었다며 이상정에게
교정을 청하는 내용이 남아있음. 이를 통해 1781년경
김성탁의 문집에 대한 편차와 교정이 8책으로 거의 마
무리되었음을 추정할 수 있음.

● 著者紹介

金聖鐸 : 본관은 義城, 자는 振伯 호는 霽山. 할아버지는 생원 邦烈, 아버지는 泰重, 어머니
는 순천김씨로 호군 如萬의 딸. 어려서부터 문장에 통달하였다고 함. 1728년(영조 4) 李麟佐
의 난 때 의병을 일으키고, 倡義所에서 討逆文을 각 지방의 儒門에 보내어 의병에 가담할
것을 적극 권하였다고 함. 그 공로로 按覈使의 추천을 받아 참봉에 임명됨. 1734년 어사 朴
文秀와 이조판서 趙顯命의 추천으로 다시 참봉에 임명되었으나 모두 사퇴하고 부임하지 않
았음.

그 뒤 監賑御史 李宗白의 추천으로 司果에 기용되어 司畜署別提를 역임. 1735년 증광문과에 을과로 급제하여 사헌부지평이 되었고, 사간원정언·홍문관수찬 등을 역임. 1737년 李玄逸의 伸寃疏를 올렸다가 왕의 노여움을 사서 旌義에 유배되었다가 광양으로 이배되어 배소에서 숨을 거둠.

• 作品內容

『霽山先生文集』은 조선 후기의 문신이며 학자인 金聖鐸의 시문집.

• 版本構成

- 권1~2 : 시와 만장 296수.
- 권3 : 疏 7편.
- 권4 : 筵中奏對 1편, 辭狀 9편.
- 권5~11 : 書 164편.
- 권12 : 잡저 9편, 序 9편.
- 권13 : 序 8편, 記 4편, 題跋 8편, 상량문 4편, 箋 3편.
- 권14 : 제문 23편, 애사 7편.
- 권15 : 碑誌 11편, 행록 4편.
- 권16 : 행장 6편 등이 수록.

(145) 존재선생문집(存齋先生文集)

書名	出版事項	版式狀況	一般事項	所藏番號
存齋先生文集	李徽逸 (1619~1672) 著, 朝鮮朝後期 刊.	6卷2冊(零本), 朝鮮木版本, 四周雙邊, 半郭: 19.5×15.1㎝, 有界, 半葉: 10行20字, 註雙行, 白口, 上下內向一葉花紋魚尾, 30.3×20.2㎝, 線裝, 紙質: 楮紙.	表題: 存齋集, 序: 上之二十年(1694)…安東卷瑎(1639~1704)敍. 內容: 卷1-6, 共3冊 中 第3冊 缺	KS0432-1-04-00449

• 原典과 出刊

6권 2책이 남아있는 조선목판본. 李徽逸의 시문을 1694年(숙종 20) 아우 玄逸이 편집하여 8권 3책으로 간행함.

• 著者紹介

李徽逸 : 본관은 載寧, 자는 翼文, 호는 存齋. 참봉 李時明의 아들로, 承議郞 李時成에게 입양되었으며, 어머니는 안동 장씨로 張興孝의 딸. 李玄逸의 형. 13세 때 외할아버지 張興孝의 문하에 들어가서 『맹자』의 存心養性의 설을 배웠다고 함.

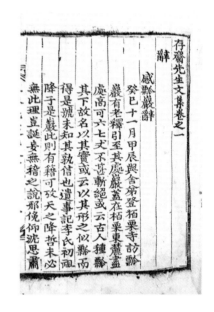

병자호란을 겪으면서 병법공부에 매진하였으나, 효종이 죽은 뒤에는 쓸모없음을 느껴 『근사록』·『심경』·『성리대전』·『역학계몽』·『주자절요』·『퇴계집』 등을 연구하여 성리학의 일가를 이룸. 또한, 예를 존중하여 『가례』를 참작, 喪祭大要와 節目을 窮盡整理하여 習俗의 폐단을 시정함. 뒤에 학행으로 천거되어 참봉에 임명되었으나 부임하지 않음. 영해의 仁山書院에 봉향되었고 저서로 『존재집』·『구인략』·『홍범연의』 등.

• 作品內容

『存齋先生文集』은 조선 후기 학자 李徽逸의 시문집. 권두에 權瑎의 서문이, 권말에 任元耉의 발문이 수록.

• 版本構成

- 권1 : 辭 1편, 시 110수.
- 권2~3 : 書 51편.
- 권4 : 序 1편, 記 2편, 잡저 10편.
- 권5 : 제문 5편, 묘지명 5편.
- 권6 : 행장 5편.
- 권7 : 拾遺로 시 17수, 書 2편, 제문 2편.
- 권8 : 부록으로 행장, 묘지명, 애사, 제문 13편, 만사 22수, 상량문, 봉안문, 상향축문 등.

(146) 지곡선생유집(芝谷先生遺集)

書名	出版事項	版式狀況	一般事項	所藏番號
芝谷先生遺集	金正漢(1711~1766)著, 1911刊.	4卷2冊, 朝鮮木版本, 四周雙邊, 半郭: 19.1×15.4㎝, 有界, 半葉: 10行18字, 註單行, 白口, 上下內向二葉花紋魚尾, 31.5×21㎝, 線裝, 紙質: 楮紙.	表題: 芝谷遺集, 刊記: 歲白猪(辛亥, 1911)…自芝谷印送于晩對軒.	KS0432-1-04-00458

● 原典과 出刊

4권 2책의 조선목판본. 金正漢의 시문을 1911년 후손이 간행. 서문·발문은 없고, 권말에 墨書로 刊記가 수록.

● 著者紹介

金正漢 : 본관은 義城, 자 扶仲, 호는 芝谷. 의성김씨 安東 川前 입향조인 청계 璡의 7세손으로 舜錫의 아들. 7세 때에 아버지를 여의고 형 宇漢을 따라 절에 가서 공부하였으며 뒤에 霽山 金聖鐸의 문하에서 공부하였는데, 매우 영민하여 쉽게 글을 익혔다고 함. 스승의 당부에 따라 향시에 여러 차례 장원으로 급제하였으나 벼슬하지 않고 제자들을 가르치는 일에 전념.

● 作品內容

『芝谷先生遺集』은 조선 후기의 학자 金正漢의 시문집.

● 版本構成

- 권1 : 시 125수.
- 권2 : 書 5편, 잡저 9편.
- 권3 : 序 2편, 記 3편, 告辭 1편, 제문 16편, 애사 1편.
- 권4 : 부록으로 만사·제문·행장·考終錄·묘갈명·묘지명 등이 수록.

(147) 지산선생문집(芝山先生文集)

書名	出版事項	版式狀況	一般事項	所藏番號
芝山先生文集	金八元(1544~1589)著, 金宗漢·金宗愚 編, 純祖26(1826)序.	2卷1冊, 朝鮮木活字本, 四周單邊, 半郭: 20.4×15.4㎝, 有界, 半葉: 10行18字, 註雙行, 白口, 上下內向二葉花紋魚尾, 31.7×20.8㎝, 線裝, 紙質: 楮紙.	序: 金是瓚(1826), 藏書記: 後彫堂	KS0432-1-04-00461

• 原典과 出刊

2권 1책의 조선목활자본. 金八元의 시문을 1826年(순조 26) 후손 宗漢·宗愚 등이 편집, 간행.

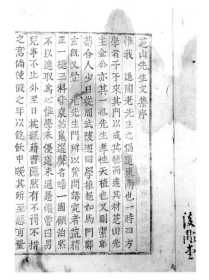

• 著者紹介

金八元 : 본관은 江陵, 자는 舜擧, 秀卿, 호는 芝山. 아버지는 三陟訓導 績, 어머니는 永春李氏로 自芸의 딸. 태어난 지 며칠 만에 어머니를 여의고 외가에서 자랐으며, 周世鵬·李滉 등의 문하에서 수학. 趙穆·具鳳齡 등과 산사에 모여 학문을 닦고, 조목과 함께 「人心道心圖」를 만들기도 하였음.

1555年(명종 10) 사마시를 거쳐 식년문과에 을과로 급제, 1562년 學錄에 임명된 뒤 박사·전적·예조좌랑을 거쳐 용궁현감 등을 지냄. 玉溪書院·汾邱書院 등에 봉안됨.

• 作品內容

『芝山先生文集』은 조선 중기의 문신·학자 金八元의 시문집. 권두에 金是瓚의 서문 수록.

• 版本構成

- 권1 : 賦 5편, 시 108수.
- 권2 : 시 45수, 書 2편, 贊·識·說·제문 각 1편.
- 부록 : 행장·묘갈명·묘지명·제문 각 1편, 만사 1수, 師友贈遺 23편, 봉안문 3편, 상향축문 1편 등이 수록.

(148) 지산선생문집(芝山先生文集)

書名	出版事項	版式狀況	一般事項	所藏番號
芝山先生文集	曹好益 (1545~1609) 著, 高宗19(1882) 跋.	9卷4冊, 朝鮮木版本, 四周雙邊, 半郭: 20.5×15.4cm, 有界, 半葉: 10行20字, 註雙行, 白口, 上下內向二葉花紋魚尾, 29.2×19.4cm, 線裝, 紙質: 楮紙.	表題: 芝山集, 內容: 文集6卷3冊·附錄3卷1冊, 重刊識: 李敦禹(1882)	KS0432-1-04-00460

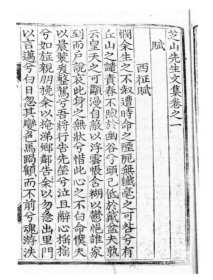

● 原典과 出刊

9권 4책의 조선목판본. 曹好益의 시문을 1882年(고종 19) 그의 후손 曹光復 등이 편집·간행.

● 著者紹介

曹好益 : 본관은 昌寧, 자는 士友, 호는 芝山. 사옹원정 曹致虞의 증손, 할아버지는 예조정랑 曹孝淵, 아버지는 증좌참찬 曹允愼. 어머니는 仁同張氏로 宣略將軍 仲羽의 딸. 李滉의 문인.

1575년(선조 8) 경상도도사 崔滉이 부임하여 軍籍을 정리할 때 그를 檢督에 임명, 閑丁 50명을 督納하게 하였으나 병을 핑계로 거절하자 土豪라고 上奏하여 다음해 평안도 강동현에 유배됨.

1592년 임진왜란 때 柳成龍의 청으로 풀려나와 金吾郎에 특별 임명되어 行在所가 있는 중화로 달려가 召募官이 되어 軍民을 규합, 중화·상원 등지에서 전공을 세워 鹿皮를 하사받음. 이어 형조정랑·折衝將軍에 승진되고, 1593년 평양싸움에 참가하는 등 전공을 세움. 대구부사·성주목사·안주목사·성천부사 등을 역임하고, 1597년 정주목사가 되었으나 병으로 사직함. 1604년 선산부사, 1606년 남원부사에 임명되었으나 병으로 나가지 못함. 이조판서에 추증되고, 永川의 芝峰書院과 道岑書院, 성천의 鶴翎書院, 강동의 淸溪書院에 제향됨.

● 作品內容

『芝山先生文集』은 조선 중기의 학자 曹好益의 시문집. 권두에 世系圖와 목록이 있고, 李敦禹의 발문이 수록.

● 版本構成

　- 原集 권1 : 賦·詩.

　- 권2~3 : 書.

　- 권4 : 축문·제문·묘지명.

　- 권5 : 箋·序·기·발·잡저.

　- 권6 : 이기변·제서질의가 수록.

　- 附錄 권1 : 연보.

　- 권2 : 저자에 대한 사제문·만사·행장·시장·신도비명·묘갈명·상향문 등.

　- 권3 : 저자의 배향서원인 道岑·鶴翎·淸溪 등 서원의 편액 및 시호를 請하는 疏와 回啓가
　　수록됨.

(149) 지촌선생문집(芝村先生文集)

書名	出版事項	版式狀況	一般事項	所藏番號
芝村先生文集	金邦杰(1623~1695)著, 高宗2(1865)刊.	4卷2冊, 朝鮮木版本, 四周雙邊, 半郭: 18.4×15.7㎝, 有界, 半葉: 10行18字, 註單行, 白口, 上下內向二葉花紋魚尾, 31.8×20.8㎝, 線裝, 紙質: 楮紙.	序: 嘉善大夫前兵曹參判兼同知義禁府事春秋館事五衛都摠府副摠管柳致明(1777~1861) 謹序, 刊記: 崇禎紀元後四四乙丑(1865)開刊.	KS0432-1-04-00466
芝村先生文集	上同	4卷2冊, 朝鮮木版本, 四周雙邊, 半郭: 18.2×15.6㎝, 有界, 半葉: 10行18字, 註單行, 白口, 上下內向二葉花紋魚尾, 31.4×20.8㎝, 線裝, 紙質: 楮紙.	表題: 芝村集, 序: 柳致明, 刊記: 崇禎紀元後四乙丑(1865)開刊, 藏書記: 烏川菊蘭宅藏	KS0432-1-04-00467

● 原典과 出刊

　4권 2책의 조선목판본. 金邦杰의 시문을 저자 사후 아들들이 거두어 家藏하여 오다가, 柳致
明의 讎校를 거치고 그의 서문을 받아 후손들이 1865년에 간행.

● 著者紹介

　金邦杰 : 본관은 義城, 자는 士興, 호는 芝村. 金守一의 증손, 할아버지는 진사 金澈, 아버지
는 金是榲, 어머니는 지평 金奉祖의 딸.

海山阻絶聲塵廩接雖日同道如隔弱水旣無
奉拜之路且無候問之倮徒切嚮慕而已卽此
意外伏承下札仍叩白足備起居之詳謹悉
隨遇而安處困愈亨豈勝慰豁之至累人明時
薄譴實荷
息守魄而其精巳銷巳矣老而病而死理勢
固然奈何海島風土不祥以比雖枉處江山有

渥恩惟老病日渡寄命枕席雖綫

答柳判書命賢○甲戌

書

芝村先生文集卷之三

1660년(현종 1) 증광 문과에 병과로 급제하여 1675년 지평, 이듬해 정언을 거쳐 장령이 되어 吏胥들의 防納으로 인한 백성들의 피해를 상소하기도 함. 그 뒤 부수찬·수찬 등을 지내고 1689년 사간이 되었으나, 그 해 仁顯王后閔氏가 폐위되자 諫官으로 왕의 과오를 사전에 방지하지 못한 데 책임을 느껴 낙향함. 이듬해 승지가 되었으며 1692년에 대사간, 이듬해 대사성을 지냄.

• 作品內容

『芝村先生文集』은 조선 중기 학자 金邦杰의 시문집.

• 版本構成

- 권1 : 시 108수.

- 권2 : 疏 20편.

- 권3 : 書 65편, 잡저 2편, 축문 7편, 제문 2편, 丘墓文 4편.

- 권4 : 부록으로 저자에 관한 만사 38수, 제문 8편, 묘지·묘갈 및 행장·行年記 등.

(150) 진악당집(眞樂堂集)

書名	出版事項	版式狀況	一般事項	所藏番號
眞樂堂集	金就成 著	2卷1冊, 朝鮮木版本, 四周雙邊, 半郭: 20.3×14.8㎝, 有界, 半葉: 10行18字, 註單行, 白口, 上下內向二葉花紋魚尾, 32.3×20.4㎝, 線裝, 紙質: 楮紙.	序: 丁範祖(1789), 跋: 金夢華(1791)	KS0432-1-04-00470

• 原典과 出刊

2권 1책의 조선목판본. 金就成의 시문을 1791년(정조 15) 동생 就文의 문집에 합간 하였다가 뒤에 방손 夢華가 다시 편집, 간행함.

• 著者紹介

金就成 : 1492~1550. 본관은 善山, 자는 成之, 호는 眞樂堂 또는 西山. 아버지는 贈吏曹參判

匡佐이며, 어머니는 林氏로 礴의 딸.

일찍이 朴英의 문하에 들어가서 『중용』과 『대학』의
깊은 뜻을 배워 存心養性의 방법과 觀物省察의 오묘
한 뜻을 터득하고, 無極과 太極의 妙用을 배워 그 이
치를 깨달았다고 함. 한평생을 학문탐구에 몰두하여
일가를 이룸. 만년에는 당시의 대학자이며 재상이었
던 金正國과 李彦迪의 추천으로 네 차례나 참봉에 임
명되었으나, 모두 사직하고 한 번도 부임하지 않았음.
의학에 대하여 깊은 연구를 하여 많은 이들을 치료하
였다고 전함.

• 作品内容

『眞樂堂集』은 조선 중기의 학자 金就成의 시문집. 권두에 丁範祖의 서문이, 권말에 夢華의
발문이 수록.

• 版本構成

- 권1 : 시 6수, 書 3편, 잡저 6편.
- 권2 : 잡저 1편.
- 부록 : 묘지·제문·만장·洛峯書院奉安文·常享文·書院宣額時賜祭文　각 1편, 諸賢記述
  13편 등이 수록.

(151) 진일재선생문집(眞一齋先生文集)

書名	出版事項	版式狀況	一般事項	所藏番號
眞一齋先生文集	柳崇祖 著	4卷2冊, 朝鮮石版本, 四周雙邊, 半郭: 19×15.1㎝, 有界, 半葉: 10行18字, 註單行, 白口, 上下內向二葉花紋魚尾, 30.5×20.4㎝, 線裝, 紙質: 楮紙.	序: 丁範祖·鄭宗魯	KS0432-1-04-00472

• 原典과 出刊

4권 2책의 조선석인본. 柳崇祖의 유집을 후손들이 여러 기록들에서 유승조와 관련된 자료를 수집하여 간행함. 간행된 연대는 철종 때 유숭조에게 이조참판을 증직한 내용이 실린 것과, 제2책의 말미에 '안동의 本孫家에서 戊辰年 10월에 중간한다'는 등의 기록을 참고할 때, 1868년(고종 5)에 간행된 것으로 추정.

● 著者紹介

柳崇祖 : 1452~1512. 본관은 全州, 자는 宗孝, 호는 眞一齋. 永興大都護府使 柳濱의 증손, 할아버지는 柳敬孫. 아버지는 서령 柳之盛이며, 어머니는 權得의 딸. 1472년(성종 3) 사마시에 합격해 진사가 되었고, 1489년(성종 20) 식년 문과에 병과로 급제해 교서관정자에 발탁되고 師儒錄에 들었음. 그 뒤 司諫院正言·弘文館副校理·司憲府掌令 등을 지내면서 정부 관원들의 기강 확립과 국왕에 대한 간쟁에 힘썼다고 함. 1504년(연산군 10) 국왕의 어지러운 정치를 직간하다가 미움을 사서 원주로 유배되었다가 중종반정으로 복직되고, 이와 함께 네 資級을 뛰어 판결사에 등용되었고, 공조참의로 옮겨져 三公들의 주청으로 경연관을 겸임하였음. 이어 성균관대사성·동지중추부사, 황해도관찰사를 역임.

18년 동안의 벼슬길을 거의 성균관에서 보내면서 趙光祖 등 신진 유림을 다수 배출시켜 성리학의 학풍을 크게 북돋움. 『서경』·『역경』·『예기』, 천문·曆象에 통달해 자신이 손수 혼천의를 만들기도 함. 『칠서언해』는 언해의 효시로 후학들에게 큰 공적을 남겼으며, 시호는 文穆. 저서로 『진일재문집』 4권, 『大學箴』 1권 등.

● 作品内容

『眞一齋先生文集』은 조선 중기의 문신·학자 柳崇祖의 유집.

● 版本構成

권두에는 丁範祖·鄭宗魯의 서문, 연보·시·疏·書·부록 등으로 구성.
권말에 金道行 등의 발문. 2책에는 『大學箴』과 『性理淵源撮要』가 수록됨.

(152) 철성연방집(鐵城聯芳集)

書名	出版事項	版式狀況	一般事項	所藏番號
鐵城聯芳集	李陸 編	3卷3冊, 朝鮮木版本, 四周雙邊, 半郭: 19×14.8㎝, 有界, 半葉: 10行19字, 註單行, 白口, 上下內向二葉花紋魚尾, 31×20.5㎝, 線裝, 紙質: 楮紙.	版心題: 聯芳集, 重刊 序: 鄭宗魯, 序: 李陸 (1476)·徐居正(1476)	KS0432-1-04-00478

• 原典과 出刊

3권 3책의 조선목판본. 李原의 시문을 손자 陸과 외손 柳允謙이 편집하고, 외손 尹壕가 1476년(성종 7)에 간행.

• 著者紹介

李原 : 1368~1430. 본관은 固城, 자 次山, 호 容軒, 시호는 襄憲. 고려말 서법의 일가를 이룬 杏村 李嵓의 손자이며 밀직부사 李岡의 아들.

매형인 陽村 權近에게서 글을 배웠고 1382년(우왕 8)에 15세의 나이로 진사가 되고 1385년(우왕 11) 18세에 문과에 급제함. 司僕寺丞에 등용되고 공조·예조의 좌랑, 병조정랑을 역임.

조선 개국 후 지평이 되었고 정종 때 좌승지에 올라, 제2차 왕자의 난 때 李芳遠을 도운 공으로 佐命功臣 4등에 책록되고, 鐵城君에 봉해짐. 대사헌·경기도관찰사를 지내고 1403년(태종 3) 사은사로 명나라에 다녀와 이후 平壤府尹·中軍摠制·參知議政府事·大司憲·漢城府判事 등을 역임하였고 鐵城府院君이 되었음. 1415년 이소판서에 이어 대사헌·병조판시·의정부參贊·찬성사를 거쳐 세종이 즉위하자 우의정에 발탁되었고 1422년(세종 4) 좌의정에 올랐으나 1426년 많은 노비를 불법으로 차지했다는 사헌부의 탄핵을 받고 礪山에 귀양가 병사함.

문집에 『容軒集』, 『鐵城聯芳集』 등. 1790년(정조 14)에 경상도 청도의 明溪書院에 배향되었다가 1836년(헌종 3)에 안동의 明湖書院으로 옮겨짐.

• 作品內容

『鐵城聯芳集』은 고려 말 조선 초의 학자 李原의 시문집. 총 251수의 시가 실렸는데, 오언시 60수, 칠언시 159수, 기타 32수. 권두에 徐居正·이육·鄭麟趾의 서문이 있고, 권말에 유윤겸과 윤호의 발문이 수록.

• 版本構成

- 卷1: 杏村先生逸稿(李嵒著)·平齋先生文集(李剛著).
- 卷2: 容軒先生文集(李源著), 容軒先生集序:鄭麟趾(1475), 跋:柳允謙(1475)·尹壕叔(1476).
- 卷3: 忘軒先生文集(李胄著), 忘軒先生李公遺集序:柳潭(1804), 跋:權訪(1804)·李周楨(1804).
- 附: 杏村遺墨, 刊記:甲子(1804)夏六月日重刊于花山之伴鷗亭.

(153) 청기세고(靑己世稿)

書名	出版事項	版式狀況	一般事項	所藏番號
靑己世稿	沈誠之 (1831~1904)編.	2卷2冊, 朝鮮木版本, 四周雙邊, 半郭: 20.7×15.8㎝, 有界, 半葉: 10行18字, 註單行, 白口, 上下內向二葉花紋魚尾, 30.8×20.8㎝, 線裝, 紙質: 楮紙.	序: 宋秉璿(1899)·金道和(1899), 跋: 李晚燾·沈鎔(1899)·沈誠之, 重忍後敍: 柳膺睦(1908)	KS0432-1-02-00147

• 原典과 出刊

2권 2책의 조선목판본. 靑松沈氏 10대의 시문을 1899년 후손인 誠之 등이 수집·간행함.

• 著者紹介

沈淵 : 자세한 행적이 남아있지 않음.

沈元符 : 고려 말에 전리판사를 지냈으나 조선이 개국되자 벼슬을 거부하고 杜門洞에 들어가 절의를 지킴.

沈孝尙 : 생몰연대 불분명.

沈太山 : 1413~1435. 字는 子高, 令同正 天潤의 孫이니 世宗朝副司果. 潛心力學하여 文藝가 夙就하였고 山淸에서 靑松에 還居함.

沈遜 : 1430~1486. 자세한 행적이 남아있지 않음.

沈弼倫 : 1454~1541. 자세한 행적이 남아있지 않음.

沈鶴齡 : 1521~1586. 宗簿寺主簿를 지냄.

沈淸 : 1554~1597. 본관은 靑松. 자는 千一, 호는 碧節, 九松亭. 아버지는 宗簿寺主簿 沈鶴齡, 어머니는 眞城李氏로 禦侮將軍 李祥의 딸. 1582年(선조 15) 진사시에 합격. 부친상을 당한뒤 벼슬에 뜻을 접고 碧節亭을 지어놓고 학문에 전념함. 1592년 임진왜란 당시 趙亨道·趙東道 형제와 함께 의병을 일으킴. 1596년 청송의 의병장으로 대구팔공산에 들어가 경상도 각처의 의병장과 賦詩同盟을 맺고 전투에 참가하여, 여러 차례 공을 세웠으나 이듬해 12월 島山 싸움에서 전사함.

• 作品內容

『靑己世稿』는 고려말에서 조선 선조 때까지의 문신, 학자, 선비 등 靑松沈氏 10대의 시문집. 고려 때의 문신인 沈淵의 문집인 『祗侯逸稿』, 고려 때 문신인 沈元符의 『岳隱先生逸稿』, 沈孝尙의 『石村逸稿』, 沈太山(1413~1435)의 『弄泉逸稿』, 沈遜(1430~1486)의 『月軒先生逸稿』, 沈弼倫(1454~1541)의 『秋塘逸稿』, 沈鶴齡(1521~1586)의 『道谷逸稿』, 沈淸(1554~1597)의 「碧節逸稿」 등. 오래된 인물이고 흩어진 묘비 등으로 행적을 추적한 것이 대부분이어서 주인공의 생몰연대 등 불분명한 것이 대부분.

• 版本構成

- 卷1: 祗侯公逸稿(沈淵 著)·靑華府院君墓碣(沈元符 著)·岳隱先生逸稿(沈孝尙 著)·令同正逸稿(沈天潤 著)·石村逸稿(沈孝尙 著)·弄泉逸稿(沈太山 著).

- 卷2: 月軒先生逸稿(沈孫 著)·秋塘逸稿(沈弼倫 著)·道谷逸稿(沈鶴齡 著)·碧節逸稿(沈淸 著).

(154) 청대선생문집(淸臺先生文集)

書名	出版事項	版式狀況	一般事項	所藏番號
淸臺先生文集	權相一(1679~1759) 著, 正祖21(1797) 序.	18卷9冊, 朝鮮木版本, 四周雙邊, 半郭: 21.4×15.9㎝, 有界, 半葉: 10行21字, 註雙行, 白口, 上下內向二葉花紋魚尾, 30.7×21.2㎝, 線裝, 紙質: 楮紙.	表題: 淸臺集, 序: 鄭宗魯(1796), 內容: 文集16卷8冊·年譜2卷1冊, 跋: 趙錫喆(1796), 藏書記: 後彫堂	KS0432-1-04-00480

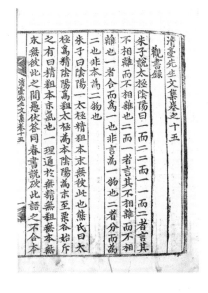

● 原典과 出刊

18권 9책의 조선목판본. 權相一의 시문을 1797년(정조
21) 趙錫喆과 증손 遵이 편집, 간행함.

● 著者紹介

權相一 : 본관은 安東, 자는 台仲, 호는 淸臺. 아버지
는 증이조판서 深, 어머니는 경주이씨로 부사 達意의
딸. 학문을 일찍 깨우쳤으며 20세에 옛사람들의 독서
하는 법과 수신하는 방법을 모아 「學知錄」을 저술함.
1710년(숙종 36) 증광문과에 병과로 급제해 승문원부
정자, 1715년 저작·전석·직강 등을 역임하고, 1720년
예조좌랑을 지냄. 1722년(경종 2) 병조좌랑, 1727년
(영조 3)에는 만경현령이 되어 李麟佐의 난을 토벌해 공을 세움. 1731년 영암군수와 사헌부
장령을 지내고, 1733년 양산군수·군자감정에 임명되었으나 부임하지 않았음.

같은 해 『退溪言行錄』을 교열해 간행. 1745년 봉상시정, 이듬해 사헌부헌납·사간원사성·헌
부집의·동부승지·형조참의 등을 역임하고, 1748년 우부승지로 물러남. 뒤에 대사간·判決
事·홍문관부제학·한성좌윤·지중추부사·대사헌 등을 역임.

저서로는 『청대집』18권, 『初學指南』·『觀書近思錄集解』·『昭代備考』·『家範』·『歷代史抄
常目』과 『日記』 30여 권. 시호는 僖靖이며, 竹林精舍·近菴書院에 향사됨.

● 作品內容

『淸臺先生文集』은 조선 후기의 문신·학자 權相一의 시문집. 권두에 鄭宗魯의 서문과 권말
에 조석철의 발문이 수록.

● 版本構成

- 권1~4 : 詩 860수, 挽詞 79수.
- 권5~9 : 疏 13편, 上書 12편, 箋 1편, 書 184편.
- 권10~11 : 辨 3편, 文 2편, 記事 6편, 잡저 4편, 銘 3편, 상량문 3편, 제문 14편, 誄文 1편,
  애사 1편, 序 5편, 記 10편, 跋 29편.
- 권12~14 : 묘갈명 22편, 묘표 2편, 묘지명 3편, 행장 17편, 유사 1편.

- 권15~16 : 觀書錄 2편.
- 권17~18 : 부록으로 연보·유사·행장·諡狀·신도비·致祭文 각 1편, 제문 14편, 문 4편, 만사 25수로 구성.

(155) 청사선생문집(晴沙先生文集)

書名	出版事項	版式狀況	一般事項	所藏番號
晴沙先生文集	權斗紀(1647~1684)著, 隆熙4(1910)跋.	4卷2冊, 朝鮮木活字本, 四周雙邊, 半郭: 22.7×15.6cm, 有界, 半葉: 10行20字, 註雙行, 花口, 上下向黑魚尾, 32.1×21cm, 線裝, 紙質: 楮紙.	表題: 晴沙文集, 花口題: 晴沙集, 序: 李晚燾(1909), 跋: 趙星復(1826)·權相翊(1910)	KS0432-1-04-00481

• 原典과 出刊

4권 2책의 조선목활자본. 權斗紀 시문을 1910년 7대손 徹淵 등이 편집, 간행함.

• 著者紹介

權斗紀 : 본관은 安東, 자는 汝元. 權潔의 증손, 할아버지는 동부승지 權鑊, 아버지는 한성부좌윤 權堣, 어머니는 제조 徐景霌의 딸. 진사 權垕에게 입양됨. 1669년(현종 10) 진사가 되고 같은 해 정시문과에 병과로 급제. 1673년 10월, 승문원의 정언·지평을 거쳐 사헌부집의·성균관사성을 역임하고 외직으로 서원현감이 되었음. 1683年(숙종 9) 교리가 되어 더욱 식문에 충실하는 동안, 영부사 宋時烈이 태조의 尊號에 正倫昭義를 加上함으로써 위화도회군의 위업을 顯彰하자는 소를 올려, 신병을 핑계로 벼슬에서 물러나고 교외로 나가 은거함. 崔錫鼎이 묘갈명을 지음.

• 作品內容

『晴沙先生文集』은 조선 후기의 문신·학자 權斗紀의 시문집. 권두에 李晚燾의 서문이, 권말에 후손 相翊의 발문이 수록.

- 版本構成

  - 권1~2 : 시 221수.
  - 권3 : 疏 5편, 書 12편, 序 3편, 箋 1편, 애사 2편, 제문 9편, 행장 1편.
  - 권4 : 부록으로 유사·묘지명·묘갈명·만사·제문 등이 수록.

(156) 청풍자선생속집(淸風子先生續集)

書名	出版事項	版式狀況	一般事項	所藏番號
淸風子先生續集	鄭允穆 (1571~1629) 著, 純祖25(1825)跋[後刷].	2卷1冊, 朝鮮木版本, 四周雙邊, 半郭: 20.3×14.8㎝, 有界, 半葉: 10行20字, 註雙行, 白口, 上下內向二葉花紋魚尾, 30.8×20.8㎝, 線裝, 紙質: 楮紙.	表題·版心題: 淸風子續集, 跋: 鄭必奎(1825), 藏書記: 後彫堂	KS0432-1-04-00486

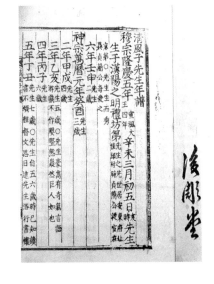

- 原典과 出刊

  원집 4권, 속집 2권, 합 6권 3책의 조선목활자본. 鄭允穆의 시문을 간행. 원집은 1760년(영조 36) 현손 玉 등이 편집, 간행하였고, 속집은 1825년(순조 25) 6대손 必奎 등이 편집, 간행. 후조당에는 속집 2권 1책만 소장됨.

- 著者紹介

  鄭允穆 : 본관은 淸州, 자는 穆如, 호는 淸風子·蘆谷·竹窓居士. 아버지는 西原府院君 琢, 어머니는 巨濟 潘氏로 冲의 딸. 일찍이 가정에서 교육을 받다가 鄭逑·柳成龍의 문하에서 수학. 15세 전에 經史子集의 많은 서책을 읽었다고 전해짐. 필법이 神妙하여 일찍이 李菊窓의 堂壁에 시 두 구절을 초서로 써붙였는데, 임진왜란 때 왜적이 그곳에 陣을 치다가 글씨를 보고 경탄하며 뜰에 내려가 절하고 떠났다고 함.

  1589년(선조 22)에는 謝恩使로 가는 使行길을 따라 중국에 다녀왔고, 벼슬에 뜻이 없어 두차례 齋郎에 임명되었으나 나가지 않다가 1616년(광해군 8) 召村道察訪에 취임하였으며, 1618

년 通訓大夫에 加資됨. 그러나 광해군의 실정에 불만을 품고 사직하고, 산수를 벗 삼아 시와 書로 세월을 보냄. 만년에는 龍宮의 長野坪에 草廬를 짓고 마을의 자제들을 모아 가르쳤으며, 1786년(정조 10)부터 道正書院에 제향됨.

• 作品內容

『淸風子先生續集』은 조선 중기의 학자 鄭允穆의 시문집.

• 版本構成

- 原集 권1~3 : 辭 3편, 시 321수, 書 13편, 제문 5편.
- 권4 : 잡저 4편, 묘갈명 1편, 행장 2편, 부록으로 묘갈·만사·淸風歌·淸風子傳·유묵 등이 수록.
- 續集 권1 : 辭 1편, 시 182수, 書 12편, 제문 2편.
- 권2 : 부록으로 만사·행장·道正書院從享文 등이 수록.

(157) 추천선생문집(鄒川先生文集)

書名	出版事項	版式狀況	一般事項	所藏番號
鄒川先生文集	孫英濟 (1520~1588) 著, 朝鮮朝末期 刊.	2卷1冊, 朝鮮木版本, 四周雙邊, 半郭: 20.7×16.6cm, 有界, 半葉: 10行18字, 註單行, 白口, 上下內向二葉花紋魚尾, 33.4×21.9cm, 線裝, 紙質: 楮紙.	表題: 柳致明(1777~1861) 謹序, 跋: 驪江李鍾祥(1799~1870) 謹識.	KS0432-1-04-00487 KS0432-1-04-00488

• 原典과 出刊

2권 1책의 조선목판본. 孫英濟의 시문을 1900년 후손 振九가 편집, 간행함.

• 著者紹介

孫英濟 : 본관은 密陽, 자는 德裕, 호는 鄒川. 고려 때 문신 孫克訓의 후손이며 참봉 凝의 아들. 李滉의 문인. 1561년(명종 16) 문과에 급제, 成均館典籍·兵禮曹左郎·正郎·司憲府持平 등을 역임. 禮安縣監이 되어서는 善政을 베풀고 향교의 문묘를 중수하는 등 많은 치적을 남김. 이 때 이황에게 나아가 학문과 정치에 대해 가르침을 구하기도 했음.

1574년(선조 7)에 陶山書院을 건립할 때 예안 烏川의 金富弼, 金富倫 등과 함께 주도적인 역할을 하였으며, 學規十條를 정하는 데에도 참여하였다고 함. 밀양 慕禮祠에 제향됨.

• 作品内容

『鄒川先生文集』은 조선 중기 학자 孫英濟의 시문집. 권두에 柳致明의 서문이, 권말에 李鍾祥의 발문이 수록.

• 版本構成

- 권1 : 시 7수, 書 4편, 제문 1편.

- 권2 : 부록으로 시 16수, 師門手柬 1편, 행장 1편, 묘갈명 2편, 유사 2편, 慕禮書院奉安文 1편, 상향축문 1편, 景賢祠上樑文 2편, 補遺로 後凋堂日錄・禮安鄉校重修立約・禮安鄉校儒林狀・諸賢手柬 각 1편 등이 수록.

(158) 춘당선생문집(春塘先生文集)

書名	出版事項	版式狀況	一般事項	所藏番號
春塘先生文集	吳守盈(1521~1606) 著, 光武2(1898) 跋.	4卷2冊, 朝鮮木活字本, 四周單邊, 半郭: 21.8×16㎝, 有界, 半葉: 10行20字, 註單行, 白口, 上下內向二葉花紋魚尾, 30.8×21.1㎝, 線裝, 紙質: 楮紙.	表題: 春塘集, 跋: 崇禎紀元後四[五]戊戌(1898) 許薰(1836~1907) 謹跋. 琴佑忍(1824~1904) 謹跋.	KS0432-1-04-00489

• 原典과 出刊

4권 2책의 조선목활자본. 吳守盈의 시문을 1838년(헌종 4) 11대손 鼎洛이 편집하고 간행.

• 著者紹介

吳守盈 : 본관은 高敞, 자는 謙仲, 호는 春塘, 桃巖. 아버지는 좌승지에 증직된 彥毅, 어머니는 眞城李氏로 李塤의 딸. 李滉의 문인. 1555년(명종 10)진사시에 합격, 1605년(선조 38) 壽

職으로 龍驤衛副護軍이 됨.

어려서 이황의 형제들과 함께 외할아버지인 이우에게 글을 배웠고, 뒤에 이황을 스승으로 섬겨 일거일동을 지시에 따르니 스승도 『二程全書』를 손수 베껴주었다고 함. 1592년 임진왜란이 일어났을 때 72세의 고령으로 직접 전쟁에 참가하지 못함을 한탄하여 趙穆과 金誠一에게 글을 보내 국방에 전력함을 독려하고, 李如松에게도 글을 보내 전공을 치하하였다고 전함. 글씨를 잘 써서 琴輔·李叔樑 등과 함께 宣城三筆의 칭호를 얻음.

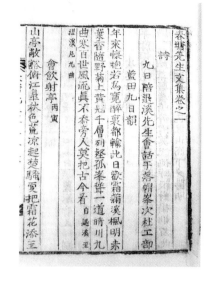

● 作品內容

『春塘先生文集』은 조선 중기의 학자 吳守盈의 시문집. 서문은 없고, 권말에 許薰과 李晩由 등의 발문 세편이 수록.

● 版本構成

 - 권1~3 : 시 389수, 序 3편, 識 1편, 제문 3편.
 - 권4 : 退溪先生履歷草記, 부록으로 贈詩 3수, 書 1편, 행장·묘갈명·家狀 각 1편, 南溪祠 봉안문과 축문 등이 수록.

(159) 충재선생문집(冲齋先生文集)

書名	出版事項	版式狀況	一般事項	所藏番號
冲齋先生文集	權橃(1478~1548)著, 英祖28(1752)序.	9卷5冊, 朝鮮木版本, 四周雙邊, 半郭: 18.4×14.3cm, 有界, 半葉: 10行20字, 註雙行, 白口, 上下內向二葉花紋魚尾, 28.8×18.7cm, 線裝, 紙質: 楮紙.	表題: 冲齋先生集, 序: 洪汝河(1671)·許穆(1681), 中本重刊識: 權斗寅(1705), 重編序: 李光庭(1752), 附: 遺墨	KS0432-1-04-00491
冲齋先生逸稿	權橃(1478~1548)著, 肅宗31(1705)跋.	4卷2冊, 朝鮮木版本, 四周雙邊, 半郭: 21.2×16.4cm, 有界, 半葉: 10行20字, 註雙行, 白口, 上下內向二葉花紋魚尾, 32.2×21.4cm, 線裝, 紙質: 楮紙.	表題: 冲齋文集, 序: 洪汝河(1671), 附: 乙巳禍蹟·遺墨, 重刊後識: 權斗寅(1705), 藏書印: 蒙菴	KS0432-1-04-00492

● 原典과 出刊

9권 5책, 4권 2책의 조선목판본. 權橃의 시문을 1671년(현종 12) 종손 權霂이 초간본을 간행,
중간본은 1705년(숙종 31) 후손 權斗經 등이 간행함.
重編本은 1752년(영조 28) 6세손 權萬이 편집하고 후손 權賚이 간행함. 권두에 洪汝河의 서문, 許穆의 讀權忠定公逸稿, 현손 權斗寅의 中本重刊識, 李光庭의 중편서가 있고, 발문은 없음.

● 著者紹介

權橃 : 본관은 安東, 자는 仲虛, 호는 沖齋·萱亭·松亭. 할아버지는 副護早 權琨, 아버지는 성균생원 증영의정 權士彬, 어머니는 主簿 尹塘의 딸.

1496년(연산군 2) 생원시에 합격. 1507년(중종 2) 문과에 급제. 예문관검열·홍문관수찬·부교리·사간원정언 등을 역임. 1514년 이조정랑, 호조정랑이 되었으며, 얼마 뒤에는 영천군수로 부임. 1517년 장령을 역임하고, 1518년 승정원동부승지·좌승지·도승지와 예문관직제학 등을 거쳐, 1519년 예조참판에 임용됨. 1519년 11월 기묘사화에 연루되어 파직당하고 귀향함.

이후 15년간 고향에서 지내다가 1533년 복직되어 龍驤衛副護軍에 임명되었고, 밀양부사를 거쳐, 1537년 12월 한성부좌윤, 이듬해 2월에는 경상도관찰사, 10월에는 형조참판에 임명됨. 1539년 3월 병조참판에 임용되고, 6월에는 한성부판윤에 올랐으며, 7월에는 宗系辨誣[45])에 관한 일로 奏請使가 되어 동지사 任權과 함께 명나라에 갔다가 이듬해 2월에 돌아와, 1540년 병조판서·한성부판윤, 1541년 5월 예조판서, 11월에는 의정부좌참찬에 임명됨. 1542년 5월 장령이 되었으며, 1544년 정월 다시 의정부좌참찬에 임명됨. 1545년(인종 1년) 5월 의정부우찬성이 되었고, 7월에는 명종이 어린 나이로 즉위하자 院相에 임명됨. 1547년 양재역벽서사건에 연루되어 처음에는 구례로 유배지가 결정되었으나, 곧 이어 泰川으로 바뀌었다가 다시 朔州에 移配되었으며, 이듬해 유배지에서 세상을 떠남.

---

45) 조선 건국 초기부터 선조 때까지 200여 년간 명나라에 잘못 기록된 이성계의 가계를 고쳐 달라고 사신을 보내 주청하던 일

● 作品內容

『冲齋先生文集』은 조선 중기의 문신·학자 權橃의 시문집.

● 版本構成

- 권1 : 시 41수, 啓辭 14편.

- 권2 : 계 15편, 箚子 1편, 소 2편, 書 7편, 제문 1편, 묘표 3편, 對策 1편.

- 권3 : 經筵奏議 1편, 잡저 4편.

- 권4~7 : 일기.

- 권8 : 朝天錄·遺墨.

- 권9~10 : 부록으로, 행장·신도비명·諡議·상량문·봉안문·축문·祭院祠文·請疏·言行箚
  錄·乙巳禍蹟·만장·追感諸編·贈遺·연보·세계도 등이 수록.

(160) 치암문집(恥庵文集)

書名	出版事項	版式狀況	一般事項	所藏番號
恥庵文集	金碩奎 (1826~1883)著, 隆熙2(1908)跋.	8卷4冊, 朝鮮木版本, 四周雙邊, 半郭: 20.3× 16.4cm, 有界, 半葉: 10行19字, 註雙行, 白口, 上下內向二葉花紋魚尾, 31.8×21.1cm, 線裝, 紙質: 楮紙.	表題: 恥庵集, 跋: 戊申(1908)…柳必永 (1841~1924)謹跋.	KS0432-1-04-00494

● 原典과 出刊

8권 4책의 조선목판본. 金碩奎의 시문을 1908년 아들
秉鉉이 편집하고 간행함.

● 著者紹介

金碩奎 : 본관은 宣城, 자는 德文, 호는 恥庵. 김석규
는 輝京의 아들로 榮州사람. 그는 어려서부터 諸子百
家를 두루 읽었고 柳致明의 문하에서 수학함.

● 作品內容

『恥庵文集』은 조선 말기의 학자 金碩奎의 시문집. 서
문은 없고, 권말에 趙必永의 발문이 수록.

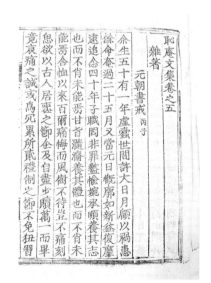

● 版本構成

- 권1~2 : 詩 259수.
- 권3~4 : 疏 1편, 書 66편.
- 권5 : 잡저 4편.
- 권6 : 香山錄 1편, 序 9편, 記·說 등 4편.
- 권7 : 識·고유문 등 7편, 제문·애사 등 17편, 유사·傳 각 1편.
- 권8 : 부록으로 挽·제문·행장·묘갈명 등이 수록.

(161) 치재선생일고(恥齋先生逸稿)

書名	出版事項	版式狀況	一般事項	所藏番號
恥齋先生 逸稿	洪仁祐 (1515~1554)著	3卷3冊, 朝鮮木版本, 四周雙邊, 半郭: 18.1×15.2㎝, 有界, 半葉: 10行19字, 註雙行, 白口, 上下內向二葉花紋魚尾, 30.8×20.4㎝, 線裝, 紙質: 楮紙.	表題: 恥齋集, 版心題: 恥齋遺稿, 序: 許筬	KS0432-1-04-00496

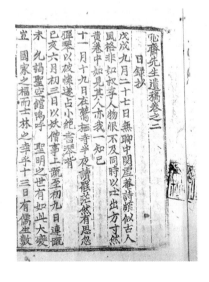

● 原典과 出刊

3권 3책(2권 1책)의 조선목판본. 洪仁祐의 시문을 간행. 편자와 간행연도는 미상.

● 著者紹介

洪仁祐 : 본관은 南陽, 자는 應吉, 恥齋. 아버지는 僉知中樞府事를 지낸 德演, 어머니는 龍仁李氏로 思良의 딸. 徐敬德·李滉의 문인.

1537년(중종 32) 사마시에 합격하였으며, 『심경』·『근사록』·『중용』·『대학』에 전념함. 盧守愼과 許曄은 학문하는 중에 의심나는 것이 있으면 서신이나 구두로 물었고, 金安國도 그의 학행을 칭찬하였다고 함. 어버이의 병환으로 의서를 배워 약의 처방을 알았다고 함. 뒤에 영의정에 추증되었고, 여주의 沂川書院에 배향됨. 저서로 『치재집』 2권과 『關東日錄』 등.

• 作品內容

『恥齋先生逸稿』는 조선 중기의 학자 洪仁祐의 시문집. 권두에 1600년(선조 33)경에 쓴 許篈의 서문이 수록.

• 版本構成

권1 : 시 8수, 箋 2편, 書 13편, 행장 2편.

권2 : 日錄 1편 등이 수록.

• 其他價值

「日錄」은 1538년에서 1552년(명종 7)까지 徐敬德과 李滉의 문하에서 공부할 때의 일기로서, 金安國이 趙光祖의 죄를 방면하여야 한다고 임금에게 말한 것과, 노수신과 『심경』에 관하여 토론한 글 등 당시의 사정을 살펴볼 수 있는 내용들이 담겨 있음.

(162) 퇴계선생문집(退溪先生文集)

書名	出版事項	版式狀況	一般事項	所藏番號
退溪先生文集	李滉(1501~1570)著, 安東, 陶山書院, 朝鮮朝後期 刊.	22卷13冊(零本), 朝鮮木版本, 四周雙邊, 半郭: 20.5×16.3㎝, 有界, 半葉: 10行18字, 註雙行, 白口, 上下內向二葉花紋魚尾, 29.5×20.8㎝, 線裝, 紙質: 楮紙.	表題: 退溪文集, 內容: 目錄·卷3·7-8·11-12·18-19·29-32·36-37·41-49, 藏書記: 後彫堂	KS0432-1-04-00500
退溪先生文集	李滉(1501~1570)著, 朝鮮朝後期 刊.	60卷35冊(零本), 朝鮮木版本, 四周雙邊, 半郭: 19.8×16.7㎝, 有界, 半葉: 10行18字, 註雙行, 白口, 上下內向二葉花紋魚尾, 32.8×21.7㎝, 線裝, 紙質: 楮紙.	內容: 目錄2冊·文集47卷26冊(卷1-12·15-49)·別集1卷1冊·外集1卷1冊·年譜3卷1冊·續集8卷4冊, 續集跋: 李守淵(1746)	KS0432-1-04-00501
退溪先生續集	李滉 著	8卷4冊, 朝鮮木版本, 四周雙邊, 半郭 19.4×15.7㎝, 有界, 半葉: 10行18字, 註雙行, 白口, 上下內向二葉花紋魚尾, 32.2×21㎝, 線裝, 紙質: 楮紙.	跋: 李守淵(1746)	KS0432-1-04-00504

• 原典과 出刊

55권 30책의 조선목판본. 이황의 시문을 여러 번 간행.

1. 庚子本 : 先祖 代에 柳希春의 건의. 趙穆 등이 1599년(선조 32)에 간행하기 시작해 이황이

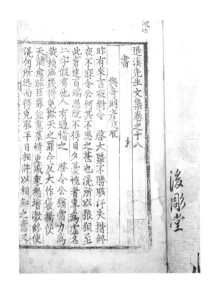

죽은 지 30년이 되는 이듬해인 1600년에 原集 49권, 別集 1권, 外集 1권 등 모두 51권 31책을 목판본으로 초간본 간행.

2. 續集 : 이후에 柳成龍이 『퇴계선생연보』 3권 및 부록 1권을 편찬해 庚子本에 추가. 1746年(영조 22) 6세손 李守淵이 경자본에 수록되지 못한 유고를 수집해 『퇴계선생속집』 8권 4책을 편찬.

3. 樊南本 : 1869년(고종 6) 후손 李彙溥·李彙載·李晩浩·李晩慤 등과 유생 40여 명이 『朱子大全』의 체재를 따르는 중간본을 준비. 불필요한 부분을 뺀 뒤 유생들에게 베껴 쓰게 하고, 李彙溥가 더 수집한 유고를 합해 모두 97권 75책으로 편찬해 樊南家塾에 수

장. 이것이 樊南本으로 불리는 『陶山全書』 필사본. 원집 66권 49책, 외집 1권 1책, 별집 2권 2책, 속집 8권 6책, 遺集 20권 17책으로 구성되었으며, 내제는 '退溪先生全書'.

4. 上溪本 : 1910년 이후에 후손이 번남본을 대본으로 재정리하고 유집을 보충해 원집 66권 27책, 속집 8권 3책, 별집 1권 1책, 외집 1권 1책, 유집 20권 7책 등 모두 96권 39책으로 된 『도산전서』를 편찬해 도산서원의 上溪 光明室에 보관.

● 著者紹介

李滉 : 본관은 眞寶, 자는 景浩, 호는 退溪·退陶·陶叟. 경상도 禮安縣 溫溪里에서 좌찬성 李埴의 7남 1녀 중 막내아들로 출생. 생후 7개월에 아버지의 喪을 당함. 12세에 작은아버지 李堣로부터 『논어』를 배웠고, 1527년(중종 22) 鄕試에서 진사시와 생원시 초시에 합격하고, 다음해에 진사 회시에 급제함. 1533년 성균관에 들어가 金麟厚와 교유하고, 『心經附註』에 심취. 1534년 문과에 급제하고 承文院副正字가 됨.

1537년 어머니 喪으로 향리에서 3년간 복상했고, 1539년 홍문관수찬이 되어 임금으로부터 賜暇讀書의 은택을 받음. 1543년 10월 성균관사성으로 승진하였으나 성묘를 핑계 삼아 사가를 청해 고향으로 되돌아감. 을사사화 후 병약함을 구실로 모든 관직을 사퇴하고, 1546년(명종 1) 고향인 낙동강 상류 兎溪의 東巖에 養眞庵을 세우고 山雲野鶴을 벗 삼아 독서에 전념함. 이때에 토계를 退溪라 개칭하고, 자신의 아호로 삼음. 단양군수 및 풍기군수를 거치고, 1556년 홍문관부제학, 1558년 공조참판에 임명되었으나 여러 차례 고사함.

1560년 陶山書堂을 짓고 아호를 '陶翁'이라 함. 이로부터 7년간 서당에 기거하면서 독서·

수양·저술에 전념하는 한편, 많은 제자들을 양성함. 1567년 명나라 新帝의 사절이 이황의 來京을 간절히 바라 한양으로 갔으나, 명종이 돌연 죽고 선조가 즉위해 그를 부왕의 行狀修撰廳堂上卿 및 예조판서에 임명함. 68세의 노령에 대제학·知經筵의 중임을 맡고, 선조에게 「戊辰六條疏」를 올림. 노환 때문에 여러 차례 사직을 청원하면서 왕에 대한 마지막 봉사로서 『聖學十圖』를 저술하여 어린 국왕 선조에게 바침. 1569년(선조 2) 이조판서에 임명되었으나 사양하고, 번번이 還故鄕을 간청해 마침내 환향 후 學究에 매진. 다음해 11월 종가의 시제 때 무리를 해서인지 우환이 악화되어, 그 달 8일 아침 죽음을 맞이함.

● 作品內容

『退溪先生文集』은 조선 중기 학자 이황의 시문집. 55권(목록 2권, 원집 49권, 별집 1권, 외집 1권, 연보 4권) 30책의 목판본. 표제는 退溪先生文集. 총목록과 당시 전하지 않는 글의 목록인 逸目錄이 각각 1책씩 있음.

● 版本構成

- 原集 권1~5 : 시.
- 권6~8 : 敎·疏·箚·經筵講義·啓議·辭狀·啓辭·書契修答.
- 권9~57 : 書.
- 권58~62 : 雜著·序·記·跋·箴銘·表箋·상량문·축문·제문.
- 권63~66 : 墓碣誌銘·행장이 수록.
- 續集 권1~2 : 시.
- 권3~7 : 書.
- 권8 : 序·跋·碣銘·잡저가 수록.
- 遺集 내편 - 권1 : 歌辭·詩·書.
- 권2~9 : 書.
- 권10 : 잡저·축문·行略이 수록.
- 외편 - 권1 : 가사·賦·시.
- 권2~6 : 書.
- 권7 : 策·잡저·갈명·識·事實·기·後.
- 권8~10 : 잡저가 수록.

(163) 퇴어당유고(退漁堂遺稿)

書名	出版事項	版式狀況	一般事項	所藏番號
退漁堂遺稿	金鎭商 (1684~1755)著, 純祖5(1805)跋.	7卷3冊, 朝鮮木版本, 四周雙邊, 半郭: 20.3×14.6cm, 有界, 半葉: 10行20字, 註雙行, 花口, 上下內向二葉花紋魚尾, 31.8×20.6cm, 線裝, 紙質: 楮紙.	表題·版心題: 退漁遺稿, 跋: 金相穆(1865), 藏書記: 後彫堂藏	KS0432-1-04-00506

● 原典과 出刊

7권 3책의 조선목판본. 金鎭商의 시문을 從孫 金相定 (1722~1788)이 詩, 疏, 達辭만을 대상으로 직접 교정 편차해 둠. 이후 저자의 손자 金相穆이 1805년 咸陽 郡守로 있으면서 김상정이 정리한 稿本을 그대로 가 져다 목판으로 간행.

● 著者紹介

金鎭商 : 본관은 光山, 자는 汝翼, 호는 退漁. 金槃의 증손, 할아버지는 참판 金益勳, 아버지는 金萬埰, 어 머니는 李杭의 딸.

1699년(숙종 25) 진사가 되고 1712년 정시 문과에 병 과로 급제. 說書·持平 등의 관직을 역임, 1720년 홍문록에 올라 修撰을 지냄. 1722년(경종 2) 신임옥사로 茂山에 유배당하였으나 1724년 영조가 즉위하자 풀려나 이조정랑으로 등용 됨. 이어 수찬·弼善·副校理 등을 역임하던 중 1729년(영조 5) 己酉處分으로 실시된 탕평책 에 반발하여 퇴거하기도 하였으나 다시 환로에 진출하여 1735년 副提學, 1738년 대사성, 1740년 대사헌을 거쳐 1753년 좌참찬에까지 이름.

1716년 丙申處分 뒤 尹宣擧의 서원과 문집목판을 훼철할 것을 청하였으며 1719년에는 禧嬪 張氏의 묘를 이장할 때 동궁이 望哭[46]하려는 것을 막는 등 과격한 노론의 입장을 고수함.

● 作品內容

『退漁堂遺稿』는 조선 후기 학자 金鎭商의 시문집.

---

46) 먼 곳에서 어버이의 상사에 대해 그곳을 향해 슬피 우는 일

• 版本構成

　권1~4 : 시 571수.

　권5~7 : 疏 41편, 達辭 6편 등이 수록.

(164) 팔오헌선생문집(八吾軒先生文集)

書名	出版事項	版式狀況	一般事項	所藏番號
八吾軒先生文集	金聲久(1641~1707)著, 高宗10(1873)跋.	8卷4冊, 朝鮮木活字本, 四周雙邊, 半郭: 20.1×14.8㎝, 有界, 半葉: 10行20字, 註雙行, 白口, 上下內向二葉花紋魚尾, 30.5×19.4㎝, 線裝, 紙質: 楮紙.	表題: 八吾軒集, 跋: 上之十年癸酉(1873)中元節…權璉夏(1813~1896)謹識. 識: 金禹銖.	KS0432-1-04-00507

• 原典과 出刊

　7권 4책의 조선목활자본. 金聲久의 시문을 1873년(고
종 10) 6대손 金禹銖 등이 편집하고 간행함.

• 著者紹介

　金聲久 : 본관은 義城, 자는 德休, 호는 八吾軒, 海村.
金得可의 증손, 할아버지는 金瑛, 아버지는 용양위부
호군 金秋吉, 어머니는 柳華의 딸.

　1662년(현종 3) 사마시를 거쳐 1669년 식년 문과에 갑
과로 급제, 典籍·무안현감·直講·持平·修撰·正言
등을 역임. 수찬 재직시 국가재정에 관하여 各司의 비
용과 內帑費를 줄여 진휼비에 보충하는 일과, 經史를
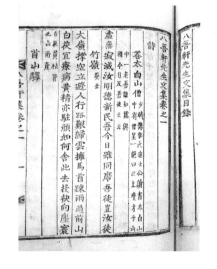
열심히 강론하여 治道를 구하는 일 등 수천언의 소를 올렸고, 정언 재직시에는 당시 형조판
서 南九萬이 진휼비를 탕감했다고 고발하기도 함.

　1679년(숙종 5) 掌令 재직시 남인이 淸南과 濁南으로 나누어지면서 論劾되어 旌義(제주도)
등의 벽지로 쫓겨났으며, 1689년 기사환국으로 남인이 정권을 장악하자 복관되어 대사성·
執義·獻納·좌승지·강원도관찰사·병조참지 등을 거쳐, 호조참의를 역임. 그 뒤 갑술환국
으로 노론이 득세하자 향촌에 물러나서 書史를 즐기다가 일생을 마침. 안동의 柏麓祠에 제
향됨.

• 作品内容

『八吾軒先生文集』는 조선 후기의 문신 金聲久의 시문집. 서문은 없고, 권말에 權璉夏와 후손 金禹鐵의 識가 수록. 권두에 세계도.

• 版本構成

- 권1~3 : 시 218수, 疏 5편, 啓辭 7편, 筵奏 1편, 경연강의 1편, 狀 3편.
- 권4~6 : 書 13편, 銘 1편, 제문 25편, 행장 1편, 잡저 9편.
- 권7 : 부록으로 행장·묘갈명·봉안문 등으로 구성.

(165) 포은시고(圃隱詩藁)

書名	出版事項	版式狀況	一般事項	所藏番號
圃隱詩藁	鄭夢周 (1337~1392) 著	上下1冊, 朝鮮木版本, 四周單邊, 半郭: 23.4×15.5㎝, 有界, 半葉: 10行18字, 註雙行, 黑口, 上下內向黑魚尾, 33.4×20.4㎝, 線裝, 紙質: 楮紙.	貴重本(文集遺稿類), 版心題: 圃隱集, 表紙缺落, 序文毁損, 序: 河崙·權採(1438), 附: 雜著(跋: 李穡)·圃隱齋記	KS0432-1-04-00510

• 原典과 出刊

上下1冊의 조선목판본. 鄭夢周의 시문을 1439년(세종 21)에 아들 정종성이 간행. 그 후 1533년 5세손인 鄭世臣이 新溪郡守로 있을 때 신계에서 重刊하고 선조 초에 韓護의 글씨로 開城에서 간행함. 이밖에 校書館에서 활자로 간행한 것과 1585년(선조 18)에 永川 임고서원에서 柳成龍이 跋을 붙여 간행한 것 등이 있음. 그 후 임진왜란 후인 1608년에는 정몽주의 7세손인 鄭應聖이 黃州의 병영에서 간행하기도 하였음.

• 著者紹介

鄭夢周 : 본관은 迎日, 자는 達可, 호는 圃隱. 경상도 영천 출신으로 樞密院知奏事를 지낸 鄭襲明의 후손, 아버지는 鄭云瓘. 어머니 李氏가 난초 분을 품에 안고 있다가 땅에 떨어뜨리는 태몽을 꾸고 낳았다고 하여 초명이 '夢蘭'이라 하였다가, 뒤에 '夢龍'으로 개명하고, 후에 다시 '夢周'라 고침.

24세가 되던 1360년(공민왕 9)에 문과에 장원. 당시 왜구에 의한 피해가 컸으므로 羅興儒에 이어 覇家臺에 가서 왜구의 단속을 요청하였는데, 이때의 일을 기록한 것이 「奉使日本作」

임. 1389년(공양왕 1) 이성계와 함께 공양왕을 옹립하였으나, 鄭道傳 등이 이성계를 왕으로 추대하려는 책모가 있음을 알고 이들을 제거하려 하다가 도리어 이방원의 문객 趙英珪 등에게 善竹橋에서 살해됨.

1405년(태종 5)에 權近의 요청에 의하여 '대광보국숭록대부 영의정 부사 수문전 대제학 감예문 춘추관사 익양부원군(大匡輔國崇祿大夫領議政府事修文殿大提學監藝文春秋館事益陽府院君)'에 추증되었으며, 1517년에 太學生 등의 上書에 의하여 문묘에 배향됨. 개성의 崧陽書院 등 13개 서원에 제향되었으며, 영천의 臨皐書院 등 몇 곳의 서원에 그의 초상이 봉안되어 있음. 시호는 文忠.

● 作品內容

『圃隱詩藁』는 고려의 학자 鄭夢周의 문집. 표지에 이어 연보가 있고, 연보 다음에 박신이 쓴 서문 「포은선생시권서」가 수록. 서문 다음에 1410년에 정몽주의 문인인 咸傳霖이 쓴 행장과 1439년에 정종성이 쓴 발문 및 1438년에 權採가 쓴 서문이 수록. 상하권이 1책.

● 版本構成

상권 : 명나라와 일본에 다녀온 使行 시에 지은 작품들이 수록. 지어진 시기로는 일본 사행 때 지은 「봉사 일본작」이 중국 사행 때 지은 「봉사 대명 행록」에 앞서지만, 「봉사 일본작」이 상권의 말미에 덧붙여진 형태로 수록.

하권 : 국내의 기행시와 送詩, 국내외 인사들과 주고받은 贈詩와 唱和詩, 각종 卷子에 붙인 題畫詩, 지인들의 죽음을 애도하는 輓詩 등에 이어 이색이 쓴 「서강남시고후」와 「圃隱齋記」, 「憶鄭散騎」와 「訪圃隱先生舊居小賦」 등이 수록.

(166) 표은선생문집(瓢隱先生文集)

書名	出版事項	版式狀況	一般事項	所藏番號
瓢隱先生文集	金是榲(1595~1669)著, 高宗21(1884)刊.	4卷2冊, 朝鮮木版本, 四周雙邊, 半郭: 20.2×16㎝, 有界, 半葉: 10行20字, 註雙行, 白口, 上下內向二葉花紋魚尾, 31.4×20.7㎝, 線裝, 紙質: 楮紙.	表題: 瓢隱集, 序: 載寧李玄逸(1627~1704)序. 跋: 崇禎甲申後八十八年(1732)…趙德鄴(1658~1737)謹書. 刊記: 崇禎丙子後五甲寅(1884)重刊.	KS0432-1-04-00511

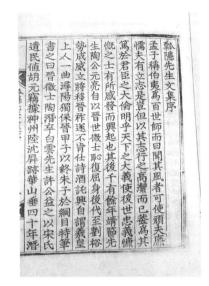

- 原典과 出刊

4권 2책의 조선목판본. 金是榲의 시문을 간행. 李玄逸의 서문에 의하면 손자 台重이 편집하였다고 함.

- 著者紹介

金是榲 : 본관은 義城, 자는 以承, 호는 陶淵·瓢隱. 할아버지는 찰방 金守一, 아버지는 진사 金澈, 어머니는 찰방 金宗武의 딸. 큰아버지인 사성 金克一에게 입양. 어려서부터 재행이 경상좌도에 이름났으나, 일찍부터 벼슬에는 뜻을 두지 않고 병자호란 이후에는 더욱 학문에만 힘씀. 문장보다 경학의 연마에 정진하였으며, 禮學을 깊이 연구하여 예서의 편찬을 시작하였으나 완성하지 못함.

인근 수령과 관찰사가 文學耆德으로 조정에 천거하였으며, 조정에서도 참봉직과 같은 관직을 제수하였으나, 끝내 응하지 않고 '崇禎處士'라 자칭함. 1734년(영조 10) 증손 金聖鐸이 경연에 입시하게 되어, 김시온의 절의가 알려져 3품직을 증직받음.

- 作品內容

『瓢隱先生文集』은 조선 후기의 학자 金是榲의 시문집.

- 版本構成

- 권1 : 시 174수.
- 권2~3 : 書 37편, 제문 9편, 묘지 3편.
- 권4 : 부록으로 金學培·許穆이 쓴 행장 2편과 묘지명, 李栽의 遺墟碑陰記가 실려 있고 만사·제문·焚黃文·景節祠奉安文 각 1편 등이 수록.

(167) 풍고집(楓皐集)

書名	出版事項	版式狀況	一般事項	所藏番號
楓皐集	金祖淳 (1765~1831)著, 哲宗5(1854)刊.	8卷4冊(零本), 朝鮮金屬活字本, 四周雙邊, 半郭: 22.4×15.4㎝, 有界, 半葉: 10行20字, 註 雙行, 花口, 上下向黑魚尾, 32.5×20.6㎝, 線 裝, 紙質: .	花口題: 楓皐集, 內 容: 卷7-14, 跋: 金興 根·趙斗淳, 共8冊中 第1-3·8冊 缺	KS0432-1- 04-00512

● 原典과 出刊

8권 4책이 남아있는 조선금속활자본. 金祖淳의 시문
을 1868년(고종 5) 문중에서 16권 8책으로 간행.

● 著者紹介

金祖淳 : 본관은 安東, 초명은 洛淳, 자는 士源, 호는
楓皐. 영의정 金昌集의 4대손, 할아버지는 金達行, 아
버지는 부사 金履中, 어머니는 申思迪의 딸. 純祖의
장인. 1785年(정조 9) 약관에 정시 문과에 병과로 급
제, 檢閱이 되고 抄啓文臣으로 발탁되어 강원도·황
해도·함경도 지방의 수령·찰방 중에 兼史 1명을 두
어 그 지방의 민요와 풍속을 채록해 時政記에 수록하
자는 의견을 건의, 실시함.

1788년 규장각의 待敎 때 당시 時僻派 싸움에 중립을 지키며 당쟁을 단호히 없앨 것을 주장함.
1789년 동지 겸 사은사의 서장관으로 청나라에 다녀왔고, 이어 이조참의·檢校·直閣을 거쳐
1800년 輔德에 세수됨. 순조 즉위 후 副提學·行護軍·병조판서·이조판서·宣惠廳提調 등 여
러 요직이 제수되었으나 사양함. 1802년 양관 대제학 등을 거쳐, 딸이 純元王后가 되자 領敎寧
府使로 永安府院君에 봉해지고, 이어 훈련대장·호위대장 등을 역임. 1814년 금위대장, 1826년
양관 대제학이 되고, 1827년 왕의 관서 지방 목욕 행차를 호종했다가 西下 지방의 민간 실정을
은밀하게 보고해, 京外 각 아문의 折米·刑政·人事·대동미 등 어려운 실정을 정리하게 하였
음. 그 뒤 실권 있는 직책은 맡지 않고, 제조직과 영돈녕부사로 있다가 세상을 떠남.

● 作品內容

『楓皐集』은 조선 후기의 문신 金祖淳의 시문집. 권두에는 고종의 친필 御製 서문과 총목이

있고 권말에 鄭元容·金興根·趙斗淳 등의 발문이 수록.

• 版本構成

- 권1~6 : 詩 1,032수.

- 권7~9 : 疏箚 60편, 奏 3편, 啓 2편, 應製文 14편, 제문 20편.

- 권10~12 : 書 36편, 비명 5편, 묘갈 10편, 묘지 7편, 묘표 4편, 행장 3편.

- 권13~14 : 諡狀 12편.

- 권15 : 序 10편, 記 8편, 跋 7편, 箋 1편, 銘 5편, 頌 2편, 贊 1편, 傳 4편.

- 권16 : 잡저 29편으로 구성.

(168) 하산문집(下山文集)

書名	出版事項	版式狀況	一般事項	所藏番號
下山文集	鄭鎭軒 (1834~1911)著, 1939刊.	8卷4冊, 朝鮮木版本, 四周雙邊, 半郭: 19.3×15.4㎝, 有界, 半葉: 10行19字, 註單行, 白口, 上下內向二 葉花紋魚尾, 32.2×21.3㎝, 線裝, 紙質: 楮紙.		KS0432-1- 04-00514

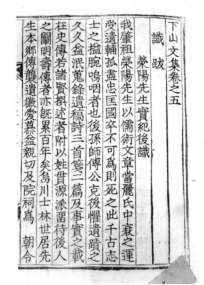

• 原典과 出刊

8권 4책의 조선목판본. 鄭鎭憲의 시문을 간행한 것. 편자와 편집·간행경위는 미상.

• 著者紹介

鄭鎭憲 : 본관은 迎日, 자는 希文, 호는 下山. 조부는 鄭裕昆, 부친은 鄭寬杜, 생부는 鄭淵杜. 어려서 조부로부터 家學을 배웠으며, 1855년(철종 6) 鳳林寺에 들어가 『大學』을 깊이 연구하고, 기호학파의 人物性同異論을 깊이 탐구하는 등 성리학에 매진함. 문장이 훌륭하여 『塤箎兩先生語錄』의 序文과 『晩悔文集』의 跋文을 쓰기도 함.

• 作品內容

『下山文集』은 조선 후기의 학자 鄭鎭憲의 시문집.

• 版本構成

- 권1 : 詩 164수.

- 권2~3 : 書 87편.

- 권4 : 序 15편, 記 6편.

- 권5 : 識·跋 10편, 箴·銘·辭·상량문·誄文.

- 권6 : 제문 18편, 묘지명·묘갈명.

- 권7 : 행장·유사.

- 권8 : 부록으로 유사·묘갈명·행장 등이 수록.

(169) 학파선생실기(鶴坡先生實紀)

書名	出版事項	版式狀況	一般事項	所藏番號
鶴坡先生實紀	李璋燦 編, 高宗9(1872)刊.	3卷1冊, 朝鮮木版本, 四周雙邊, 半郭: 19.8×15.7㎝, 有界, 半葉: 10行18字, 註雙行, 花口, 上下內向二葉花紋魚尾, 29.3×20.8㎝, 線裝, 紙質: 楮紙.	被傳者: 李藝, 表題: 鶴坡實紀, 花口題: 鶴坡先生實紀, 序: 丁範祖(1790)·金炳學, 識: 李家煥(1798), 跋: 李瑀祥(1871)·鄭顯德, 後識: 李璋燦(1872), 附: 續補(跋: 柳必永(1912))	KS0432-1-02-00158

• 原典과 出刊

3권 1책의 조선목판본. 李藝의 실기를 저자의 13대 손 李璋燦에 의해 편집 간행함.

• 著者紹介

李藝 : 1381~1452. 본관은 蔚州, 자는 仲游, 호는 鶴坡. 李藝는 1396년(태조 5)년 16세 때 포로로 잡혀간 울주군수 李殷을 시종한 공으로 아전의 역을 면제받고 벼슬을 받음.

1401년(태종 1) 처음으로 壹岐島에 사신으로 가서 포로 50명을 데려와 그 공으로 좌군부사직에 제수되었음. 그 뒤 1410년까지 해마다 통신사가 되어 삼도에 내왕하면서 포로 500여 명을 찾아오고, 벼슬도 여러 번 승진하여 호군이 되었음.

1416년에는 琉球國에 사신으로 다녀오면서 포로 44명을 찾아왔고, 1419년(세종 1)에는 中軍

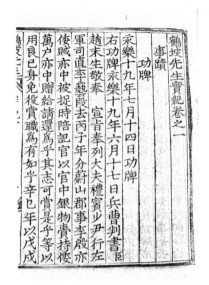

兵馬副帥使가 되어 삼군도체찰사 李從茂를 도와 왜구의 본거지인 대마도를 정벌하기도 하였음. 그 이후에도 여러 차례 사신으로 일본에 다녀왔으며, 1432년 回禮正使가 되어 다녀왔는데, 私貿易을 하였다고 당시 조정에서 논란이 되었으나 처벌을 받지는 않았다고 함. 1443년 왜적에게 잡혀간 포로를 찾아오기 위해 자청하여 對馬州體察使가 되어 다녀온 공으로 同知中樞院事로 승진됨. 그는 조선 초기에 사명으로 일본에 다녀온 것이 모두 40여 차례나 되었다고 함. 시호는 忠肅.

• 作品內容

『鶴坡先生實紀』는 조선 초기 학자 李藝의 實紀.

• 版本構成

事蹟 3편과 記實文 6편이 실려 있음. 사적 중 海外日記는 임진왜란 때 일본에 잡혀 갔다가 放還된 내용이 기록되어 있으며,「功牌」는 1421년 7월 14일에 내린 것으로 대마도 정벌과 포로 6백여 명을 데려온 사실이 기록되어 있음.「海外日記」에는 1396년 이은과 함께 일본에 잡혀갔다가 풀려난 내역, 일본에 사신으로 왕래하면서 포로들을 찾아온 사실, 대마도 정벌 내용들이 들어 있음.「朝野記載合錄」에는 그의 활약내용이 간략하게 수록됨.

(170) 한강선생문집(寒岡先生文集)

書名	出版事項	版式狀況	一般事項	所藏番號
寒岡先生文集	鄭逑 (1543~1620)著, 朝鮮朝後期 刊.	7卷3冊, 朝鮮木版本, 四周雙邊, 半郭: 22×17.3㎝, 有界, 半葉: 12行22字, 註單行, 白口, 上下內向二葉花紋魚尾, 32.8×21.8㎝, 線裝, 紙質: 楮紙.	序: 上之六年庚申(1680) 許穆 (1595~1682)序	KS0432-1-04-00524

• 原典과 出刊

7권 3책의 조선목판본. 鄭逑의 시문을 그의 문인이었던 許穆이 1680년(숙종 6) 편찬하고 간행함. 본집과 속집·별집의 판식이 四周雙邊·有界·上下花文魚尾 등은 모두 같지만, 行字數가 본집은 半葉에 12行 22字인데, 속집·별집은 10行 20字의 판식으로 약간 차이가 있고, 속집에

는 본집·별집과 달리 간기 사항을 부기하고 있어, 각
편이 독자적으로 간행 되었다고 추정함. 후조당에 소장
되어 있는 판본은 본집임.

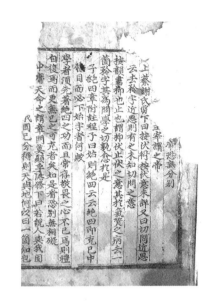

● 著者紹介

鄭逑 : 본관은 淸州. 자는 道可, 호는 寒岡. 철산군수
鄭胤曾의 종손, 할아버지는 사헌부감찰 鄭應祥, 아버
지는 金宏弼의 외증손으로 忠佐衛 副司猛 鄭思中, 어
머니는 星州李氏로 李煥의 딸.
6대조 鄭摠과 그 아우인 鄭擢이 개국공신에 책봉되는
등 본래 공신가문으로 대체로 한양에서 살았으나 부친
이 성주이씨와 혼인하면서 성주에 정착함. 둘째 형인
鄭崑壽는 문과에 급제해 병·형조 참판, 의정부좌찬성 등 주요 관직을 지낸 관리였음.

● 作品内容

『寒岡先生文集』은 조선 중기의 학자 鄭逑의 시문집. 본집은 허목의 서문과 총목차, 본문의
순서로 편집됨.

● 版本構成

- 本集 권1~2 : 시 41수, 挽 26수, 疏 8편, 箚 10편, 계사 9편.
- 권3~6 : 書 149편.
- 권7~8 : 잡저 23편, 서 10편, 기 5편, 발 2편.
- 권9~10 : 축문 41편, 제문 60편, 묘표·묘지명 13편.
- 권11~12 : 행장 25편 등이 수록.
- 續集 권1 : 시 16수, 부 1수, 논 1편, 소 1편.
- 권2~3 : 서 45편.
- 권4~6 : 잡저 6편, 문 3편, 서 3편, 묘제문 8편, 행장 1편.
- 권7 : 시 3수, 명 4편, 서 48편.
- 권8~9 : 서 38편.
- 別集 권1 : 서 25편.
- 권2 : 서 12편, 잡저 7편, 시 11수.
- 권3 : 答問 3편 등이 수록.

(171) 한음선생문고(漢陰先生文稿)

書名	出版事項	版式狀況	一般事項	所藏番號
漢陰先生文稿	李德馨(1561~1613)著, 朝鮮朝後期 刊. 李大淳 發行	12卷6冊, 朝鮮木版本, 四周雙邊, 半郭: 19.1×15㎝, 有界, 半葉: 9行19字, 註雙行, 白口, 上下內向一·二葉花紋魚尾, 29.8×19.5㎝, 線裝, 紙質: 楮紙.	表題: 漢陰集, 序: 趙絅(1668), 印刷處: 漢陰相公文稿重印所, 總發行所: 廣州李氏臨時宗約所	KS0432-1-04-00528

● 原典과 出刊

12권 6책의 조선목판본. 李德馨의 시문을 1673年(현종 14) 손자 李象鼎이 편집하고 간행함. 권두에 1668년 趙絅이 쓴 서문이 있다. 그 후 1869年(고종 6) 후손 李宜翼 등이 저자의 연보·묘지·행장·諡狀·신도비·批旨·賜祭文 등을 수록하여 『漢陰文稿附錄』을 편찬·간행함.

● 著者紹介

李德馨 : 본관은 廣州, 자는 明甫, 호는 漢陰·雙松·抱雍散人. 副司果 李守忠의 증손으로, 할아버지는 증좌찬성 李振慶. 아버지는 지중추부사 李民聖, 어머니는 縣令 柳禮善의 딸. 영의정 李山海의 사위.

1580년(선조 13) 별시 문과에 을과로 급제해 承文院의 관원이 되었으며, 1583년에 賜暇讀書를 하였고, 이듬해 瑞葱臺의 應製에서 장원을 했고, 이 외의 시험에서 여러 차례 수석을 차지함.

그 뒤 부수찬·정언·부교리를 거쳐 이조좌랑이 되었고, 1590년에는 동부승지·우부승지·부제학·대사간·대사성 등을 차례로 지내고, 이듬 해 예조참판이 되어 대제학을 겸하였음. 1595년 경기·황해·평안·함경 4도체찰부사가 됨. 1597년 우의정, 좌의정에 올라 훈련도감도제조를 겸하였고, 1606년 영중추부사가 되었다가, 1608년 광해군이 즉위하자 陳奏使로 명나라에 다녀와서 다시 영의정이 되었음. 글씨에 뛰어났고, 포천의 龍淵書院, 상주의 近巖書院에 제향됨. 시호는 文翼.

● 作品內容

『漢陰先生文稿』는 조선 중기의 문신 李德馨의 시문집.

● 版本構成

- 권1~2 : 시, 오언과 칠언 절구, 오언과 칠언 율시, 오언과 칠언 배율, 칠언 고시가 시체별, 연대별로 편차되어 있고, 중간할 때 넣은 습유가 뒤에 들어 있음.
- 권3 : 表·교서·疏箚로, 중간 때 새로 넣은 부분.
- 권4~7 : 소차로, 초간본에 「斥鄭仁弘搆誣兩賢箚」가 더 추가됨.
- 권8~9 : 啓辭·獻議·呈文.
- 권10~11 : 간독[편지]. 권11의 「答倭將書」이하 습유까지는 중간 때 넣은 것. 110여 편 가운데 이항복에게 보낸 것이 77편.
- 권12 : 잡저로 구성.

(172) 함계선생문집(涵溪先生文集)

書名	出版事項	版式狀況	一般事項	所藏番號
涵溪先生文集	鄭碩達 (1660~1721)著, 英祖49(1773)序.	6卷3冊, 朝鮮木版本, 四周單邊, 半郭: 21.9×15.8㎝, 有界, 半葉: 10行20字, 註單行, 花口, 上下內向二葉花紋魚尾, 33.4×21.7㎝, 線裝, 紙質: 楮紙.	序: 癸巳(1773)··· 李象靖(1710~1781)謹序.	KS0432-1-04-00530

● 原典과 出刊

6권 3책의 조선목판본. 鄭碩達의 시문을 그의 사후에 장남 鄭重器가 수습 편차하고, 1729년 저자의 行錄을 짓고, 1732년 鄭葵陽에게 행장을 받아 유적을 정리하여 家藏함. 그 후 손자 鄭一鑽이 집안에 보관된 遺集에 부록을 더하여 葛庵 李玄逸의 손지인 李象遠과 함께 교정하고, 1773년에는 大山 李象靖에게 서문을 받아 崔宗謙, 이상원 및 永川 士友들과 간행을 논의한 뒤, 1790년에 정중기의 「梅山集」과 함께 목판으로 간행. 梅谷精舍에 저자와 장남 정중기를 배향한 1795년 이후, 초간본의 판목에 海左 丁範祖가 지은 묘갈명과 七巖 金夢華가 지은 「梅谷精舍釋菜告由文」등을 추각하여 간행.

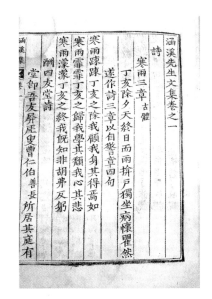

● 著者紹介

鄭碩達 : 본관은 영일, 자는 可行, 호는 涵溪. 고조는 병조판서에 추증되고 剛義라는 시호를 받은 鄭世雅, 증조는 贈 戶曹正郎 鄭宜藩, 조부는 海南縣監 鄭好禮. 부친은 全州營將 鄭時 諶, 모친은 冶城 宋氏로 宋時哲의 딸. 부인은 安東 權氏로 權塾의 딸. 葛庵 李玄逸의 문하에서 깊은 학문을 이뤘으나 벼슬에 나아가지 않았음. 사문의 興起를 자기의 소임으로 삼았고, 鄭萬陽·鄭葵陽·李衡祥과 학문을 토론하며 일생을 보냄.

● 作品內容

『涵溪先生文集』은 조선 후기 학자 鄭碩達의 시문집.

● 版本構成

- 권1~2 : 詩.
- 권3~4 : 書.
- 권5 : 잡저·序·記·箴·銘·贊·제문·哀辭·行錄.
- 권6 : 부록으로 저자에 대한 輓章·제문·행장 등이 수록.

(173) 항재선생문집(恒齋先生文集)

書名	出版事項	版式狀況	一般事項	所藏番號
恒齋先生文集	李嵩逸(1631~1698)著, 李秀榮 編, 祖8(1808)序.	6卷3冊, 朝鮮木版本, 四周雙邊, 半郭: 19.7×15.2cm, 有界, 半葉: 10行20字, 註雙行, 內向二葉花紋魚尾, 31.2×20.4cm, 線裝, 紙質: 楮紙.	表題·版心題: 恒齋集, 序: 李㙖(1808), 附: 遺墨, 藏書記: 後彫堂	KS0432-1-04-00531
恒齋先生文集續集	李嵩逸(1631~1698)著, 李秀榮 編, 祖8(1808)序.	2卷1冊, 朝鮮木版本, 四周雙邊, 半郭: 19×15.6cm, 有界, 半葉: 10行20字, 註單行, 白口, 上下葉花紋魚尾, 29.6×20.4cm, 線裝, 紙質: 楮紙.	表題: 恒齋集序: 崇禎紀元後百八十一年戊辰(1808)…李㙖謹序.	KS0432-1-04-00532

● 原典과 出刊

원집 6권 3책, 속집 2권 1책의 조선목판본. 李嵩逸의 시문을 그의 조카 李栽가 정리해둠. 그 후에 1808년(순조 8) 현손 李宇根이 補編하여 간행함. 그 후 속집은 7대손 李秀榮이 원집에 누락된 글들을 수집해 1905년 원집을 중간하면서 함께 2권 1책으로 간행함. 원집의 권두

에 李壔의 서문, 속집의 권말에 8대손 李壽炳의 발문
이 수록.

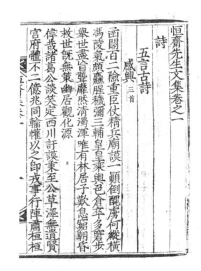

● 著者紹介

李嵩逸 : 본관은 載寧, 자는 應中, 호는 恒齋. 아버지
는 이조판서에 추증된 時明, 어머니는 안동장씨로 興
孝의 딸. 그는 아버지와 형 徽逸·玄逸을 비롯하여 부
덕이 출중하였던 어머니를 둔 훌륭한 교육적 환경에
서 성장하여 경학연구와 심성수련에 심혈을 기울였다
고 함.

1689년(숙종 15) 世子翊衛司洗馬에 임명되었으나 고
사하고, 2년 뒤 다시 掌樂院主簿를 거쳐 의령현감에

제수됨. 백성을 위하는 행정을 하고, 민폐를 혁신시켜 '李佛子'라 불렸음. 교육을 통한 인재를
양성하고, 呂氏鄕約을 권장하여 이웃 고을에까지 영향을 주었으나 시국의 변동으로 인하여
2년 뒤 귀향하여 후진양성과 저술로 여생을 마침.

● 作品內容

『恒齋先生文集』은 조선 중기 학자 李嵩逸의 시문집.

● 版本構成

- 原集 권1 : 시 54수, 疏 2편.
- 권2~3 : 書 39편.
- 권4 : 箴·銘 각 1편, 잡저 9편.
- 권5 : 序·記 각 1편, 제문 5편, 행장·묘지 각 1편.
- 권6 : 부록으로 저자에 대한 행장·묘지·묘갈·제문·만사·일기.
- 續集 권1 : 시 61수, 소 1편, 서 18편.
- 권2 : 잡저 2편, 상량문·봉안문·제문·유사·묘지명 각 1편, 부록으로 저자에 대한 만사·제
  문 등이 수록.

(174) 해월선생문집(海月先生文集)

書名	出版事項	版式狀況	一般事項	所藏番號
海月先生文集	黃汝一(1556~1622)著, 英祖52(1776)跋.	10卷5冊(零本), 朝鮮木版本, 四周雙邊, 半郭: 19.4×15.7cm, 有界, 半葉: 10行20字, 註雙行, 白口, 上下內向二葉花紋魚尾, 30.4×20.8cm, 線裝, 紙質: 楮紙.	表題: 海月集, 版心題: 海月先生集, 序: 李象靖(1774), 內容: 卷1~8·13~14, 跋: 李世澤(1776), 共7冊 中 第5·6冊 缺	KS0432-1-04-00533

• 原典과 出刊

10권 5책이 남아있는 조선목판본. 黃汝一의 시문을 1776年(영조 52) 후손 尙夏와 李亨福 등이 明溪書院에서 14권 7책의 목판본으로 간행함.

• 著者紹介

黃汝一 : 본관은 平海, 자는 會元, 호는 海月軒. 應澄의 아들이며 평해사람. 그는 1576년(선조 9) 진사가 되고, 1585년 문과에 급제. 1588년 檢閱이 되었는데, 下番史官임에도 불구하고 출입하였다 하여 파직됨. 1594년 형조정랑이 되고 곧 都元帥 權慄의 종사관으로 내려갔는데, 얼마 뒤 도원수의 허락을 받고 일시 귀가하여 도원수와 함께 推考당함. 1598년 司書에 이어 掌令이 되고, 이듬해 장악원정을 역임. 1601년 예천군수가 되고 1606년 典籍을 역임하고 1611년 吉州牧使, 1617년 동래진병마첨절제사가 되었음. 평해의 명계서원에 제향됨.

• 作品內容

『海月先生文集』은 조선 중기의 문신 黃汝一의 시문집. 李象靖의 서문과 楊士彦의 발문이 수록.

• 版本構成

- 권1~4 : 詩.
- 권5 : 賦·對策·論.
- 권6 : 書. 권7 : 疏·狀啓·敎書·箋·表·頌·記·序·跋.

- 권8 : 잡저·제문.
- 권9 : 銀槎詩.
- 권10~12 : 銀槎日錄.
- 권13 : 傳·묘지·행장.
- 권14 : 부록으로 權萬 찬의 저자 행장, 李光庭 찬의 묘갈명, 李山海가 쓴 기 2편, 저자의 장원을 축하한 양사언의 시, 제문 등이 수록.

(175) 허주문집(虛舟文集)

書名	出版事項	版式狀況	一般事項	所藏番號
虛舟文集	金汝煜 (1581~1661)著, 高宗29(1892)序.	2卷1冊, 朝鮮木版本, 四周雙邊, 半郭: 18.8×14.9㎝, 有界, 半葉: 10行20字, 註單行, 白口, 上下內向二葉花紋魚尾, 31.8×20.5㎝, 線裝, 紙質: 楮紙.	表題: 虛舟集, 序: 上之二十九年壬辰(1892)…權璉夏(1813~1896)謹序, 跋: 宣城金輝轍謹識.	KS0432-1-04-00543

● 原典과 出刊

2권 1책의 조선목판본. 金汝煜의 시문을 1892년(고종 29) 후손 金福淵과 金昌羲 등이 편집하고 간행함.

● 著者紹介

金汝煜 : 1581~1661. 자는 叔晦, 호는 虛舟, 본관은 延安.

● 作品內容

『虛舟文集』은 조선 중기의 문인 金汝煜의 시문집. 權璉夏의 서문과 金輝轍의 후기가 있음.

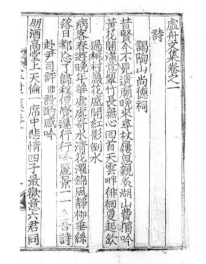

● 版本構成

- 권1 : 시 238수.
- 권2 : 辭 3편, 序 2편, 잡저 4편, 상량문 1편, 제문 6편, 家狀 1편, 부록으로 묘갈명·행장·유사·제문 각 1편, 贈遺詩篇 15편, 素履窩重修記, 巖上敬愛錄 등으로 구성.

(176) 호고와선생문집(好古窩先生文集)

書名	出版事項	版式狀況	一般事項	所藏番號
好古窩先生文集	柳徽文(1773~1832)著, 建陽1(1896)刊.	16卷8冊(零本), 朝鮮木版本, 四周雙邊, 半郭: 21.4×15.4㎝, 有界, 半葉: 10行20字, 註單行, 白口, 上下內向二葉花紋魚尾, 32.2×20.6㎝, 線裝, 紙質: 楮紙.	表題·版心題: 好古窩集, 刊記: 當宁三十三年丙申(1896)刊文集十九卷十冊.內容: 卷2-11·14-19	KS0432-1-04-00545
好古窩先生文集附錄	柳徽文 著	2卷1冊, 朝鮮木版本, 四周雙邊, 半郭: 19×15.2㎝, 有界, 半葉: 10行20字, 註單行, 白口, 上下內向二葉花紋魚尾, 31×20.6㎝, 線裝, 紙質: 楮紙.	版心題: 好古窩集附錄	KS0432-1-04-00546
好古窩先生別集	柳徽文 著	8卷4冊, 朝鮮木版本, 四周雙邊, 半郭: 19×15.2㎝, 有界, 半葉: 10行20字, 註單行, 白口, 上下內向二葉花紋魚尾, 31×20.6㎝, 線裝, 紙質: 楮紙.	版心題: 好古窩別集	KS0432-1-04-00547

• 原典과 出刊

원집 16권 8책, 속집 2권 1책, 별집 8권 4책 등이 남아있는 조선목판본. 柳徽文의 시문을 1898년 후손이 간행함.

• 著者紹介

柳徽文 : 본관은 全州, 자는 公晦, 호는 好古窩. 아버지는 통덕랑 萬休, 어머니는 義城金氏로 顯東의 딸. 柳長源의 문인.

1821년에 유장원이 지은 『禮書通攷』와 고조부 正源의 『易解參攷』를 교정함. 1830년에 후릉참봉이 제수되었으나 고사하였고 2년 뒤에 장릉참봉이 제수되었으나 이미 죽은 뒤였다고 함.

일생을 학문과 후진양성에 바쳤으며 南漢皓·趙承粹·柳栻·李秉運·李秉遠·柳健休·柳鼎文·柳致明 등의 학자들과 교유하였음. 경서와 제자서에 두루 밝았고, 많은 저술을 남김. 저서로 『好古窩文集』·『周易經傳通編』·『啓蒙通解』·『啓蒙翼要』·『啓蒙攷疑』·『近思補錄』·『近思後編』·『近思集解刪補』·『家禮攷證』 등.

• 作品內容

『好古窩先生文集』은 조선 후기의 학자 柳徽文의 시문집. 柳必永과 유병희의 발문이 수록.

版本構成

- 원집 권1~2 : 350여 수의 시가 실려 있는데, 서경을 겸한 서정시가 주종을 이룸.
- 권3~9 : 書 132편은 학문적 질의·응답이 대부분.
- 권10~17 : 잡저.
- 권18 : 「家禮考證序」·「小學章句序」 등 서 6편, 「遊東湖記」 등 기 5편, 「書六絃琴譜後」·「雲臺寺講會錄識」 등 跋 7편, 기후와 조수에 관한 연구인 「冬夏陰陽升降說」·「潮汐說」 등 설 3편.
- 권19 : 銘·辭·狀 등 4편, 제문 16편, 묘지 4편, 축문·행록 모두 각 1편이 수록됨.
- 별집 8권은 모두 잡저인데, 부록에는 저자의 연보를 비롯해 만사·가장·행장·묘갈명 등이 실려 있음.

(177) 호곡집(壺谷集)

書名	出版事項	版式狀況	一般事項	所藏番號
壺谷集	柳範休(1744~1823)著, 光武4(1900)刊.	10卷5冊(零本), 朝鮮木版本, 四周雙邊, 半郭: 18.4×15.5㎝, 有界, 半葉: 10行20字, 註單行, 白口, 上下內向二葉花紋魚尾, 32.2×20.8㎝, 線裝, 紙質: 楮紙.	刊記: 今上三十七年庚子(1900)刊行文集, 內容: 卷1-4·9-14	KS0432-1-04 00548

原典과 出刊

10권 5책이 남아있는 조선목판본. 柳範休의 시문을 1900년에 14권 7책이 목판본으로 간행함. 서문과 발문은 없음.

著者紹介

柳範休 : 본관은 全州, 자는 天瑞, 호는 壺谷. 공조참의 柳升鉉의 손자. 아버지는 참봉 柳道源, 어머니는 의성김씨로 金景溫의 딸. 1760년(영조 36) 金江漢의 사위가 되어 학문적인 감화를입었으며, 1772년 李象靖의 문하에 나아가 수년간 학문에 전념함.

1780년(정조 4) 생원시에 합격하고, 1785년 천거로 泰陵參奉에 임명. 부임할 무렵 『심경』

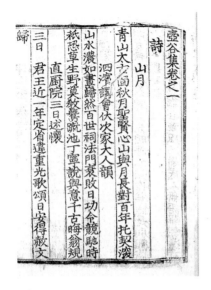

·『근사록』·『師門簡牘』을 여장과 함께 꾸리고는 '이 책들은 나의 嚴師이다'고 하였다고 함. 1787년 사옹원 봉사, 약방제조를 거쳐 1788년에는 평시서직장에 임명, 이후 의금부도사, 송화현감, 장악원주부, 사도시첨정을 거쳐 1795년에는 高城郡守로 부임해 군정을 바로 잡고 선정을 베풀었음. 1797년 安邊府使로 부임했다가 2년 만에 사직하고 고향으로 돌아와 학문에 주력함.

• 作品內容

『壺谷集』은 조선 후기 학자 柳範休의 시문집.

• 版本構成

- 권1 : 詩·書.

- 권2~7 : 書.

- 권8~9 : 잡저.

- 권10 : 序·記·識跋·상량문.

- 권11 : 축문·제문·묘지명·묘갈명·묘표·행장.

- 권12 : 행장·유사.

- 권13~14 : 부록으로 연보·輓詞·제문·행장·묘갈명 등이 수록.

(178) 화산선생유고(花山先生遺稿)

書名	出版事項	版式狀況	一般事項	所藏番號
花山先生遺稿	權柱 (1457~1565)著, 朝鮮朝後期 刊.	不分卷1冊, 朝鮮木版本, 四周雙邊, 半郭: 19.1×14.9cm, 有界, 半葉: 10行18字, 註雙行, 白口, 上下內向二葉花紋魚尾, 30.8×20.2cm, 線裝, 紙質: 楮紙.	表題: 花山逸稿, 序: 上之四十四年戊戌(1718)…權斗寅(1643~1719)序. 跋: 上之四十有五年己亥(1719)…權斗經(1654~1726)跋.	KS0432-1-04-00553

• 原典과 出刊

1책의 조선목판본. 權柱의 시문을 현손 權㙫가 1718년(숙종 44)에 편찬해 두었다가, 1798년(정조 22)에 간행하게 됨.

• 著者紹介

權柱 : 본관은 安東, 자는 支卿, 호는 花山. 權深의 증손으로, 할아버지는 權恒이고, 아버지는 權邇, 어머니는 宋元昌의 딸. 1474년(성종 5) 진사시에 합격, 1481년 親試文科에 갑과로 급제. 1482년 承政院注書를 역임했고, 이후 講經文臣으로 활약함. 1489년 공조정랑 재직 중에 質正官이 되어 요동을 내왕했고, 그 해 11월 持平, 1492년 6월 司諫院獻納, 1493년 副應敎에 승진함. 1494년 12월 直提學 表沿沫, 典翰 楊熙止와 함께 「大行王行狀: 成宗行狀」을 찬진하고, 1495년 3월 다시 「大行王諡冊」을 지어 올림. 같은 해 8월에 執義, 1498년 7월 통훈대부에 오르면서 직제학지제교 겸 경연시강관을 역임.

1499년 2월에 찬진된 『성종실록』의 편찬에 참여하였고, 홍문관부제학에 오름. 승정원우부승지와 우승지를 거쳐 1501년 1월에는 도승지에 승진되고, 같은 해 윤7월 충청도관찰사로 파견됨. 1502년 10월부터 이듬해 3월에 걸쳐 동지중추부사로서 하정사가 되어 명나라를 다녀와, 1503년 4월 동지중추부사로서 동지성균관사를 겸임했고, 같은 해 10월 경상도관찰사로 파견되었음.

1504년 윤4월 정축일에 갑자사화가 발발하면서 1482년(성종 13)연산군 생모인 폐비 윤씨의 사사(賜死) 때에 승정원주서로서 사약을 받들고 갔다는 이유로 파직되어 귀양갔으나, 1505년 6월 폐비 윤씨의 사사 때에 사약을 받들고 간 일이 거듭 논죄되면서 결국 사사되었고, 형제자매도 아울러 외방에 付處됨. 1506년(중종 1) 9월 좌찬찬에 추증되면서 신원되었고, 같은 해 11월에 다시 장례를 치르도록 허용됨.

• 作品內容

『花山先生遺稿』는 조선 전기의 문신 權柱의 시문집. 權斗寅의 서문, 權斗經의 발문, 柳溪와 현손 권구의 後識, 후손 權緻의 小識가 수록됨.

• 版本構成

시 8수, 序 1편, 書 2편, 잡저 1편, 유묵·부록 등으로 구성.

(179) 황명처사남곡선생문집(皇明處士南谷先生文集)

書名	出版事項	版式狀況	一般事項	所藏番號
皇明處士南谷先生文集	權尙吉(1610~1674)著, 英祖40(1764)跋.	6卷2冊, 朝鮮木版本, 四周雙邊, 半郭: 20.1×15.7㎝, 有界, 半葉: 10行20字, 註雙行, 白口, 上下內向二葉花紋魚尾, 32.7×22.0㎝, 線裝, 紙質: 楮紙.	表題: 南谷集, 行狀(權尙任撰), 墓誌銘(金是瓚撰), 墓碣銘(李野淳撰), 書文集後: 韓致應·李仁行(1763)·趙星復(1764)·姜必孝(1826)·柳台佐, 附: 行實記, 識: 權照(1764), 藏書記: 後彫堂	KS0432-1-04-00556

• 原典과 出刊

6권 2책의 조선목판본. 權尙吉의 시문을 1826년(순조 26) 그의 현손 權照가 편집하고 간행함. 원래는 시문 1천여 편을 모아 『虎畫集』이라 이름하였던 것인데, 후에 화재로 없어졌다고 함. 증손 權昌益이 겨우 일부의 시문만이 있던 것을 더 모으려다 이루지 못하고 죽자, 권조가 20년 간 수집해 『皇明處士南谷先生文集』이라는 이름으로 간행한 것.

• 著者紹介

權尙吉 : 본관은 安東, 자는 子貞, 호는 南谷·近裏齋 또는 南谷遯翁. 아버지는 증좌승지 瓚, 어머니는 全義李氏로 謙益의 딸. 어려서부터 총명해 9세 때 『朱子遠遊篇』에 次韻을 했다고 함. 1635年(인조 13) 사마시에 합격해 1636년 성균관에 입학. 그해 12월 병자호란이 일어나자 어가를 수행해 남한산성에 들어갔는데, 전세가 점차 급박해지자 崔鳴吉 등이 화의를 주장함을 보고 그에 격분해 그들을 참해 대의를 고수할 것을 상소했으나 政院에서 반려되어 뜻을 이루지 못함. 굴욕적인 화의가 성립되고 마침내 성문이 열리자, 그는 바로 낙향해 자식들에게 과거를 보지 말고 농사를 지으라고 권함. 그 뒤 세속과는 인연을 끊고 오직 학문에 전념해 성리학을 깊이 연구했으며, 『心經』과 『近思錄』을 읽어 爲己之學을 닦음. 정주학에 관한 연구 저술이 1천여 편 정도이고, 817년(순조 17)에 이조참의의 진정으로 正卿大夫에 추증됨.

• 作品內容

『皇明處士南谷先生文集』은 조선 중기의 학자 權尙吉의 시문집.

• 版本構成

- 권1 : 시 66수.
- 권2 : 소 2편, 書 7편, 잡저 4편, 잠 2편, 기 1편, 제문 4편, 묘지 1편.
- 권3 : 拾遺로 輓詩 5편, 잡저 1편, 기 1편, 논 2편, 책 1편.
- 권4 : 부록으로 행장 1편, 제문 2편, 輓章 1편, 誄辭 1편.
- 권5 : 追附錄으로 贊 1편, 묘지명 1편, 묘갈명 1편, 貤贈時事實 1편, 上言 1편, 禮曹回啓
  ·吏曹回啓·焚黃祝文·追題詠·貤贈時題詠 각 1편이 수록.
- 권6 : 書文集後 5편과 行實記가 追附되어 있음.

(180) 회재선생문집(晦齋先生文集)

書名	出版事項	版式狀況	一般事項	所藏番號
晦齋先生文集	李彦迪 (1491~1553) 著, 朝鮮朝後期 刊.	9卷4冊(零本), 朝鮮木版本, 四周雙邊, 半郭: 22.1×16.4㎝, 有界, 半葉: 10行20字, 註雙行, 白口, 上下內向二葉花紋魚尾, 33.6×21.7㎝, 線裝, 紙質: 楮紙.	版心題: 晦齋先生集, 序: 盧守愼(1574), 內容: 卷1-6·11-13·世系圖·年譜·附錄, 跋: 柳希春(1574)·許曄(1574), 刊記: 玉山書院重刊	KS0432-1-04-00559
晦齋先生集	李彦迪 (1491~1553) 著, 朝鮮朝後期 刊.	4卷1冊(零本), 朝鮮木版本, 四周雙邊, 半郭: 21.3×16.9㎝, 有界, 半葉: 11行20字, 註雙行, 黑口, 上下內向黑魚尾, 29.1×20.5㎝, 線裝, 紙質: 楮紙.	版心題: 晦齋集, 內容: 卷1-4	KS0432-1-04-00560

• 原典과 出刊

9권 4책, 4권 1책 등이 남아있는 조선목판본. 李彦迪의 시문을 왕명에 의하여 손자 浚과 盧守愼 등이 편집하여 13권, 부록 합 5책의 목판본으로 간행함. 그러나 임진왜란으로 모두 소실되자 1631년(인조 9)에 玉山書院에서 중간하였고, 1641년과 정조 때에 補刻함.

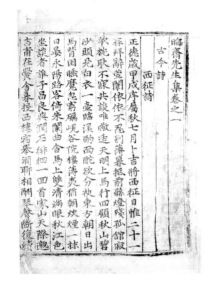

● 著者紹介

李彦迪 : 본관은 驪州, 초명은 迪이었으나 중종의 명으로 彦자를 더함. 자는 復古, 호는 晦齋·紫溪翁. 회재라는 호는 '晦菴(朱熹의 호)'의 학문을 따른다는 뜻임. 할아버지는 참군 壽會, 아버지는 생원 蕃, 어머니는 慶州孫氏로 鷄川君 昭의 딸.

조선시대 성리학의 정립에 선구적인 인물로서 朱熹의 주리론적 입장을 정통으로 확립하여 李滉에게 전해준 인물. 1514년(중종 9) 문과에 급제하여 이조정랑·사헌부장령·밀양부사를 거쳐 1530년 사간이 됨. 이때 金安老의 등용을 반대하다가 관직에서 쫓겨나 경주의 자옥산에 들어가서 성리학 연구에 전념. 1537년 김안로 일당이 몰락하자 종부시첨정으로 불려나와 홍문관교리·응교·직제학이 되었고, 전주부윤에 나가 선정을 베풀어 송덕비가 세워짐. 이때 조정에「一綱十目疏」를 올려 정치의 도리를 논하기도 함. 이조·예조·형조의 판서를 거쳐 1545년(명종 즉위년) 좌찬성이 됨. 이때 尹元衡 등이 을사사화를 일으키자 선비들을 심문하는 推官에 임명되었으나 스스로 관직에서 물러남. 1547년(명종 2) 윤원형 일당이 조작한 良才驛壁書事件에 무고하게 연루되어 강계로 유배되었고, 그곳에서 많은 저술을 남긴 후 세상을 떠남. 저서로 『求仁錄』·『大學章句補遺』·『中庸九經衍義』·『奉先雜儀』 등.

● 作品內容

『晦齋先生文集』은 조선 중기 학자 李彦迪의 시문집.

● 版本構成

- 권1 : 고시 102수.
- 권2~3 : 율시 208수.
- 권4~5 : 시 83수, 詞 1수, 考異 1편, 賦 3편, 잡저 7편.
- 권6 : 箴銘 10편, 記 1편, 제문 5편, 행장 1편, 비명 3편.
- 권7~10 : 疏 2편, 箋 2편, 辭狀 6편, 箚子 6편.
- 권11 : 序 6편, 傳 1편, 제문 1편, 축문 1편, 비명 2편.
- 권12 : 소 1편.

- 권13 : 拾遺로 狀 8편, 차자 5편으로 구성.
- 제5책은 부록으로 世系 2편, 연보 1편, 後鈙 1편, 행장 1편, 비명 1편, 묘지 1편, 기 3편
  등으로 구성.

(181) 후계문집(后溪文集)

書名	出版事項	版式狀況	一般事項	所藏番號
后溪文集	李栵 (1670~1735)著, 朝鮮朝末期 刊.	4卷2冊, 朝鮮木版本, 四周雙邊, 半郭: 19.7×14.7㎝, 有界, 半葉: 10行20字, 註單行, 白口, 上下內向二葉花紋魚尾, 32×21㎝, 線裝, 紙質: 楮紙.	表題: 后溪集, 序: 李光靖 (1714~1789)謹序, 跋: 李彙載(1795~1875)書.	KS0432-1-04-00563

• 原典과 出刊

4권 2책의 조선목판본. 李栵의 시문을 후손 海鷹이
간행. 간년은 미상.

• 著者紹介

李栵 : 본관은 載寧, 자는 士直, 호는 后溪. 隆의 아들
로 일찍이 학문에 전념하여 제자백가서를 두루 섭렵
하였는데, 특히 역학에 심취함.

• 作品內容

『后溪文集』은 조선 후기 학자 李栵의 시문집. 李光靖
의 서문과, 李彙載의 발문이 수록.

• 版本構成

- 권1 :「述懷」·「又得一律呈諸生」·「爲家人解嘲」등 시 63수.「與金汝修」·「答金振伯」·「與
  柳君七錫斗」등 書 8편.
- 권2 :「與李世卿」·「與仁里諸親論別廟」·「上密庵從兄」등 서 31편.「墨洞精舍上樑文」등
  상량문 3편.

- 권3 : 「祭朴正郞滈文」・「祭從兄密庵先生文」 등 제문 18편. 「適庵金公台重哀辭」・「荷塘權
  公斗寅哀辭」 등 애사 7편. 「梧陰成公墓誌銘並序」의 묘지명 1편.
- 권4 : 부록으로 저자에 대한 만사・제문・행장・묘갈명・묘지명・가장 등이 수록.

(182) 후조당선생문집(後彫堂先生文集)

書名	出版事項	版式狀況	一般事項	所藏番號
後彫堂先生文集	金富弼 (1516~1577)著, 朝鮮朝後期 寫.	6卷3冊, 筆寫本, 四周雙邊, 半郭: 19.1×15.5cm, 烏絲欄, 半葉: 10行18字, 註單行, 白口, 上下向二葉花紋魚尾, 32.7×21.8cm, 假綴, 紙質: 楮紙.	表題: 後彫堂先祖文集	KS0432-1-04-00569
後彫堂先生文集	金富弼 (1516~1577)著, 朝鮮朝後期 寫.	6卷3冊, 筆寫本, 四周雙邊, 半郭: 19×15.5cm, 烏絲欄, 半葉: 10行18字, 註單行, 無魚尾, 33.6×22cm, 線裝, 紙質: 楮紙.	所藏印: 蒙菴, 內容: 冊1詩, 冊2書 祭文 雜著, 冊3附錄, 冊4年譜, 冊5~6文集.	KS0432-1-04-00570
後彫堂先生文集附錄	金富弼 著	不分卷1冊, 筆寫本, 四周雙邊, 半郭: 19×15.5cm, 烏絲欄, 半葉: 10行20字, 無魚尾, 35.3×22cm, 假綴, 紙質: 楮紙.		KS0432-1-04-00571
後彫堂先生文集抄	金富弼 著	不分卷1冊, 筆寫本, 四周雙邊, 半郭 19.1×15.6cm, 烏絲欄, 半葉: 10行20字, 註單行, 白口, 上下向二葉花紋魚尾, 33.0×21.3cm, 假綴, 紙質: 楮紙.		KS0432-1-04-00572
後彫堂遺稿	金富弼 (1516~1577)著, 朝鮮朝後期 寫.	不分卷1冊, 筆寫本, 四周單邊, 烏絲欄, 半葉: 10行20字, 註雙行, 無魚尾 34.6×20.5cm, 線裝, 紙質: 楮紙.	表題: 後彫堂先祖遺稿	KS0432-1-04-00578
後彫堂遺稿附錄	金富弼 著	不分卷1冊, 筆寫本, 四周雙邊, 半郭: 20.1×15.8cm, 烏絲欄, 半葉: 10行20字, 註單行, 白口, 上下內向二葉花紋魚尾, 32.7×21.8cm, 假綴, 紙質: 楮紙.	表題: 後彫堂集	KS0432-1-04-00579
後彫堂先祖文集	上同	5卷1冊, 筆寫本, 四周單邊, 半郭: 21.4×15.8cm, 烏絲欄, 半葉: 10行20字, 註雙行, 無魚尾31×20.3cm, 線裝, 紙質: 楮紙.	藏書印: 蒙菴	KS0432-1-04-00575
後彫堂先祖文集	上同	2冊, 筆寫本, 四周單邊, 半郭: 20.8×16.4cm, 烏絲欄, 半葉: 10行20字, 無魚尾 32×22cm, 線裝, 紙質: 楮紙.		KS0432-1-04-00576

● 原典과 出刊

필사본으로 전해졌던 광산김씨 金富弼의 시문
으로 모두 후손 金俊植氏가 소장하고 있다가 최
근 국학진흥원에 수탁함.

크게 두 종류로 하나는 原集 3권, 附錄 1권 합
2책, 10행 20자의 寫本임. 7대손 金瑩과 8대손
金商儒가 家藏草稿를 바탕으로 蒐集 編次한
稿本에 1824년 諡號가 내리기까지의 贈諡 관
련 기록 등을 增補하여 再編한 것. 권1은 詩,
권2는 書, 祭文, 雜著, 권3은 讀書箚錄이고, 부

록은 묘도문자와 증시 관련 기록. 원집에는 罫印이 있고 부록에는 괘인이 없으며, 匡郭
상단에는 교감 내용이 적혀 있고 본문에는 교감 부호 등이 표시되어 있음. 이 책의 교감
내용이 다른 필사본에 대부분 반영되어 있는 점으로 미루어 볼 때, 이 책이 후의 필사본의
祖本으로 추정함.

다른 하나는 原集 4권, 附錄 2권 합 3책, 10행 18자의 罫印繕寫本이다[47]. 이전 필사본의
교감 사항을 대부분 반영하고, 아울러 내용을 산삭하거나 시문을 추가한 다음 再編하여 繕寫
한 것. 예컨대, 詩는 1권을 2권으로 재편하면서 연대순으로 다시 편차하고, 부록의 경우는
1권을 2권으로 分卷하였으며, 부록 첫장에 있던 洪義浩의 後識를 墓誌 뒤에 편차함. 책의
광곽 상단에 있는 교감 내용은 이전 필사본 교감 사항을 반영하여 다시 선사하는 과정에서
생긴 誤字와 脫字 등을 교감한 것. 「與金舜擧八元」, 「與李子固」 등은 추가되었고, 同門을
위해 대신 지은 「祭退溪先生文」 1편은 오히려 이전 필사본에 있는 것이 누락되기도 하였음.
또한 讀書箚錄은 설명하고자 하는 제시어를 小字로 표시하였던 이전 필사본에 비해 이후
10행 18자 필사본에서는 괄호를 하였고 내용도 증보되어 있음. 이전의 10행 20자 필사본 부
록에는 諡狀 아래에 諡望이 있으나, 10행 18자 罫印繕寫本에서는 시망이 누락되어 있다.
表題는 '後彫堂先祖文集', 卷首題는 '後彫堂先生文集'으로 되어 있음.

---

47) 6권 3책, 10행 18자의 괘인선사본은 安東 光山金氏禮安派 宗家의 金俊植 소장본이다. 권1의 제9판은 卷次
가 누락되어 있으며, 권1의 제23판은 권차가 '二'로, 권4의 제19판과 제20판은 板次가 각각 '二十'과 '十九'로,
附錄 권2의 제1판은 권차가 '一'로 誤記되어 있다.

● 著者紹介

金富弼 : 본관은 光山, 자는 彦遇, 호는 後彫堂. 안동 예안 출신. 아버지는 대사헌 緣, 어머니는 昌寧曺氏로 致唐의 딸. 1537년(중종 32) 진사시에 합격하여 성균관에 유학하면서 金麟厚와 교유함. 1556년(명종 11) 41세의 나이로 이황의 문하에 나아가 제자로서의 예를 올렸으며, 여러 차례 벼슬이 내렸지만 사양하고 학문에 정진함. 이에 이황이 '後彫主人은 깨끗한 절개를 굳게 지켜, 임명장이 문전에 이르러도 기뻐하지 않는구나 ……'라는 시를 지어 그의 지조와 절개를 높이 평가함. 평소 효제를 학문의 근본으로 삼았으며, 일생 『心經』을 애독하였다고 함.

1571년(선조 4) 스승 이황이 사망하자 素衣·素帶·素食하며 心喪 1년을 행함. 아우 金富儀, 4촌형 金富仁, 4촌아우 金富信·金富倫, 고종 琴應壎·琴應夾과 한 동네에 살면서 학문을 토론하고 덕업을 권장하여 향리에서는 '烏川七君子'라 칭송됨. 1570년 이황이 易東書院을 건립할 때 적극적으로 협조하였으며, 1574년에는 趙穆과 함께 도산서원 건립을 주도함. 구봉령·권호문·조목 등 동문들과 두루 교유하였으며, 학문과 행실로서 사림들 사이에 신망이 높았다고 함. 1822년(순조 22) 이조판서에 추증되고, 文純의 시호가 내렸짐. 예안의 洛川祠에 위패가 봉안됨.

● 作品内容

『後彫堂先生文集』은 조선 중기 학자 金富弼의 시문집. 본집은 원집 4권, 부록 2권 합 3책으로 되어 있다. 서문과 발문은 없음.

● 版本構成

- 原集 권1~2 : 시 178제가 연대순으로 편차됨. 스승 退溪 李滉과 관련된 시, 이황의 문인이며 '烏川七君子'로 칭송 받던 舍弟 金富儀, 從弟 金富倫, 從兄 金富仁, 表弟 琴應夾 등과 수창한 시, 同門인 黃俊良, 趙穆, 金誠一 등과 차운한 시, 梅花를 소재로 지은 시 등. 「戊辰冬有祠官之命……」은 1568년 겨울에 孝陵 參奉에 제수되었으나 나아가지 않자, 이황이 서울에 있으면서 출사하기를 권하였는데 벼슬에 뜻이 없음을 보인 시임. 「讀心經憶先生」은 「심경」을 읽으면서 돌아가신 이황을 존모하는 내용이며, 「十二月八日有感」은 이황의 첫 忌日을 맞아 所懷를 읊은 시.

- 권3 : 書 32편, 祭文 2편, 雜著 9편. 서는 李滉(2편), 崔應龍(12편), 徐克一(3편), 琴應夾(2편) 등에게 보낸 편지와 或人의 問目에 답한 편지. 「上退溪先生書」는 이황의 勘校하라는 명을 받고 의심난 부분에 대해 의견을 제시한 내용이며, 「答崔見叔」은 崔應龍에게 답한

편지로 易東書院에서 이황의 講學, 病患, 서거와 복상 문제 등에 대해 논한 것이며,「答或人問目」은 喪禮에 대한 혹인의 질문에 답한 것. 제문은 이황에 대한 것으로 이 중 1편은 司馬所에서 聯名으로 올린 것. 잡저 가운데「書後彫堂契會錄後約條刪補」는 朱子가 呂氏鄕約을 바탕으로 德業相勸, 過失相規, 禮俗相交, 患難相恤을 만들었는데, 여기에다 저자 자신의 의견을 붙여 집안의 家規로 삼은 條目을 실은 것.「傳系子老眉文」은 조카 金垓에게 재산을 물려주는 글로, 저자가 자식이 없어 태어난 지 7일 만에 모친을 잃은 金垓를 收養하여 키운 사연이 담겨 있는 것.「戒子帖」은 金垓를 경계한 것으로 學問, 修身, 祭祀, 出處에 대한 내용.

- 권4 : 讀書箚錄.「心經」·「朱子年譜」·「延平問答」 등을 읽으면서 수시로 기록한 것으로 단어와 문장의 풀이와 고증이 많이 담겨있음.「심경」은 저자가 평생 애독하던 책으로, 이 책에 대해 李滉에게 올린 問目과 답변도 첨부되어 있음. 이 밖에「書薛文淸讀書錄後」는 琴應夾이 준 薛瑄의「讀書錄」을 읽고 말미에 쓴 것.

- 附錄 권1 : 傍孫 金是瓚이 지은 家狀, 韓致應이 지은 行狀, 金祖淳이 지은 諡狀, 朴惺이 지은 墓誌, 鄭宗魯가 지은 墓碣銘이 실려 있고, 이어「洛川社奉安文」·「焚黃告由文」·「延諡時告由文」·「洛川景賢祠位版改題時告由文」 등이 있음.「낙천사봉안문」은 예안 낙천사에 저자의 위패를 봉안할 때 李守貞이 지은 글이며,「연시시고유문」은 1824년 '文純'의 시호를 받을 때의 고유문.

- 권2 : 輓詞 4편, 祭文 3편, 師門贈遺 13편, 同門贈答 9편, 諸家撫言 6편, 請爵諡疏 2편, 禮曹回啓 2편 등이 수록됨. 사문증유는 스승 이황이 저자에게 준 시와 편지를 모은 것으로, 이 중「贈金彦遇」는 벼슬을 기뻐하지 않고 도학에 전념하는 서사에 대한 인물평을 담은 시. 동문증답은 徐克一, 郭赾, 孫英濟 등 同門이 저자에게 준 시와 편지. 제가척언은「退溪集」·「鶴峯集」·「艮齋集」 등에서 저자 관련 사실을 뽑은 것.

2. 기타 중국 문인 서적과 조선 문인 서적

1) 중국 문인 서적

(1) 가례고증(家禮考證)

書名	出版事項	版式狀況	一般事項	所藏番號
家禮考證	丘濬(明)編, 曹好益(1545~1609)編, 朝鮮後期刊.	7卷3冊, 朝鮮木版本, 四周雙邊, 半郭: 20.5×15.4cm, 有界, 半葉: 10行20字, 註雙行, 白口, 內向二葉花紋魚尾, 29.3×19.3cm, 線裝, 紙質: 楮紙.	序 : 金堉(1646), 揷圖	KS0432-1-01-00001

● 原典과 出刊

명나라 丘濬이 편찬한 『家禮』를 曹好益이 다시 고증하여 만든 7권 3책. 조선목판본. 조호익이 죽은 뒤 그의 제자인 金堉이 유고를 정리, 편찬하여 감사 閔應協에게 위촉, 1646년(인조 24)에 간행. 제일 앞에 김육의 서문이 있음.

● 著者紹介

丘濬 : 자는 仲深, 琼山, 호는 深庵, 玉峰, 海山老人. 명나라 문인, 文淵閣 大學士를 역임. 저서로 『瓊台會集』·『家禮儀節』 등.

曹好益 : 자는 士友, 호는 芝山. 조선 중기의 학자. 李滉의 문인. 1592년 임진왜란 때 많은 전공으로 형조정랑과 折衝將軍에 승진되고, 死後 이조판서에 추증되어 永川의 芝峰書院과 道岑書院, 성천의 鶴翎書院, 강동의 淸溪書院에 제향. 저서로 『지산집』·『心經質疑考誤』·『家禮考證』·『周易釋解』·『易象推說』·『論爲學之要』·『理氣儒釋等辨』·『大學童子問答』·『蘇黃李杜詩家句註』 등.

● 作品內容

『家禮』에 관해 어려운 부분을 고증하여 알기 쉽게 풀이한 책

● 版本構成

- 권1·2 :「家禮序」·「通禮」.

- 권3 :「居家雜儀」.

- 권4 :「관례」.

- 권5 :「혼례」.

- 권6·7 :「상례」와 「제례」 등으로 구성. 後彫堂에는 7권 3책이 모두 완질로 소장.

● 其他價値

이 책은 『가례』의 해석 및 연구에 참고자료가 되며, 조선학자가 만든 가례분야의 최초주석서

가 된다는 점에서 주목.

(2) 강희자전(康熙字典)

書名	出版事項	版式狀況	一般事項	所藏番號
康熙字典	張玉書(清)等 奉勅纂修. 上海, 鴻寶書局, 淸代 刊.	6冊, 中國石印本, 四周雙邊, 半郭: 17× 11.6cm, 無界, 半葉: 行字數不定, 註雙行, 上下向黑魚 尾, 20.3×13.4cm, 線裝, 紙質: 竹紙.	表題: 御題康熙字 典, 刊記: 上海鴻 寶書局石印(1716)	KS0432-1-03-00028

● 原典과 出刊

전 42권으로, 康熙帝의 勅命으로 당시의 大學士 陳廷

敬·張玉書 등 30여명의 학자가 5년 동안 심혈을 기울

여 1716년(강희 55)에 완성. 그 후 1827년에 王引之가

명을 받아 『字典考證』을 만들어 2,588條의 오류를 校

訂하여 重刊. 현 후조당에 소장되어 있는 판본은 중국

에서 출판한 石印本.

● 著者紹介

청대의 대학자 張玉書·陳廷敬 等 30여 명.

● 作品內容

『說文解字』와 『字彙』(梅膺祚, 1615)·『正字通』(1670)

·『唐韻』·『廣韻』·『集韻』·『韻會』·『洪武正韻』 등의 내용을 종합하여 1716년에 간행한 자전. 明나라의 『字彙』·『正字通』 등의 구성을 주로 참고하여 내용을 충실하게 함.

• 版本構成

전체적 구성은 12지(支)의 순서로 12集으로 나누었고

다시 119部로 세분. 본문 이외에 總目·檢字·辨似·等韻·備考·補遺가 있으며 214의 部首를 세워 약 4만 7,000자를 각 부수에 배속시켜 획수 순으로 배열함, 各字마다 反切에 의한 발음·訓詁·字解를 달아 俗字·通字를 표시.

• 其他價值

오랫동안 자전으로서 널리 이용. 音韻과 훈고에 중점을 둔 이 자전의 체재는 자마다 今韻을 앞에 두고 古韻을 뒤로 하였으며, 正義를 앞에 두고 旁義를 뒤에 둠이 특징. 오늘날의 한자 자전의 體裁는 여기에서 정립되었다고 평가. 用例를 經史百家 및 漢·晉·唐·宋·元·明 이래의 시인·문사들의 저술에서 광범하게 인용·예증하여 학술적 가치가 높음.

(3) 경재잠집설(敬齋箴集說)

書名	出版事項	版式狀況	一般事項	所藏番號
敬齋箴集說	李象靖(1710~1781)著, 英祖26(1750)序.	不分卷1冊, 朝鮮木版本, 有圖, 四周雙邊, 半郭: 21.2×16.4㎝, 有界, 半葉: 10行18字, 註雙行, 白口, 上下內向二葉花紋魚尾, 34.4×21.9㎝, 線裝, 紙質: 楮紙.	序: 庚午(1750)十二月上浣韓山李象靖(1710~1781)序, 揷圖(敬齋箴圖)	KS0432-1-03-00004
敬齋箴集說	李象靖(1710~1781)著	不分卷1冊, 朝鮮木版本, 有圖, 四周雙邊, 半郭: 21×16.4㎝, 有界, 半葉: 10行18字, 註雙行, 白口, 上下內向二葉花紋魚尾, 32×20.7㎝, 線裝, 紙質: 楮紙.	序: 李象靖(1750), 揷圖(敬齋箴圖)	KS0432-1-03-00005

• 原典과 出刊

不分卷1冊의 조선목판본. 조선 후기의 학자 李象靖이 1750년(영조 26) 朱熹의 「경재잠」에 대한 여러 설을 모아 편장을 나누고 해설한 책.

● 著者紹介

　　李象靖 : 본관은 韓山, 자는 景文, 호는 大山. 1735년
(영조 11)사마시와 대과에 급제하였으나 평생 제자
교육과 학문 연구에 힘 씀. 저서 및 편저로는 『四禮
常變通攷』・『約中編』・『退陶書節要』・『心動靜圖』・
『理氣彙編』・『敬齋箴集說』・『心無出入說』・『朱子語
節要』・『密庵先生年譜』・『心經講錄刊補』・『延平答
問續錄』 등.

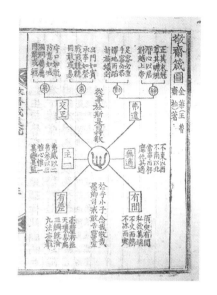

● 作品內容

　　이상정이 程顥・程頤・주희・장식・이황 등의 마음공
부를 중심으로 周敦頤・尹焞・謝良佐・呂祖謙・吳澄
등의 학설을 모아 편찬.

● 版本構成

　- 제1장 : 靜할 때의 經 공부에 대해 언급.
　- 제2장 : 動할 때는 물론, 동과 정을 겸한 經 공부에 대해 언급.
　- 제3장 : 外表의 엄숙 단정함에 대해 언급.
　- 제4장 : 다시 통괄해서 언급.
　- 제5장 : 마음의 주체성과 효능을 언급.
　- 제6장 : 마음이 근본이 되어 일을 일관되게 처리할 수 있음을 언급.
　- 제7장 : 다시 앞의 여섯 장을 총괄, 동정과 표리를 일관한 바른 모습을 가지는 것이 요체임
　　을 언급.
　- 제8장 : 마음에 주체가 서 있지 않았을 때의 병통을 언급.
　- 제9장 : 외적인 일에 있어서 한결같지 못할 때에 생기는 병통을 언급.
　- 제10장 : 이상의 전권을 총괄함.

● 其他價値

　　이 책은 조선시대 성리학에서, 인간의 주체적 각성을 중요시하는 心學의 요체라고 할 수 있
는 經에 대한 집중적인 해석서라는 데 의의가 있음.

(4) 고금역대표제주석십구사략통고(古今歷代標題註釋十九史略通攷)

書名	出版事項	版式狀況	一般事項	所藏番號
古今歷代標題註釋十九史略通攷	曾先之(元)編次, 余進(明)通攷, 壬辰(?)刊.	5卷4冊(零本), 朝鮮木版本, 四周單邊, 半郭: 23.4×17.1㎝, 有界, 半葉: 10行18字, 註雙行, 上下內向二葉花紋魚尾, 33×21.6㎝, 線裝, 紙質: 楮紙.	表題·版心題: 史略, 內容: 卷3-4·7-10, 刊記: 歲在壬辰嶺營新刊, 卷末記錄: 家藏金泉印出	KS0432-1-02-00006

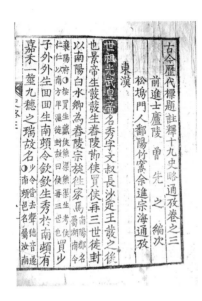

• 原典과 出刊

5卷 4冊의 조선목판본. 元 曾先之가 편차한 『십팔사략』에 明 余進宗海가 『元史』를 합하여 만든 책을 1600년 음력 11월에 山陽(전남 보성군) 竹川書堂에서 新刊함. 말미에 의병장 朴根孝가 1600년에 撰한 刊記가 붙어 있는 목판본.

• 著者紹介

朴根孝 : 본관은 珍原, 자는 立之, 호는 晚圃. 光前의 아들로 成渾·李珥 등과 교유하며 性理學을 닦음. 1591년(선조 24) 진사시에 합격. 임진왜란 때 아우 박근제와 함께 의병을 일으킴. 전라우도 의병장 崔慶會 등과 함께 금산·무주 등지에서 적을 격파.

• 作品內容

元 曾先之가 편차한 『십팔사략』·『史記』·『漢書』에서 시작하여 『新五代史』에 이르는 17종의 正史, 宋代의 『續宋編年資治通鑑』·『續宋中興編年資治通鑑』 등과 明 余進宗海가 『元史』를 합하여 만든 책.

• 其他價値

정유재란 뒤에 수 만권의 책들이 불살라져 교학에 어려움을 겪게 되자, 이를 보완하고자 벗과 함께 서원을 세우고 목판에 책을 인쇄하게 됨.

(5) 구해남화진경(句解南華眞經)

書名	出版事項	版式狀況	一般事項	所藏番號
句解南華眞經	莊周著, 林希逸(宋)句解, [朝鮮朝後期刊].	2卷1冊(零本), 朝鮮木版本, 四周雙邊, 半郭: 21.6×17cm, 有界, 半葉: 10行17字, 註雙行, 白口, 上下內向二葉花紋魚尾, 33×21.8cm, 線裝, 紙質: 楮紙.	表題: 南華經, 版心題: 莊子, 莊子後序: 林經德(1260), 序: 景定改元(1260)中和節 … 林經德 序. 跋: 塘林同(1261)・徐霖景(1261), 內容: 卷1-2	KS0432-1-03-00007

• 原典과 出刊

2卷1冊, 조선목판본. 莊周가 지은 『莊子』로서 內篇 7, 外篇 15, 雜篇 11로 구성. 唐 玄宗이 장주를 南華眞人으로 追號함에 따라 句解本에서는 『南華眞經』이라는 이름을 붙임. 『句解南華眞經』은 조선시대에 宋代의 林希逸이 句解한 莊周의 『남화진경』에 한글로 토를 붙인 책. 정확한 간행연대는 서문, 발문이 없어 확인할 수 없으나, 板刊의 鑄字로 보아 正祖 이전의 것으로 추정.

• 著者紹介

莊周 : 전국시대 송나라 '蒙' 사람. 이름은 周, 자는 子休, 호는 南華眞人. 일찍이 楚威王의 초빙을 받았으나 응하지 않고, 송나라에서 漆園吏를 지냈기 때문에 '漆園傲吏'라 하며, 老子와 더불어 '老莊'으로 일컬어짐.

林希逸 : 송나라 福州 福淸 사람. 자는 肅翁, 淵翁, 호는 竹溪, 鬳齋. 理宗 端平 2년(1235) 進士가 되고, 淳祐 연간에 秘書省正字와 考工員外郞을 역임. 저서에 『易講』과 『春秋正附篇』・『鬳齋考工記解』・『老莊列三子口義』・『竹溪稿』・『鬳齋續集』등.

• 作品內容

林希逸은 '句解南華眞經發題'에서 전통적으로 가장 널리 읽혀 온 晉 郭象의 주가 각 구절에 대한 설명을 결여하고 있어 세부적인 문맥을 파악하기 어렵고 呂惠卿・王雱과 같은 宋代

주석가들의 설명도 난해하다고 지적, 각 구절들을 보다 쉽게 설명하여『莊子』를 이해하는데 보탬이 되고자 각 구절들의 의미와 문맥을 평이한 문장으로 설명.

(6) 근사록(近思錄)

書名	出版事項	版式狀況	一般事項	所藏番號
近思錄	朱熹(宋) · 呂祖謙(宋)共著, 禮山, 宣祖11(1578)刊.	12卷3冊(零本), 朝鮮金屬活字本(初鑄甲寅字), 四周雙邊, 半郭: 26.7×15.8cm, 有界, 半葉: 10行18字, 註雙行, 白口, 上下內向二葉花紋魚尾, 36.4×21cm, 線裝, 紙質: 楮紙.	寶物 第1019號, 內容: 卷3-14, 跋: 金汶(1436) · 權近 · 卞季良(1422) · 金鑌(1434), 印出記: 正統元年(1436)六月日印出, 藏書印: 金富弼	KS0432-1-03-00008
近思錄	朱熹 · 呂祖謙 (宋)共著, [朝鮮朝後期]刊.	9卷3冊(零本), 朝鮮木版本, 四周雙邊, 半郭: 19.6×16.4cm, 有界, 半葉: 10行18字, 註雙行, 白口, 上下內向二葉花紋魚尾, 32.4×21.8cm, 線裝, 紙質: 楮紙.	近思錄集解序: 葉采(1248), 進近思錄表: 葉采(1248) · 朱熹(1175) · 呂祖謙(1176), 內容: 卷1-9, 共4冊 中 第3冊 缺	KS0432-1-03-00009
近思錄	朱熹 · 呂祖謙 (宋)共著, [朝鮮朝後期]刊.	14卷4冊, 朝鮮木版本, 四周雙邊, 半郭: 19.7×16.5cm, 有界, 半葉: 10行18字, 註雙行, 白口, 上下內向二葉花紋魚尾, 30.4×20.5cm, 線裝, 紙質: 楮紙.	近思錄集解序: 葉采(1248), 進近思錄表: 葉采(1248) · 朱熹(1175) · 呂祖謙(1176)	KS0432-1-03-00010

• 原典과 出刊

12卷 3冊의 조선금속활자본, 9권 3책 등의 조선목판본. 宋代 朱熹가 친구인 呂祖謙과 함께, 자신들의 선배인 '북송의 네 선생', 周敦頤, 程顥 · 程頤 형제 그리고 張載의 '새로운 이야기들'을 주제별로 분류 편찬한 選集. 국내에는 고려 말 성리학이 유입될 때 들어와 1370년 李仁敏이 4책으로 복간하였으며 (보물 제262호, 제1077호), 1519년(中宗 14) 구례현감 安處順에 의해 목판본으로 간행.

• 著者紹介

朱熹 : 1130년 福建 출생. 자는 元晦, 仲晦, 호는 晦庵, 晦翁, 雲谷山人, 滄洲病叟, 遯翁. 18세에 지방의 과거 예비시험 解試에 합격. 이듬해 수도 임안에서 본시험에 합격. 1151년 22세 때 吏部 임관시험에 합격하여 종9품 좌적공랑이 되어 천주 동안현 주부 등으로 임명. 저서로는 『論語要義』·『論語訓蒙口義』·『困學恐聞編』·『程氏遺書』·『論孟精義』·『資治通鑑綱目』·『八朝名臣言行錄』·『西銘解義』·『太極圖說解』·『通書解』·『程氏外書』·『伊洛淵源錄』·『古今家祭禮』·『近思錄』·『四書章句集注』·『周易本義』·『詩集傳』·『楚辭集注』등.

呂祖謙 : 남송 婺州 金華 사람. 자는 伯恭이며, 호는 東萊先生으로, 林之奇와 汪應辰 등에게 사사. 孝宗 隆興 원년(1163) 進士에 급제한 뒤 다시 博學宏詞科에 합격. 著作郎 겸 國史院編修官을 거쳐 『휘종실록』 중수에 참여하고, 『皇朝文鑑』을 편찬 간행.

저서에 『呂氏家塾讀詩記』 32권과 『東萊先生左氏博議』 25권·『呂東萊先生文集』 40권·『歷代制度詳說』 등이 있으며, 주희와의 共著인 『近思錄』이 있음.

• 作品內容

『近思錄』은 주자학의 입문서이자 교과서로, '近思'는 『論語』의 "널리 배우고 돈독히 하며, 절실하게 묻고 가까이 생각하면 仁은 그 가운데 있다"는 구절에서 따온 것. 眞德秀의 『心經』과 함께 신유학의 필수문헌으로 중시.

• 版本構成

622조의 항목을 14권으로 분류. 각권의 편명은 후대의 학자들이 붙인 것이 굳어진 것으로서, 道體·爲學·致知·存養·克己·家道·出處·治體·治法·政事·敎學·警戒·辨異端·觀聖賢으로 구성.

• 其他價値

조선 후기까지 학자의 필수문헌으로 인식되어 수많은 판본이 간행되었으며, 17세기 중반 鄭曄의 『近思錄釋疑』, 18세기 李瀷의 『近思錄疾書』를 비롯한 많은 해설서가 나옴. 後彫堂에 소장되어 있는 판본은 1578년(宣祖 11)에 금속활자로 간행된 것으로 寶物 第1019號로 지정됨.

(7) 논어집주(論語集註)

書名	出版事項	版式狀況	一般事項	所藏番號
論語集註	朱熹(宋)集註, [壬辰以前]刊.	20卷3冊(卷1~20), 朝鮮金屬活字本(再鑄甲寅字), 四周雙邊, 半郭: 26.3×16.8cm, 有界, 半葉: 10行18字, 註雙行, 白口, 上下內向三葉花紋魚尾, 36.5×21.8cm, 線裝, 紙質: 楮紙.	寶物 第1019號, 表題: 論語	KS0432-1-01-00007

• 原典과 出刊

20卷 3冊의 조선금속활자본. 『論語集註』는 宋代 朱熹가 『논어』의 章句에 대한 先代 學者들과 自己의 註釋을 모아 엮은 책. 정확한 간행연도는 알 수 없으나 대략 임진왜란 이전에 국내에서 금속활자로 간행된 것으로 추정. 후조당 소장본은 寶物 第1019號로 지정되어 있음.

• 著者紹介

孔子 : 宋나라 微子의 후손. 이름은 丘, 자는 仲尼, 魯나라의 평창향 鄒에서 태어남. 大司寇를 역임. 14년 동안 여러 나라를 돌아다니며, 유서하고 돌아와 고향에서 제자 육성에 힘쓰며 『易』·『詩』·『書』·『春秋』·『禮記』·『樂記』 등 六經을 정리.

• 作品內容

孔子와 그 제자와의 문답과 공자의 발언과 행적, 그리고 高弟의 발언 등을 정리한 『논어』에 주석을 달아 엮어 놓음.

• 其他價値

국내에 유교가 전해진 것은 삼국시대인데 학자들은 『論語』도 이 무렵에 전래되었을 것으로 추정. 통일신라시대인 682년(신문왕 2) 국학이 체계를 갖추었을 때 『논어』를 가르쳤으며, 그 뒤 讀書三品科로 인재를 선발할 때도 『논어』는 필수과목이었음.

(8) 논어집주대전(論語集註大全)

書名	出版事項	版式狀況	一般事項	所藏番號
論語集註大全	胡廣(明)等 奉勅纂, [朝鮮朝後期刻 後刷]	7卷3冊(零本), 朝鮮木版本, 四周雙邊, 半郭: 23.7×18.3㎝, 有界, 半葉: 10行22字, 註雙行, 白口, 上下內向二葉花紋魚尾, 34×22.7㎝, 線裝, 紙質: 楮紙.	表題: 論語, 內容: 卷4-7・14-16, 藏書記: 後彫堂	KS0432-1-01-00008
論語集註大全	胡廣(明)等 奉勅纂.	4卷1冊(零本), 朝鮮木版本, 四周單邊, 半郭: 21.8×18.1㎝, 有界, 半葉: 10行22字, 註雙行, 白口, 上下內向混入花紋魚尾, 34×22.6㎝, 線裝, 紙質: 楮紙.	表題: 論語, 內容: 卷17-20, 刊記: 丙寅四月日成均館重刊	KS0432-1-01-00009
論語集註大全	胡廣(明)等 奉勅纂.	3卷1冊(零本), 朝鮮木版本, 四周單邊, 半郭: 21.8×18.1㎝, 有界, 半葉: 10行22字, 註雙行, 白口, 上下內向混入花紋魚尾, 32×20.8㎝, 線裝, 紙質: 楮紙.	表題: 論語, 內容: 卷12-14	KS0432-1-01-00010
論語集註大全	胡廣(明)等 奉勅纂.	6卷2冊(零本), 朝鮮木版本, 四周雙邊, 半郭: 23.2×18.3㎝, 有界, 半葉: 10行22字, 註雙行, 白口, 上下內向二葉花紋魚尾, 33.7×23.1㎝, 線裝, 紙質: 楮紙.	表題: 論語, 內容: 卷1-2・17-20, 刊記: 乙丑四月嶺營重刊	KS0432-1-01-00011
論語集註大全	胡廣(明)等 奉勅纂.	3卷1冊(零本), 朝鮮木版本, 四周雙邊, 半郭: 23.2×16.8㎝, 有界, 半葉: 10行18字, 註雙行, 白口, 上下內向二葉花紋魚尾, 33.7×22.4㎝, 線裝, 紙質: 楮紙.	表題: 論語, 內容: 卷11-13	KS0432-1-01-00012

• 原典과 出刊

7권 3책, 6권 2책 등의 조선목판본. 『論語集註大全』은 明代 胡廣(1370-1418) 등이 편찬한 四書大全 가운데 하나.

• 著者紹介

胡廣 : 明나라 江西 吉水 사람. 자는 光大, 호는 晃庵이며, 시호는 文穆. 胡子祺의 아들. 建文 2년(1400) 進士第一로 급제하여 翰林院 修纂, 文淵閣大學士 등 역임. 왕명으로 『周易大全』과 『書傳大全』・『詩經大全』・『禮記大全』・『春秋大全』・『四書大全』・『性理大全』의 편수를 주관. 저서에 『胡文穆集』 등.

• 作品內容

『논어』는 儒家의 聖典으로, '四書'의 하나. 중국 최초의 語錄. 고대 중국의 사상가 孔子와 그 제자와의 문답을 간추려서 일정한 순서로 편집. 편자에 관해서는 崇爵識의 子夏 등 六四

弟子說, 鄭玄의 仲弓·子游·子夏說, 程子의 曾子·有子의 제자설 등이 있음.

• 其他價値

이 大全本은 조선 시대 기본 텍스트로 채택되어 널리 유통됨.

(9) 논어혹문(論語或問)

書名	出版事項	版式狀況	一般事項	所藏番號
論語或問	朱熹(宋)著, [壬辰以後]刊.	20卷4冊, 朝鮮木版本, 四周單邊, 半郭: 25×16.3㎝, 有界, 半葉: 12行22字, 註雙行, 白口, 內向混入花紋魚尾, 33.4×20.5㎝, 線裝, 紙質: 楮紙.	所藏印: 金氏富儀. 愼仲.	KS0432-1-01-00013

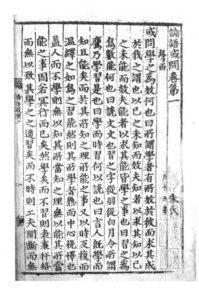

• 原典과 出刊

20권 4책의 조선목판본. 『論語』의 각 章을 문답식으로 논변한 책으로 간행경위·편자는 미상이지만 임진왜란 이후에 간행된 것으로 추정. 후조당에는 金氏富儀라는 所藏印이 찍힌 목판본 20권 4책이 소장되어 있음.

• 著者紹介

朱熹 : 1130년 福建 출생. 자는 元晦, 仲晦, 호는 晦庵, 晦翁, 雲谷山人, 滄洲病叟, 遯翁. 18세에 지방의 과거 예비시험 解試에 합격. 이듬해 수도 임안에서 본 시험에 합격. 1151년 22세 때 吏部 임관시험에 합격하여 종9품 좌적공랑이 되어 천주 동안현 주부 등으로 임명. 저서로는 『論語要義』·『論語訓蒙口義』·『困學恐聞編』·『程氏遺書』·『論孟精義』·『資治通鑑綱目』·『八朝名臣言行錄』·『西銘解義』·『太極圖說解』·『通書解』·『程氏外書』·『伊洛淵源錄』·『古今家祭禮』·『近思錄』·『四書章句集注』·『周易本義』·『詩集傳』·『楚辭集注』등.

• 作品內容

宋代 朱熹의『大學或問』의 예에 따름.『論語』가 모두 20편으로 되어 있어, 이 책도 20편으로 분리하여 한 권씩 편차를 함. 원문에 대한 或問을 기재하고 이어서 '答曰'을 쓴 뒤 질문에 대한 해석을 하면서 先儒들의 말을 인용해서 증명함. 인용된 선유는 胡氏·張栻·蘇氏·李氏·洪氏·吳氏·曾氏·晁氏 등.

(10) 당시품휘(唐詩品彙)

書名	出版事項	版式狀況	一般事項	所藏番號
唐詩品彙	高棅(明)編輯, 汪宗尼(明)校正, [淸代]刊.	4卷1冊(卷8~11), 中國木版本, 上下單邊 左右雙邊, 半郭: 19.8×12.8㎝, 有界, 半葉: 10行20字, 註雙行, 上下向黑魚尾, 25.8×16.4㎝	內容: 五言古詩.	KS0432-1-04-00354

• 原典과 出刊

4권 1책의 중국목판본.『唐詩品彙』는 중국 明代 초기에 高棅(1350~1423)이 편찬한 唐詩의 選集. 후조당에 있는 중국판본은 권8부터 권11까지 1冊 소장됨.

• 著者紹介

高棅: 자는 彥恢, 호는 漫士, 일명 廷禮라고도 함. 明 초기 福建 長樂 사람. 永樂 초에 포의로 불려 한림원 待詔와 典籍을 지냄. 문장에 능했으며 詩와 서화에 능했음. 唐詩를 '初盛中晚' 네 시기로 분류함. 저서로『嘯臺集』20권,『水天淸氣集』14권 등,『唐詩品彙』와『唐詩正聲』등 편찬.

• 作品內容

高棅은 원대 楊士宏이 편찬한『唐音集』을 참고로 하여, 당대 시인 620명의 詩 5,769수를 가려 뽑아, 철저하게 분류 정리하고 필요한 곳에 해설을 붙이는 작업을 하여 1393년『唐詩品彙』라는 책을 출판.

• 版本構成

　五言古詩(附 五言長篇) 24권, 七言古詩(長短句 포함, 附 歌行長篇) 13권, 五言絶句(附 六言絶句) 8권, 七言絶句 10권, 五言律詩 15권, 五言排律 11권, 七言律詩(附 七言排律) 9권 등 7가지로 편성한 후, 각각 시형에 대해 正始, 正宗, 大家, 名家, 羽翼, 接武, 正變, 餘響, 傍流 등 9가지 品目을 정리.

• 其他價値

　『당시품휘』의 영향으로 明代에 일시적으로 盛唐詩를 숭상하는 기풍이 일어남. 그 영향이 국내에까지 미쳐 조선시대 문인들도 이를 애독하여 조선본까지 간행하게 됨.

(11) 대학연의(大學衍義)

書名	出版事項	版式狀況	一般事項	所藏番號
大學衍義 (雲巖遺墨)		不分卷1冊, 筆寫本, 無界, 17行字數不定, 36×23.3cm, 線裝, 紙質: 楮紙.		KS0432-1-03-00013

• 原典과 出刊

　不分卷1冊의 필사본. 『大學衍義』는 宋代 학자 眞德秀의 『大學』 주석서를 조선시대에 43권 12책 목활자로 간행[48]한 것이고, 後彫堂에 소장되어 있는 서적은 그것을 필사한 것으로 17行이고 字數는 不定.

• 著者紹介

　眞德秀 : 宋代 浦城 사람. 호는 西山, 시호는 文忠. 慶元 때에 進士로서 參知政事 등 역임. 朱子學派의 학자. 저서로는 『大學衍義』·『唐書考疑』·『讀書記』·『文章正宗』·『西山甲乙稿』·『西山文集』 등.

---

48) 1403년(태종 3), 1434년(세종 16), 1527년(중종 22) 등 여러 차례 국비로 간행하였다. 권두에 중종이 쓴 어제 서문과 진덕수의 자서가 있고, 이어서 尙書省箚子·進大學衍義表·時政記房申狀이 있으며, 권말에 權近·卞季良·金鑌의 발문이 있다.

• 作品内容

帝王爲學次序·帝王爲學本·格物致知之要·誠意正心之要·修身之要·齊家之要의 6편으로
나누어 매 편마다 古賢의 언행을 들고, 이에 考證을 첨가하여 논설 함.

• 其他價値

표제『大學衍義』옆에 '雲巖遺墨'이라고 표기된 것으로 보아 운암선생님의 필적으로 추정.
매우 정갈한 필체로 정성들여 적어 내려간 것만 보아도 그의 학문에 대한 열정을 엿 볼 수
있음.

(12) 대학혹문(大學或問)

書名	出版事項	版式狀況	一般事項	所藏番號
大學或問	朱熹(宋)著, [朝鮮朝後期刊.	不分卷1冊(78張), 朝鮮木版本, 四周雙邊, 半郭: 19.7×14.8cm, 有界, 半葉: 10行20字, 註雙行, 白口, 上下內向二葉花紋魚尾, 29.8×18.7cm, 線裝, 紙質: 楮紙.	表題: 大學或	KS0432-1-03-00014

• 原典과 出刊

不分卷1冊 78張의 조선목판본.『大學或問』은 朱熹가
대학에 관한 내용을 보다 구체적으로 해설한 책. 국내
에서는 조선후기에 간행.

• 著者紹介

朱熹 : 중국 南宋 理學家, 자는 元晦, 仲晦, 호는 晦庵,
晦翁. 부친의 엄격한 가르침의 영향으로 학문을 좋아
함. 여러 관직을 역임했으나 경원(慶元) 2년(1196)에
반대파에게 탄핵당해 파직되고, 4년 뒤 1200년에 71세
의 나이로 병사. 寧宗 嘉定 원년인 1208년에 '文'이란
시호를 받아 朱文公 또는 朱子라는 존칭으로 불리기
시작. 저서로 『四書章句集注』·『詩集傳』·『楚辭集
注』·『朱文公文集』 등.

• 作品內容

　朱熹가 대학에 관한 내용을 보다 구체적으로 해설하면서 퇴계는 주자가 저술한 小學題辭에 있어서 『대학혹문』에서 小學에 관한 내용을 인용하여 小學圖의 설명을 보완함.

(13) 도정절집(陶靖節集)

書名	出版事項	版式狀況	一般事項	所藏番號
陶靖節集	陶潛(晉)著, 何湛之(明)校刊, [朝鮮朝後期刻後刷]	2卷2冊, 朝鮮木版本, 有圖, 四周雙邊, 半郭: 18.4×13.4㎝, 有界, 半葉: 9行18字, 註雙行, 白口, 上下內向二葉混入花紋魚尾, 26.7×17.3㎝, 線裝, 紙質: 楮紙.	表題: 靖節集, 版心題: 陶集, 序: 張志淳(1520)·陳察原, 藏書記: 大廳藏	KS0432-1-04-00122

• 原典과 出刊

　2권 2책의 조선목판본. 중국 동진시대 陶淵明의 문집. ‘正德戊寅(1518)良月望日’과 正德庚辰(1520) 8월 8일 序의 간기가 있는 것으로 보아 1520년에 국내에서 간행된 것으로 추정.

• 著者紹介

　陶潛 : 東晉 廬江 潯陽 사람. 자는 淵明, 元亮, 호는 五柳先生. 鎭軍參軍, 建衛參軍 등 역임. 彭澤縣令 때 五斗米 때문에 허리를 굽히는 일을 할 수 없다하여 낙향하며 「歸去來辭」를 씀. 詩를 잘 지었으며, 「五柳先生傳」·「桃花源記」 등 산문에도 능함. 志怪小說集 『搜神後記』를 엮음. 저서에 『陶淵明集』 등.

• 作品內容

　『陶靖節集』은 中國 南北朝時代 東晉의 詩人인 陶潛의 文集으로, 煩雜한 俗世에서 벗어나려는 탈속적 분위기의 作品이 많이 收錄.

● 其他價値

陶潛 靖節先生의 초상화 1장과 전원 그림 2장이 서두에 그려져 있어, 이렇게 揷圖된 간행방식이 다른 서책들과는 다른 특색을 지님.

(14) 동래선생음주당감(東萊先生音註唐鑑)

書名	出版事項	版式狀況	一般事項	所藏番號
東萊先生音註唐鑑	范祖禹(宋)撰, 呂祖謙(宋)音註, 李楨(1512~1517)校, 明宗17(1562)跋.	24卷5冊, 朝鮮木版本, 四周單邊, 半郭 23.4×17.4cm, 有界, 半葉 10行17字, 註雙行, 黑口 上下內向黑魚尾, 33.3×22.4cm, 線裝, 紙質: 楮紙	貴重本, 表題·版心題: 唐鑑, 唐鑑序: 祖禹受, 重刊唐鑑序: 呂鐘(1497)·白昂(1497), 揷圖, 後: 嘉靖壬戌(1562)秋八月謹識	KS0432-1-02-00043

● 原典과 出刊

24권 5책의 조선목판본. 宋 나라 范祖禹가 撰한 역사책. 서두에 英祖가 正祖에게 眞德秀의 『大學衍義』와 范祖禹의 『唐鑑』을 읽으라고 당부하는 글이 있고, '嘉靖壬戌(1562)秋八月'라는 간기도 남아있어 1562년(명종 17)에 간행된 것으로 추정.

● 著者紹介

范祖禹 : 북송 成都 華陽 사람. 자는 淳甫, 夢得. 仁宗 嘉祐 8년(1063) 進士. 給事中과 翰林學士 역임. 司馬光 밑에서 『資治通鑑)』 편수. 朱熹, 張栻과 더불어 東南三賢이라 칭해짐. 저서에 『論語說』·『唐鑑』·『中庸論』·『范太史集』 등.

● 作品內容

『東萊先生音註唐鑑』은 唐 高祖 武德 원년(618년)에서 昭宣帝 天祐 4년(907년)에 이르는 290년의 역사를 『資治通鑑』식으로 서술한 것. 군왕의 賢否, 신하의 邪正, 사업의 得失을 모두 義理와 至公無私를 기준으로 분석하고 논단. 원래 범씨가 12권으로 지은 것을 東萊의 여조겸이 여기에 音註하고 24권으로 정리.

(15) 맹자(孟子)

書名	出版事項	版式狀況	一般事項	所藏番號
孟子	胡廣(明)等 奉勅纂.	1卷1冊(零本), 朝鮮木版本, 四周單邊, 半郭: 12.1×9.8cm, 有界, 半葉: 10行22字, 註雙行, 無魚尾, 15.7×12cm, 線裝, 紙質: 楮紙.	表紙缺落, 版心題: 孟, 內容: 卷3	KS0432-1-01-00016

• 原典과 出刊

1권 1책의 조선목판본. 孟子의 말을 후세 제자들이 모아 만든 책. 조선시대에도 국내에서 여러 번 간행되었고, 지금까지도 애독되는 서적. 정확한 간행연도를 추정할 수는 없으나, 후조당 소장본은 卷3의 1冊으로, 표제는 '孟子'라고 되어있고, 여러 곳이 缺落 됨.

• 著者紹介

孟子 : 전국시대 鄒에서 출생. 자는 子輿, 子車. 어려서 아버지를 여의고 어머니 밑에서 어렵게 성장함. 孔子의 손자 子思의 후대 문하생에게서 유가사상을 배웠다고 전해짐. 詩와 書에 능했음.

• 作品內容

孟子의 철학이 담긴 정치사상서. 전국시대의 사회적 혼란과 사상적 위기 상황 속에서 공자의 가르침을 지키고 그것을 현실에 접목시켜 '仁, 義, 禮, 智' 四端을 통해 완성시키려 함. 맹자의 사상 뿐 만아니라 당시 제후와 재상을 만나 문답을 나눈 맹자의 행적을 그대로 담은 것. 「梁惠王」 상하, 「公孫丑」 상하, 「藤文公」 상하, 「離婁」 상하, 「萬章」 상하, 「告子」 상하, 「盡心」 상하의 7편으로 구성.

(16) 맹자집주대전(孟子集註大全)

書名	出版事項	版式狀況	一般事項	所藏番號
孟子集註大全	胡廣(明)等奉勅纂. 乙丑(?)刻[後刷].	6卷3冊(零本), 朝鮮木版本, 四周雙邊, 半郭: 22.4×18cm, 有界, 半葉: 10行22字, 註雙行, 白口, 內向二葉花紋魚尾, 33.8×22cm, 線裝, 紙質: 楮紙.	表題: 孟子, 內容: 卷5-8・13-14, 刊記: 乙丑四月嶺營重刊	KS0432-1-01-00017
孟子集註大全	胡廣(明)等奉勅纂.	2卷1冊(零本), 朝鮮木版本, 四周單邊, 半郭: 23.4×17cm, 有界, 半葉: 10行18字, 註雙行, 內向二葉花紋魚尾, 33.5×22cm, 線裝, 紙質: 楮紙.	表題: 孟子, 內容: 卷9-10	KS0432-1-01-00018

• 原典과 出刊

6권 3책, 2권 1책 등의 조선목판본. 『맹자』를 해석한 朱熹의 주석서 『孟子集註』를 풀이한 것으로, 국내에서 1793년(정조 17)과 1820년(순조 20) 등 여러 번 간행. 후조당에 소장되어 있는 『孟子集註大全』은 6卷 3冊의 零本에는, '乙丑四月嶺營重刊'의 간기가 있지만 정확한 간년은 추정 불가. 또 다른 2卷 1冊도 零本이기에 정확한 간년상황은 추정할 수 없음. 단 두 서책이 10行 22字와 10行 18字로 판식 사항에 차이가 있어, 다른 시기에 간행된 것으로 추정.

• 作品內容

『孟子集註大全』은 『맹자』에 宋代 朱熹가 주석한 『孟子集註』를 근간으로 하고 이에 대한 학자들의 풀이를 덧붙인 것.

(17) 사기영선(史記英選)

書名	出版事項	版式狀況	一般事項	所藏番號
史記英選	司馬遷(漢)著, [朝鮮朝後期刻後刷]	4卷3冊, 朝鮮木版本, 四周單邊, 半郭: 24×16.8cm, 有界, 半葉: 10行18字, 註雙行, 上下向二葉花紋魚尾, 31.5×20.5cm, 線裝, 紙質: 楮紙.	底本印出記: 丙辰內閣活印	KS043-1-02-00059

● 原典과 出刊

4권 3책의 조선목판본. 正祖가 司馬遷의『史記』와 班固의『漢書』에서 중요부분을 뽑아 엮음. 정조가 추진한 문화정책의 일환으로 1796년(정조 20) 조선 초기에 있었던 주자소를 복설하여 丁酉字로 간행. 태백산·오대산·적상산의 史庫에 보관하고, 영남·호남·관서의 감영에 명하여 번각하여 바치게 함. 원래 6권으로 간행된 뒤 정조 자신이나 신하들이 내용을 추가하여 8권으로 늘어나게 된 것으로 추정. 8권 5책의 활자본 등 여러 판본이 전함. 후조당에 소장되어 있는 판본은 4권 3책의 목판본.

● 著者紹介

司馬遷 : 龍門 사람으로, 자는 子長. 漢의 太史令을 司馬談의 아들. 38세(B.C.108) 무렵 아버지가 세상을 떠난 지 3년 만에 대를 이어 사관이 되어 역사서를 편찬하는 일에 종사. 흉노에게 항복한 이릉장군을 변호하다가 사형을 받았으나 궁형을 자청함. 치욕과 울분으로『사기』완성.

班固 : 자는 孟堅, 扶風 安陵 사람. 부친 班彪, 伯父 班嗣 모두 저명한 학자. 15세 즈음이던 광무제 建武 23년인 47년, 낙양 태학에 입학. 부친 死後, 아버지가 쓰시던 역사서를 바탕으로『한서』를 집필하고 편찬하여 20년 만에 완성.

● 版本構成

- 권1~6 :『사기』에서 뽑은 26편을 싣고 있는데 대부분이 열전.
- 권7·8 : 9편「匈奴傳」을 제외하고는『한서』에서 뽑은 것인데 모두 열전.
  (권7·8의 부분은 따로『史記英選抄』라는 제목으로 제책되어 전해지기도 함)

● 其他價値

고전의 내용을 아무런 수정이나 해석을 가하지 않고 그대로 옮긴 것이므로 사료적 가치는 크지 않으나, 정조가 특별한 관심을 가지고 추진한 문화정책의 내용을 파악하는 데 도움이 됨.

(18) 사찬전선(史纂全選), 사찬초선(史纂抄選)

書名	出版事項	版式狀況	一般事項	所藏番號
史纂全選	王世貞(明)編, 李恒福(朝鮮) 編, 1612년 훈련도감 刊行.	10卷7冊(零本), 朝鮮木版本, 四周雙邊, 半郭: 21.3×15.4㎝, 有界, 半葉: 9行16字, 註雙行, 白口, 內向二葉花紋魚尾, 33.4×19.8㎝, 線裝, 紙質: 楮紙.	卷末題: 史纂全選, 內容: 卷1-2·4-10·12	KS0432-1-02-00064
史纂抄選	上同	2卷2冊, 朝鮮木版本, 四周雙邊, 半郭: 22.7×15.6㎝, 有界, 半葉: 9行16字, 註雙行, 內向二葉花紋魚尾, 33.5×20.6㎝, 線裝, 紙質: 楮紙.	表題: 史纂, 附: 高祖功臣侯年表	KS0432-1-02-00065

• 原典과 出刊

10권 7책의 『史纂全選』과 2권 2책의 『史纂抄選』. 조선출판본. 明代 王世貞의 『史記纂』을 저본으로 李恒福 等編하여 1612년(光海君 4) 간행. 李恒福의 跋文에 의하면 趙維韓이 『史記』를 인쇄하자는 제의를 해서 평소 抄寫해 놓은 것을 보여주었다는데, 李德馨도 가지고 있던 한 부를 내어놓았고, 尹根壽도 찬성하여 王弇州[왕세정]의 『史記纂』을 論定去就하여 『全選』은 53종, 『抄選』은 20종을 얻어 도합 73종을 엮어 『史纂全選』과 『史纂抄選』라는 제명으로 훈련도감에서 간행.

• 著者紹介

李恒福 : 본관 慶州. 사 子常. 호 白沙·弼雲·淸化眞人·東岡·素雲. 1580년(서조 13) 알성문과에 병과로 급제하고 著作·박사·正言·修撰 등의 관직을 거쳐 이조판서, 병조판서, 우의정, 영의정 등을 역임. 저서로 『백사집』·『北遷日錄』·『四禮訓蒙』 등.

• 作品內容

사마천의 『史記』를 정리한 것으로 『史纂全選』과 『史纂抄選』은 겹치는 내용이 없는 것으로 보아 아마도 훈련도감에서 간행할 때 편집 방법을 다르게 한 것으로 추정. 『史記』의 전체를 다루고 있지는 않지만, 두 개의 書가 합쳐져서 『史記』가 이루어지도록 간행.

(19) 사대기서제일종(四大奇書第一種)

書名	出版事項	版式狀況	一般事項	所藏番號
四大奇書 第一種	毛宗崗 評	1卷1冊(零本), 中國木版本(淸版), 四周單邊, 半郭: 21.7×13.8cm, 有界, 半葉: 12行26字, 註雙行, 白口, 上下向黑魚, 25.5×16cm, 線裝, 紙質: 竹紙.	內容: 卷6	KS0432-- 04-00226

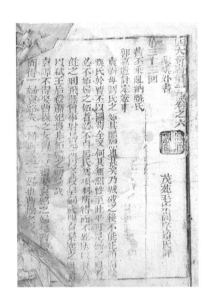

• 原典과 出刊

1권 1책만 남아있는 중국목판본. 金聖歎이 原評을 하고 毛宗崗 批點이 달린『四大奇書第一種』1888년(光緖 14) 간행본. 목판본으로 전체는 20책의 완질이지만, 후조당에 소장되어 있는 판본은 그 중 일부로 권6에 해당되는 1책만이 남아있음.

• 著者紹介

羅貫中 : 본명 本, 자 관중, 호 湖海散人.『三國志演義』및 施耐庵과의 공저인『水滸誌』작품으로 유명.
毛宗崗 : 淸 江南 長洲 사람. 자 序始, 호 孑庵. 소설 평점가. 金聖歎이『水滸傳』에 평점을 단 필법을 본받아『三國志演義』에 평점을 달았음.

• 作品內容

『四大奇書第一種』은 명대 사대기서 중에서『삼국지연의』를 지칭. 후한 말 헌제 때부터 魏蜀吳 三國의 치열한 각축과 책사들의 활약을 14세기에 羅貫中이 章回小說의 형식으로 편찬한 장편 역사소설.

• 其他價値

후조당 소장본 : '四大奇書第一種卷之六'이라는 분류항목 아래에 〈聖歎外書〉 '茂苑 毛宗崗 序始氏 評'이라고 되어있으며 33회부터 시작. '四大奇書第一種 三國誌'는 19권(120회)으로 되어 있고, 본문은 12행 26자이며, 본문 중간 중간에 평어와 주석이 2행의 작은 글씨로 적혀 있음.

(20) 삼소선생문집(三蘇先生文集)

書名	出版事項	版式狀況	一般事項	所藏番號
三蘇先生文集	蘇洵(宋)·蘇軾(宋)·蘇轍(宋) 著, [明代]刊.	6卷1冊(零本), 中國木版本(明版), 四周雙邊, 半郭: 18×12㎝, 有界, 半葉: 10行24字, 無魚尾, 23.5×13.8㎝, 線裝, 紙質: 竹紙.	破本	KS0432-1-04-00238

● 原典과 出刊

6권 1책만 남아있는 중국목판본. 『三蘇先生文集』은 明代에 竹紙로 간행된 중국서적. 宋代 蘇洵·蘇軾·蘇轍 三父子 문집으로 후조당에 소장되어 있는 판본은 보관 상태가 좋지 않아 파본이 많이 된 상태. 현재 6권 1책의 일부분만 남아있음.

● 著者紹介

蘇洵 : 북송 眉州 眉山 사람. 자는 明允, 호는 老泉. 仁宗 嘉祐 원년(1056) 아들 蘇軾과 蘇轍을 데리고 京師로 올라옴. 날카로운 필치의 글이 구양수의 인정을 받으면서 秘書省校書郎에 오름. 『太常因革禮』 100권을 편찬, 저서에 『嘉祐集』과 『諡法』 4권이 있음.

蘇軾 : 자 子瞻, 和仲, 호 東坡居士. 詩書畵에 모두 능했음. 부친인 蘇洵과 형제인 蘇轍과 더불어 '三蘇'로 불림. 저서로 『東坡七集』·『東坡易傳』·『東坡樂府』 등.

蘇轍 : 자 子由, 호 欒城. 19세 때 형 蘇軾과 함께 진사시험에 급제하여, 관직생활을 했으나 王安石의 新法에 반대하여 지방 관리로 좌천됨. 詩文 외에도 많은 고전의 注釋書와 저서로 『欒城集』(84권)·『欒城應詔集』·『詩傳』·『春秋集傳』·『古史』 등.

● 作品內容

『三蘇先生文集』은 宋代 유명한 문인이었던 蘇洵·蘇軾·蘇轍 三父子의 詩와 書, 散文 등을 모아놓은 문집.

(21) 상설고문진보대전(詳說古文眞寶大全)

書名	出版事項	版式狀況	一般事項	所藏番號
詳說古文眞寶大全	黃堅(宋)編.	不分卷1冊, 筆寫本, 無界, 10行17字, 無魚尾, 32.4×20.2㎝, 紙質: 楮紙.	表題: 後集	KS0432-1-04-00241
詳說古文眞寶大全 (後集)	上同	2卷1冊(零本), 朝鮮木版本(飜刻本), 四周雙邊, 半郭: 24.1×17.4㎝, 有界, 半葉: 10行17字, 註雙行, 黑口, 上下內向二葉花紋魚尾, 31.4×19.8㎝, 線裝, 紙質: 楮紙.	表題: 古文眞寶, 版心題: 眞寶大全, 內容: 卷8-9, 藏書記: 後彫堂藏	KS0432-1-04-00242

• 原典과 出刊

宋나라 말기의 학자 黃堅이 편찬한 것으로 총 20권 10책으로 되어 있음. 田祿生의 『野隱逸稿』에 의하면, 중국의 『고문진보』를 增削하여 고려 충숙왕 때 이미 合浦에서 간행한 일이 있었고, 그 뒤 1420년(세종 2)에 '善本大字諸儒箋解'라는 명칭으로 간행된 일이 있었다고 하나, 초간본이 전해지지 않음.

『端宗實錄』의 기록을 보면, 1451년(문종 1)에 주조한 '庚午字大字'·'甲寅字小字'로 즉위년(1453) 8월 戊辰에 『史略』과 같이 『고문진보』를 頒賜하였다는 기록이 남아있음.

• 著者紹介

黃堅 : 宋나라 말기 학자. 생졸년 미상.

• 作品內容

『詳說古文眞寶大全』은 조선시대에 서당에서 고문의 演變과 體法을 익히기 위하여 교재로 쓰던 시문선집.

• 其他價値

後彫堂에 소장중인 판본은 後集만 소장되어 있는데 정확한 간행연대를 추정할 수 없고, 소장되어 있는 1冊도 상태가 좋지 않음. 그 외에 필사본 不分卷1冊이 전해짐.

(22) 서전대전(書傳大全)

書名	出版事項	版式狀況	一般事項	所藏番號
書傳大全	胡廣(明)等 奉勅纂.	5卷5冊(零本), 朝鮮木版本, 四周雙邊, 半郭: 22.5×16.8cm, 有界, 半葉: 10行22字, 註雙行, 黑口, 上下內向黑魚尾, 33.4×21cm, 線裝, 紙質: 楮紙.	寶物 第1019號, 表題: 書傳, 內容: 卷3-4·7-9, 藏書記: 後彫堂藏	KS0432-1-01-00029
書傳大全	胡廣(明)等 奉勅纂.	2卷2冊(零本), 朝鮮木版本, 四周雙邊, 半郭: 23.6×16.9cm, 有界, 半葉: 10行22字, 註雙行, 黑口, 上下內向二黑魚尾, 33×21.3cm, 線裝, 紙質: 楮紙.	寶物 第1019號, 內容: 卷1-2	KS0432-1-01-00030
書傳大全	胡廣(明)等 奉勅纂.	5卷5冊(零本), 朝鮮木版本, 有圖, 四周雙邊, 半郭: 23×17cm, 有界, 半葉: 10行18字, 註雙行, 白口, 上下向二葉花紋魚尾, 33.8×22.8cm, 線裝, 紙質: 楮紙.	表題: 書傳, 序: 蔡沈(1209), 揷圖, 內容: 卷1-2·4-6, 卷末記錄: 洛川鄕社上	KS0432-1-01-00031
書傳大全	胡廣(明)等 奉勅纂.	5卷5冊(零本), 朝鮮木版本, 有圖, 四周雙邊, 半郭: 23.4×16.8cm, 有界, 半葉: 10行18字, 註雙行, 白口, 上下向二葉花紋魚尾, 34.4×22.1cm, 線裝, 紙質: 楮紙.	表題: 書傳, 序: 蔡沈(1209), 揷圖, 內容: 卷1-2·5·9-10, 刊記: 丙戌新刊嶺營藏板	KS0432-1-01-00032
書傳大全	胡廣(明)等 奉勅纂.	1卷1冊(零本), 朝鮮木版本, 有圖, 四周雙邊, 半郭: 23.7×16.6cm, 有界, 半葉: 10行22字, 註雙行, 黑口, 上下內向黑魚尾, 32.4×20cm, 線裝, 紙質: 楮紙.	表題: 書傳, 內容: 卷10, 揷圖, 註記: 앞부분 훼손	KS0432-1-01-00033
書傳大全	胡廣(明)等 奉勅纂.	6卷6冊(零本), 朝鮮木版本, 有圖, 四周雙邊, 半郭: 23.8×18.5cm, 有界, 半葉: 10行22字, 註雙行, 黑口, 上下內向二葉花紋魚尾, 33.4×21.8cm, 線裝, 紙質: 楮紙.	表題: 書傳, 序: 蔡沈(1209), 揷圖, 內容: 卷1·3·6-7·9-10, 刊記: 戊辰六月嶺營重刊	KS0432-1-01-00034

● 原典과 出刊

6권 6책, 5권 5책 등의 조선목판본. 『書經』주석서『書傳』을 기본으로 여러 학설을 정리한 책. 조선 世宗 元年(1419)에 明에서 『周易傳義大全』·『詩經大全』·『書傳大全』을 수차에 걸쳐 수입하여, 1428年 경상도, 전라도, 강원도에서 간행. 갑인자로 간행된 『書傳大全』노 발견되어, 간행 시기는 조선전기로 추정.

● 著者紹介

胡廣 : 明나라 江西 吉水 사람. 자는 光大, 호는 晃庵이며, 시호는 文穆. 胡子祺의 아들. 建文 2년(1400) 進士 第一로 급제하여 翰林院 修纂, 文淵閣 大學士 등 역임. 왕명으로 『周易大全』과 『書傳大全』·『詩經大全』·『禮記大全』·『春秋大全』·『四書大全』·『性理大全』의 편수를 주관. 저서에 『胡文穆集』 등.

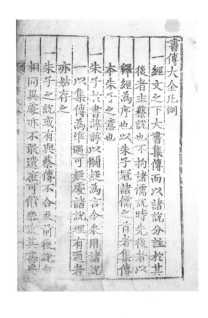

• 作品內容

『書傳大全』은 明代 胡廣이 주축이 되어 『書經』을 주석한 책으로 주로 蔡沈의 『書傳』을 기본으로 하여 여러 학설을 집대성한 주석서.

조선조 말까지 국가의 敎學과 科試의 기본 서적으로 매우 중시됨. 『書經』은 五經 중의 하나로 중국 상고시대의 정치 기록뿐만 아니라 천문, 지리, 윤리 등의 내용이 포함. 이 책의 서두에 그려져 있는 璇璣玉衡은 渾儀 또는 渾天儀라고도 부르며, 고대 중국의 우주관이었던 혼천설에 기초를 두고 제작된 우수한 천문시계. 중국에서는 기원전 2세기경에 처음으로 제작되었다고 하며, 국내에서는 세종 15년(1433)에 혼천의를 만들었다는 기록이 처음으로 나옴.

• 其他價値

후조당에 소장되어 있는 판본은 완질은 아니지만 귀중본으로 寶物 第1019號로 지정.

(23) 서전언해(書傳諺解)

書名	出版事項	版式狀況	一般事項	所藏番號
書傳諺解	刊行年未詳 (朝鮮末期로 추정)	1卷1冊(零本), 朝鮮木版本, 四周雙邊, 半郭 22.8×16.6㎝, 有界, 半葉: 12行23字, 註雙行, 上下向黑魚尾, 33×21.4㎝, 線裝, 紙質: 楮紙.	版心題: 書解. 內容: 卷3, 卷末記錄: 門穉冊藏池內大宅	KS0432-1-01-00035

• 原典과 出刊

1권 1책의 조선목판본. 『서경』을 한글로 언해한 책으로, 선조 때나 광해군 때에 활자로 간행되었고, 현재 전하는 판본 중에 1695년(숙종21)에 간행된 판본 중 최고본은 戊申字活字本이 추정. 改鑄甲寅字本은 간행연도 추정 불가. 목판본으로는 '歲庚午仲春開刊全州河慶龍藏板' 1810년(순조 10), '庚辰新刊內閣藏板' 1820년, '丙戌新刊嶺營藏板' 1826년, '壬戌季春嶺營重刊' 1862년(철종 13)의 간기가 있음.

● 著者紹介

저자 미상.

● 作品內容

『書傳諺解』는『書經』의 한문 원문에 한글로 토를 달
고 다시 우리말로 언해한 책.

● 其他價値

後彫堂에는 목판본 1冊(零本)이 소장되어 있는데 완
질본이 아니라서 간행연도를 추정하기 어려움.

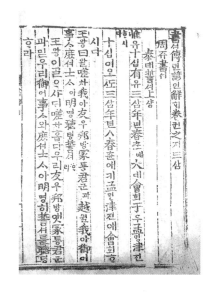

(24) 선부초평주해산보(選賦抄評註解刪補)

書名	出版事項	版式狀況	一般事項	所藏番號
選賦抄評註解刪補	蕭統(梁)選集, [壬辰以前]刊.	2卷1冊(零本), 朝鮮木版本, 四周單邊, 半郭: 20.4×14.2㎝, 有界, 半葉: 11行23字, 註雙行, 白口, 上下內向混入花紋魚尾, 27.8×18㎝, 線裝, 紙質: 楮紙.	表題·版心題: 選賦, 內容: 卷8-9	KS0432-1-04-00266
選賦抄	筆寫年未詳 (朝鮮末期로 추정)	不分卷1冊, 筆寫本, 無界, 行字數不同無魚尾, 29×18.8㎝, 線裝, 紙質: 楮紙.		KS0432-1-04-00265

● 原典과 出刊

蕭統의『昭明文選』가운데서 賦만을 골라 모은 책. 전 9권 5冊으로 이루어져 있는데, 후조당
에는 卷8-9에 해당하는 1冊(零本)만 소장되어 있음. 대부분『昭明文選』의 序列을 따랐으나
앞머리와 끝머리는 크게 다름. 국내에서 언제 간행되었는지 추정하기 어렵지만 대략 임진왜
란 이전에 간행된 것으로 추정.

● 著者紹介

蕭統 : 자는 德施, 維摩. 梁武帝의 장자로 시호가 昭明이라 흔히 '昭明太子'라 불림. 문학을
좋아하였지만 황제로 즉위하지 못하고 요절함.『文選』(30권, 일명『소명문선』)의 편찬을 주
도.『正序』(10권)와 오언시를 모은『文章英華』(20권)를 편찬.

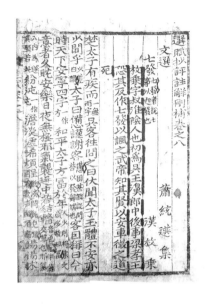

• 作品内容

『選賦抄評註解刪補』은 중국 魏晉南北朝時代 梁나라 蕭統의 『昭明文選』 가운데서 賦만을 골라 모은 책. 『昭明文選』은 중국 梁나라 昭明太子 蕭統이 秦·漢 이후 齊·梁代의 대표적인 시문을 모아 엮은 것으로, 그 안에 실린 문장가만도 총 130여 명, 이 가운데는 무명작가의 古詩와 古樂府도 포함되어 있음. 순서는 문체별로 賦·序·논·제문 등 39종으로 나누어져 있으며, 詩는 443수이고 나머지 작품은 317편을 수록하였는데 그 중 부가 가장 많음. 편찬체제가 명료하지 못함. 대체로 明 林兆河가 편찬한『選詩約註』등의 체제를 따른 것으로 추정.

(25) 소미가숙점교부음통감절요(少微家塾點校附音通鑑節要)

書名	出版事項	版式狀況	一般事項	所藏番號
少微家塾點校附音通鑑節要	司馬光(宋)撰, [壬辰以前]刊.	1卷1冊(零本), 朝鮮木版本, 四周單邊, 半郭: 20,4×16,6cm, 有界, 半葉: 11行22字, 註雙行, 白口, 上下內向黑魚尾, 27×18.3cm, 線裝, 紙質: 楮紙.	表題: 通鑑, 版心題: 通, 內容: 卷1	KS0432-1-02-00074
少微家塾點校附音通鑑節要	司馬光(宋)撰, [壬辰以前]刊.	3卷1冊(零本), 朝鮮木版本, 四周單邊, 半郭: 22,4×17.3cm, 有界, 半葉: 10行25字, 註雙行, 花口, 上下內向二葉花紋魚尾, 26.3×18.8cm, 線裝, 紙質: 楮紙.	表題·花口題: 通鑑, 內容: 卷25-27, 印刷兼發行所: 新舊書林, 藏書記: 冊主烏川後彫堂	KS0432-1-02-00075
少微家塾點校附音通鑑節要	江贄(宋)編, 史炤(宋)音譯, 王逸(宋)輯義, [朝鮮朝後期]刊.	16卷5冊(零本), 朝鮮木版本, 四周單邊, 半郭: 23×16.9cm, 有界, 半葉: 10行18字, 註雙行, 黑·白口, 上下下向黑魚尾, 33.3×21.33cm, 線裝, 紙質: 楮紙.	表題: 通鑑, 版心題: 鑑, 頭註, 內容: 卷29-35·42-50, 藏書記: 後彫堂	KS0432-1-02-00076
少微家塾點校附音通鑑節要	上同	8卷3冊(零本), 朝鮮木版本, 四周雙邊, 半郭: 22×16,8cm, 有界, 半葉: 10行17字, 註雙行, 白口, 上下內向二葉花紋魚尾, 32.5×22.7cm, 線裝, 紙質: 楮紙.	表題·版心題: 通鑑, 頭註, 內容: 卷43-50, 跋: 洪履祥(1603)	KS0432-1-02-00077

少微家塾點校附音通鑑節要	上同	3卷1冊(零本), 朝鮮木版本, 四周雙邊, 半郭: 24.2×17.3cm, 有界, 半葉: 10行17字, 註雙行, 白口, 上下內向二葉花紋魚尾, 32.3×21cm, 線裝, 紙質: 楮紙.	表題·版心題: 通鑑, 頭註, 內容: 卷39-41	KS0432-1-02-00078
少微家塾點校附音通鑑節要	上同	4卷1冊(零本), 朝鮮木版本, 四周雙邊, 半郭: 25.2×16.8cm, 有界, 半葉: 10行18字, 註雙行, 白口, 上下內向二葉花紋魚尾, 34.6×21cm, 線裝, 紙質: 楮紙.	表題: 小微通鑑, 版心題: 鑑, 頭註, 內容: 卷47-50	KS0432-1-02-00079
少微家塾點校附音通鑑節要	上同	2卷1冊(零本), 朝鮮木版本, 四周單邊, 半郭: 21.8×16.8cm, 有界, 半葉: 10行17字, 註雙行, 白口, 上下內向二葉花紋魚尾, 34.1×22.4cm, 線裝, 紙質: 楮紙.	表題·版心題: 通鑑, 頭註, 內容: 卷3-4	KS0432-1-02-00080
少微家塾點校附音通鑑節要	上同	3卷1冊(零本), 朝鮮木版本, 四周單邊, 半郭: 21.3×17cm, 有界, 半葉: 10行17字, 註雙行, 白口, 上下內向二葉花紋魚尾, 34.3×22.3cm, 線裝, 紙質: 楮紙.	表題·版心題: 通鑑, 頭註, 內容: 卷42-44	KS0432-1-02-00081

● 原典과 出刊

16권 5책, 8권 3책 등의 조선목판본. 『少微家塾點校附音通鑑節要』는 宋 徽宗 때의 학자인 江贄의 「通鑑節要」에 明代 眉山 史炤가 音釋하고, 鄱陽 王逢이 輯義하였으며 京兆 劉剡이 增校하여 간행한 책. 보통 通鑑이라고 불리며 조선시대를 통틀어 여러 차례에 걸쳐 간행되어, 현재 각기 다른 많은 판본들이 남아있음. 後彫堂에 소장되어 있는 판본만 해도 11行 22字, 10行 25字, 10行 18字, 10行 17字 등 다양한 형식의 판본이 있으며 그 중 가장 善本으로는 甲寅字本 『少微家塾點校附音通鑑節要』임.

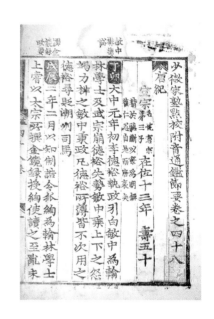

● 著者紹介

司馬光 : 宋 陝州 夏縣 사람. 자는 君實. 1038년 19세의 나이로 진사에 급제. 龍圖閣直學士, 翰林學士, 御史中丞, 尙書左仆射, 門下侍郎 등 역임. 학식이 깊고 넓어 사학, 음악, 율력, 천문 등에 통달. 저서로 『자치통감』·『溫國文正司馬公文集』·『稽古錄』·『涑水記聞』·『潛虛』 등.

江贄 : 崇安縣 사람. 字는 叔圭. 「易」에 조예가 깊었으나 은거하며, 관직에 나아가지 않음. 少微先生이라는 호를 하사받음.

史炤 : 眉山 사람. 字는 子熙. 『通鑑節要』에 音釋을 함.

劉剡 : 建陽(福建) 사람. 字는 用章. 『通鑑節要』에 增補. 『資治通鑑節要續編』을 明 宣德年間(1426-1434)에 편찬하기도 함.

• 作品内容

『資治通鑑』294권은 北宋 神宗의 元豊 7年(1084)에 司馬光에 의해 이루어짐. 周 威烈王 23年(기원전 403)부터 오대 後周 顯德 6年(959)에 이르는 1362년간의 편년체 通史. 司馬遷의 『史記』와 함께 중국의 가장 대표적인 역사서인데, 『通鑑節要』는 이것을 50권으로 요약한 것. 宋의 학자 江贄의 『通鑑節要』에 明代 眉山 史炤가 音釋하고, 鄱陽王逢이 輯義하였으며 京兆 劉剡이 韓愈(768-824), 歐陽修(1007-1072), 胡安(1074-1138), 范祖禹(1041-1098) 등의 評論 등을 增校.

(26) 소학동자문(小學童子問)

書名	出版事項	版式狀況	一般事項	所藏番號
小學童子問	柳徽文(朝鮮) 1897年 刊行.	不分卷1冊, 朝鮮木版本, 四周雙邊, 半郭: 21.3×16.6㎝, 有界, 半葉: 10行19字, 註雙行, 白口, 上下內向二葉花紋魚尾, 31.5×21.4㎝, 線裝, 紙質: 楮紙.		KS0432-1-03-00019

• 原典과 出刊

不分卷1冊의 조선목판본. 『小學童子問』은 『소학』의 要點을 가상의 童子가 묻는 질문과 그에 대한 답변의 형식으로 표현한 저서로, 柳徽文이 1897년에 간행.

• 著者紹介

柳徽文 : (1773~1827). 본관은 全州, 자는 公晦, 호는 好古窩. 柳長源의 문인. 1821년에 유장원의 『禮書通攷』와 고조부 正源의 『易解參攷』를 교정. 평생 학문을 닦으며 후진양성에 힘씀. 저서에 『好古窩文集』·『周易經傳通編』·『啓蒙通解』·『啓蒙翼要』·『啓蒙攷疑』·『近思補錄』·『近思後編』·『近思集解刪補』·『家禮攷證』 등.

• 作品內容

『소학』 본문의 篇章과 義例의 요점, 그리고 장구의 諸說에서 취하고 버린 뜻을 적고 있는데, 歐陽修가 『주역』 동자를 자칭하여 주역의 요점을 묻고 輔廣이 『詩傳』 동자를 자칭하여 시전의 요점을 물은 것을 모방하여 기술. '童子問'의 형식으로 23개의 질문으로 시작. 先儒의 주석이 文義를 풀이하는데 왜 장구를 分析하고 條例를 제시하는지, 『소학』의 앞머리에 朱熹가 쓴 「題辭」를 諸家와 다르게 나누는 이유 등에 대한 질문과 답변 등이 서술됨.

(27) 소학언해(小學諺解)

書名	出版事項	版式狀況	一般事項	所藏番號
小學諺解	英祖 20年 (1774年 刊)	2卷1冊(零本), 木版本, 四周單邊, 半郭: 22×16.7㎝, 有界, 半葉: 12行20字, 註雙行, 白口, 上下內向二葉花紋魚尾, 29.2×20.3㎝, 線裝, 紙質: 楮紙.	表題: 諺解, 內容: 卷3-4	KS0432-1-03-00020

• 原典과 出刊

2권 1책의 조선목판본. 『소학』을 한글로 언해함. 最初의 諺解는 朝鮮時代 11대 中宗 때 崔淑生이 編纂했으나, 現存하는 것은 英祖가 친히 飜譯하여 임금 20(1774)년에 刊行한 것과 이보다 앞서 宣祖 19(1586)년에 刊行한 것의 두 가지가 있음. 後彫堂에 소장되어 있는 판본은 卷3-4의 1冊(零本).

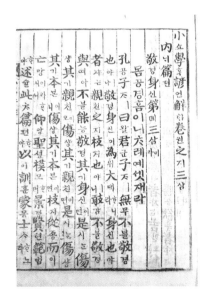

• 著者紹介

崔淑生 : (1457~1520). 본관은 慶州, 자는 子眞, 호는 忠齋. 1492년(성종 23) 진사로서 식년문과에 을과로 급제, 대사간·대사헌, 우찬성 등을 역임. 저서로 『충재집』 등.

• 作品內容

『小學諺解』는 『小學』을 한글로 풀어 새긴 冊. 『소학』은 內篇 4권, 外篇 2권의 전 6권으로, 일상생활의 예의범절, 수양을 위한 격언, 충신·효자의 사적 등을 정리한 책.

(28) 소학장구(小學章句)

書名	出版事項	版式狀況	一般事項	所藏番號
小學章句	柳徽文 1897年 刊行.	2卷2冊(零本), 朝鮮木版本, 四周雙邊, 半郭: 21×16.5㎝, 有界, 半葉: 10行19字, 註雙行, 白口, 上下內向二葉花紋魚尾, 30.8×20.5㎝㎝, 線裝, 紙質: 楮紙.	內容: 卷5-6	KS0432-1-03-00021

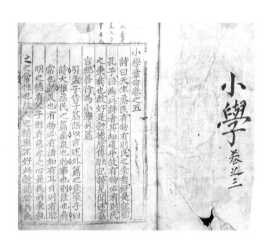

• 原典과 出刊

2권 2책의 조선목판본.『小學章句』는 조선 학자 柳徽文이 1897년에 간행한『소학』주석서. 분절로 경전을 해석하였던 주자의 학문 방식을 준용하여『소학』의 분절체계를 수립.

• 著者紹介

柳徽文 : (1773년~1827). 본관은 全州, 자는 公晦, 호는 好古窩. 柳長源의 문인. 1821년에 유장원의『禮書通攷』와 고조부 正源의『易解參攷』를 교정. 평생 학문을 닦으며 후진양성에 힘씀. 저서에『好古窩文集』·『周易經傳通編』·『啓蒙通解』·『啓蒙翼要』·『啓蒙攷疑』·『近思補錄』·『近思後編』·『近思集解刪補』·『家禮攷證』 등.

• 作品內容

『小學章句』는 주석서의 편차와 주석방식에 있어 조선후기『소학』주석의 정본이었던 이이의『소학제가집주』의 방식을 따르지 않고 있고, 주석의 체계를 간소화하여 출처와 서명을 없애고, 새로운 방식으로 배열하여 정리.『소학』의 주석을 경전의 주석처럼 다룸. 朱熹의『의례경전통해』의 해석을 반영하고, 唐代와 宋 유학자 및 중국『소학』주석가의 설을 절충하여 주석. 조선 내에서 논란이 되었던『소학』본문의 해석 가운데 다른 의견까지 반영하고 미진한 경우 자신의 설로 명료하고 간결하게 정리.

• 其他價値

『소학제가집주』와『소학집주증해』의 주석서와는 구별되는 새로운 체제와 주석방식으로 구성되었다는 점에서 특징적인 의의를 지님.

(29) 소학제가집주(小學諸家集註)

書名	出版事項	版式狀況	一般事項	所藏番號
小學諸家集註	朱熹(宋)編, 何士信(明)集成, [朝鮮朝後期刊.	1卷1冊(零本), 朝鮮木版本, 四周單邊, 半郭: 21×16.5㎝, 有界, 半葉: 10行17字, 註雙行, 白口, 上下內向二葉花紋魚尾, 33×22.4㎝, 線裝, 紙質: 楮紙.	版心題: 小學集註, 表紙缺落, 內容: 卷2跋: 成渾(1535~1598)跋, 李恒福(1556~1618)謹跋.	KS0432-1-03-00022
小學諸家集註	宣政殿 訓議	2卷1冊(零本), 朝鮮木版本, 四周單邊, 半郭: 23×16.8㎝, 有界, 半葉: 10行17字, 註雙行, 白口, 上下內向二葉花紋魚尾, 31.4×20.4㎝, 線裝, 紙質: 楮紙.	表題: 小學, 版心題: 小學集註, 表紙缺落, 內容: 卷3-4	KS0432-1-03-00023
小學諸家集註	宣政殿 訓義	4卷2冊, 筆寫本, 9行20字, 註雙行, 無魚尾, 23.6×14.7㎝, 線裝, 紙質: 楮紙.	表題: 小學	KS0432-1-03-00024
小學諸家集註	宣政殿 訓義	1卷1冊, 筆寫本, 10行17字, 註雙行, 無魚尾, 32.5×20㎝, 線裝, 紙質: 楮紙.	表題: 小學	KS0432-1-03-00025

● 原典과 出刊

2권 1책 등이 남아있는 조선목판본. 朱子가 지은 『小學』에 栗谷 李珥(1536~1584)가 諸說을 인용하고 주석하여 『小學諸家集註』 책으로 1854년 발행. 후조당에는 零本상태로 1권 1책, 2권 1책 등이 있고, 그 외 4권 2책, 1권 1책의 필사본이 소장되어 있음.

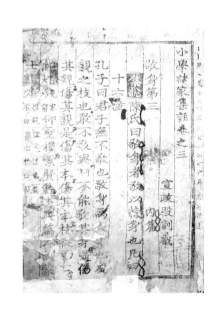

● 著者紹介

李珥 : 본관은 德水, 자는 叔獻, 호는 栗谷·石潭·愚齋. 1564년 호조좌랑을 시작으로 예조좌랑, 이조좌랑, 이조판서, 병조판서 등 역임. 저서로 『聖學輯要』·『東湖問答』·『經筵日記』·『天道策』·『易數策』·『文式策』·『擊蒙要訣』 등.

● 作品內容

『소학』은 朱熹의 감수 아래 그의 제자인 劉淸之 등이 편찬한 책. 『소학』이란 『대학』에 대응시킨 말이며, 아동의 초보교육을 위해서 아동에게 일상적 예의범절과 어른을 섬기고 벗과 사귀는 도리 등을 가르치는 것을 목적. 주자 이후에 이에 대한 주석이 구구하여 배우는 자들에게 많은 혼란이 따르자 李珥가 이것을 내용에 따라 諸家의 說을 혹은 간략하게 혹은 상세하게 註說을 달아 편찬.

• 版本構成

2편으로 구성 - 내편 : 立敎 · 明倫 · 敬身 · 稽古으로 경서를 인용한 개론에 해당.

외편 : 嘉言 · 善行으로 그 실제를 사람들의 언행으로 보여 주고 있음.

• 其他價値

栗谷 편찬의 이 책이 조선 초 학자에게 널리 읽혀지게 됨. 한국에서 『소학』이 중요시된 것은 조선 초기 어릴 때부터 유교적 윤리관을 체득하게하기 위해 아동의 修身書로 장려되었고, 四學49) · 향교 · 서원 · 서당 등 그 무렵의 모든 유학 교육기관에서는 이를 필수교과목으로 다룸.

(30) 시경언해(詩經諺解)

書名	出版事項	版式狀況	一般事項	所藏番號
詩經諺解	宣祖(朝鮮王)命編, [朝鮮朝後期刻後刷].	7卷2冊(零本), 朝鮮木版本, 四周單邊, 半郭: 23.2×16.8㎝, 有界, 半葉: 10行17字, 註雙行, 白口, 上下向二葉花紋魚尾, 34.7×22.7㎝, 線裝, 紙質: 楮紙.	表題: 詩解, 內容: 卷6-12	KS0432-1-01-00036
詩經諺解	宣祖(朝鮮王)命編, [朝鮮朝末期]刊.	16卷4冊(零本), 朝鮮木版本, 四周雙邊, 半郭: 23.8×16.7㎝, 有界, 半葉: 12行23字, 註雙行, 白口, 上下向黑魚尾, 32.8×21.3㎝, 線裝, 紙質: 楮紙.	表題 · 版心題: 詩解, 內容: 卷4-6 · 7 · 10-16 · 19-20, 刊記: 壬戌季春嶺營重刊, 卷首記錄: 洛川鄕社上	KS0432-1-01-00037

• 原典과 出刊

16권 4책, 7권 2책 등이 남아있는 조선목판본. 『詩經諺解』는 『시경』에 한글토를 달고 언해한 책으로 20권 10책의 訓鍊都監木活字本으로 간행. 원래 宣祖의 명에 의하여 校正廳에서

---

49) 成均館에 비하여 규모가 작았지만, 나라에서 선비를 養成하기 위하여 서울의 中央과 東, 南, 西에 세운 네 學校로 지방의 향교와도 같은 기능을 했으며, 교육방침 · 교육내용 등에서 성균관과 비슷하였다.

1585年(선조 18)~1593년 사이에 언해했으나, 임진왜
란 이후 이 원고본에 傍點을 없애고 표기상의 수정을
가하여 1613年(광해군 5)에 간행. 여러 異本이 존재.
'歲庚午仲春開刊全州河慶龍藏板'는 1810년(순조 10)
에 간행, '庚辰新刊內閣藏板'은 1820년에, '戊子新刊
嶺營藏板'1828년에, '壬戌季春嶺營重刊'1862년(철종
13)에 간행된 것으로 추정. 이외에 1695년(숙종 21)에
간행된 것으로 보이는 戊申字活字本도 있음.

• 著者紹介

校正廳에서 언해.

• 作品內容

『시경』에 한글 토를 달고 언해하여, 각 권마다 그 권에 실려 있는 시의 제목과 그 제목에
이어 '物名'이라 하여 한글 풀이가 있음. 모두 351항목. 본문인 시와 시에 대한 언해가 실려
있음. 방점은 없으나 △과 ㅇ은 표기되어 있음.

(31) 시수(詩藪)

書名	出版事項	版式狀況	一般事項	所藏番號
詩藪	胡應麟(明)著, [朝鮮朝後期]刊.	17卷5冊(零本), 朝鮮木版本, 四周雙邊, 半郭: 17.8×13.2㎝, 有界, 半葉: 10行20 字, 註雙行, 白口, 上下內向二葉花紋 魚尾, 24.8×17.4㎝, 線裝, 紙質: 楮紙.	序: 新都汪昆伯玉撰, 內容: 內編3卷1冊·外編6卷2冊· 雜編6卷1冊·續編2卷1冊	KS0432-1- 04-00317

• 原典과 出刊

17권 5책이 남아있는 조선목판본. 『詩藪』는 중국 明代의 胡應麟이 엮은 詩論集으로, 남아있
는 기록을 통해 간행 시기를 추정하면, 안대회는 『詩藪』가 1614년에 저작된 『芝峯類說』에
인용되지 않은 것에 근거하여 이 책이 1614년 이후에 국내에 전래되었다고 추정. 李植이
「學詩準的」에서 자신이 40세 이후에야 비로소 『詩藪』를 얻어 읽었다고 서술한 것을 근거

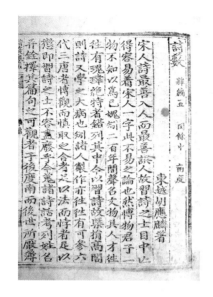

로 『詩藪』가 1620년대 이후에 조선에 수용되었다고 추정하고 "蒼雪齋藏"이라는 藏書印이 찍혀 있는 연세대본 제1책의 뒷표지 안쪽 장에 적혀 있는 "歲壬申春天開爲嶺南亞使印寄"라는 刊記를 근거로 삼아 1692년에 이 책이 간행된 것이라고 추정함. 안대회의 추측, 한국학중앙연구원 장서각본의 해제, 연세대본의 구매 기록 및 장서인 등을 종합하여 보면 『詩藪』는 조선에서 1614년~1624년 사이에 한 차례 간행된 바 있고, 1692년도 간행되었으며, 1834년 이후에 다시 한 번 간행되었다고 추정함.[50]

● 著者紹介

胡應麟 : 明 金華府 蘭溪 사람. 자는 元瑞, 明瑞, 호는 少室山人, 石羊生, 芙蓉峰客 등. 15세에 여러 작가의 소설을 엮어 『百家異苑』을 편찬. 萬曆 4年(1576) 향리에서 천거되고, 擧人이 되었지만, 진사시에서 세 번 낙방하여 산중에 은거함. 저서로 『少室山房筆叢』·『詩藪』·『類稿』·『甲乙剩言』·『丹鉛新錄』·『藝林學山』 등.

● 作品內容

周·漢 이래 六朝·唐·宋·元·明에 이르기까지 古體·近體의 시를 논한 것. 특히 일가의 식견으로 이처럼 역대 작자를 通論한 것은 큰 업적이라 봄. 詩談의 林藪라는 뜻에서 그 이름을 詩藪라 함.

● 版本構成

전 20권으로 內篇 6권, 外篇 6권, 雜篇 6권, 續篇 2권으로 구성.

---

50) 전염순, 「『詩藪』의 조선조 수용에 대한 일고찰」, 『中國人文科學』 第61輯, 2015, 260~262쪽 참조.

(32) 시전대전(詩傳大全)

書名	出版事項	版式狀況	一般事項	所藏番號
詩傳大全	朱熹(宋)集註, 胡廣(明)等 奉勅纂, [朝鮮朝後期]刊.	5卷1冊(零本), 朝鮮木版本, 四周單邊, 半郭: 15.4×12.5㎝, 有界, 半葉: 10行30字, 註雙行, 白口, 上下內向二葉花紋魚尾, 22.4×15.8㎝, 線裝, 紙質: 楮紙.	表題: 詩傳, 版心題: 詩, 內容: 卷12-16, 藏書記: 後彫堂	KS0432-1-01-00041
詩傳大全	胡廣(明)等 奉勅纂, [朝鮮朝後期]刊.	18卷9冊(零本), 朝鮮木版本, 四周雙邊, 半郭: 23.5×18.4㎝, 有界, 半葉: 10行22字, 註雙行, 白口, 上下內向二葉花紋魚尾, 33.3×21.5㎝, 線裝, 紙質: 楮紙.	表題: 詩傳, 序: 朱熹(1177), 揷圖, 內容: 卷1-18, 共10冊 中 第10冊 缺	KS0432-1-01-00042
詩傳大全	上同	4卷2冊(零本), 朝鮮木版本, 四周雙邊, 半郭: 24.1×18.2㎝, 有界, 半葉: 10行22字, 註雙行, 白口, 上下內向二葉花紋魚尾, 33.5×22.8㎝, 線裝, 紙質: 楮紙.	表題: 詩傳, 內容: 卷13-15·18, 卷首記錄: 洛川鄕社上	KS0432-1-01-00043
詩傳大全	胡廣(明)等 奉勅纂.	12卷6冊(零本), 朝鮮木版本, 四周單邊, 半郭: 22.8×16.7㎝, 有界, 半葉: 10行18字, 註雙行, 白口, 上下內向二葉花紋魚尾, 34.3×21.6㎝, 線裝, 紙質: 楮紙.	表題: 詩傳, 英宗大王御製序(1764), 序: 朱熹(1177), 揷圖, 內容: 卷1·6-8·13-20, 刊記: 戊子新刊嶺營藏板, 藏書記: 後彫堂	KS0432-1-01-00044
詩傳大全	胡廣(明)等 奉勅纂.	1卷1冊(零本), 筆寫本, 無界, 半葉: 10行20字, 註雙行, 無魚尾, 25×17.3㎝, 假綴, 紙質: 楮紙.	表題: 詩經	KS0432-1-01-00045

• 原典과 出刊

18권 9책, 12권 6책 등 여러 판본이 남아있는 조선목판본. 宋의 朱熹가 『詩經』을 해설한 『詩傳』에, 明의 胡廣 등이 주석을 달아 편찬한 책으로 20卷 10冊의 한문본. 현재 이 책의 다양한 이본이 전해지고 있는데, 後彫堂에도 여러 판식의 『시전대전』이 소장되어 있음. 비록 완질의 상태가 아니라서 정확한 간기를 확인 할 수 없지만 사주 단변의 10行 30字 판본, 四周雙邊의 揷圖의 10行 22字 판본, 사주 쌍변의 10行 22字 판본 등이 있음. 소장번호 KS0432-1-01-00044 『시경대전』은 刊記가 남아있는데, '戊申字本'이기는 하지만 10行18字의 揷圖本으로, 甲申年(1764, 영조40)에 金

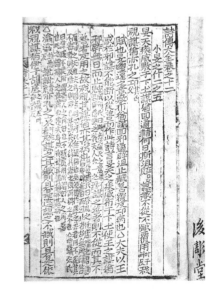

尙喆이 왕명을 받아 쓴 英祖의 '御製特題詩經'이 붙어 있는 사실과 '戊申字'의 사용 시기로 미루어 1764년 경에 간행된 책으로 추정. 아마도 국내에서 유학의 교과서로 여러 번 간행되었던 것으로 보임.

• 著者紹介

朱熹 : 중국 南宋 理學家, 자는 元晦, 仲晦, 호는 晦庵, 晦翁. 부친의 엄격한 가르침의 영향으로 학문을 좋아함. 여러 관직을 역임했으나 경원(慶元) 2년(1196)에 반대파에게 탄핵당해 파직되고, 4년 뒤 1200년에 71세의 나이로 병사. 寧宗 嘉定 원년인 1208년에 '文'이란 시호를 받아 朱文公 또는 朱子라는 존칭으로 불리기 시작. 저서로『四書章句集注』·『詩集傳』·『楚辭集注』·『朱文公文集』등.

胡廣 : 明나라 江西 吉水 사람. 자는 光大, 호는 晃庵이며, 시호는 文穆. 胡子祺의 아들. 建文 2년(1400) 進士第一로 급제하여 翰林院 修纂, 文淵閣大學士 등 역임. 왕명으로『周易大全』과『書傳大全』·『詩經大全』·『禮記大全』·『春秋大全』·『四書大全』·『性理大全』의 편수를 주관. 저서에『胡文穆集』등.

• 作品內容

宋의 朱熹가『詩經』을 해설했던『詩傳』을 바탕으로 明의 胡廣 등이 주석을 달아 편찬한 책.

• 版本構成

- 제1책 : 詩傳大全凡例-皇朝郡邑志增注, 勅纂修와 詩傳序(朱熹), 詩傳大全網領, 詩傳大全圖.
- 제2책 : 詩序.
- 제3책 : 國風의「周南」,「召南」,「邶」.
- 제4책 : 國風의「鄘」,「衛」,「王」,「鄭」.
- 제5책 : 國風의「齊」,「魏」,「唐」,「秦」.
- 제6책 : 國風의「陳」,「檜」,「曹」,「豳」.
- 제7책 : 小雅의「鹿鳴」,「白華」,「彤弓」.
- 제8책 : 小雅의「祈父」,「小旻」.
- 제9책 : 小雅의「北山」,「桑扈」,「都人士」.
- 제10책 : 大雅의「文王」,「生民」.

- 제11책 : 大雅의 「蕩」.
- 제12책 : 頌의 「淸廟」, 「臣工」, 「閔予小子」, 「魯」, 「商」이 수록.

(33) 신편고금사문류취(新編古今事文類聚)

書名	出版事項	版式狀況	一般事項	所藏番號
新編古今事文類聚	祝穆(宋)撰, 富大用(元)·祝淵(宋)增補, 唐富春(明)刊, 辛卯(?)刻[朝鮮朝末期 後刷].	171卷51冊(零本), 朝鮮木版本, 四周單邊, 半郭: 19.8×14.1㎝, 有界, 半葉: 11行24字, 註雙行, 白口, 上下向黑二魚尾, 28.4×18.3㎝, 線裝, 紙質: 楮紙.	表題·版心題: 事文類聚, 重刻事文類聚序: 祝穆(1246)·唐富春(1604), 內容: 目錄1冊·前集60卷16冊·別集32卷9冊·新集36卷10冊·續集28卷10冊·外集15卷5冊, 藏書印: 蒙菴	KS0432-1-03-00029

● 原典과 出刊

171권 51책 등이 남아있는 조선목판본. 『新編古今事文類聚』은 宋代 祝穆이 편찬하고 元代 富大用·祝淵이 보충하고 明代 唐富春이 校正·補遺한 백과사전류의 책. 조선시대 科文 연구와 준비에 많은 참고가 되었음. 成宗 15년 甲辰年에 甲辰字를 주조하여 국내에 한질 밖에 없던 『新編古今事文類聚』를 간행토록 명하고, 24년 9월에 이 책을 찍어서 90부를 문신에게 하사하였다는 기록이 『성종실록』에 실려 있음[51] 그 후 다시 간행했는지 여부를 알 수 없으나, 後彫堂에 비교적 완질에 가까운 상태로 藏書印 蒙菴이라고 찍힌 판본이 소장되어 있음. 祝穆(1246)과 唐富春(1604)의 重刻事文類聚序가 들어있는 것으로 보아 조선후기에 간행된 것으로 추정.

---

51) 校書館에서 『事文類聚』를 印刊해서 올리니, 90건을 文臣에게 頒賜하라 명하였다.(성종 24년 계축(1493) 9월 29일(경신)).

• 著者紹介

  祝穆 : 宋 建寧府 崇安 사람. 자는 和甫. 어릴 때 고아가 되어 동생 祝癸와 함께 姑夫 朱熹에게 수학함. 벼슬에 뜻을 두지 않고 은거하며 학문에 전념함. 저서에 『方輿勝覽』과 『事文類聚』 등.

• 作品內容

  宋代 祝穆이 편찬하고 元代 富大用·祝淵이 보충하고 明代 唐富春이 校正·補遺한 백과사전류의 책으로 인류사회 삼라만상을 天·地·人·物의 4류로 분류하여 각기 群書 중의 要語와 고금의 사실 및 고금의 문집을 실었음.

• 版本構成

  前集 60권, 後集 50권, 續集 28권, 別集 32권은 宋 祝穆의 찬이고, 新集 36권, 外集 15권은 元 富大用의 찬이며, 遺集15권은 元 祝淵의 찬임.

(34) 십구사략언해(十九史略諺解)

書名	出版事項	版式狀況	一般事項	所藏番號
十九史略諺解	曾先之(元)編, 壬辰(?)刊.	2卷1冊, 朝鮮木版本, 四周單邊, 半郭: 22×17cm, 有界, 半葉: 10行18字, 註雙行, 內向二葉花紋魚尾, 31.5×21cm, 線裝, 紙質: 楮紙.	表題: 史略諺解, 刊記: 歲在壬辰(?)靈營新刊.	KS0432-1-02-00090

• 原典과 出刊

  2권 1책의 조선목판본. 『十九史略通攷』의 제1권을 조선조 때 언해한 책. 서문이나 발문이 없어 역자를 알 수 없음. 後彫堂에 소장되어 있는 판본은 最古本으로 책의 끝에 歲在壬辰嶺營新刊이라 陰刻된 기록이 있어 1772년(영조 48)에 대구 慶尙監營에서 간행된 것이라고 함. 같은 서적이 국립중앙도서관에도 소장되어 있음.

• 著者紹介

  余進 : 중국 明 英宗 때 曾先之와 함께 『十九史略』을 편찬.

• 作品內容

『十九史略諺解』은 통칭 『史略諺解』라고도 함. 明代 余進이 편찬한 『十九史略通攷』의 제1권을 한글 독음을 달고 토를 붙인 뒤 매장마다 언해한 譯文을 붙인 책. 중국의 역사를 쓴 책으로 태고의 天皇·地皇·人皇에서 시작하여 楚·燕·秦나라까지의 역사를 담고 있음.

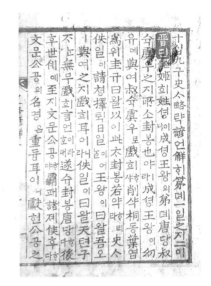

• 其他價値

이 외에도 '歲在嘉慶甲子孟春京中改板'의 간기가 있는 1804년의 목판본이 이희승 소장본으로 있고, 서울대학교 일사문고 소장본은 歲在屠維大荒落暮春花谷新刊'이라는 간기가 있는 1869년(고종 6)에도 간행본. 이 밖에 간행연도를 알 수 없는, 1772년판의 중간본이 규장각도서관에, 그리고 영조 때 간행된 것으로 보이는 목판본이 서울대학교 가람문고에 소장되어 있음. 1869년판은 가람문고본의 중간본으로 보이는데, 음각이 몇 군데서 陽刻으로 바뀌었을 뿐 표기법·체재가 동일.

(35) 영규율수(瀛奎律髓)

書名	出版事項	版式狀況	一般事項	所藏番號
瀛奎律髓	方回(宋末元初)撰. 壬辰倭亂 以前 刊行(後에 複刊)	18卷3冊(零本), 朝鮮木版本, 四周單邊, 半郭: 19.6×12.6㎝, 有界, 半葉: 10行21字, 註雙行, 黑口, 上下內向二葉花紋魚尾, 26.8×16.1㎝, 線裝, 紙質: 楮紙.	貴重本, 版心題: 律髓, 內容: 卷16-19·22-24·30-40	KS0432-1-04-00350

• 原典과 出刊

18권 3책이 남아있는 조선목판본. 『瀛奎律髓』은 宋나라에서 元나라 사람 方回의 시문집. 이 책이 언제 우리나라에 전해졌는지는 알 수 없으나, 조선 초기에 전래되었던 것으로 추정. 국내 간행에 대해서는 권말에 成化 3年(1467)에 皆春居士가 쓴 識와 성화 11년(1475)에 尹孝孫이 쓴 跋文이 수록되어 있는 것으로 보아 조선 전기인 成宗 6年(1475)에 全羅監司 李

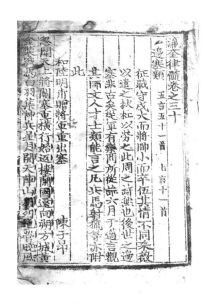

克均이 全州府尹 윤효손에게 명하여 목판본으로 간행된 것으로 추정. 明刊本을 複刊한 것. 그 뒤에도 전국에서 여러 차례에 걸쳐 활자본으로 간행. 17세기 전반에 49권 10책의 활자본으로 복간되기도 함. 이외에도 전국 각지에서 수차에 걸쳐 필사됨. 後彫堂 소장 판본은 貴重本으로 卷16~19, 卷22~24, 卷30~40 등 3冊이 소장되어 있음.

● 著者紹介

方回 : (1227~1305), 元의 詩人이자 詩評論家. 자는 萬里, 호는 虛谷, 紫陽山人, 徽州 '歙縣' 사람. 南宋 景定 3년(1262) 진사에 합격했지만, 元이 들어서고는 벼슬을 버리고 죽을 때까지 항주에서 생을 마감함. 저서로 『瀛奎律髓』 등.

● 作品內容

『영규율수』에 수록된 시들은 모두 49부류로 분류. 그 중 권30은 邊塞類 인데, 변방을 지키는 將帥와 卒伍들의 애환을 담은 시 등을 수록. 여기에는 陳子昂의 「和陸明甫贈將軍重出塞」을 비롯한 34명의 五言律詩 51수와 王建의 「贈索暹將軍」을 비롯한 8명의 七言律詩 11수 등 62수의 율시를 수록.

(36) 예기집설대전(禮記集說大全)

書名	出版事項	版式狀況	一般事項	所藏番號
禮記集說大全	胡廣(明)等奉勅纂, 陳澔(元)集說. 刊行年未詳.	22卷9冊(零本), 朝鮮木版本, 四周單邊, 半郭: 21.4×17㎝, 有界, 半葉: 12行24字, 註雙行, 白口, 上下內向二葉花紋魚尾, 31.2×20.5㎝, 線裝, 紙質: 楮紙.	表題·版心題: 禮記, 序: … 後學東滙澤陳澔序: 1-5·8-12·19-30, 刊記: 戊辰夏開刊	KS0432-1-01-00048
禮記集說大全	胡廣(明)等奉勅纂. 刊行年未詳.	4卷2冊(零本), 朝鮮木版本, 四周雙邊, 半郭: 22.6×16.7㎝, 有界, 半葉: 10行22字, 註雙行, 白口, 上下內向二葉花紋魚尾, 33.8×20.8㎝, 線裝, 紙質: 楮紙.	表題: 禮記, 內容: 17-18·29-30, 註記: 蘭上口訣	KS0432-1-01-00049

● 原典과 出刊

22권 9책, 4권 2책 등이 남아있는 조선목판본. 『禮記集說大全』 明代의 학자 胡廣(1370-1418) 등이 찬정한 『禮記集說大全』을 조선에서 다시 간행한 책. 간기가 없어서 정확한 간행 연대는 알 수 없음.

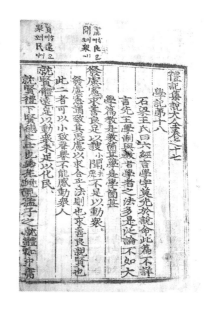

● 著者紹介

胡廣 : 明나라 江西 吉水 사람. 자는 光大, 호는 晃庵이며, 시호는 文穆. 胡子祺의 아들. 建文 2년(1400) 進士第一로 급제하여 翰林院 修纂, 文淵閣大學士 등 역임. 왕명으로 『周易大全』과 『書傳大全』・『詩經大全』・『禮記大全』・『春秋大全』・『四書大全』・『性理大全』의 편수를 주관. 저서에 『胡文穆集』 등.

● 作品內容

표지 제목은 '禮記'이며, 겉표지에는 각 책에 수록된 『禮記』의 편명이 기록되어 있음. 『禮記』의 經文과 陳澔의 주석에는 필사로 된 구결이 붙어 있음.

(37) 오조명신언행록(五朝名臣言行錄)

書名	出版事項	版式狀況	一般事項	所藏番號
五朝名臣言行錄	朱熹(宋)纂集, 李衡(宋)校正, 1502年(연산군8)경에 甲寅字覆刻字 간행.	67卷17冊(零本), 朝鮮木版本, 四周雙邊, 半郭 21.6×14.8cm, 有界, 半葉: 11行21字, 註單行, 小黑口 上下內向混入花紋魚尾, 31.2×18.7cm, 線裝, 紙質: 楮紙.	寶物 第1019號, 表題: 名臣言行錄, 版心題: 言行錄, 五朝名臣言行錄前集序: 朱熹, 五朝名臣言行錄前集: 10卷3冊, 五朝・二朝名臣言行錄後集: 14卷4冊, 皇朝名臣言行錄續集・別錄: 13卷3冊, 皇朝名臣言行錄別集: 13卷3冊, 皇朝道學名臣言行外錄: 17卷4冊, 挿圖, 後書: 李胤(1502), 刊記: 淸道郡開刊, 藏書記: 後彫堂藏	KS0432-1-02-00086

● 原典과 出刊

67권 17책이 남아있는 조선목판본. 『五朝名臣言行錄』 또는 『송명신언행록』이라고 함. 宋의

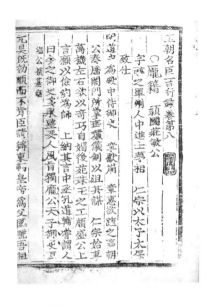

朱熹가 엮었으며 前集, 後集을 李衡이 교감. 『名臣言行錄』이라고도 하는데 宋代 유명한 문인들의 文集에서 傳記를 뽑아 엮은 冊. 前集 10권, 後集 14권. 초간본은 1172년에 建陽에서 간행. 후조당에 소장되어 있는 판본은 국내 출판본으로 1502년(연산군 8)경에 청도군에서 甲寅字 覆刻字로 간행한 것. 완질로 전체가 남아있지는 않지만 『五朝名臣言行錄』·『三朝名臣言行錄』·『四朝名臣言行錄』·『皇朝名臣言行錄』·『皇朝名臣言行別錄』·『皇朝名臣言行續錄』·『皇朝名臣言行外錄』등 총 17책이 남아있음.

● 著者紹介

朱熹 : 중국 南宋 理學家, 자는 元晦, 仲晦, 호는 晦庵, 晦翁. 부친의 엄격한 가르침의 영향으로 학문을 좋아함. 여러 관직을 역임했으나 경원(慶元) 2년(1196)에 반대파에게 탄핵당해 파직되고, 4년 뒤 1200년에 71세의 나이로 병사. 寧宗 嘉定 원년인 1208년에 '文'이란 시호를 받아 朱文公 또는 朱子라는 존칭으로 불리기 시작. 저서로 『四書章句集注』·『詩集傳』·『楚辭集注』·『朱文公文集』 등.

李衡 : 중국 宋 揚州 江都 사람. 자는 彦平, 호는 樂庵. 高宗 紹興 2년(1132) 진사가 되고, 吳江主簿, 감찰어사, 樞密院檢詳, 侍御史 등 역임. 외척출신 절도사 張說의 병권을 반대하다가 벼슬에서 밀려나 昆山에 은거하여 경학 연구에 몰두.

● 作品内容

원래 책 제목은 『五朝名臣言行錄』이고 후집이 『三朝名臣言行錄』이라고 하여 두 책을 병칭하여 『八朝名臣言行錄』이라고 함. 북송시대의 97명의 문인들의 언행이 수록되어 있는데, 전집이 55명, 후집이 42명이 수록. 이 외에도 後에 李幼武가 엮은 別集과 外集 續集 등의 51권이 더 남아있음. 여러 문집에 산재되어있는 송대 주요 인물들의 사적을 정리했는데, 北宋 인물과 南宋 인물까지 총 225명의 언행을 기록.

● 其他價値

후조당에 소장되어 있는 『五朝名臣言行錄』은 寶物 第1019號로 지정되어 있음.

(38) 옥호빙(玉壺氷)

書名	出版事項	版式狀況	一般事項	所藏番號
玉壺氷	都穆(明) 著, 中宗10年(1515) 跋, 後刷	不分卷1冊, 朝鮮木版本, 四周單邊, 半郭: 17.4×13.4cm, 有界, 9行17字, 註雙行, 白口, 上下內向二葉花紋魚尾, 24×17.4cm, 線裝, 紙質: 楮紙	內容: 中國小說, 跋: 正德乙亥(1515)夏六月吳郡都穆, 藏書記: 光州金氏家藏	KS0432-1-04-00359

• 原典과 出刊

　　不分卷1冊의 조선목판본. 明代 都穆(1458~1525)이 편찬한 雜俎小說集. 현재 중국에서는 『續說郛』本에서만 찾을 수 있고, 明 天啓年間(1621~1627)에 孫如蘭이 교감한 판본과 宋代 呂祖謙의 『臥遊錄』明刊本 부록에 첨부되어 있는 판본은 臺灣 國家圖書館에 소장. 국내 유입 시기는 1580년 이전으로 추정, 가장 이른 기록은 조선 成渾(1535~1598)의 『牛溪集』 제6권 「雜著」에 소개된 「『玉壺氷』의 跋文」, 宣祖 13年인 1580년 여름 務安縣에서 『玉壺氷』을 간행한 庚辰年에 쓴 것이 있음. 출판 시기는 대략 中宗 10年(1515)에 처음 간행된 것으로 추정. 安東市 臥龍面 군자마을 後彫堂에 소장되어 있는 『玉壺氷』의 跋文을 보면 "正德乙亥(1515)夏六月吳郡都穆"라고 정확히 명시되어 있음.

• 著者紹介

　　都穆 : 字는 玄敬, 吳縣(江蘇 蘇州)사람, 明代 문학가이자 金石學者, 藏書家. 부친 都昂의 字는 維明으로 博學多藝 했다고 함. 7세에 이미 詩를 지을 줄 알았고, 唐寅과는 깊은 친분을 나누었음. 생계를 유지하기 위해 鳳陽에서 20년 가까이 글을 가르치다가, 나중에 吳寬을 통해 추천을 받아 비로소 秀才가 됨. 3년 뒤 弘治 12년(1499) 41세에 進士가 되어 工部主事에 임명되었고, 正德年間, 1506~1521에 禮部郎中에 올랐으며, 太僕寺少卿으로 벼슬을 마침. 벼슬을 그만둔 후 약 14년 동안 집에서 칩거했는데, 집안 형편은 날로 곤궁해졌지만 늘 옛 전적을 교감하면서 학문에 매진. 저서에 『都公談纂』·『聽雨紀談』·『使西日記』·『南濠賓語』·『奚囊續要』 등.

• 作品內容

'玉壺氷'은 옥으로 만든 병 속의 얼음처럼 맑고 깨끗한 마음을 뜻함. 총 72條의 짤막한 문장들로 이루어져 있는데 그 내용은 六朝부터 明初까지 『世說新語』, 『容齋隨筆』 등 31종의 典籍 중에서 '高逸'한 문장이나 故事만을 가려 뽑아 시대 순으로 編錄해 놓은 것. 宋代가 37條로 전체의 절반 이상을 차지하고, 채록 작품으로는 『世說新語』가 16條로 가장 많음.[52]

(39) 유향신서(劉向新序)

書名	出版事項	版式狀況	一般事項	所藏番號
劉向新序	劉向(漢)撰, 壬亂以前 1492~1493年刊	5卷1冊(零本), 朝鮮木版本, 四周雙邊, 半郭: 18.8×15.㎝, 有界, 11行18字, 註雙行, 黑口, 上下內向黑魚尾, 29.3×18.4㎝, 線裝, 紙質: 楮紙	版心題: 新序, 內容: 卷6~10, 刺奢第 節士第 義勇第 善謀上第 善謀下第, (下卷만 있음). 藏書記: 冊主光山金氏	KS0432-1-04-00393

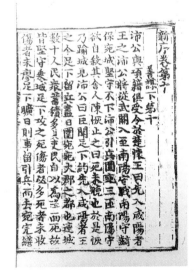

• 原典과 出刊

5권 1책이 남아있는 조선목판본. 西漢末期 劉向(BC77~6)이 편찬한 歷史故事集으로 王應麟의 『漢書藝文志考證』에 의하면 이 책의 완성 시기는 대체로 漢 成帝 陽朔 元年(BC24년) 2월 癸卯日로 추정. 『高麗史』 「世家」 卷10 宣宗 8年(宋, 哲宗 元祐 6年)에 李資義 등이 宋나라로부터 돌아와 宋 哲宗의 요구에 의해 아주 많은 양의 도서를 보낸 기록을 보면, 대략 1091년경에 국내 유입된 것으로 추정. 『成宗實錄』의 成宗 24年(1493) 12月29日條의 내용을 보면 당시 이조판서 이극돈에게 『說苑』과 『新序』 및 『酉陽雜俎』를 刊行하도록 지시하였다는 기록과 함께 各道에 새로 간행한 書冊을 직접 進上하였다고 명확하게 언급하고 있음. 이 기록으로 『新序』·『說苑』·『酉陽雜俎』가 1492~1493년 경에 간행되어졌음이 확인됨.

---

52) 정길수의 규장각해제 참조. 서울대학교규장각한국학연구원 http://e-kyujanggak.snu.ac.kr/ 인용.

• 著者紹介

劉向 : 前漢 末 沛縣 사람. 본명은 更生, 자는 子政. 楚元王 劉交의 4세손, 劉歆의 아버지. 散騎諫大夫給事中, 散騎宗正給事中, 光祿大夫, 中壘校尉 등 역임. 그는 雜史·雜傳을 넘나들 정도로 정통 유학의 속박에 얽매이지 않았던 대학자로 평가. 춘추 전국 시대로부터 한나라 때 이르기까지 사람들의 언행을 분류하여 『新序』와 『說苑』을 편찬. 『시경』과 『서경』에 나타난 여인들 중 모범과 경계로 삼을 만한 사례를 모아 『列女傳』 저술. 그 외에 『洪範五行傳』 등이 있음.

• 作品內容

『新序』는 '새롭게 차례를 정해 찬집한 책'. 劉向은 고사의 수집과 분류·편집·교집·교감에 뛰어났으며, 逸事·奇聞·고사·일화·신화·전설에 이르기까지 폭넓게 서적을 수집하여 엄청난 양의 자료를 모아, 漢 왕조에 간언하여 교훈을 삼도록 하려고 의도함.

• 版本構成

모두 10권으로 분류.
- 제1~5권 : 雜事.
- 제6권 : 刺奢.
- 제7권 : 節士.
- 제8권 : 義勇.
- 제9~10권 : 善謨 上·下.

• 其他價値

이야기 묘사와 의인화 수법이 뛰어나지만, 과거사를 거울삼아 후대에게 가르침을 주고자 하여, 세심한 구성 과정을 거쳐 가공됨으로써 서사가 간결하고 의론 전개가 유창하여 문학적 가치가 큼.

(40) 유향설원(劉向說苑)

書名	出版事項	版式狀況	一般事項	所藏番號
劉向說苑	劉向(漢)撰, 壬亂以前 1492~1493年刊	20卷4冊, 朝鮮木版本, 四周雙邊, 半郭: 18.8×15㎝, 有界, 11行18字, 註雙行, 黑口, 上下內向黑魚尾, 29.3×18.4㎝, 線裝, 紙質: 楮紙	版心題: 說苑, 序: 曾鞏, 所藏印: 先祖公家藏書, 男富義□□□	KS0432-1-04-00392

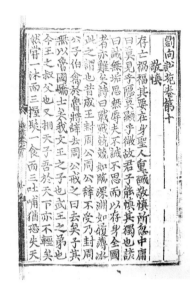

• 原典과 出刊

20권 4책의 조선목판본. 西漢의 劉向이 편찬한 책. 『說苑』이 국내에 유입된 시기는 고려시대로, 『朝鮮王朝實錄』의 「仁祖實錄」 仁祖 23年(1645)의 기록에서 『說苑』이 언제 국내에 유입되었으며 어떤 용도로 읽혀지고 사용되었는지 기록됨.53) 국내 출판에 대한 기록은 『成宗實錄』의 成宗 24年(1493) 12月 29日條에 처음으로 나오기 때문에 그 이전에 간행된 것으로 추정. 『說苑』의 朝鮮版本은 奉化郡 權廷羽 所藏本, 奉化郡 金斗淳 所藏本, 醴泉郡 李虎柱 所藏本, 安東市 豊山邑 金直鉉 所藏本, 安東市 臥龍面 군자마을 등에 소장되어 있음.

• 著者紹介

劉向 : 前漢 末 沛縣 사람. 본명은 更生, 자는 子政.

楚元王 劉交의 4세손, 劉歆의 아버지. 散騎諫大夫給事中, 散騎宗正給事中, 光祿大夫, 中壘

---

53) 지난 고려 성종 때에 金審言이 소를 올려 劉向의 『說苑』에 있는 六正六邪와 『漢書』에 있는 刺史六條를 써서 벽에다 붙여 놓고 드나들며 읽어 귀감으로 삼을 것을 청하자, 왕이 큰 포상을 내리고 아뢴 대로 시행하였습니다. 그 뒤에 崔冲이, 이것이 세월이 오래 되어 바랬으니 다시 써 붙여서 신칙하고 권려하는 도리를 알도록 하여야 된다고 하자, 또 그대로 따랐는데, 그 말은 모두가 절실하고, 또 예전에 훈계한 내용입니다. 이에 감히 『주례』의 황정과 『설원』 및 자사 육조를 차자 말미에 써서 올립니다. 바라건대 전하께서는 이것과 함께 반명과 석명 각 한 통씩을 쓰도록 명하여 좌석 오른편에 붙여 두고 한가한 때에 성찰하소서. 그리고 또 정원으로 하여금 황정 이하의 글을 가져다가 안으로는 의정부와 육조에 주어서 각기 소속 관사의 벽에다 써 붙이도록 하고, 밖으로는 팔도의 감사와 양부(兩府)의 유수에게 하유하여 모든 고을의 청사 벽에다 써 붙여 놓고 늘 각별히 생각하도록 하소서. 그러면 풍속을 교화하는 데 있어 보탬이 없지 않을 것입니다.[『仁祖實錄』 卷46-78, 仁祖23年(1645年)10月9日, 丁亥]

校尉 등 역임. 그는 雜史·雜傳을 넘나들 정도로 정통 유학의 속박에 얽매이지 않았던 대학자로 평가. 춘추 전국 시대로부터 한나라 때 이르기까지 사람들의 언행을 분류하여『新序』와『說苑』을 편찬.『시경』과『서경』에 나타난 여인들 중 모범과 경계로 삼을 만한 사례를 모아『列女傳』저술. 그 외에『洪範五行傳』등이 있음.

• 作品內容

臣道·臣術·建本·立節·貴德 등으로 나누어 先秦時代부터 漢代까지의 歷史故事를 기술한 것으로 총 20권으로 구성. 유향은『新序』의 작업을 먼저 끝내고, 나머지 방대한 자료를 그냥 둘 수 없어 더욱 세분화하고 편장의 주제까지 명확히 하여『說苑』을 완성하였다고 함.『說苑』은『新序』의 나머지 부분.『新序』가 이루어진(BC 24년) 7년 뒤인 BC 17년[成帝 鴻嘉 4년]에 완성되었으며 내용이나 편장의 장단·분량 등에 있어서 훨씬 자유롭고 방대.[54]

(41) 자치통감강목(資治通鑑綱目)

書名	出版事項	版式狀況	一般事項	所藏番號
資治通鑑綱目	朱熹(宋)撰, 思政殿 訓義, 壬辰以前 刊.	56卷76冊(飜刻本), 朝鮮木版本, 四周雙邊, 半郭: 23.4×16.5㎝, 有界, 半葉: 10行18字, 註雙行, 白口, 上下內向黑魚尾, 32.7×21.2㎝, 線裝, 紙質: 楮紙.	版心題: 綱目, 序: 朱熹(1172), 後序: 李方子(1219), 後語: 金華(1265), 識語: 盧山文, 序: 汪克寬(1343)·倪士毅(1342), 跋: 金鑌(1434), 底本印出記: 正統三年(1438)十一月日印出	KS0432-1-02-00125

• 原典과 出刊

56권 76책이 남아있는 조선목판본. 司馬光의『資治通鑑』을 기준으로, 朱熹(1130~1200)가 엮은 역사서.『資治通鑑綱目』은 59권 76책이 후조당에 모두 소장되어 있으며, 책 안쪽에 後彫堂이라는 소장인의 사인이 들어있음. 飜刻本으로 '正統三年(1438)十一月日印出'이라는 간기가 있음. 국내에서는 세종 때 校註한 思政殿訓義本인『訓義資治通鑑綱目』이 유행하였으며, 그 후 여러 차례 重刊됨.

---

54) 劉向撰, 林東錫譯註,『新序』, 동서문화사, 2009년.「서문」해제 참조.

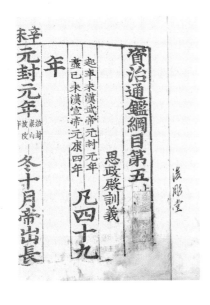

• 著者紹介

司馬光 : 宋 陝州 夏縣 사람. 자는 君實. 1038년 19세의 나이로 진사에 급제. 龍圖閣直學士, 翰林學士, 御史中丞, 尙書左仆射, 門下侍郎 등 역임. 학식이 깊고 넓어 사학, 음악, 율력, 천문 등에 통달. 저서로『자치통감』・『溫國文正司馬公文集』・『稽古錄』・『涑水記聞』・『潛虛』 등.

• 作品内容

『資治通鑑綱目』은 중국 宋나라 司馬光이 쓴 역사책 『資治通鑑』을 기준으로, 朱熹(1130~1200)가『春秋』의 형식에 따라 역사적 사실에 대하여 큰 제목으로 綱을

따로 세우고 기사는 目으로 구별하여 엮은 역사서로 총 59권으로 구성.『通鑑綱目』또는 『綱目』이라고도 함.『資治通鑑』294권으로 綱目을 만든 책이며, BC 403년에서부터 960년에 이르기까지 1362년간의 역사적 사실을 正統과 비정통을 분별하고 大要[總]와 細目[目]으로 나누어 기술. 주희는 大要만을 썼고, 그의 제자 趙師淵이 細目을 완성하였다고 함. 삼국시대에는 蜀漢을 정통으로 하고 魏나라를 비정통으로 하는 등 宋學의 도덕적 사관이 엿보이는 곳도 있음.

(42) 전등신화구해(剪燈新話句解)

書名	出版事項	版式狀況	一般事項	所藏番號
剪燈新話句解	瞿佑 著, 尹春年 訂正, 林芑 集釋, 여러차례 간행.	下1冊, 朝鮮木版本, 四周單邊, 半郭: 22×14.8cm, 有界, 半葉: 10行19字, 註雙行, 白口, 上下向二葉花紋魚尾・下上向白魚尾, 27.3×19.3cm, 線裝, 紙質: 楮紙	表題: 新話句解, 版心題: 剪燈, 卷末題: 剪燈新話	KS0432-1-03-00038

• 原典과 出刊

下1冊만 남아있는 조선목판본.『剪燈新話』는 21회본으로 된 明代 瞿佑(1347-1433년, 자는 宗吉)가 지은 傳奇小說集. 1378년 구우의 自序, 凌雲翰(1380년)의 서문, 吳植(1381년)의 引語, 金冕(1381년)의 跋文 등이 쓰여진 연대로 1381년일 초간본이 간행된 것으로 추정. 국내

로 유입된 『剪燈新話』는 1559년(明宗 14) 尹春年이
訂正하고 林芑가 集釋하여 『剪燈新話句解』라는 제목
으로 간행됨. 그 이후에도 1633년(仁祖 11), 1704년
(肅宗 30) 등 여러 차례 간행. 後彫堂에 소장된 판본
은 정확히 언제 간행된 것인지 고증하기 어려움. 현재
10行 19字의 목판본 下卷이 소장되어 있음.

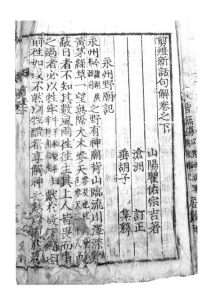

● 著者紹介

瞿佑 : 別號는 存齋, 만년엔 樂全叟라고 함. 일찍이
詩로 이름을 날렸지만 일생 동안 제대로 뜻을 펴지 못
하고 불우하게 지내면서 겨우 지방의 教諭나 訓導 등
의 학관을 역임. 더욱이 永樂 연간에는 詩로 인해 화
를 입어 옥살이를 해야 했고 河北省 保安으로 수자리를 가서 십 년이나 귀양살이를 함.

● 作品內容

『剪燈新話』는 글자 그대로 풀이하면 등불의 심지를 자르면서 밤이 깊어가는 줄도 모르고
들어도 싫증나지 않는 참신하고 새로운 이야기라는 말. 『전등신화』의 전반적인 내용은 남녀
의 사랑, 용궁 잔치, 저승 구경, 귀신 이야기 등 다양한 소재로 구성되어 있음.

● 其他價値

『剪燈新話』는 金安老(1481~1537)의 『龍泉談寂記』에서 '김시습의 『금오신화』'에 대해 언급하
면서 明의 『전등신화』를 모방해서 지었다고 언급. 김시습이 『剪燈新話』를 모방해서 『금오신
화』를 창작한 것이 확실하고, 김시습의 생졸연대가 1435년부터 1493까지 임을 감안하면 이미
15세지 중반에는 국내 유입되어 영향을 주었다는 점에서 가치가 있음.

(43) 정선동래선생좌씨박의구해(精選東萊先生左氏博議句解)

書名	出版事項	版式狀況	一般事項	所藏番號
精選東萊先生左氏博議句解	呂祖謙(宋)撰, 朝鮮朝後期 刊.	8卷4冊, 朝鮮木版本, 四周雙邊, 半郭: 21.4×17.9cm, 有界, 半葉: 10行19字, 註雙行, 白口, 上下內向二葉花紋魚尾, 31.3×21.3cm, 線裝, 紙質: 楮紙.	表題: 精選東萊博, 版心題: 博議.	KS0432-1-02-00131

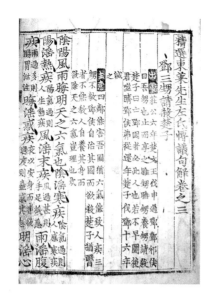

● 原典과 出刊

8권 4책의 조선목판본. 呂祖謙이『春秋左氏傳』에 실린 사건을 소재로 해서 논평한 책. 呂祖謙이 논술한 것은 총 25권이나 이 소장본은 그 중에서 정선하여 8권으로 만든 것. 呂祖謙의 문인인 張成招가 주를 달았음. 국내 유입과 간행 연대는 미상.

● 著者紹介

呂祖謙 : 남송 婺州 金華 사람. 자는 伯恭이며, 호는 東萊先生으로, 林之奇와 汪應辰 등에게 사사. 孝宗 隆興 元年(1163) 進士에 급제한 뒤 다시 博學宏詞科에 합격. 著作郞 겸 國史院編修官을 거쳐『휘종실록』중수에 참여하고,『皇朝文鑑』을 편찬 간행. 저서에『呂氏家塾讀詩記』32권과『東萊先生左氏博議』25권,『呂東萊先生文集』40권,『歷代制度詳說』등이 있으며, 주희와의 共著인『近思錄』이 있음.

● 作品內容

『春秋左氏傳』중에서 기사를 뽑아 제목을 달고, 사건의 역사적 득실을 평론한 史評集.『東萊左氏博議』,『左氏博議』라고 함.『동래박의』는 과거시험을 준비하기 위한 교육교재로 科文體 형식. 원래 25권 168편으로 구성되었지만, 86편의 기사만을 12권으로 줄여『精選東萊博議』를 엮음. 이렇게 간단하게 정리된 책에 구해를 한 것이『精選東萊先生左氏博議句解』8권본이고, 국내에 그대로 들어와 읽혀졌던 것으로 추정.

● 版本構成

出處·主意·本文의 세 부분으로 구성. 각 기사의 제목을 두 글자 낮춰서 제시하고, 그 다음 칸에는 '기사'의『左傳』出處와 본인의 主意를 언급함. 本文에는 앞의 사건에 대한 저자 자신의 논평을 간단히 적었음.

● 其他價値

실용성이 강조된 과거 교본이었기 때문에 중국은 물론 국내에서도 과거 준비 교본으로 널리 이용되어온 필독서로서 가치가 있음.

(44) 주역언해(周易諺解)

書名	出版事項	版式狀況	一般事項	所藏番號
周易諺解	宣祖[朝鮮王]命編, 朝鮮朝後期 刊.	5卷5冊, 朝鮮木版本, 四周雙邊, 半郭: 22×17㎝, 有界, 半葉: 10行19字, 註雙行, 白口, 內向三葉花紋魚尾, 33.5×21.8㎝, 線裝, 紙質: 楮紙.		KS0432-1-01-00056
周易諺解	宣祖[朝鮮王]命編, 嶺營, 壬戌(?)刻[後刷].	9卷5冊, 朝鮮木版本, 四周雙邊, 半郭: 22.8×16.7㎝, 有界, 半葉: 12行23字, 註雙行, 白口, 上下內向黑魚尾, 33×21.4㎝, 線裝, 紙質: 楮紙.	表題·版心題: 易解, 刊記: 壬戌(?)季春嶺營重刊.	KS0432-1-01-00057

● 原典과 出刊

5권 5책, 9권 5책의 조선목판본. 유교 경전 중 하나인 『주역』에 한글로 토를 달고 우리말로 직역한 책. 9권 6책의 목판본. 선조 때 校正廳에서 언해한 책을 바탕으로 하여 이루어진 것. 겉표제는 『易解』라고 되어 있으며, '壬戌季春嶺營重刊'라는 간기가 남아있어, 1862년(철종 13)에 간행. 간기가 '歲庚午仲春開刊全州河慶龍藏板'은 1810년(순조 10)에 간행. '庚辰新刊內閣藏板'은 1820년에, '丙戌新刊嶺營藏板'은 1826년에, '庚寅新刊嶺營藏板'은 1830년에, '壬戌季春嶺營重刊'은 1862년(철종 13)에 간행된 것. '戊寅新刊嶺營藏板'과 '乙丑七月日寧邊府開刊' 등의 간기를 가진 것들은 간행연도를 추정하기 어려움. 그 밖에 1695년(숙종 21)에 간행된 것으로 보이는 '戊申字活字本'이 있고, 다른 사서삼경의 언해와 마찬가지로 『주역언해』도 많은 이본이 존재.

● 著者紹介

宣祖의 命으로 간행.

● 作品內容

『주역』에 한글로 토를 달고 우리말로 직역을 하면서 원문을 앞에 싣고 뒤에 언해를 붙였는데, 원문에는 한글토와 한자음이 있고, 언해문에도 한자와 한자음이 표기되어 있음.

(45) 주역전의대전(周易傳義大全)

書名	出版事項	版式狀況	一般事項	所藏番號
周易傳義大全	胡廣(明)等奉勅纂修.	2卷1冊(零本), 朝鮮木版本, 四周雙邊, 半郭: 24×16.8cm, 有界, 半葉: 10行22字, 註雙行, 黑口, 上下內向黑魚尾, 33×20.5cm, 線裝, 紙質: 楮紙.	表題: 周易傳義, 內容: 卷8-9, 藏書印: 鑑源	KS0432-1-01-00058
周易傳義大全	胡廣(明)等奉勅纂.	19卷11冊(零本), 朝鮮木版本, 有圖, 四周雙邊, 半郭: 23.2×18.4cm, 有界, 半葉: 10行22字, 註雙行, 白口, 上下內向二葉花紋魚尾, 34×22.9cm, 線裝, 紙質: 楮紙.	表題: 周易, 揷圖, 內容: 總目·卷6-24, 刊記: 戊午四月嶺營重刊, 卷首記錄: 洛川鄕社上	KS0432-1-01-00059
周易傳義大全	胡廣(明)等奉勅纂.	1卷1冊(零本), 朝鮮木版本, 四周雙邊, 半郭: 22.7×18.4cm, 有界, 半葉: 10行22字, 註雙行, 白口, 內向二葉花紋魚尾, 33.4×21.8cm, 線裝, 紙質: 楮紙.	表題: 繫辭, 內容: 卷22	KS0432-1-01-00060
周易傳義大全	胡廣(明)等奉勅纂.	22卷13冊(零本), 朝鮮木版本, 四周雙邊, 半郭: 22.7×18.3cm, 有界, 半葉: 12行22字, 註雙行, 白口, 上下內向二葉花紋魚尾, 33.4×21.8cm, 線裝, 紙質: 楮紙.	表題: 周易, 揷圖, 內容: 總目·卷1-15·18-24, 刊記: 歲庚午仲春開刊 全州府河慶龍藏板, 刊記: 歲庚午(1870)仲春開刊全州河慶龍藏板.	KS0432-1-01-00061
周易傳義大全	胡廣(明)等奉勅纂.(24卷周易朱子圖說)	不分卷1冊(零本), 朝鮮木版本, 四周雙邊, 半郭: 23.2×17.1cm, 有界, 半葉: 10行18字, 註雙行, 白口, 上下內向二葉花紋魚尾, 33.3×21.5cm, 線裝, 紙質: 楮紙.	表題: 周易圖說, 版心題: 易朱子圖說, 揷圖	KS0432-1-01-00062

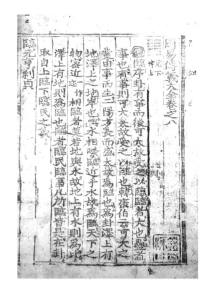

• 原典과 出刊

22권 13책, 19권 11책 등이 남아있는 조선목판본. 『周易傳義大全』은 명나라 正統年間 12년에 간행된 『주역전의대전』 司礼監本 11책이 유입되어 우리나라에서 간행된 것. '以義論易'을 주장한 程子의 『易傳』과 '以占論易'을 주장한 朱子의 『周易本義』를 합본한 책.

• 著者紹介

胡廣: 明나라 江西 吉水 사람. 자는 光大, 호는 晃庵이며, 시호는 文穆. 胡子祺의 아들. 建文 2년(1400) 進士 第一로 급제하여 翰林院 修纂, 文淵閣 大學士 등 역

임. 왕명으로 『周易大全』과 『書傳大全』· 『詩經大全』· 『禮記大全』· 『春秋大全』· 『四書大全』· 『性理大全』의 편수를 주관. 저서에 『胡文穆集』 등.

• 作品内容

크게 '易'의 부분과 '傳'의 두 부분으로 구성. '易'은 주역의 다른 이름인 '역경'은 괘별로 권이 나뉘어 총 64권으로 되어 있으며, 분량에 따라 양분되어 있음. 1권부터 30권까지가 상권, 31권부터 64권까지가 하권. 기본적인 점치기나, 기타 역의 이치는 당연히 이 역경의 내용을 따름. '傳'은 '역경'을 이해하기 위하여 읽어야 하는 부교재. 날개와도 같이 經을 지지하는 것이라 하여 '十翼'이라고도 불리는데, 역경을 풀이한 총 10권의 傳이 있음. 孔子가 정리하였다고 하나, 혼자 다 서술했다고 보기엔 무리가 있고, 후세 사람들이 차츰 정립해 온 것이라고 추정.

(46) 주자대전(朱子大全)

書名	出版事項	版式狀況	一般事項	所藏番號
朱子大全	朱熹(宋)著, 柳希春(1513~1577) 校進, 宣祖8(1575)刊.	2卷2冊(零本), 朝鮮金屬活字本(乙亥字), 有圖, 四周雙邊, 半郭: 32.4×20.5cm, 有界, 半葉: 10行18字, 註雙行, 白口, 上下内向二葉花紋魚尾, 23.4×16.3cm, 線裝, 紙質: 楮紙.	寶物 第1019號, 重刊朱子大全序: 胡緝(1460), 内容: 目錄·卷49-50	KS0432-1-03-00043

• 原典과 出刊

2권 2책이 남아있는 조선 금속활자본. 중국 宋代의 성리학자 朱熹의 문집. 중국에서 1265년 木版本 간행. 『晦庵先生朱文公文集』, 『주자문집』, 『주자문집대전』이라고도 함. 宋 度宗 咸淳 元年(1265)이며 저자의 후손 玉이 교정하여 『朱子大全集』이라는 이름으로 간행. 국내에서는 1543년(중종 38), 1575년(선조 8) 두 차례에 걸쳐 乙亥字로 간행. 그 뒤 각 지방에서도 몇 번 간행하였으며, 『주자대전차의』, 『주자대전』의 주석서도 여러 편 편찬.

• 著者紹介

朱熹 : 중국 南宋 理學家, 자는 元晦, 仲晦, 호는 晦庵, 晦翁. 부친의 엄격한 가르침의 영향으로 학문을 좋아함. 여러 관직을 역임했으나 경원(慶元) 2년(1196)에 반대파에게 탄핵당해 파직되고, 4년 뒤 1200년에 71세의 나이로 병사. 寧宗 嘉定 원년인 1208년에 '文'이란 시호를 받아 朱文公 또는 朱子라는 존칭으로 불리기 시작. 저서로 『四書章句集注』・『詩集傳』・『楚辭集注』・『朱文公文集』등.

• 作品內容

저자가 일생을 두고 저작한 모든 학설 위주로 여러 학자들의 質疑에 대해 회답한 편지들과 詩・記・銘・碑文・墓誌 등 문예에 관한 저작들을 함께 모은 방대한 저작. 朱熹 사후 그의 門人들이 편찬. 본편 100권은 보존되어 오던 것을 모은 것이고, 별집 11권은 그의 문인 餘思魯가 모은 것. 속집 10권은 누가 정리했는지 미정임.

• 版本構成

본서의 별집 다음에 있는 遺集 2권은 1771년(영조 47) 본서를 간행할 때 저자의 시문 중 흩어져 있는 것들을 모아 국내에서 추가한 것. 附錄 12권에 道通源流, 世系源流, 父師遺言, 遺像, 宋史本傳, 門人敍述, 祭文, 行狀, 年譜原本, 年譜別本, 宅祠書院亭坊, 祠院記題, 諸編序跋, 編著書目, 墨蹟類記, 題名錄, 黨禁錄, 辯誣錄 등 저자에 관한 후인들의 문장 수록.

• 其他價值

후기 地方刊本에 '萬機', '弘齋'라는 정조의 印記가 남아있는 판본들이 있어서 귀중한 가치를 지님. 후조당에 소장되어 있는 서적은 보물 第1019號로 지정됨.

(47) 주자실기(朱子實紀)

書名	出版事項	版式狀況	一般事項	所藏番號
朱子實紀	戴銑(明)編, 壬辰以前 刊.	12卷5冊, 朝鮮木版本, 有圖, 四周單邊, 半郭: 24.5×17.3cm, 有界, 半葉: 10行20字, 黑口, 上下內向混入花紋魚尾, 35.7×21.6cm, 線裝, 紙質: 楮紙.	寶物 第1019號, 被傳者: 朱熹, 表題: 朱子實記, 序: 李普福(1513)・戴銑(1506), 朱文公先生年譜序: 臨功魏了翁・汪仲魯, 年譜重刊序: 戴原貞(1431), 揷圖, 後序: 汪愈, 藏書記: 後彫堂藏	KS0432-02-00136

朱子實紀	上同	7卷3冊(零本), 朝鮮木版本, 有圖, 四周單邊, 半郭: 24.7×17.4㎝, 有界, 半葉: 10行20字, 黑口, 上下內向混入花紋魚尾, 33.8×21.3㎝, 線裝, 紙質: 楮紙.	被傳者: 朱熹, 表題: 朱子實記, 序: 李普福(1513)·戴銑(1506), 朱文公先生年譜序: 臨功魏了翁·汪仲魯, 年譜重刊序: 戴原貞(1431), 揷圖, 內容: 卷1~6·11	KS0432-02-00137

- **原典과 出刊**

  12권 5책, 7권 3책 등의 조선목판본. 『朱子實紀』는 明나라 戴銑이 『주자연보』에 의거하여, 朱熹와 관계가 있는 문헌을 증보하여 편찬한 것으로 국내에서는 中宗, 明宗 연간에 목판본으로 간행. 현재 11권 5책이 남아있음.

- **著者紹介**

  戴銑 : 明 安徽 婺源 사람. 자는 寶之. 弘治 9年(1496) 진사. 兵科給事中, 南京戶科 등 역임. 正德 연간에 상주하여 劉健과 謝遷을 유임하게 하고 환관 高鳳을 탄핵하다가 투옥되어 廷杖을 당한 뒤 除名되고, 결국 상처가 심해 사망하게 됨.

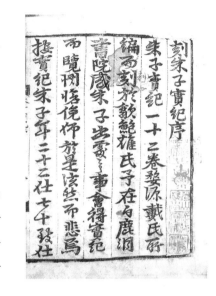

- **作品內容**

  주희와 관련 있는 문헌 등을 정리하고 증보하여 편찬한 책. 『주자실기』 12권 중, 연보라고 할 수 있는 부분은 3권이고, 다른 9권은 道統, 世系의 源流, 行狀, 本傳, 宅廟祠院의 記, 門人錄, 褒典, 讚述, 紀題.

- **版本構成**

  - 권1 : 道統淵源과 世系淵源에 관해 서술. 먼저 孔子-顔子·曾子-子思-孟子-周濂溪-程明道·程伊川-楊龜山-羅豫章-李延平-朱子의 계보를 들고, 다음에 世系로써 무원 朱氏 1세인 朱壞로부터 20세 후손까지 332명의 이름과 字, 생몰연대 및 관직을 기재하였는데, 주자는 9세.
  - 권2, 권3, 권4 : '연보'.

- 권5 : '행장'.
- 권6 : '송사본전'.
- 권7 : 宅廟, 祠, 書院, 墓, 坊, 亭에 관한 기록.
- 권8 : 주자의 문인에 관한 기록으로 蔡元定, 黃幹, 蔡沈 이하 310인의 문인에 관한 기록, 高弟로부터 字와 號, 출신지역, 관직 등을 기록함. 다만 직전제자가 아닌 眞德秀가 다섯 번째로 들어 있음.
- 권9 : 褒典에 관한 기록.
- 권10 : 찬술에 관한 기록.
- 권11 : '속집'.
  권11과 권12는 '紀題'에 관한 것으로 권11 : 碑記, 序, 上梁文, 疏, 表, 跋.
- 권12 : 고금의 이름난 사람들의 詩文.

● 其他價値

후조당에 소장된 『朱子實紀』는 12권 5책의 완질본에 김부필의 장서인이 찍혀있으며, 寶物 第1019號로 지정됨.

(48) 중용장구대전(中庸章句大全)

書名	出版事項	版式狀況	一般事項	所藏番號
中庸章句大全	胡廣(明)等奉勅纂.	2冊, 朝鮮木版本, 四周單邊, 半郭: 23.2×17.1㎝, 有界, 半葉: 10行18字, 註雙行, 白口, 上下向二葉花紋魚尾, 34.3×22.8㎝, 線裝, 紙質: 楮紙.	表題: 中庸, 序: 朱熹(1189), 刊記: 戊子新刊嶺營藏板	KS0432-1-01-00063

● 原典과 出刊

2책의 조선목판본. 『中庸章句大全』은 世宗 때 明나라로부터 수입하여 1428년 국내에서 처음으로 간행. 이후에 四書의 다른 책들과 마찬가지로 가장 중요한 서적 중의 하나로 인식되었기 중앙과 지방에서 여러 번 간행을 하여 판본의 종류가 다양함.

● 著者紹介

胡廣 : 明나라 江西 吉水 사람. 자는 光大, 호는 晃庵이며, 시호는 文穆. 胡子祺의 아들. 建文 2년(1400) 進士第一로 급제하여 翰林院 修纂, 文淵閣 大學士 등 역임. 왕명으로 『周易大

全』과　『書傳大全』・『詩經大全』・『禮記大全』・『春秋
大全』・『四書大全』・『性理大全』의 편수를 주관. 저서
에 『胡文穆集』 등.

• **作品內容**

明의 成祖는 1414년 胡廣을 비롯한 여러 학자들에게
『五經大全』・『四書大全』・『性理大全』 등의 편찬을 명
하여 1415년에 완성. 『中庸章句大全』는 명의 翰林學
士 胡廣(1370~1418) 등이 成祖의 勅命에 따라 朱熹의
『中庸章句』에 송·원대 학자들이 보충하여 편찬한
『中庸』의 주석서. 원래 『중용』은 오늘날 전해지는 五
經의 『禮記』의 한 편이었던 「중용」편을 주희가 「大
學」편과 함께 분리시켜 단행본으로 만들어 유학의 교재로 삼음. 중용의 덕과 도를 인간행위
의 최고 기준으로 삼은 유교의 경전으로, 孔子의 손자인 子思의 저작이라 알려짐. 『大學』
·『論語』·『孟子』와 함께 四書로 불리고 있으며, 宋學의 중요한 교재.

• **版本構成**

본서의 표제는 '중용장구대전'으로 표기. 讀中庸法, 中庸章句序, 中庸章句大全의 세 부분으
로 구성. 주희의 『中庸章句』의 본문과 주희의 주해, 그리고 北溪陳氏, 雲峯胡氏, 新安陳氏,
東陽許氏, 西山眞氏, 東窓李氏, 雙峯饒氏, 三山潘氏, 黃氏, 王氏, 延易李氏 등의 다양한 학
설을 수록됨.

• **其他價値**

다양하게 부가된 小註는 『중용상구』를 한층 깊이 있게 논의하고 있어서 성리학적 틀에서의
유학을 이해하는 데 의미있는 자료가 됨.

(49) 찬도호주주례(纂圖互註周禮)

書名	出版事項	版式狀況	一般事項	所藏番號
纂圖互註周禮	鄭玄(漢)注, 肅宗32(1706)刻 [後刷].	12卷6冊, 朝鮮木版本, 四周雙邊, 半郭: 19.9×14.4㎝, 有界, 半葉: 9行15字, 註雙行, 白口, 上下向二葉花紋魚尾, 31.3×19.7㎝, 線裝, 紙質: 楮紙.	表題: 周禮, 周禮正義序: 臣 賈公彦(唐) 等 奉勅 撰, 揷圖, 跋: 金宗直(1478)·趙絅(1648)·金演(1706)	KS0432-1-01-00066

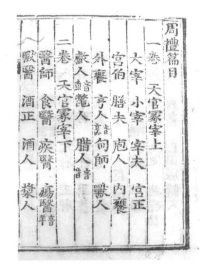

• 原典과 出刊

12권 6책의 조선목판본. 『纂圖互註周禮』는 周公이 지었다는 『周禮』에 圖와 註로 알기 쉽게 설명한 책. 1648년(인조 26)에 고활자로 12권 7책으로 간행. 책 끝에 金宗直과 趙絅의 발문. 후조당에 소장되어 있는 판본은 12권 6책의 목판본으로, 1706년(숙종 32)에 간행된 판본. 권말에 金宗直과 趙絅의 발문이외에도 1706년에 쓰여진 金演의 발문이 있음.

• 著者紹介

周公 : 이름은 旦. 周왕조를 세운 文王의 아들이며 武王의 동생. 무왕과 무왕의 아들 成王을 도와 주왕조의 기초를 확립. 무왕이 죽은 뒤 나이 어린 성왕이 제위에 오르자 攝政. 周初의 大封建制를 실시하여 주왕실의 수비를 공고히 하고, 禮樂과 法度를 제정하여 周왕실 특유의 制度文物을 창시, 중국 고대의 정치·사상·문화 등 다방면에 공헌하였기 때문에 유교학자에 의해 성인으로 존숭됨. 저서에 『周禮』가 있음.

鄭玄 : 자 康成. 중국 後漢 말기의 대표적 유학자. 훈고학·경학의 시조로 깊은 존경을 받음. 『周易』·『尙書』·『毛詩』·『周禮』·『儀禮』·『禮記』·『論語』·『孝經』 등 경서의 주석을 함.

• 作品內容

이 책은 『周禮』에 圖와 註를 붙인 것으로, 漢代에 鄭玄이 주석을 달고(周禮注) 唐代에 賈公彦이 疏를 붙여 편찬(周禮正義)한 이후부터 『周禮』란 명칭으로 고정됨. 원작자는 周公이라고 하나 사실은 1인의 창작이라고 보기 어렵고 고대의 역대 제도를 종합하여 規定한 것이라 추정. 天地와 四時 春夏秋冬의 六象으로 구분하여 크게 6편으로 구성.

(50) 춘추좌전상절구해(春秋左傳詳節句解)

書名	出版事項	版式狀況	一般事項	所藏番號
春秋左傳詳節句解	朱申(宋)注釋, 孫鑛(明)批點, 顧梧芳(明)校正, 鍾惺(明)重訂, 朝鮮朝後期刊.	23卷7冊(零本), 朝鮮木版本, 四周雙邊, 半郭: 21.4×17.1㎝, 有界, 半葉: 12行21字, 註雙行, 白口, 上下內向二葉花紋魚尾, 29.1×19.8㎝, 線裝, 紙質: 楮紙.	表題·版心題: 左傳, 序: 正德癸酉(1513)…王鏊(明)敍, 內容: 卷1-9·14-24·29-31	KS0432-1-02-00152

● 原典과 出刊

23권 7책이 남아있는 조선목판본. 宋나라 朱申이 『春秋』에 주석을 붙여 편찬한 책에, 명나라 孫鑛이 批點, 顧梧芳이 較正, 鍾惺이 重訂한 책. 총 35권 10책.

● 著者紹介

朱申 : 宋 虔州 雩都 사람. 자는 維宣, 자호는 熙時子. 仁宗 皇祐 연간에 太學에 있으면서 명성을 떨침. 저서에 『周易句解』와 『春秋左傳句解』·『孝經句解』·『語孟辨箋』·『孫吳新注』 등.

孫鑛 : 明 浙江 餘姚 사람. 자는 文融, 호는 月峰, 湖上散人. 萬曆 2年(1574)의 進士 출신으로 文選郎中, 兵部侍郎, 右都御史, 兵部尚書, 太子少保, 參贊機務 등 역임.

● 作品內容

『春秋』에 주석을 붙인 것으로 春秋左傳詳節句解 본문은 『춘추좌전』 원문에 두 줄로 주석을 붙임. 『좌전』에 대해서만 해석을 하고, 『춘추』의 경문에 있는 것은 해석하지 않음. 『좌전』 주에 실려 있는 사실의 始末에 별도의 근거가 있는 것은 모두 뒤에 附注를 붙임.

● 版本構成

1책 : 1513년(明 武宗 正德 9년[癸酉]) 2월에 震澤 王鏊(1450~1524)가 쓴 春秋左傳詳節句解序, 杜預(晉, 222~284)의 서문에 주석을 붙인 春秋左傳詳節句解序, 春秋左傳詳節句解凡例.

본문 - 권1 隱公, 권2 桓公, 권3 莊公, 3책『춘추』2 : 권4 閔公~ 권6 僖公 下, 4책『춘추』3 : 권7 文公~ 권9 宣公 下, 5책『춘추』4 : 권10 成公 上~襄公 1, 6책『춘추』5 : 양공 2~양공 4, 7책『춘추』6 : 양공 5~권18 昭公 2, 8책『춘추』7 : 권19 소공 3~권21 소공 5, 9책『춘추』8 : 권22 소공 6~권24 定公 上, 10책『춘추』9 : 권25 정공 하~권27 哀公 下로 구성.

(51) 포박자(抱朴子)

書名	出版事項	版式狀況	一般事項	所藏番號
抱朴子	葛洪(晉)著, 淸, 光緒10(1844)刊.	43卷6冊(零本), 中國木版本, 左右雙邊. 半郭: 15.3×10.7㎝, 有界, 半葉: 11行20字, 註雙行, 白口, 上下向黑魚尾, 25.3×15.3㎝	表題: 抱朴子, 版心題: 抱朴, 序: 維甸(1812)·孫星衍(1813).	KS0432-1-03-00049

• 原典과 出刊

『抱朴子』는 중국의 神仙方藥과 불로장수의 비법을 서술한 도교서적으로, 東晉의 葛洪(283~343)이 지음. 현 소장본은 淸版本으로 1844年 刊本임.

• 著者紹介

葛洪 : 중국 東晉時代의 사상가, 의학자. 삼국시대 方士 갈현의 조카손자. 자는 稚川, 스스로 포박자라 부름. 의학에도 조예가 깊어『玉函方』,『肘後方』등 100권을 저술하여 후세의 도교수련 등에 커다란 영향을 미침. 서진이 망하고 동진이 성립한 317년에『포박자』를 저술했는데, 이 저서를 통해 신선이 되는 요체인 內丹과 外丹의 원리를 체계화했다는 평가를 받음.

• 作品內容

道는 우주의 본체로서 이를 닦으면 장수를 누릴 수 있고, 신선이 되려면 善을 쌓고 행실을 바르게 가지며, 精氣를 보존하여 체내에 흐르게 하고, 上藥을 복용하며, 胎息을 행하고, 房中術을 실천해야 한다고 주장. 갈홍은 老莊사상을 기초로 하여 신선사상을 도교의 중심에 놓고, 누구나 仙人이 될 수 있음을 강조.

• 版本構成

內篇은 卷1-14, 外篇은 卷22-50으로 佚文·神仙金汋經·養生論·大丹問答 및 附篇으로 되어
있음. 「내편」에는 고래의 道敎思想이 체계적으로 논술, 「외편」에는 사회의 이해득실이 논술.

(52) 한서(漢書)

書名	出版事項	版式狀況	一般事項	所藏番號
漢書	班固(後漢)撰, 顏師古(唐)注, 凌稚隆(明)輯校, 朝鮮朝後期 刊.	10卷10冊(零本), 朝鮮木版本, 四周單邊, 半郭: 21.8×15.5㎝, 有界, 半葉: 10行19字, 註雙行, 白口, 上下內向二葉花紋魚尾, 31.0×20.1㎝, 線裝, 紙質: 楮紙.	內容: 卷21-30	KS0432-1-02-00159
漢書	班固(後漢)撰, 凌稚隆(明)輯校, 朝鮮朝後期刻 後刷.	19卷5冊(零本), 朝鮮木版本, 四周雙邊, 半郭: 22.8×15.7㎝, 有界, 半葉: 10行19字, 註雙行, 內向二葉花紋魚尾, 33.4×21.8㎝, 線裝, 紙質: 楮紙.	表題: 前漢書, 內容: 卷4-10·35-46	KS0432-1-02-00160

• 原典과 出刊

10권 10책, 19권 5책 등이 남아있는 조선목판본. 『漢
書』는 중국 後漢時代의 역사가 班固가 저술한 紀傳
體의 역사서. 12帝紀·8表·10志, 70列傳으로 전 100
권으로 구성. 『前漢書』 또는 『西漢書』라고도 함. 국
내에서도 많은 사랑을 받아, 여러 번 간행되었음. 후
조당 소장본은 조선 후기 간행본으로 추정.

• 著者紹介

班固 : 자는 孟堅, 扶風 安陵 사람. 부친 班彪, 伯父
班嗣 모두 저명한 학자. 15세 즈음이던 광무제 建武
23년인 47년, 낙양 태학에 입학. 부친 死後, 반고는 아
버지의 뜻을 이어 修史의 일을 시작하였으나 國史를

마음대로 한다는 모함을 받아 투옥되기도 함. 아버지가 쓰시던 역사서를 바탕으로 『한서』를
집필하고 편찬하여 20년 만에 완성.

● 作品內容

『史記』와 더불어 중국 史學史上 대표적인 저작. 한 무제에서 끊긴 사마천의 『史記』의 뒤를 이은 正史로 여겨지므로 '두 번째의 正史'라 함. 처음 반고의 아버지 班彪가 『사기』에 부족한 점을 느꼈고, 또 武帝 이후의 일은 사기에 기록되지 않았으므로 스스로 사서를 편집코자 『後傳』 65편을 편집하였으나 미완의 상태로 세상을 떠남. 아들 반고가 明帝의 명으로 한서 저작에 종사. 章帝 建初年間에 일단 완성을 보았으나 「八表」와 「天文志」는 그의 죽음으로 미완성으로 남아, 누이동생 班昭가 和帝의 명으로 계승하였고, 다시 馬續의 補完으로 완성함.

● 其他價値

『사기』가 상고시대부터 무제까지의 通史인데 비하여 『한서』는 前漢만을 다룬 斷代史로, 漢 高祖 劉邦부터 王莽의 亂까지 12代 230년간의 기록이라는 점에 특징이 있음.

2) 조선 문인 서적

(1) 간독정요(簡牘精要)

書名	出版事項	版式狀況	一般事項	所藏番號
簡牘精要	朝鮮後期刊.	不分卷1冊(56張), 朝鮮木版本, 四周單邊, 半郭: 18.5×12.9㎝, 有界, 半葉: 12行20字, 註雙行, 白口, 上下內向二葉花紋魚尾, 21.1×15.9㎝, 線裝, 紙質: 楮紙.		KS0432-1-01-00002

● 原典과 出刊

1책(67장), 조선목판본으로 되어 있으며 대략 조선후기 간행으로 추정.

● 著者紹介

저자 및 출간연대 미상으로 1책(67장).

● 作品內容

한문체 편지 쓰는 요령 및 예문을 기록해 놓은 책. 권두에 목록이 있고 이어서 本朝國忌가 있어 역대 왕과 왕후들의 忌日·誕年, 즉위 및 傳位 연도, 승하연월일, 능의 소재지 등을 상세히 기록.

● 版本構成

본문은 춘하추동 사계절에 따라 각 계절·월·일의 이칭을 적고, 그 밑에 詩句·卦象·律呂·月建·躔次와 계절별 편지 쓰는 격식을 평월과 윤월로 나누어 書頭·問套·答套 등을 구체적인 예를 들어 제시함. 또 계절과 관계없이 사용되는 여러 편지투식을 조목별로 설명하여 체계적으로 편집됨.

● 其他價値

제반 書式文字들이 거의 빠짐없이 제시되고 있는 점도 특징. 당시 문자생활의 단면을 파악하고 풍속과 예법의 일부분을 연구하는 데 도움이 되는 자료로 평가.

(2) 계몽편(啓蒙篇)

書名	出版事項	版式狀況	一般事項	所藏番號
啓蒙篇	편찬자, 필사년도 미상.	不分卷1冊, 筆寫本, 無界, 半葉: 8行12字, 無魚尾, 25.5×20.3㎝, 線裝, 紙質: 楮紙.	懸吐, 表紙註記: 白狗 秀蔞下澣	KS0432-1-01-00003

● 原典과 出刊

저자·筆寫年 未詳의 1책, 조선목판본으로 간행, 후조당에 소장 중인 서책은 현토가 달려있는 필사본.

● 著者紹介

저자 미상

● 作品內容

일종의 아동용 백과사전 종류, 언해본이 있어 여성교재로도 겸용되었을 가능성.

● 版本構成

- 구성은 首篇·天篇·地篇·物篇·人篇 등 5편으로 구성.
- 수편 : 천지만물·일월성신등 자연현상과 군신·장유·부부·붕우 등 인륜에 관한 것.
- 천편 : 우주와 천체에 관한 초보적인 해설과 十干·十二支의 설명.

- 지편 : 五嶽四海에 관한 소개와, 자연현상 및 음양론, 그 외 五行에 관한 설명.
- 물편 : 동식물을 속성과 특성에 따라 분류 및 제사와 빈객에 쓰이는 음식 및 공물의 소개.
- 인편 : 부모·형제·부부·군신·붕우·종족 등 인간관계의 예의와 존대법과 학문과 독서의 필요성.

• 其他價値

내용과 구성 및 편찬방식은 조선시대 아동교재가 지녔던 보편적 양식을 답습.

(3) 경현록(景賢錄)

書名	出版事項	版式狀況	一般事項	所藏番號
景賢錄	李楨(1512~1571)編, [朝鮮朝後期]刊.	3冊, 朝鮮木版本, 四周雙邊, 半郭: 19.8×15.6㎝, 有界, 半葉:10行20字, 註雙行, 白口, 上下內向二葉花紋魚尾, 29.7×20㎝, 線裝, 紙質: 楮紙.	版心題: 錄, 識: 李楨 卷末: 李蓍晩(1685), 附: 遺墨, 內容: 景賢錄(上下1冊)·景賢續錄補遺(上下1冊)·景賢續錄(上下1冊), 刊記: 己亥(1719)三月道東重刊	KS0432-1-04-00023
景賢錄	李楨(1512~1571)編, 鄭逑(1543~1620)重編, 肅宗45(1719)刻[後刷].	上下1冊, 朝鮮木版本, 四周單邊, 半郭: 22.8×17.4㎝, 半葉: 11行21字, 註雙行, 白口, 上下內向二葉花紋魚尾, 32.4×21.3㎝, 線裝, 紙質: 楮紙.	貴重本, 版心題: 錄, 識: 李楨(1564), 附: 諸賢詩, 卷末: 嘉靖四十四年(1565)十二月日	KS0432-1-04-00024

• 原典과 出刊

1719년(숙종 45) 간행된 6권 3책의 조선목판본. 李楨이 김굉필과 曺偉의 사적을 엮어 『경현록』 1책을 만들고, 뒤에 김굉필의 외증손인 鄭逑가 조위의 사적을 빼고 김굉필의 사적만을 취하여 2책으로 엮음. 그 뒤 다시 金夏錫이 증보, 편집하여 3책으로 만듦.

• 著者紹介

李楨 : 본관은 泗川, 자는 剛而, 호는 龜巖. 1536년(중종 31) 진사로 별시 문과에 장원, 성균관전적에 임명.

청주목사, 우부승지·형조참의·좌부승지 등을 거쳐 병조참의·대사간·호조참의·예조참의·
경주부윤 등 역임. 저서로는『구암문집』·『性理遺編』·『景賢錄』·『論喪禮』·『寒暄譜錄』·『列
聖御製』등.

鄭逑 : 본관은 淸州. 자는 道可, 호는 寒岡. 昌寧縣監, 同福縣監, 校正廳郞廳 등 우부승지,
장례원판결사·강원도관찰사·형조참판 등을 역임. 저서로는『家禮輯覽補註』·『五先生禮說
分類』·『深衣製造法』·『禮記喪禮分類』·『五福沿革圖』등,『退溪喪祭禮問答』을 간행.

金夏錫 : 본관은 瑞興, 肅宗 때 鄭逑의 문인. 김굉필의 사적을 모은『景賢錄』을 편찬.

● 作品內容

金宏弼의 시와 사적을 중심으로 하고 유학자들의 글을 모아 엮은 책.

● 版本構成

- 제1책 : 李滉이 쓴 景賢錄編定別錄, 상권에 김굉필의 세계·事實·門人, 李績이 쓴 행장, 김
  굉필의 詩賦文, 追贈·褒贈·加贈·請從祠 등이 있고, 하권에 부록으로 이황 등 유학자들과
  의 서간문이 있음.
- 제2책 : 김하석이 지은 續錄考疑, 상권에 정구가 지은 續錄序文에 이어 遺文·행장·遺事追
  補·연보 등이 실려 있고, 하권에 師友門人錄·서재·서원·祠宇 등이 있음.
- 제3책 : 상권에 유사·敍述·追雪·포증·從祀·頒敎·請降祝·청종사·제문, 하권에 신도비·
  묘갈·畵·屛跋·兩賢祠記·象賢書院記·諸賢詩, 師友門人錄·서원 등.

(4) 관감록(觀感錄)

書名	出版事項	版式狀況	一般事項	所藏番號
觀感錄	朴璿 編, 英祖33(1757)跋.	2卷1冊(零本), 朝鮮木版本, 四周雙邊, 半郭: 19.8×15.4㎝, 有界, 半葉: 10行20字, 註雙行, 白口, 上下內向二葉花紋魚尾, 32.3×21.4㎝, 線裝, 紙質: 楮紙.	被傳者: 朴毅長(1555~1615), 序: 李栽(1719), 跋: 上之三十三年(1757)…鄭玉(1694~1760)跋. 內容: 卷1-2	KS0432-1-03-00006

● 原典과 出刊

2卷 1冊의 조선목판본. 임진왜란 때 朴毅長 장군의 문집으로, 경주 등 경상도지역 전투 기록
이 남아 있음.

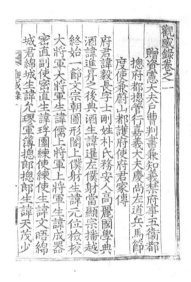

• 著者紹介

朴毅長 : 본관은 務安, 자는 士剛. 金彦璣의 문인. 1577년(선조 10) 무과에 급제해 主簿가 되고, 1588년 진해현감, 1592년 임진왜란 때 경주판관, 경주부윤, 수군절도사 등을 역임.

• 作品内容

임진왜란 당시 경주성 탈환 전투에 관한 구체적인 상황을 묘사. 왜군의 공격으로 1차 경주성 탈환을 실패한 후, 약 20일 후 박의장이 사실상 단독으로 경주성을 재공격하여 약 6개월 만에 경주성을 수복. 진천뢰를 성중에 떨어뜨리고 무수한 왜군이 불에 타 죽었다는 기록이 사실적으로 남아있음.

• 其他價値

임진왜란 당시 수군 못지않게 지상전에서 조선 관군이 전쟁 수행에 많은 기여를 했다는 귀중한 자료.

(5) 기묘록(己卯錄)

書名	出版事項	版式狀況	一般事項	所藏番號
己卯錄	金堉 (1580~1658)輯, [朝鮮朝後期]刊.	1冊, 朝鮮木版本, 四周雙邊, 半郭: 18.7×15.2cm, 有界, 半葉: 10行16字, 註雙行, 上下內向二葉花紋魚尾, 29.8×20.3cm, 線裝, 紙質: 楮紙.	板心題: 己卯, 序: 歲舍己卯(1639)…平山申翊聖(1588~1644)謹序.	KS0432-1-02-00027

• 原典과 出刊

1冊의 조선목판본. 겉표제는 '己卯'라고 되어 있음. 기묘사화 피해자인 金正國이 사화 관련 94인의 행적을 다룬 「己卯黨籍」·「己卯八賢」인 安瑭의 손자 安璐가 129인의 행적을 기록한 「己卯錄補遺」를 바탕으로, 기묘사화의 피해자인 증조부 湜을 생각하면서 218명의 행적을 찬술.

● 著者紹介

金堉 : 본관 淸風, 자 伯厚, 호 潛谷. 시호 文貞. '己卯名賢'의 한 사람인 金湜의 고손자. 李珥에게서 수학한 興宇의 아들. 曺好益의 문인. 1605년(선조 38) 진사시에 급제. 1624년(인조 2)에는 문과에 급제한 후음성현감·전적·병조좌랑·지평·정언·병조정랑 등을 역임. 명종대에 간행된 『救荒撮要』와 『辟瘟方』을 합쳐 새로운 저서인 『救荒辟瘟方』을 편찬.

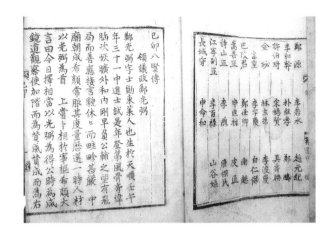

● 作品內容

金堉이 편찬한 기묘사화에 관한 책으로 『己卯諸賢傳』이라고도 함.

● 版本構成

八賢인 鄭光弼·안당·李長坤·김정·조광조·奇遵·김식·申命仁 등의 전기를 자세히 기록. 金緑·韓忠 등 9인의 流竄(유배), 文瑾·孔瑞麟 등 33인의 삭직과 파직, 成世昌·申鏛 등 18인의 散班(散官:일정한 직무가 없는 관직), 巴陵君·崇善君 등 5인의 종실, 李延慶·慶世仁 등 17인의 革科, 徐敬德·朴紹 등 92인의 別科被薦, 朴光祐·崔壽峸 등 29인의 儒士, 申瑛·趙元紀 등 9인의 보유 등의 순서로 기록 함.

● 其他價値

기묘사화 때 화를 당한 인물들이 사화 이전에 건의한 문장들을 모은 것이기에 가치가 높음.

(6) 당송팔자백선(唐宋八子百選)

書名	出版事項	版式狀況	一般事項	所藏番號
唐宋八子百選	正祖(朝鮮王)編, [朝鮮朝後期]刊.	6卷2冊, 朝鮮木版本, 四周雙邊, 半郭: 24.4×17.3cm, 有界, 半葉: 10行18字, 註雙行, 白口, 上下內向二葉花紋魚尾, 31.3×20.6cm, 線裝, 紙質: 楮紙.	表題·版心題: 八子百選. 刊記: 乙未新刊嶺營藏板	KS0432-1-04-00101
唐宋八子百選	筆寫者, 筆寫年度 未詳.	不分卷1冊, 筆寫本, 烏絲欄, 10行18字, 無魚尾, 34.3×24.5cm, 假綴, 紙質: 楮紙.		KS0432-1-04-00102
唐宋八子百選	上同.	1卷1冊, 筆寫本, 無界, 13行24字, 無魚尾, 25.4×14.1cm, 假綴, 紙質: 楮紙.	內容: 卷1	KS0432-1-04-00103

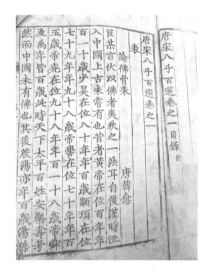

• 原典과 出刊

6권 2책 등의 조선목판본. 조선 후기 正祖가 唐宋八大家의 글을 뽑아 간행한 책. 乾과 坤으로된 6권 2책의 목판본. 1780년(正祖 4) 100편의 글을 선정하여 먼저 정유자본으로 간행. 이어 규장각에서 목판본으로 간행. 후조당 소장본 중 6권 2책본은 表題가 '八子百選'이라고 되어 있고 '乙未新刊嶺營藏板'이라는 간기가 남아있음.

• 著者紹介

正祖 : 1752(영조 28)~1800(정조 24). 조선 제22대 왕. 재위 1776~1800. 이름은 李祘. 자는 亨運, 호는 弘齋. 영조의 둘째아들인 莊獻世子와 惠慶宮 洪氏 사이에서 맏아들로 태어났으며, 妃는 淸原府院君 金時默의 딸 孝懿王后. 1759년(영조35) 세손에 책봉될 때까지는 왕가의 일반적인 코스를 밟으며 순탄한 생을 살았으나, 11살이었던 1762년 생부 사도세자가 비극적으로 죽게 되면서 험난한 과정을 거치고 왕위에 오르게 됨.

• 作品內容

正祖는 당시 사람들이 중국 秦나라 이전의 고문과 漢나라의 문장을 논하면서도 그 껍데기를 흉내 내는 데 그치는 것을 비판하고, 당송의 문장을 배울 것을 권함. 唐代 韓愈·柳宗元, 宋代 歐陽修·蘇洵·蘇軾·蘇轍·曾鞏·王安石은 唐宋時代 최고수준의 문장가로서, 국내에서도 그들의 글을 문장의 모범으로 삼음.

• 版本構成

한유 30편, 유종원 15편, 구양수 15편, 소순 5편, 소식 20편, 소철 5편, 증공 3편, 왕안석 7편의
글로 구성.

(7) 대학동자문답(大學童子問答)

書名	出版事項	版式狀況	一般事項	所藏番號
大學童子問答	曺好益(1545~1609) 撰, [朝鮮朝後期刊.	不分卷1冊, 朝鮮木版本, 四周雙邊, 半郭: 20.2×15.3㎝, 有界, 半葉: 10行20字, 註單行, 白口, 上下內向二葉花紋魚尾, 29×19.3㎝, 線裝, 紙質: 楮紙.	序: 萬曆三十七年己酉(1609)芝山老人書.	KS0432-1-03-00012

• 原典과 出刊

不分卷1冊의 조선목판본. 조선 중기의 학자 曺好益이 『대
학』을 해설한 책으로, 1609년(광해군 1) 金鉉이 白本冊子를
가지고 와서 『대학』의 뜻을 적어달라고 하여, 평소 『대학』을
연구하던 내용을 적어주면서 겸양해 '대학동자문답'이라 함.
1609년 7월 이 책을 집필하다가 8월에 죽게 되어 傳十章 끝
에 완결하지 못함.

• 著者紹介

曺好益 : 자는 士友, 호는 芝山. 조선 중기의 학자. 李滉의
문인. 1592년 임진왜란 때 많은 전공으로 형조정랑과 折衝將
軍에 승진되고, 死後 이조판서에 추증되어 永川의 芝峰書院
과 道岑書院, 성천의 鶴翎書院, 강동의 淸溪書院에 제향. 저서로『지산집』・『心經質疑考誤』
・『家禮考證』・『周易釋解』・『易象推說』・『論爲學之要』・『理氣儒釋等辨』・『大學童子問答』・
『蘇黃李杜詩家句註』 등.

• 作品內容

朱熹의『대학장구』를 대본으로 하여, 주희의 주석을 존중하되 자신의 견해를 밝힘. 앞에 저
자 자신이 쓴 서문에는 이 책을 쓰게 된 동기와 방법 등을 서술.

● 版本構成

- 經1장 : '止於至善' 및 5개의 구절 풀이. 八條目의 뜻을 총괄.
- 傳首章 : 2개의 구절 풀이, 제1절 - 明明德의 뜻을, 제2절 - 명명덕의 工夫를, 제3절 - 명명덕의 極功을 설명.
- 傳2장 : 4개의 구절을 풀이, 전2장 제1절 - 親民의 本을, 제2절 - 親民의 공부, 제3절 - 親民의 극공을 설명. 傳3장 : 16개 구절 풀이,
- 傳3장 : 제1절 - 각사물의 至善을, 제2절 - 사람은 마땅히 지선의 땅을 알아야 함을, 제3절 - 지선에 止하는 조목을, 제4절 - 明德과 止至善의 극공을 말함.
- 傳4장 : 1개 구절 풀이. 전5장 : 補亡章에 대해 설명.
- 傳6장 : 30개 구절 풀이. 전6장 제1절 - 誠意의 공부를, 제2절 - 誠意하지 않을 수 없음을, 제3절 - 윗글의 뜻을 거듭 밝힘, 제4절 - 誠意의 극공을 설명.
- 傳7장 : 12개 구절 풀이, 전7장 제1절 - 正心의 공부를, 제2절 - 修身의 공를 설명.
- 傳8장 : 7개 구절 풀이, 전8장 제1절 - 수신의 공부를, 제2절 - 치우침[偏]의 害를 설명.
- 傳9장 : 19개 구절 풀이, 전9장 제1·2절 - 齊家가 치국과 교화의 근본임을, 제3절 - 제가의 효과를, 제4절 - 人君이 치국평천하의 근본임을, 제6·7절 - 제가의 도를 거듭 설명, 제8절 - 제가가 치국과 평천하의 발단이 됨을 설명.
- 傳10장 : 23개 구절을 풀이하고 미완성으로 끝냄.

(8) 동도제영(東都題詠)

書名	出版事項	版式狀況	一般事項	所藏番號
東都題詠	徐居正 (1420~1488)等撰, [仁祖~顯宗年間] 刊.	不分卷1冊, 朝鮮木版本, 四周雙邊, 半郭: 20.8×14㎝, 有界, 半葉: 9行16字, 註雙行, 上下內向一葉花紋魚尾, 30.8×18.7㎝, 線裝, 紙質: 楮紙.	所藏印: 冊主光山金氏, 內容: 徐居正(1420~1488)詩, 魚世謙(1430~1500)詩, 金宗直(1431~1492)詩.	KS0432-1-02-00042

● 原典과 出刊

不分卷1冊의 조선목판본. 『東都題詠』은 경주라는 지역과 관련된 서적으로, 계림, 오산기승, 포석정, 첨성대, 황룡사, 반월고성, 왕릉비조, 등등의 제영을 당대의 문장가인 徐居正, 魚世謙, 金宗直 등이 撰함.

● 著者紹介

徐居正 : 조선 전기의 문신. 본관 大丘, 자는 剛中·子元, 호는 四佳亭 또는 亭亭亭. 1438년(세종 20) 생원·진사 양시에 합격된 이후 집현전박사·經筵司經, 弘文館副修撰 등 여러 관직을 거쳐 예조참판을 역임. 『經國大典』·『五行摠括』 등 편찬에 참가. 시문집 『四佳集』, 공동 찬집으로 『東國通鑑』·『東國輿地勝覽』·『東文選』·『經國大典』·『聯珠詩格言解』 등이 있고, 개인

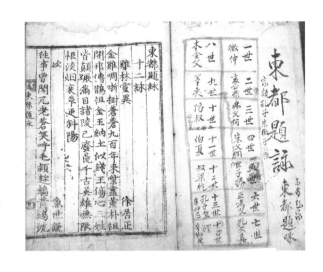

저술로 『歷代年表』·『東人詩話』·『太平閑話滑稽傳』·『筆苑雜記』·『東人詩文』 등.

魚世謙 : 본관은 咸從, 자는 子益, 호는 西川. 이조좌랑·평안도관찰사·예조참판·대사헌·형조판서·경기도관찰사·한성부판윤·호조판서·병조판서·홍문관대제학·우의정·좌의정 등 역임. 1483년 徐居正·盧思愼과 함께 『聯珠詩格』과 『黃山谷詩集』을 한글로 번역함. 1490년 任元濬 등과 함께 「雙花店」·「履霜曲」 등의 樂詞를 改撰 함.

金宗直 : 본관은 善山, 자는 孝盥·季昷, 호는 佔畢齋. 1453년(단종 1) 진사가 되고, 승문원박사 겸 예문관봉교, 경상도병마평사·이조좌랑·수찬·함양군수·우부승지·좌부승지·이조참판·예문관제학·병조참판·홍문관제학·공조참판 등을 역임. 저서로 『점필재집』·『遊頭流錄』·『靑丘風雅』·『堂後日記』 등. 편저로 『一善誌』·『彝尊錄』·『동국여지승람』 등.

● 作品內容

서거정(1420-1488)이 경수를 수제로 한 詩에 어세겸(1430-1500)이 차운한 詩 12수와 김종직(1431-1492)의 시 7수가 수록.

● 其他價値

후조당 소장본은 不分卷1冊의 목판본으로 되어 있으며, 上下內向難花紋魚尾로 광산김씨 소장인이 찍힘.

(9) 박약집설대전(博約集說大全)

書名	出版事項	版式狀況	一般事項	所藏番號
博約集說大全	李民宬 (1573~1649) 撰.	不分卷1冊, 朝鮮木版本, 四周雙邊, 半郭: 19.4×16.3㎝, 有界, 半葉: 10行20字, 註雙行, 白口, 內向一葉花紋魚尾, 31.8×21.3㎝, 線裝, 紙質: 楮紙.	表題: 紫巖集　博約集說,　版心題: 博約集, 序: 李民宬(1635),　跋: 李光庭(1743)	KS0432-1-01-00020

• 原典과 出刊

不分卷1冊의 조선목판본. 李民宬이 중국의 劉淸之가 증자의 언행을 모아서 만든 『曾子七篇』을 참고하여 안회의 사적을 편집. 표제는 '자암집 박약집설'이라고 되어 있으며, 권두에 1635년(인조 13) 편자가 쓴 自序가 있고, 권말에 李光庭이 1743년(영조 19)에 쓴 발문이 있으나, 정확한 간행연대 추정은 불가.

• 著者紹介

李民宬 : 본관은 永川. 자는 而壯, 호는 紫巖. 張顯光의 문인. 1600년(선조 33) 별시문과에 병과로 급제한 후, 검열·정언·병조좌랑을 거쳐, 판결사·호조참의·형조참판·경주부윤·이조판서 등을 역임. 저서로는 『建州見聞錄』·『자암집』 등.

• 作品內容

『博約集說大全』은 조선 중기 문신 李民宬이 여러 서책에 전래되는 顔回의 언행과 사적을 모아 편집한 책. 책명인 '博約'은 『논어』의 '博文約禮'를 취한 것이며, 안자에 대한 후학들의 언설도 모았기 때문에 '集說'이라고 한 것. 안자는 공자에게 가장 촉망받던 수제자로 후세에 성인으로까지 추앙받았으나, 일찍 요절함. 그의 언행과 사적이 남아있는 『논어』를 비롯하여 『주역』 계사·『중용』·『맹자』·『예기』·『공자가어』 등과 정이천의 顔子所好何學論 등 제가의 글에서 자료를 취합.

• 版本構成

일정한 편목을 정한 것은 아니지만 약 55개 구절로 구성. 克己復禮로 시작하며, 四代禮樂, 마지막에 禹稷同道者 등이 있음.

• 其他價値

이민환은 후세의 학자들이 안자를 본받아 '博約'의 가르침에 종사하여 분발하기를 바라는 마음에서 이 책을 편집하였다고 동기를 밝힘.

(10) 민보집설(民堡輯說)

書名	出版事項	版式狀況	一般事項	所藏番號
民堡輯說	申觀浩 輯, [朝鮮朝後期]寫.	1冊(27張), 筆寫本, 四周雙邊, 半郭: 23.6×15.7㎝, 有界, 半葉: 10行22字, 註雙行, 上下向三葉花紋魚尾, 27.5×19.2㎝, 線裝, 紙質: 楮紙.	序: 丁卯(1867)··· 申觀浩.	

• 原典과 出刊

일종의 국방서로, 활자본 1책으로 申觀浩가 편저하고 1867년(고종 4) 간행. 그러나 後彫堂에는 필사본 1책(27張)이 소장됨.

• 著者紹介

申觀浩 : 생졸년미상. 저자의 초명은 觀浩였으나 뒤에 櫶으로 개명. 고종 때 병조판서를 역임.

• 作品内容

『民堡輯說』은 조선 후기 民堡制度 실시에 관한 여러 방책을 논한 국방서. 당시 外船의 빈번한 침입에 대비하여, 백성들로 하여금 자기 고장은 자기들 스스로가 지키도록 하는 민보제도가 적을 방어하는 데 가장 긴요하다고 주장하고, 그에 관한 여러 의견을 참작하여 저술.

• 版本構成

伍甲·堡制·堡器·堡約·堡糧의 5항목으로 나누어 구성.

(11) 봉선잡의(奉先雜儀)

書名	出版事項	版式狀況	一般事項	所藏番號
奉先雜儀	李彦迪(1491~1553)編. 仁祖21(1643)刻 [後刷].	上下1冊, 朝鮮木版本, 四周雙邊, 半郭: 21.6×16.8cm, 有界, 半葉: 10行20字, 註雙行, 白口, 上下內向二葉花紋魚尾, 32.4×21.8cm, 線裝, 紙質: 楮紙.	刊記: 癸未(1643)三月日開刊于成川鄕校. 跋: 李彦迪(1550), 藏書記: 後彫堂藏	KS0432-1-01-00021

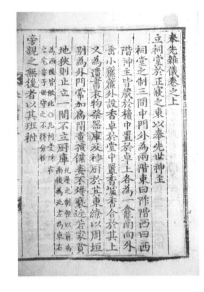

• 原典과 出刊

上下1冊의 조선목판본. 조선 중기의 문신·학자 李彦迪이 편찬. 2권 1책의 목판본. 초간 연대는 미상. 후조당에 소장되어 있는 판본에 남아있는 '癸未三月日開刊于成川鄕校'의 간기로 미루어 보아 仁祖 21年(1643)에 간행된 것으로 추정. 권말에 이언적의 발문이 있음.

• 著者紹介

李彦迪 : 본관은 驪州. 자는 復古, 호는 晦齋·紫溪翁. 초명은 '迪'이었으나 中宗의 명으로 '彦'자를 더함. 24세에 문과에 급제하여 이조정랑·사헌부장령·밀양부사를 거쳐 1530년(중종 25)에 사간 등을 역임. 金安老의 등용을 반대하며 경주의 자옥산에 들어가서 성리학연구에 전념. 그 후 다시 홍문관교리·응교·직제학, 전주부윤, 이조·예조·형조의 판서 등을 역임. 저서로는 『求仁錄』·『大學章句補遺』·『中庸九經衍義』·『奉先雜儀』 등.

• 作品內容

『奉先雜儀』는 주자의 『가례』 및 기타 예설과 우리나라의 俗禮를 참작하여 제사의식과 절차 등을 서술한 책.

• 版本構成

- 권1 : 祠堂祭·四時祭·忌日祭·墓祭 등을 기록하고 주석.
- 권2 : 『예기』의 「祭儀」·「祭統」 등에 대한 절차 방법 설명.

(12) 사례문답(四禮問答)

書名	出版事項	版式狀況	一般事項	所藏番號
四禮問答	金應祖 (1587~1667)編, [朝鮮朝末期寫].	不分卷1冊, 筆寫本, 無界, 12行30字, 註雙行, 無魚尾, 30.4×18.6cm, 線裝, 紙質: 楮紙.	跋: 乙酉(1645)暮春庚子豊山後學金應祖(1587~1667) 謹跋.	KS0432-1-01-00022

● 原典과 出刊

　不分卷1冊의 필사본. 『四禮問答』은 조선 후기의 문인·학자 金應祖가 先儒들의 '四禮'에 관한 학설을 모아 엮은 책. 원래는 4권 2책의 목판본으로 저자 생존시인 1656년(효종 7) 경상북도 永川의 義山書院에서 간행하였으나, 後彫堂에는 필사본이 소장.

● 著者紹介

　金應祖 : 본관은 豊山. 자는 孝徵, 호는 鶴沙, 啞軒. 柳成龍의 문인. 1613년(광해군 5)에 생원시에 합격, 1623년에 인조가 즉위 후 문과에 급제하여, 병조정랑·흥덕현감·선산부사, 持平·掌令·獻納·修撰·校理·부수찬·執義·사간·應敎·승지·호군·공조참의·대사간·한성부우윤 등을 역임. 저서로 『鶴沙集』·『四禮問答』·『山中錄』·『辨誣錄』 등.

● 作品內容

　冠禮·婚禮·喪禮·祭禮 등 '四禮'에 관한 先儒들의 학설을 모아 엮은 책.

● 版本構成

　- 권수에 목록. 권1 : 冠禮·婚禮·喪禮·喪主主人主婦·襲·銘旌·小斂·大斂.
　- 권2 : 服制·五服通禮·追服·弔慰·葬·葬祝·誌碣·題主.
　- 권3 : 奔喪·虞·虞後上食·祔·遷葬·小祥·遷祧.
　- 권4 : 禫·祭禮·奉祀·廟禮·時祭·忌祭·墓祭·祭祝 및 國恤時公私節目 등이 수록.

(13) 사요취선(史要聚選)

書名	出版事項	版式狀況	一般事項	所藏番號
史要聚選	權以生 編.	9卷5冊, 朝鮮木版本, 四周雙邊, 半郭: 20.8×14.3cm, 有界, 半葉: 16行27字, 註雙行, 白口, 上下向混入花紋魚尾, 25.8×17.4cm, 線裝, 紙質: 楮紙.	表紙缺落, 藏書記: 後彫堂冊	KS0432-1-02-00062
史要聚選	權以生 編.	6卷4冊(零本), 朝鮮木版本, 四周雙邊, 半郭: 21.2×14.2cm, 有界, 半葉: 16行27字, 註雙行, 白口, 上下向混入花紋魚尾, 26.5×17.5cm, 線裝, 紙質: 楮紙.	表題: 史要, 序: 西溪(戊子), 內容: 卷1-5·7, 刊記: 戊子開板	KS0432-1-02-00063

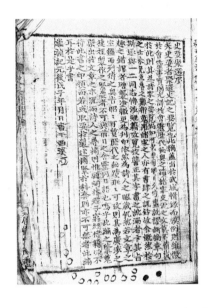

• 原典과 出刊

9卷5冊의 조선목판본. 중국의 역사서로『增補歷代會靈』이라고도 함. 9권 5책으로 權以生이 편찬. 1649년(인조 27)에 9권 5책으로 초간하고, 1679년(숙종 5)에는 9권 4책으로 重刊. 서두에 권이생의 서문이 있으며, 그 후 여러 곳에서 수십 차례에 걸쳐 출판됨.

• 著者紹介

權以生 : 생졸년 미상.

• 作品內容

중국 고대로부터 明代 永明王까지의 중요한 사항을 역대의 史書에서 발췌 수록한 책.

• 版本構成

- 권1 : 帝王上.
- 권2 : 帝王下·公族 및 부록으로 吳越.
- 권3 : 后妃·妖姬·妓妾·烈女·相國.
- 권4 : 將帥·直臣·節義.
- 권5 : 聖賢.
- 권6 : 異端·文章·隱逸.

- 권7 : 休退·僭僞·暴逆·奸凶·嬖倖·闍官·賢官·外戚·良吏·酷吏·辨士·節俠·名筆·富客.
- 권8 : 列傳上.
- 권9 : 列傳下 등.

(14) 사한일통(史漢一統)

書名	出版事項	版式狀況	一般事項	所藏番號
史漢一統	乙未(?)刊. 未詳.	4卷4冊, 朝鮮木版本, 四周單邊, 半郭: 19.4×15.9㎝, 有界, 半葉: 10行17字, 註雙行, 花口, 上下內向二葉花紋魚尾, 27.8×19.5㎝, 線裝, 紙質: 楮紙.	刊記: 乙未(?)新刊 嶺營藏板, 表題: 史漢, 內容: 卷2-4·9	KS0432-1-02-00066
史漢一統	[朝鮮朝末期]寫.	1卷1冊(卷2), 筆寫本, 烏絲欄, 半葉: 10行17字, 註雙行, 27.6×19.3㎝, 線裝, 紙質: 楮紙.		KS0432-1-02-00067

• 原典과 出刊

4권 4책의 조선목판본. 중국의 역사서를 정리하여 목
판본 16권 16책으로 간행. 정확한 간년은 미상이지만,
조선 先祖 때의 문장가 崔岦의 편찬으로 추정. 後彫
堂에 소장되어 있는 목판본은 2권에서 4권, 9권이 있
고, 권2를 필사한 1冊이 소장되어 있음.

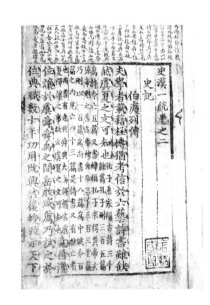

• 著者紹介

崔岦 : 본관은 通川. 자는 立之, 호는 簡易·東皐.
1555年(명종 10) 17세의 나이로 진사가 되었고, 1559
年(명종 14)식년문과에 장원 급제 후, 여러 외직을 지
내고 병조판서 등을 역임. 문집으로『간이집』, 詩學書
로『十家近體詩』와『漢史列傳抄』등이 있음.

• 作品內容

『史漢一統』은 중국의 역사책인 사마천의『史記』와 반고의『漢書』중에서 列傳만을 抄錄한
책.

• 版本構成

- 권1 : 始皇本紀 · 項羽本紀.

- 권2 : 伯夷列傳 · 老子韓非列傳.

- 권3 : 張儀列傳 · 陳軫列傳.

- 권4 : 范雎列傳 · 蔡澤列傳.

- 권5 : 刺客列傳 · 李斯列傳.

- 권6 : 留侯世家 · 陳丞相世家.

- 권7 : 季布列傳. 권8 : 汲黯鄭當時列傳. 권9 : 游俠列傳. 권10 : 匈奴列傳.

- 권11 : 李陵傳. 권12 : 楊王孫傳. 권13 : 趙廣漢傳 · 韓延壽傳. 권14 : 馮奉世傳.

- 권15 : 何武傳. 권16 : 外戚傳 등 88개의 열전 수록.

(15) 상변통고(常變通攷)

書名	出版事項	版式狀況	一般事項	所藏番號
常變通攷	柳長源 (1724~1796)編, 純祖30(1830)刊.	30卷16冊(總目1冊포함), 朝鮮木版本, 四周雙邊, 半郭: 20.8×16.6㎝, 有界, 半葉: 11行21字, 註雙行, 白口, 上下內向二葉花紋魚尾, 30.1×20.8㎝, 線裝, 紙質: 楮紙.	序: 上之三十年(1830)…韓山李秉遠(1774~1840)謹書, 跋: 庚寅(1830)寒蟬節從曾孫柳致明(1777~1861)謹跋.	KS0432-1-01-00024

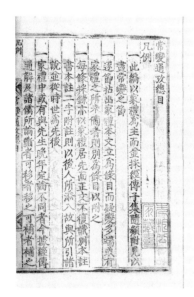

• 原典과 出刊

30권 16책의 조선목판본. 1830년(순조 30) 종증손 致明 등 문인·후손에 의해 편집, 간행. 권수 말에 유치명과 李秉遠의 발문.

• 著者紹介

柳長源 : 본관 全州. 자 叔遠, 호 東巖. 경학, 제자백가 및 예학에 정통. 저서로 『東巖集』·『溪訓類編』·『湖書類編』·『資警錄』·『四書纂註』·『常變通攷』 등.

• 作品內容

『常變通攷』는 조선 후기의 학자 柳長源이 『家禮』의

체재에 따라 常禮·變禮에 관한 제설을 참조하여 편찬한 책.

● 版本構成

- 권수 : 범례·인용서목·先儒姓氏·가례서·伊川禮序·禮總論·목록.
- 권1~4 : 通禮. 권5 : 冠禮. 권6 : 婚禮. 권7~22 : 喪禮. 권23~25 : 祭禮.
- 권26 : 鄕禮. 권27 : 學校禮. 권28 : 國恤禮. 권29·30 : 家禮考疑 등.

● 其他價値

漢·唐 이전의 서적 70여 종, 宋代의 서적 60여 종, 우리나라의 서적 50여 종을 인용하여,
漢·唐·宋의 79인의 학자, 우리나라 26인의 학자 등 예학의 대가들을 거의 망라하여 소개함.

(16) 상제집략(喪祭輯略)

書名	出版事項	版式狀況	一般事項	所藏番號
喪祭輯略	權舜經 (1676~1744)集略, [朝鮮朝末期]刊.	4卷2冊, 朝鮮木版本, 四周雙邊, 半郭: 19.3×14.8㎝, 有界, 半葉: 10行19字, 註單行, 白口, 上下內向二葉 花紋魚尾, 31.4×20.6㎝, 線裝, 紙質: 楮紙.	序 : 金岱鎭 (1863), 識 : 權 舜經(1741)	KS0432-1-01-00025

● 原典과 出刊

4권 2책의 조선목판본. 權舜經이 정리한 상례와 제례에
관한 책. 1863년(哲宗 14) 5대손 周新과 虎新 등에 의하
여 간행. 권두에 金岱鎭의 서문. 서두에 自序가 있음.

● 著者紹介

權舜經 : 본관은 安東, 자 聖則, 호 無窩. 1713년(숙종
39) 증광시 생원 3등 26위로 합격. 후학을 양성하는
데 전념. 저서로 『無窩集』과 『禮學輯略』 등.

● 作品内容

『喪祭輯略』은 조선 후기의 학자 權舜經이 상례와 제
례에 대하여 저술한 것. 차례의 절목은 『가례』에 의

지하여 짜여 있고, 附說은 金長生의 『喪禮備要』를 참고하고, 각 조목 끝에 중국학자들의 전
기와 우리나라 선유들의 예설을 주석으로 달았으며, 자신의 의견을 덧붙임.

• 版本構成
- 권1~3은 상례에 관한 글.
- 권1 : 初終 15편, 襲 29편, 小斂 10편, 大斂 5편.
- 권2 : 成服 79편, 奔喪 3편, 聞喪 7편, 客死 5편.
- 권3 : 治葬 37편, 初虞 22편, 再虞·三虞·卒哭 각 1편, 祔祭 23편, 小祥 11편, 大祥 13편,
  禫 14편, 吉祭 19편, 改葬 19편.
- 권4 : 제례에 관한 글. 時祭 22편, 忌祭 18편, 墓祭 8편, 節日祭·生日祭 각 1편, 사당 9편,
  宗法 3편, 深衣 9편 등이 수록됨.

(17) 성유록(聖諭錄)

書名	出版事項	版式狀況	一般事項	所藏番號
聖諭錄	李栽 (1657~1730)編, 肅宗36(1710)跋.	不分卷1冊, 朝鮮木版本, 四周雙邊, 半郭: 21×17.2㎝, 有界, 半葉: 10行18字, 註雙行, 白口, 上下內向二葉花紋魚尾, 32.5×21.4㎝, 線裝, 紙質: 楮紙.	被傳者: 李玄逸(1627~ 1704), 跋: 上之三十六年(1710)…不肖孤 栽(1657~ 1730)泣血謹識.	KS0432-1-04-00274

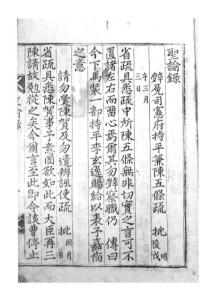

• 原典과 出刊

不分卷1冊의 조선목판본. 李栽가 집안에 전해져오던
부친 李玄逸이 왕에게 올린 상소문과 그에 대한 왕의
비답 등 別諭 28편, 疏批 124편을 찾아냄. 西厓 柳文
忠公(柳成龍)의 지난 일에 의거하여 원고의 선후를
편차하고 모아서 권질을 이루고 『聖諭錄』이라 함. '上
之三十六年 … 不肖孤栽泣血謹識'라는 李栽의 발문
의 내용으로 보아 1710년에 간행한 것으로 추정.

• 著者紹介

李栽 : 본관은 載寧, 자는 幼材, 호는 密菴. 여려서 숙

부 徽逸과 嵩逸에게 학문을 배움. 주부 벼슬을 역임했으나 사직하고, 후진 양성에 힘씀. 아버지가 집필하던 『洪範衍義』를 완성. 저서로 『聖喩錄』·『錦水記聞』·『朱書講錄刊補』·『顔曾全書』·『朱語要略』 등.

- **作品內容**

  『聖諭錄』은 李玄逸의 상소문과 肅宗의 비답을 모아 엮은 서책.

(18) 송계원명리학통록(宋季元明理學通錄)

書名	出版事項	版式狀況	一般事項	所藏番號
宋季元明理學通錄	李滉 (1501~1570)撰, 安東, 英祖19(1743)刻 後刷.	11卷7冊, 朝鮮木版本, 四周雙邊, 半郭: 20.8×15.8㎝, 有界, 半葉: 10行20字, 註雙行, 白口, 上下內向二葉花紋魚尾, 32.8×21.8㎝, 線裝, 紙質: 楮紙.	版心題: 理學通錄, 跋萬曆丙子(1576) 夏五月門人趙穆(1524~1606)謹識. 第7冊: 附錄·外集, 刊記: 上之十九年癸亥(1743)冬陶山書院重刊. 卷首記錄: 洛川上	KS0432-1-02-00083

- **原典과 出刊**

  11권 7책의 조선목판본. 『宋季元明理學通錄』은 조선 중기의 학자 李滉이 朱熹를 비롯한 宋·元·明나라 주자학자들의 행장·傳記·어록 등을 명료하게 서술한 책. 1576년(선조 9) 趙穆 등 문인들이 안동에서 초간본을 간행. 그 뒤 1743년(영조 19)에 도산서원에서 12권 6책의 목판본으로 重刊. 그 뒤에도 여러 차례에 걸쳐 중간되어 12권 8책본, 10권 5책본 등 여러 판본이 전해짐. 후조당 소장본은 11卷 7冊.

- **著者紹介**

  李滉: 본관은 眞寶, 자는 景浩, 退溪·退陶·陶叟. 1527년(중종 22) 鄕試에서 진사시와 생원시 초시에 합격하고, 다음해에 진사 회시에 급제. 홍문관수찬·성균관사성·단양군수·풍기군수·홍문관부제학·예조판서 등 역임. 저서로 『易學啓蒙傳疑』·『주자서절요』·『자성록』·『宋元理學通

錄』·『聖學十圖』 등.

趙穆 : (1524~1606). 본관은 橫城, 자는 士敬, 호는 月川. 李滉의 문인. 1552년(명종 7)생원시에 합격했으나 관직을 포기하고 학문과 수양에만 전념. 저서로는 『월천집』과 『困知雜錄』 등.

• 作品內容

이황은 주희와 그 문인 및 私淑諸子 등 宋·明나라 때의 주자학파를 본집에, 그리고 비정통 주자학파를 외집에 수록하기로 하고, 『朱子實記』·『朱子語類』·『宋史』·『元史』·『事文類聚』 등을 참고하여 간행.

• 版本構成

- 권1~7 : 주희와 그 문인들의 언행.
- 권8 : 주희의 문인과 장식(張栻) 및 그 제자들의 언행.
- 권9 : 사숙제자들의 언행.
- 권10·11 : 元·明나라의 사숙제자들의 언행.
- 권12 : 外集으로 宋季의 제자들의 언행으로 구성.

• 其他價値

書名이 『송계원명이학통록』이지만, 명나라의 학자로는 賀醫閭만 수록되고, 羅欽順·曹端은 부록에 수록. 『皇明理學名臣言行錄』과 중복되지 않기 위해 명나라의 정통 주자학자를 수록하지 않음.

(19) 심경발휘(心經發揮)

書名	出版事項	版式狀況	一般事項	所藏番號
心經發揮	鄭逑, 1603年 序文.	4卷2冊, 朝鮮木版本, 四周雙邊, 半郭: 20.3×16.8 cm, 有界, 半葉: 11行20字, 註雙行, 內向二葉花紋 魚尾, 32.8×21.3cm, 線裝, 紙質: 楮紙.	表題: 心經, 序: 鄭逑(1603)	KS0432-1-03-00030

• 原典과 出刊

4권2책의 조선목판본. 조선 중기의 문신이자 학자인 鄭逑가 중국 眞德秀의 『심경』에 제가의 설을 첨가하여 그 뜻을 적은 책. 4권 2책의 목판본. 1603년(선조 36)에 쓴 鄭逑의 서문.

• 著者紹介

眞德秀 : 宋 建寧府 浦城 사람. 자는 景元, 希元, 景希, 호는 西山, 시호는 文忠. 戶部尙書·翰林學士·知制誥·參知政事 등 역임. 저서에 『唐書考疑』·『讀書記』·『文章正宗』·『西山甲乙稿』·『西山文集』 등.

鄭逑 : 본관은 淸州. 자는 道可, 호는 寒岡. 昌寧縣監·同福縣監·우부승지·장례원판결사·강원도관찰사·형조참판 등 역임. 저서로 『心經發揮』·『改定朱子書節要總目』·『聖賢風範』·『洙泗言仁錄』·『濂洛羹墻錄』·『歷代紀年』·『古今忠謨』·『治亂提要』·『古今會粹』·『朱子詩分類』, 의학서 『醫眼集方』·『廣嗣續集』 등.

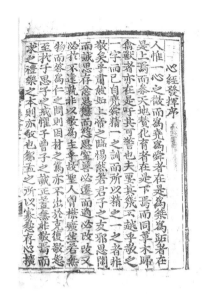

• 作品内容

자서에서 "凡夫가 발심하여 聖學으로 들어가는 과정을 설명한 것"이라 하고, "성인이 천지와 함께 三才에 參贊하는 뜻이 정연하게 기술되어 있으나 程敏政의 주석이 불명확하여 학자에게 크게 도움이 되지 못하므로 집록한 것"이라고 설명. 송학의 주종인 程朱의 행장을 소개하여 학자들의 학문정진에 도움을 주고자 시도한 책.

• 版本構成

편자는 『心經附註』의 예에 따라 편장을 동일하게 배열하고, 주해가 부족한 부분을 보충하였으며, 부록에는 周敦頤의 「太極圖說」, 程顥의 「定性書」, 程頤의 「好學論」, 張載의 「西銘」, 朱熹의 「仁說」 외에 정호와 주희의 「行狀略」 등이 각 1편씩 수록.

(20) 아송(雅誦)

書名	出版事項	版式狀況	一般事項	所藏番號
雅誦	正祖(朝鮮王) 御定, [朝鮮朝後期]刊.	8卷2冊, 朝鮮木版本(飜刻版), 四周單邊, 半郭: 23.8×16.8cm, 有界, 半葉: 10行18字, 註雙行, 花口, 上下向二葉花紋魚尾, 33.7×21.8cm, 線裝, 紙質: 楮紙.	花口題: 雅誦, 御製雅誦序(1799), 藏書印: 蒙菴	KS0432-1-04-00330
雅誦抄選	上同	不分卷1冊, 筆寫本, 無界, 行字數不同, 無魚尾, 27.3×20.4cm, 線裝, 紙質: 楮紙.	表紙註記: 壬寅四月日	KS0432-1-04-00331

• 原典과 出刊

8권 2책의 조선목판본. 1799년 정조가 朱熹의 詩을 선별하여 편찬하고 간행한 集. 正祖가 직접 『주자대전』에서 시를 선별하고 序文을 썼으며, 신하들에게 교정을 하고 註釋을 붙여 금속활자 壬辰字로 간행. 1799년 9월 15일 주희의 誕日에 맞추어 제1권의 간행을 시작하여 같은 달 25일에 총 8권을 완간. 정조는 印刊된 『아송』을 각 官署와 주요 書院 및 편찬에 참여한 관료 등에게 반사하고, 또 飜刻本을 제작하여 전국의 鄕校 등에 널리 배포. 後彫堂에는 목판본으로 간행한 8권 2책의 飜刻本과 不分卷1冊의 필사본이 소장되어 있음.

• 著者紹介

正祖 : 李祘. 자는 亨運, 호는 弘齋. 영조의 둘째아들인 莊獻世子와 惠慶宮洪氏 사이에서 맏아들. 妃는 淸原府院君 金時默의 딸 孝懿王后. 1759년(영조 35) 세손에 책봉되고 1762년 장헌세자가 비극의 죽음을 당하자 요절한 영조의 맏아들 孝章世子의 後嗣가 되어 왕통을 이음. 『續五禮儀』·『增補東國文獻備考』·『國朝寶鑑』·『大典通編』·『文苑黼黻』·『同文彙考』·『奎章全韻』·『五倫行實』 등 조선후기 사회에 맞추어 재정리하기 위해 영조 때부터 시작된 정비작업을 계승, 완결하고 자신의 저작물도 『弘齋全書』(184권 100책)로 간행.

• 作品內容

1799년(정조 23)에 正祖가 주희의 문집인 『朱子大全』에서 시와 韻文 415수를 선별하여 편찬·간행한 시선집. 권두에는 정조가 쓴 「御製雅誦序」, 책의 취지와 체재를 밝힌 「雅誦義例」, 수록된 시의 목차인 「雅誦目錄」이 있음. 「어제아송서」에서 정조는 주희의 시를 선양함으로써 文風을 쇄신하는 것이 본서를 편찬한 목적임을 밝힘. 성리학의 근본 원칙이나 이론적 내용을 읊은 시들을 선발하는데 중점을 두었으며, 주희의 학문과 사상이 잘 드러난 명·잠·찬·제사 등의 운문들도 함께 수록.

• 其他價値

「아송의례」에는 詞·賦·琴操 4首, 古體詩·近體詩 359수, 銘·箴·贊·題辭·三先生祠文·勸學文 52수 등 총 415수의 글을 선별하여 본서에 수록했음이 기록되어 있음. 여기에는 당시 문인들이 주희의 시를 학습의 전범으로 삼아 도학과 문장이 일치된 학문을 구현하기를 기대했던 정조의 의도가 담겨 있고, 정조의 주자학 연구 및 朱子書 選本 편찬이 갖는 성격과 목적을 확인할 수 있는 의미 있는 자료.

(21) 약중편(約中篇)

書名	出版事項	版式狀況	一般事項	所藏番號
約中篇	李象靖 (1710~1781)編, 青松, 鳧江書院.	不分卷1冊, 朝鮮木版本, 四周雙邊, 半郭: 19.6×15.4㎝, 有界, 半葉: 10行18字, 註單行, 白口, 上下內向二葉花紋魚尾, 31.8×21㎝, 線裝, 紙質: 楮紙.	跋: 柳致明, 刊記: 己酉(1849)季春日青, 松鳧江書堂藏板 約中篇·朱子書節要 同時刊行	KS0432-1-04-00337

• 原典과 出刊

不分卷1冊의 조선목판본. 『約中篇』은 조선 후기의 학자 李象靖이 心學의 중요한 과제를 해설한 책. 책 말미에 '己酉(1849)季春日青松鳧江書堂藏板'이라는 간기로 보아, 1849년 青松의 鳧江書院에서 간행한 것으로 추정.

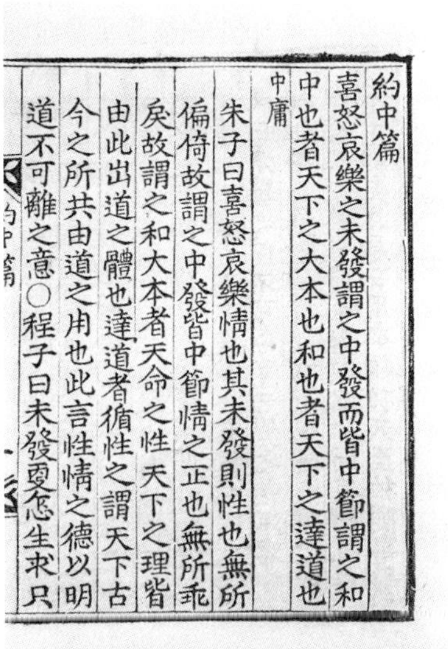
約中篇
喜怒哀樂之未發謂之中發而皆中節謂之和
中也者天下之大本也和也者天下之達道也
中庸
朱子曰喜怒哀樂情也其未發則性也無所
偏倚故謂之中發皆中節情之正也無所乖
戾故謂之和大本者天命之性天下之理皆
由此出道之體也達道者循性之謂天下古
今之所共由道之用也此言性情之德以明
道不可離之意○程子曰未發更怎生求只

• 著者紹介

李象靖 : 본관은 韓山. 자는 景文, 호는 大山. 1735년(영조 11)사마시와 대과에 급제하였으나 관직을 버리고 학문에 전념함. 저서 및 편저로 『四禮常變通攷』·『約中編』·『退陶書節要』·『心動靜圖』 『理氣彙編』·『敬齋箴集說』·『心無出入說』·『朱子語節要』·『密庵先生年譜』·『心經講錄刊補』·『延平答問續錄』 등.

• 作品內容

心學의 중요한 과제를 해설한 책으로, 「喜怒哀樂未發之中」을 비롯하여 모두 66항목으로 구성되어 있음.

● 版本構成

「喜怒哀樂未發之中」은 주희의 해석을 인용하여 天命之性과 性情의 덕을 밝힌 것이며, 道는 잠시도 떠나서는 이룰 수 없다는 원칙을 들어 해명. 「修身在正其心者」에서는 放心의 폐단을 경계하고 오직 持敬을 통하여 정심과 수신이 가능하다고 함. 「天地儲精得五行之秀」에서는 克己復禮로 인간 본성을 회복하는 것은 소나 말과는 달리 사람으로서 사람의 길을 가게 하는 자연현상이나 마찬가지라는 인성우월론을 폄. 「懼」는 私에 얽매여 두려움이 생기므로 인성의 본질인 인을 추구하는 행위에서는 두려움이 존재할 수 없다고 함. 「欲」은 窒慾 또는 私意의 소재를 해설한 것으로, 사리사욕은 인격수양에 가장 장애되는 요인이라 함.

● 其他價値

이 책은 조선 후기 心學의 발전과 관련하여 매우 주목되는 저술.

(22) 어정규장전운(御定奎章全韻)

書名	出版事項	版式狀況	一般事項	所藏番號
御定奎章全韻	正祖(朝鮮王)命編, [朝鮮朝後期]刊.	上下1冊, 朝鮮木版本, 四周雙邊, 半郭: 20.4×15.3cm, 有界, 半葉: 10行字數不同, 註雙行, 花口, 上下向白魚尾, 31.5×21cm, 線裝, 紙質: 楮紙.	表題·花口題: 奎章全韻	KS0432-1-03-00032
御定奎章全韻	正祖(朝鮮王)命編, [朝鮮朝後期]刊.	上下1冊, 朝鮮木版本, 四周雙邊, 半郭: 20.5×15.3cm, 有界, 半葉: 10行字數不同, 註雙行, 花口, 上下向白魚尾, 31.4×20cm, 線裝, 紙質: 楮紙.	表題·花口題: 奎章全韻, 內賜印: 奎章之寶	KS0432-1-03-00033
御定奎章全韻	池松旭 發行	上下1冊, 朝鮮木版本, 四周雙邊, 半郭: 21.5×15.5cm, 有界, 半葉: 10行字數不同, 註雙行, 花口, 上下向白魚尾, 25.8×19.3cm, 線裝, 紙質: 楮紙.	花口題: 奎章全韻, 印刷所: 新舊書林印刷所, 發行所: 新舊書林	KS0432-1-03-00034

● 原典과 出刊

上下1冊의 조선목판본. 正祖의 명령으로 李德懋가 편집한 것을 윤행임·서영보·남공철·이서구·이가환·성대중·유득공·박제가 등이 교열하여 펴낸 운서. 2권 1책으로 간행되어 조선 후기에 널리 통용된 『御定奎章全韻』에는 서문과 발문은 없으며, 서문에 해당하는 '義例'와 106운의 순서를 적은 부목이 수록. 지금까지 알려진 이본으로는 羊泉 중간본(1828), 嶺營

장판본(1835), 戊戌孟春龍洞 중간본(1838), 『禦定詩韻』(1846), 辛亥孟春由泉 중간본(1851), 西溪 장판본(1860), 乙丑本(1865), 丁亥冶洞 신간본(1887), 美陽書坊 梓行本(1889), 신구서림본(1913), 지물서책보본(1913), 회동서관본(1914), 동미서시본(1915), 한남서림본(1917), 을미신간영영 장판본(1919),『증보 규장전운 한선문 신옥편』(1919) 등이 있음.

● 著者紹介

李德懋 : 본관은 全州. 자는 懋官, 호는 炯庵·雅亭·靑莊館·嬰處·東方一士·信天翁. 어려서부터 박학다식하여 그 명성이 정조에게까지 알려져 1779년에 박제가·유득공·서이수와 함께 초대 규장각 외각검서관이 됨. 규장각의 도서 편찬에 적극 참여해 『圖書集成』·『國朝寶鑑』·『奎章閣志』·『弘文館志』·『宋史筌』·『檢書廳記』·『大典會通』·『箕田攷』·『奎章全韻』·『詩觀小傳』 등의 정리와 교감. 저서에『觀讀日記』·『耳目口心書』·『嬰處詩稿』·『嬰處文稿』·『禮記考』·『編纂雜稿』·『紀年兒覽』·『士小節』·『淸脾錄』·『磊磊落落書』·『盎葉記』·『入燕記』·『寒竹堂隨筆』·『天涯知己書』·『洌上方言』·『峽舟記』 등.

● 作品內容

명나라『韻學集成』을 따랐으며, 宋나라 吳棫의『韻譜』, 明나라 楊愼의『古音略例』, 淸나라 邵長衡의『古今韻略』·『邵氏韻略』·『吳氏韻補』·『楊氏古音』 등도 참고함. 『御定奎章全韻』의 '의례'에 따르면, 표제자의 배열순서는 옛 운서에 따랐는데, 자모의 차례는 언문의 반절순서에 따라 배열. 모음을 기준으로 우선 표제자를 배열하고, 같은 모음에 속하는 동음자들을 성모의 지모 순서로 배열 함.

● 其他價値

훈고서와 자서에 이어 등장한 운서는 훈고서와 자서의 경우와는 달리 국내에서 편찬한 것들이 있고, 또 운서를 보충하여 편리하게 검색하기 위하여 옥편을 만들었고, 그리고 바로 이 옥편이 자전으로 발전하는 계기가 됨.

(23) 역대명감(歷代明鑑)

書名	出版事項	版式狀況	一般事項	所藏番號
歷代明鑑	洪貴達 (1438~1504) 著, 奉敎撰, [燕山君6(1500)]刊.	23卷6冊(零本), 朝鮮初鑄甲寅字本, 四周單邊, 半郭: 25.1×16.8cm, 有界, 半葉: 10行17字, 註雙行, 黑口, 上下內向黑魚尾, 32.8×20.8cm, 線裝, 紙質: 楮紙.	寶物 第1019號, 版心題: 明鑑, 序: 洪貴達, 內容: 卷1-3·8-27, 跋: 成俔, 藏書記: 大廳藏序: 春秋館事知義禁府事臣洪貴達謹序, 刊年出處: 韓國古印刷技術史 p.237.	KS0432-1-02-00097

• 原典과 出刊

23권 6책(권1~3, 8~27)의 朝鮮甲寅字로 간행. 역대 인물에 관한 사적을 모은 책. 後彫堂에 소장된 판본은 寶物 第1019號로 지정되어 있음.

• 著者紹介

洪貴達 : 본관은 缶林. 자는 兼善, 호는 虛白堂·涵虛亭. 1460년(세조 7) 별시문과에 을과로 급제. 대제학·대사헌·우참찬·이조판서·호조판서 등 역임. 저서로 『虛白亭文集』 등.

成俔 : 본관은 昌寧. 자는 磬叔, 호는 慵齋·浮休子·虛白堂·菊塢. 1462년(세조 8) 23세로 식년문과에 급제. 홍문관정자·예문관수찬·승문원교검·대사간·대사성·동부승지·형조참판·강원도관찰사·한성부판윤·공조판서·대제학 등 역임. 저서로 『慵齋叢話』·『虛白堂集』·『악학궤범』·『浮休子談論』 등.

• 作品內容

『歷代明鑑』은 1499년(연산군 5) 연산군이 成俔 등에게 명하여 옛날 君臣·后妃의 규범이 될 행적 등을 뽑아 후세에 規戒로 삼기 위해 편찬.

(24) 역대성현도학정통방통전수편(歷代聖賢道學正統旁統傳授編)

書名	出版事項	版式狀況	一般事項	所藏番號
歷代聖賢道學正統旁統傳授編	金喆銖 (1822~1887) 編輯.	不分卷1冊, 朝鮮木版本, 四周雙邊, 半郭: 18.6×15.9㎝, 有界, 半葉: 10行 20字, 註雙行, 內向二葉花紋魚尾, 31.2×19.8㎝, 線裝, 紙質: 楮紙.	表題: 歷代聖賢傳授編, 揷圖, 序: 甲申(1884)暮春聞韶金喆銖 (1822~1887)書. 跋: 季子[金]華永 謹識. 刊年出處: 成均館大學校 古書目錄.	KS0432-1-02-00098

• 原典과 出刊

不分卷1冊의 조선목판본. 『歷代聖賢道學正統旁統傳授編』은 19세기에 金喆銖가 유학 도통의 전수 관계를 체계적으로 엮은 책. 간행연도 미상, '聖賢傳授編'으로 약칭.

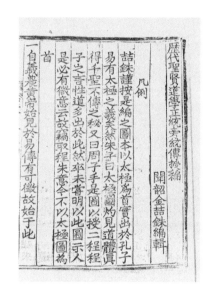

• 著者紹介

金喆銖 : 본관은 義城, 호는 魯園. 그 밖에 자세한 것은 알 수 없으나, 퇴계 이황의 저술을 중요하게 다루고 있고, 또한 이황 이후로 文廟에 從祀된 儒賢에 대해 이의를 제기하고 있는 것으로 보아 그의 학문 연원을 추정 할 수 있음. 육십 이후에 斯道의 失傳을 염려하여 엮은 것으로, 저자가 죽은 뒤에 그의 문집을 간행하면서 함께 펴냈다고 함.

• 作品內容

유교의 역대 聖賢이 도학을 후세에 어떻게 傳授했는지를 정통과 旁統으로 나누어 체계적으로 엮은 것으로, 성리학의 正統論을 중심으로 유학 도통의 전수 관계를 서술하였는데, 성리학 자료가 전체의 반 이상을 차지.

(25) 역학계몽복역(易學啓蒙覆繹)

書名	出版事項	版式狀況	一般事項	所藏番號
易學啓蒙覆繹	金楷(1633~1716)編, 光武3(1899)跋.	6卷4冊, 朝鮮木版本, 有圖, 四周雙邊, 半郭: 21.4×16.5㎝, 有界, 半葉: 10行22字, 註雙行, 白口, 上下內向二葉花紋魚尾, 32.8×21.4㎝, 線裝, 紙質: 楮紙.	版心題: 啓蒙覆繹, 序: 許傳(1878), 易學啓蒙序: 雲臺眞逸手記(1186), 跋: 金興洛(1899), 識: 金鴻主(1899), 揷圖	KS0432-1-01-00047

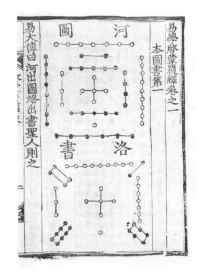

• 原典과 出刊

6권 4책의 조선목판본. 조선 후기의 학자 金楷가 朱熹의 『역학계몽』에 선유들의 학설을 참작하여 알기 쉽게 풀이한 책. 『역학복역』은 1750년경 편집된 것으로 보이나 간행되지 않고 흩어져 있던 것을 1899년 김해의 9대손 金瓚圭가 간행. 권두에 許傳의 서문이 있고 권말에 金興洛과 金弘圭의 발문이 있음

• 著者紹介

金楷: 본관은 安東. 자는 正則, 호는 負暄堂. 28세인 1660년(현종 1) 생원시에 일등으로 합격하였으나 벼슬에 뜻을 두지 않음. 1693년(숙종 19) '負暄堂'을 짓고 역학과 예학에 전념함. 저서로 『易學覆繹』 등.

• 作品內容

『역학계몽』은 원래 주희가 『주역』의 심오한 이치를 학문이 미숙한 초학자들이 이해하기 쉽도록 알기 쉽게 해설한 것. 이 책은 저자 미상의 『易學啓蒙段繹』과 세조가 명편한 『역학계몽요해』를 참고하여 미비한 부분을 보충하고 어려운 문구를 해석한 것. 『역학계몽』의 그림과 해석을 먼저 싣고 다음에 한 자 낮추어 선유들의 설을 인용하여 해설. 미진한 점에는 '楷案'이라는 두 글자를 머리에 붙이고 자기의 의견을 진술.

• 版本構成

- 권1 : 本圖書로 河圖·洛書·相生圖·周甲氣圖 등 34도.
- 권2~4 : 原卦劃으로 태극·양의·사상팔괘·십육괘용사·參同契納甲·복희팔괘·문왕팔괘

등 도설 37편.

- 권5~6 : 明蓍策으로 주자설도·玉齋說圖·四變圖 등 도설 13편으로 구성.

• 其他價値

『역학계몽』을 해석하는 데 있어 가장 완벽한 내용을 수록하고 있음.

(26) 영가지(永嘉志)

書名	出版事項	版式狀況	一般事項	所藏番號
永嘉志	權紀 編, 光武3(1899)跋 [後刷].	8卷2冊, 朝鮮木版本, 四周雙邊, 半郭: 20.2×17.4㎝, 有界, 半葉: 8行21字, 註雙行, 白口, 上下內向二葉花紋魚尾, 26.3×21.4㎝, 線裝, 紙質: 楮紙.	序: 權紀(1608), 揷圖, 跋: 金道和(1825~1912)謹識. 乙亥(1899)…柳道獻(1835~1909)謹跋.	KS0432-1-02-00100
永嘉誌	權紀 編	8卷2冊, 朝鮮木版本, 四周雙邊, 半郭: 20.2×17.4㎝, 有界, 半葉: 8行21字, 註雙行, 白口, 上下內向二葉花紋魚尾, 26.3×21.4㎝, 線裝, 紙質: 楮紙.	序: 權紀(1608), 揷圖, 跋: 金道和(1825~1912)謹識. 乙亥(1899)…柳道獻(1835~1909)謹跋.	KS0432-1-02-00101

• 原典과 出刊

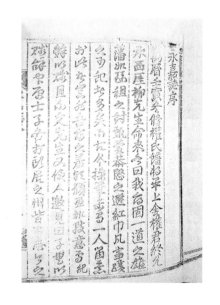

8권 2책의 조선목판본. 1602년 權紀(1546~1624)가 그의 스승인 류성룡의 명에 따라 편찬에 착수하여 1608년에 8권 4책으로 완성. 그 이후 300여 년이 지난 1899년에 김도화와 류도헌의 발문으로 후손인 상학·상태·상표가 판각하여 다시 간행.

• 著者紹介

權紀 : (1546~1624). 본관은 安東. 자는 士立, 호는 龍巒. 權好文의 문인. 1568년(선조 1) 향시에 합격한 것을 비롯하여 초시에 16차례나 합격하였으나 벼슬과는 인연이 닿지 않음. 유성룡의 부탁을 받아 안동의 읍지인 『永嘉志』 8권을 편찬. 저서로 『용만선생문집』 2권.

• 作品內容

『永嘉志』는 안동지역의 대표적인 향토지.

(27) 오선생예설분류(五先生禮說分類)

書名	出版事項	版式狀況	一般事項	所藏番號
五先生禮說分類	鄭逑(1543~1620)編, [朝鮮朝後期]刊.	20卷7冊, 朝鮮木版本, 四周雙邊. 半郭: 23.8×18.6cm, 有界, 半葉: 13行22字, 註單行, 白口, 上下內向二葉花紋魚尾, 33.8×21.5cm, 線裝, 紙質: 楮紙.	表題·版心題: 五先生禮說, 內容: 前集8卷3冊·後集卷12卷4冊, 序: 鄭逑(1611), 跋: 張顯光(1629)·李潤雨(1629), 藏書記: 後彫堂	KS0432-1-01-00052

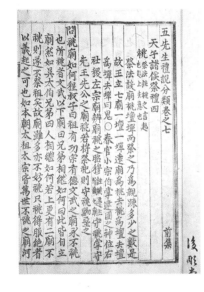

• 原典과 出刊

20권 7책의 조선목판본. 조선 중기의 문신·학자 鄭逑가 엮은 예설서로 전집 8권 3책, 후집 12권 4책, 합 20권 7책. 목판본. 1629년(인조 7) 담양부사 李潤雨의 주선과 관찰사 權泰一의 도움으로 간행. 권두에 편저자의 서문, 권말에 張顯光·이윤우의 발문.

• 著者紹介

鄭逑 : 본관은 淸州. 자는 道可, 호는 寒岡. 昌寧縣監·同福縣監·校正廳郞廳 등 우부승지·장례원판결사·강원도관찰사·형조참판 등을 역임. 저서로는 『家禮輯覽補註』·『五先生禮說分類』·『深衣製造法』·『禮記喪禮分類』·『五福沿革圖』·『退溪喪祭禮問答』 등을 간행.

• 作品內容

宋代 성리학자인 程顥·程頤·司馬光·張載·朱熹 등의 예설을 모아, 이를 관·혼·상·제와 잡례 등으로 체계 있게 분류하여 정리한 것으로, 전집은 주로 천자와 제후에 관한 예를 다루었고, 후집은 일반 사대부에 관한 예를 다루어 수록.

• 版本構成

- 전집 – 권1 : 禮總論·天子諸侯冠婚禮. 권2~3 : 천자제후상례. 권4~7 : 천자제후제례. 권8 :
  천자제후잡례로 구성.

- 후집 – 권1 : 冠婚總論. 권2~6 : 상례. 권7~9 : 제례. 권10 : 제례부록. 권11 : 잡례. 권12 : 編
  禮 등으로 구성.

• 其他價値

단순한 예설만이 아니고 유교를 중심으로 한 모든 법질서에 관한 것들을 종합적으로 다룬
것으로, 난해한 내용들이 해박하게 규명되었을 뿐 아니라 그 규모와 범위가 많고, 특히, 잡례
속의 천자·제후의 車服, 冊命·宮室·臣民禮 등 봉건질서와 제도, 그리고 사대부의 門生·
赴試 등은 동양 고대 및 중세의 법제사 연구에 좋은 자료가 됨.

(28) 유원총보(類苑叢寶)

書名	出版事項	版式狀況	一般事項	所藏番號
類苑叢寶	金堉 (1580~1653)編, 仁祖21(1643)序.	6卷3冊(零本), 朝鮮木版本, 四周雙邊, 半郭: 20.5×14.2㎝, 有界, 半葉: 10行24 字, 註雙行, 白口, 上下內向四花紋魚 尾, 27.2×18.4㎝, 線裝, 紙質: 楮紙.	序: 癸未(1643)秒秋下浣淸風 金堉伯厚序. 刊記: 湖南伯南 鈗刊行. 內容: 卷11-12·30-31· 34-35, 藏書記: 烏川晩歸堂	KS0432-- 03-00037

• 原典과 出刊

6권 3책이 남아있는 조선목판본. 1646년(인조 24) 金堉이 편찬한 類書. 총 47권 30책의 목판
본으로 권두에 李植의 서문과 1643년에 쓴 김육의 자서가 있음. 후조당에 완질이 소장되어
있지 않지만 권11~12, 권30~31, 권34~35 零本의 상태로 6권 3책이 소장되어 있음.

• 著者紹介

金堉 : 본관 淸風. 자는 伯厚, 호는 潛谷·晦靜堂. 己卯八賢의 한 사람인 金湜의 4대손. 1623
년 인조원년 증광 문과에 장원으로 급제. 예조참의·우부승지·장례원판결사·충청도관찰사
·대사성·대제학·대사간·병조참의·한성부우윤·도승지 겸 元孫輔養官·병조참판·이조참
판·형조판서·대사헌·예조판서 등을 역임. 저서로『潛谷遺稿』(11권 10책)·『潛谷別稿』·『潛
谷遺稿補遺』·『潛谷續稿』등,『類苑叢寶』·『救荒撮要』·『辟瘟方』·『種德新編』등.

● 作品内容

김육의 서문을 보면 우리나라도 중국을 능가할 정도로 문장이 성대한데, 계속된 병란으로 장서들이 많이 훼손되고 없어지게 되어 그 점을 애석히 여김. 지난날의 자취를 살펴보기에는 宋나라 祝穆의 『事文類聚』를 높이 평가하여 볼만하다 여겼으나, 쉽게 책을 구할 수가 없고, 후에 겨우 책을 구해 초록하면서 번잡스러운 것을 빼버리고 要旨만을 남겨, 『藝文類聚』·『唐類函』·『天中記』·『山堂肆考』·『韻府群玉』 등을 참고하고 증감해서 책을 편찬했다고 동기를 밝힘. 『사문유취』의 체재를 모방해 큰 항목은 양각으로 하고, 항목 아래에 要語를 쓰고 출전을 밝히고, 고금의 사실을 적었으나, 시대 순으로 되어 있지는 않음.

● 版本構成

- 권1~3 : 天道門. 권4 : 天時門. 권5~7 : 地道門. 권8~10 : 帝王門. 권11~18 : 官職門.
- 권19 : 吏部. 권20 : 戶部. 권21~22 : 禮部. 권23 : 兵部. 권24 : 刑部.
- 권25~27 : 人倫門. 권28 : 人道門. 권29~32 : 人事門.
- 권33~34 : 文學門·筆墨門·璽印門. 권35 : 珍寶門·布帛門.
- 권36 : 器用門. 권37 : 飮食門. 권38 : 冠服門·米穀門.
- 권39~40 : 草木門. 권41~44 : 鳥獸門. 권45~46 : 虫魚門. 권47 : 부록.

● 其他價値

우리나라에서 학문적 역량을 키우기 위해 편찬된 최초의 백과사전으로 주목.

(29) 장릉지(莊陵誌)

書名	出版事項	版式狀況	一般事項	所藏番號
莊陵誌	尹舜擧(1596~1668) 原編, 權和·朴慶餘 共編, 朝鮮朝後期 刊.	2卷1冊(零本), 朝鮮木版本, 四周雙邊, 半郭: 20.8×16.2㎝, 有界, 半葉: 10行24字, 註雙行, 内向二葉花紋魚尾, 30.4×20.2㎝, 線裝, 紙質: 楮紙.	內容: 卷3-4, 後序: 崔錫鼎(1711)	KS0432-1-02-00127

● 原典과 出刊

2권 1책이 남아있는 조선목판본. 『莊陵誌』는 朴慶餘
와 權和 등이 조선 제6대 왕 단종의 왕위 피탈 후에
전개된 상황을 기록한 책. 4권 2책의 목판본. 후조당
에는 3권부터 4권까지 두 번째 冊이 소장.

● 著者紹介

尹舜舉 : 본관은 坡平. 자는 魯直, 호는 童土. 1633년
(인조 11) 사마시에 합격. 상의원주부·형조좌랑·안
음현감·의령현감·사직서령·세자익위사익위·군자
감정·예빈시정·상의원정 등 역임. 저서로 『동토집』·
『노릉지』 등.

朴慶餘 : 1651~1715. 본관은 順天, 사육신 박팽년의 9
세손. 귀후서별제·송라찰방·청안현감 등 역임. 사육
신의 후예로서 『莊陵誌』를 간행.

● 作品内容

단종과 사육신과의 발생한 여러 가지 일을 기록. 책의 내용은 세조에게 왕위를 빼앗긴 뒤
강원도 영월로 추방되어 비명으로 죽기까지의 사실과 그 뒤 숙종 때 복위된데 따른 제반
문제를 기록. 이 책은 원래 1711년(숙종 37) 당시 영월부사 尹舜舉가 편찬한 『魯陵誌』 2권을
舊誌라 하였고, 그 뒤 朴彭年의 9세손 朴慶餘가 權和와 함께 續誌 2권을 증보해 『장릉지』라
고 개제. 구지인 『노릉지』는 魯山君의 '陵號'에 따른 것이고, 舊誌와 續誌를 합편하여 개제한
『장릉지』는 노산군이 숙종 때 단종으로 복위된 뒤의 능호인 '莊陵'에 따른 것.

● 版本構成

舊誌는 1441년(세종 23)부터 1653년(효종 4)까지의 사실을, 續誌는 1662년(현종 3)부터 1740
년(영조 16)까지의 사실을 수록. 舊誌는 사실·분묘·사묘·제축·제기·부록 등을, 續誌는 복
위·봉릉·제기·六臣復官·建祠祭文 등을 수록.

(30) 전운옥편(全韻玉篇)

書名	出版事項	版式狀況	一般事項	所藏番號
全韻玉篇	朝鮮朝後期 刊	上1冊(零本), 朝鮮木版本, 四周雙邊, 半郭: 21.7×15㎝, 有界, 半葉: 10行字數不同, 註雙行, 花口, 上下向黑魚尾, 28.6×19.7㎝, 線裝, 紙質: 楮紙.	表紙缺落, 花口題: 全韻玉篇, 共2冊 中 第2冊 缺	KS0432-1-03-00039
全韻玉篇	朝鮮朝後期 刊	下1冊(零本), 朝鮮木版本, 四周雙邊, 半郭: 21.1×15.2㎝, 有界, 半葉: 10行字數不同, 註雙行, 花口, 上下黑魚尾, 24.5×18.5㎝, 線裝, 紙質: 楮紙.	花口題: 全韻玉篇, 共2冊 中 第1冊 缺	KS0432-1-03-00040
全韻玉篇	朝鮮朝後期 刊	上下2冊, 朝鮮木版本, 四周單邊, 半郭: 20.8×15, 有界, 半葉: 10行字數不同, 註雙行, 花口, 上下黑魚尾, 28.1×18.8㎝, 線裝, 紙質: 楮紙.		KS0432-1-03-00041

• 原典과 出刊

上下 2冊의 조선목판본. 1796년(정조 20)에 간행된 『奎章全韻』의 부록으로 만든 옥편으로, 『全韻玉篇』에 序文, 跋文이 없어 편찬자와 편찬연대를 정확히 알 수 없으나, 『奎章全韻』과 같은 시기에 간행된 것으로 추정. 후조당 소장 『全韻玉篇』은 表紙가 缺落되어 있는 上卷 1冊과 下卷 1冊이 각각 다른 소장번호로 소장되어 있고 그 후대에 다시 간행된 것으로 보이는 上下 2冊의 완질본이 온전한 상태로 보관됨.

• 著者紹介

편찬자 미상.

• 作品內容

徐命膺·李德懋 등에 의하여 편찬된 『奎章全韻』의 부록으로 만든 옥편으로, 우리나라에서 가장 권위 있는 옥편의 하나로 널리 쓰여 왔음. '全韻'이라는 이름 자체가 『奎章全韻』을 지칭하고 있음.

● 版本構成

부수에 따라 글자들을 배열하였고, 각각의 글자들에는 독음과 뜻, 그 글자에 해당하는 韻, 通字나 同字, 俗字를 순서대로 제시.

(31) 주자서절요(朱子書節要)

書名	出版事項	版式狀況	一般事項	所藏番號
朱子書節要	李滉(1501~1570)編, 安東, 陶山書院, 英祖19(1743)刊.	20卷10冊, 朝鮮木版本, 四周雙邊, 半郭: 21.2×16.2㎝, 有界, 半葉: 10行18字, 註雙行, 白口, 上下內向二葉花紋魚尾, 32.8×21.2㎝, 線裝, 紙質: 楮紙.	序: 李滉(1558)·奇大升(1572), 星州印晦菴書節要跋: 黃俊良(1561), 附退溪先生答李仲久書: 李滉(1563), 定州刊朱子書節要跋: 奇大升(1567), 頭註, 刊記: 上之十九年癸亥(1743)秋陶山書院刊	KS0432-1-03-00044

● 原典과 出刊

20권 10책의 조선목판본. 『朱子書節要』는 조선 중기의 학자 李滉이 『주자대전』 중에서 중요한 부분을 뽑아 편찬한 책. 총 20권 10책의 목판본으로, 초간본은 1561년(명종 16) 星州府에서 간행, 1572년(선조 5) 柳仲郢이 주에서 간행, 1611년(광해군 3) 奇大升이 전주에서 간행. 권두에 李滉의 序文이, 권말에 黃俊良과 奇大升의 발문이 있음.

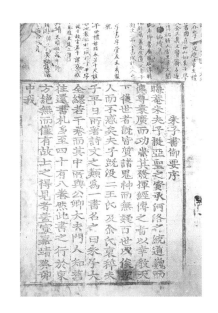

● 作品內容

李滉은 中宗의 명으로 1543년(중종 38) 교서관에서 간행된 95책의 『주자전서』를 보게 되었는데, 주희가 당시의 문인들과 사회·정치·경제·학문 등에 대해 의견을 교환한 48권에 달하는 서간문이 포함되어 있었음. 이황은 儒宗이라는 존경 받던 朱熹의 학문과 사상이 서간문에 모두 함축되어 있음에 주목하고, 서간문을 연구하여, 그 중에서 時事에 맞지 않는 것과 학문과 관련이 없는 부분을 빼고 정주학의 핵심이 된다고 인정되는 성리학 경전 연구, 정치·사상 등에 관한 내용만을 추려서 이 책을 완성.

● 版本構成

　- 권1·2 : 時事出處. 권3 : 汪張問答. 권4 : 呂劉問答. 권5 : 陳陸辨答.

　- 권6 : 問答論事. 권7 : 問答經傳. 권8~18 : 知舊人問答. 권19 : 속집. 권20 : 별집.

(32) 주절휘요(朱節彙要)

書名	出版事項	版式狀況	一般事項	所藏番號
朱節彙要	柳致明(1777~1861)編, 隆熙3(1909)刊.	4卷2冊, 朝鮮木版本, 四周雙邊, 半郭: 20.1×15.4㎝, 有界, 半葉: 10行20字, 註雙行, 內向二葉花紋魚尾, 31.8×20.8㎝, 線裝, 紙質: 楮紙.	跋: 柳廷鎬, 刊記: 己酉(1849) 季春日靑松眞江書堂藏板 約中篇·朱子書節要 同時 幷刊	KS0432-1-03-00045

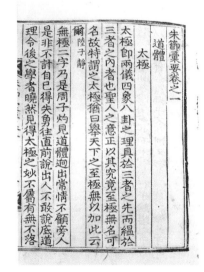

● 原典과 出刊

4권 2책의 조선목판본. 『朱節彙要』는 조선 후기의 문신이자 학자인 柳致明이 朱熹의 『주자대전』의 내용을 요약하고 편집한 책. 4권 2책의 목판본으로 1909년 靑松 眞江書堂 소장판본으로 간행. 권말에 柳廷鎬의 발문.

● 著者紹介

柳致明 : 본관은 全州. 자는 誠伯, 호는 定齋. 李象靖의 외증손으로 이상정의 문인인 南漢朝·柳範休·鄭宗魯·李瑀 등의 문하에서 수학. 1805년(순조 5) 별시 문과에 병과로 급제하고, 승문원부정자·성균관전적·사간원정언·사헌부지평·세자시강원문학·全羅道掌試都事·홍문관교리·우부승지·초산부사·공조참의·대사간 등 역임. 經學·성리학·禮學 등의 분야에 정통. 李滉·金誠一·張興孝·李玄逸·李栽·이상정으로 이어지는 학통을 계승. 저서 및 편서로 『定齋文集』·『禮疑叢話』·『家禮輯解』·『學記章句』·『常變通攷』·『朱節彙要』·『大學童子問』·『太極圖解』·『大山實記』·『知舊門人往復疏章』 등.

• 作品內容

이 책의 체재는『近思錄』의 편차를 모방, 사상·학문적인 면을 중심으로 중요한 구절만을
뽑아서 편집한 것으로 구성.

• 版本構成

- 권1 : 道體篇으로　太極·道·理·道器·理氣·陰陽·性·仁·人心道心·心性情·中和　등의
  항목, 爲學大要篇으로 총론·知行·戒高遠·辨義理·反求諸己·求仁·集義養氣 등의 항목
  설명.
- 권2 : 窮理篇으로 총론·독서·窮格活法 등의 논술.
- 권3 : 主敬篇으로 총론·操存·함양·성찰·動靜交養·居敬窮理 등을 서술.
- 권4 : 力行篇으로 총론·극기·變化氣質·檢身·修辭·應事·處家·財用 등과, 出處篇으
  로 총론·處世·固窮·事君·居官·과학·辨異端·關聖賢·自論爲學工夫 등의 항목으로
  구성.

(33) 지봉유설(芝峯類說)

書名	出版事項	版式狀況	一般事項	所藏番號
芝峯類說	李睟光 (1563~1628)著, 朝鮮朝後期 刊.	10卷5冊(零本), 朝鮮木版本, 四周雙邊, 半郭: 29.3×19.5㎝, 有界, 半葉: 10行20字, 註雙行, 白口, 上下內向二葉花紋魚尾, 18.9×15㎝, 線裝, 紙質: 楮紙.	所藏印: 琴易堂, 臨淵齋章, 內容: 卷1-2·7-8·11-12·17-20, 跋: 金玄成	KS0432-1-03-00046

• 原典과 出刊

10권 5책이 남아있는 조선목판본.『芝峯類說』은 1614년(광해군 6) 李睟光이 편찬한 일종의
백과사전. 20권 10책의 목판본으로, 주로 고서와 고문에서 뽑은 奇事逸聞集. 간행은 이수광
이 죽은 뒤에 그의 아들 聖求와 敏求에 의하여 1634년(인조 12)에 출간. 이것을 崇禎本이라
함.『지봉유설』의 권두에 金玄成의 제문, 이수광의 자서, 권말에 李植의 발문.

• 著者紹介

李睟光 : 본관은 全州. 자는 潤卿, 호는 芝峯. 1578년(선조 11)초시에 합격하고, 1582년 진사.

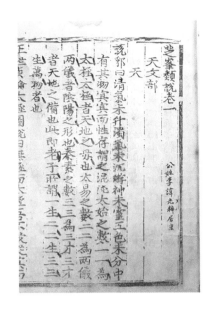

승문원부정자·성균관전적·호조좌랑·병조좌랑·성균관대사성·홍문관제학·대사간·이조참판·공조참판 등 역임. 저서로 『지봉집』·『纂錄群書』 등.

• 作品内容

『지봉유설』은 일종의 백과사전으로 총 3,435조목을 25부문 182항목으로 나누고 있으며, 반드시 그 출처를 밝혔음. 인용한 서적은 六經을 비롯하여 근세 소설과 여러 문집에 이르기까지 348家의 글을 참고. 기록한 사람의 성명은 上古에서 朝鮮 中期까지 2,265명. 이것은 별권에 따라 기록하였고, 간혹 姓만을 적은 것도 있음

• 版本構成

- 권1 : 천문·時令·災異.

- 권2 : 지리·諸國.

- 권3 : 君道·병정.

- 권4 : 관직.

- 권5~7 : 儒道·경서·문자.

- 권8~14 : 문장.

- 권15 : 인물·性行·身形.

- 권16 : 語言.

- 권17 : 인사·잡사.

- 권18 : 技藝·外道.

- 권19 : 宮室·服用·식물.

- 권20 : 卉木·禽蟲의 25부문으로 분류.

• 其他價値

『지봉유설』에서 가장 두드러진 내용은 서구 문명을 소개한 것. 조선 중기 실학의 선구자로서 서양 문물에 대한 견문과 새로운 문화에 대한 이수광의 관심이 표명됨. 『天主實義』 2권을 소개하면서 천주교의 교리와 교황에 관하여도 기술하고 있어 의미가 있음.

(34) 지씨홍사제왕통기(池氏鴻史帝王統紀)

書名	出版事項	版式狀況	一般事項	所藏番號
池氏鴻史 帝王統紀	池光翰 撰, 肅宗16(1690)序.	13卷12冊(零本), 朝鮮木版本, 四周單 邊, 半郭: 21×17㎝, 有界, 半葉: 12行23 字, 註雙行, 黑口, 上下內向二葉花紋 魚尾, 30.2×20.8㎝, 線裝, 紙質: 楮紙.	板心題: 鴻史. 序: 崇禎紀元 後再庚午(1690) … 池光翰題. 內容: 帝王統紀(零本2卷2冊) ·姓氏韻彙(11卷10冊)	KS0432-1- 02-00140

● 原典과 出刊

13권 12책이 남아있는 조선목판본. 『池氏鴻史帝王統
紀』는 조선 후기, 중국 상고시대로부터 明나라 때까
지의 법령에 대한 평가, 災異照應 등을 기술한 책.
1750년(영조 26) 池光翰이 鑑戒될 만한 中國의 歷史
와 姓譜를 모아 해설하고 편집하여 간행. '記傳'은 중
국 左丘明의 『春秋左氏傳』을 따라 대의명분을 밝히
고, '姓譜'는 韻字別로 편집.

● 著者紹介

池光翰: 본관은 忠州, 호는 雲獄. 1728년(영조 4) '李
麟佐의 亂'에 청주를 피하여 영남·호남지방을 여행하
는 동안 사회제도의 모순을 간파, 평생 학문에 전념.
'萬民平等', '國民皆兵', '田制改革' 등을 주장. 저서에는 『池氏鴻史』28권, 유고 『經濟八策』,
『四布論』 등.

● 作品內容

帝王統紀와 姓氏韻彙로 구별. 帝王統紀는 『尙書』·『毛詩』·『禮記』·『春秋』·『左傳』·『山海
經』·『戰國策』·『馬史』·『漢書』·『白虎通』·『家語』·『風俗通』·『綱目』·『名臣言行錄』 등 61
종의 古書를 참고하여 中國의 太古時代 盤古로부터 夏·殷·周를 거쳐 明王朝까지로 끝에
后妃·嬪嬙·公子·王孫 등에 관한 것도 附記. 正統을 먼저 싣고 僭僞한 나라나 僭亂한 것은
그 끝에 附記.

• 版本構成

- 권1 : 太古의 盤古, 天皇, 地皇, 人皇, 皇伯, 庸成氏, 栢皇氏, 昆連氏, 太昊伏羲氏, 炎帝, 黃帝, 전項, 帝곡, 帝堯, 帝舜, 夏·殷·周 三代, 東周까지 실었으나 歷代 임금 중에서 특기할 만한 사실이 없는 경우는 君號만을 기입하여 계통만 이어 놓음.

- 권2 : 春秋時代의 12國과 戰國時代의 7國. 各國의 임금을 중심으로 하여 기술.

- 권3 : 秦始皇帝로부터 西漢, 東漢, 後漢, 西晋, 東晋, 宋, 齊, 梁까지, 이속에 陳勝, 項羽, 田橫, 新의 王莽, 魏(曹操), 吳(孫權) 및 南北朝, 北朝魏 등은 正統이 아니라는 뜻에서 附字를 써서 실었음.

- 권4는 唐, 梁, 唐, 晋, 漢, 周, 宋, 南宋, 元, 明까지. 吳越, 南唐, 後蜀, 西夏, 遼, 金 등은 正統이 아니라하여 附字을 써서 王朝 사이에 실었음.

- 권5 : 東氏의 東方朔을 비롯하여 충氏, 終氏, 馮氏, 熊氏, 豊氏, 蒙氏, 公父氏, 公孫氏, 洪氏, 董氏, 孔氏 등 20姓氏의 74명과 孔子의 門人 및 孟子의 門人 등.

- 권6 : 隨氏, 施氏, 李氏 등 16個 姓氏의 84명.

- 권7 : 韋氏, 魏氏 등 16個 姓氏에 88명.

- 권8 : 吳氏, 蘇氏, 杜氏 등 32個 姓氏에 104명.

- 권9 : 梅氏, 崔氏, 陳氏 등 29個 姓氏에 荀卿, 陳平 등 116명.

- 권10 : 韓氏, 桓氏, 班氏 등 18個 姓氏에 韓非, 桓榮, 扁鵲 등 73명.

- 권11 : 錢氏, 趙氏, 邵氏 등 27個 姓氏에 錢起, 趙雲, 邵雍 등 90명.

- 권12 : 馬氏, 謝氏, 羊氏 등 15個 姓氏에, 馬援, 謝安, 羊祜 등 106명.

- 권13 : 王氏姓으로 王전, 王촉, 王羲之 등 65명.

- 권14 : 莊氏, 楊氏, 程氏 등 23個 姓氏에 楊朱, 楊震, 黃子澄, 彭祖, 程顥, 程頤 등 79명.

- 권15 : 丙氏, 孟氏, 劉氏 등 25個 姓氏에 丙吉, 孟郊, 鄧艾, 歐陽修 등 108명.

- 권16 : 由氏, 冠氏, 范氏 등 23個 姓氏에 由余, 冠準, 范蠡 등 69명.

- 권17 : 陸氏, 郭氏, 薛氏 등 26個 姓氏에 陸賈, 郭光, 岳飛 등 61명.

- 이들 姓氏는 人物略傳의 성격을 띰.

(35) 징비록(懲毖錄)

書名	出版事項	版式狀況	一般事項	所藏番號
懲毖錄	柳成龍 (1542~1607)著, 朝鮮朝後期 刊.	3卷2冊(零本), 朝鮮木活字本, 四周雙邊, 半郭: 21.3×15.2㎝, 有界, 半葉: 12行23字, 註雙行, 白口, 內向二葉花紋魚尾, 31.5×19.8㎝, 線裝, 紙質: 楮紙.	寶物 第1019號, 內容: 卷2·5-6	KS0432-1-02-00144

● 原典과 出刊

3권 2책이 남아있는 조선목판본. 『懲毖錄』은 조선 선조 때 영의정을 지낸 西厓 柳成龍이 집필한 임진왜란 전란사로서, 1592년(선조 25)부터 1598년까지 7년에 걸친 전란의 원인, 전황 등을 기록한 책. 이 책은 저자인 유성룡이 벼슬에서 물러나 낙향해 있을 때 집필한 것.

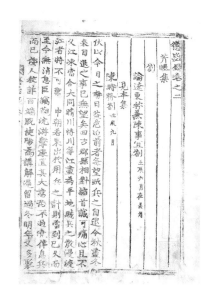

● 著者紹介

柳成龍 : 본관은 豊山. 자는 而見, 호는 西厓. 李滉의 문인. 1564년(명종 19) 생원·진사가 되고, 正言·병조좌랑·이조좌랑·부교리·이조정랑·교리·전한·장령·부응교·검상·사인·응교·대사헌·병조판서·지중추부사 등 역임. 저서로『西厓集』·『懲毖錄』·『愼終錄』·『永慕錄』·『觀化錄』·『雲巖雜記』·『亂後雜錄』·『喪禮考證』·『戊午黨譜』·『鍼經要義』 등. 편서로는 『大學衍義抄』·『皇華集』·『九經衍義』·『文山集』·『정충록』·『포은집』·『퇴계집』·『孝經大義』·『퇴계선생연보』 등.

● 作品內容

제목인 '징비'는 『詩經』 小毖篇의 "미리 징계하여 후환을 경계한다(豫其懲而毖役患)"라는 구절에서 가져온 것. 『징비록』의 첫 장에서 유성룡은 수많은 인명을 앗아가고 비옥한 강토를 피폐하게 만든 참혹했던 전화를 회고하면서, 다시는 같은 전란을 겪지 않도록 지난날 있었던 조정의 여러 실책들을 반성하고 앞날을 대비하기 위해『징비록』을 저술하게 되었다고 밝힘.

• 其他價値

뚜렷한 목적의식을 가지고 저술되었다는 점에서,『징비록』은 우리나라에서 씌어진 여러 기록문학 중에서도 특히 두드러짐.

(36) 창대정공실기(昌臺鄭公實紀)

書名	出版事項	版式狀況	一般事項	所藏番號
昌臺鄭公實紀	鄭允燮 編	5卷1冊, 朝鮮木活字本, 四周雙邊, 半郭: 20.2×16.4㎝, 有界, 半葉: 10行21字, 註雙行, 白口, 上下內向二葉花紋魚尾, 29.3×20.4㎝, 線裝, 紙質: 楮紙.	表題: 昌臺實記, 序: 李彙載, 後敍: 李敦禹(1869), 識: 柳疇睦(1869), 跋: 鄭一憲(1893), 附: 公山會盟席上唱和錄.	KS0432-1-02-00145

• 原典과 出刊

5권 1책의 조선목활자본.『昌臺鄭公實紀』는 임진왜란 당시 영주지역에서 활동하다 전사했던 조선 중기의 학자 鄭大任의 遺文과 생애에 관한 사실을 모은 책. 5권 1책의 목활자본으로 후손 鄭允燮이 편집하고 간행. 권두에 李彙載의 서문이 있고, 권말에 李敦禹의 後敍와 柳疇睦의 識, 10대 손 '一憲'의 발문.

• 著者紹介

鄭大任 : 본관은 迎日. 자는 重卿, 호는 昌臺. 종조부 鄭允渧에게 수학. 임진왜란 때 의병을 일으켰으며, 비안현감·훈련원첨정·예천군수·경상좌도병마우후를 역임. 1594년 무과에 급제, 陞品되기도 전에 적군과 싸우다가 사망함.

• 作品內容

시는 八公山에서 의사들과 모여서 맹서할 때에 지은 것으로, 왜적의 침입에 대한 적개심과 의병을 규합하여 섬멸하겠다는 각오, 선조가 머무르던 의주를 바라보는 심경 등을 묘사함.

● 版本構成

　권1 : 연보 1편.

　권2 : 시 1수, 부록으로 가장 1편, 행장 1편.

　권3~5 : 부록으로 묘갈명·묘지명·묘표·유사·昌臺書院奉安文·常享祝文·傳·狀啓·國史·
　諸賢紀述·上言草·附公山會盟席上唱和錄·輓 각 1편 등이 수록.

(37) 초려문답(草廬問答)

書名	出版事項	版式狀況	一般事項	所藏番號
草廬問答	金宗德 (1724~1797)編, 1900年代 刊.	6卷3冊(零本), 朝鮮木活字本, 四周雙邊, 半郭 20.4×15.5㎝, 有界, 半葉: 10行19字, 註雙行, 白口, 上下 內向二葉花紋魚尾, 31.7×21㎝, 線裝, 紙質: 楮紙.	跋: 金道和 (1825~1912)謹跋.	KS0432-1-03-00048

● 原典과 出刊

　6권 3책이 남아있는 조선목활자본. 『草廬問答』
은 조선 후기의 학자 金宗德이 학문의 중요성
과 진리에 대하여 제자들과 문답한 내용을 모
아 엮은 책. 6권 3책의 목활자본으로 손자 壽昶
에 의하여 간행되었으나 정확한 간행연도는 미
상. 권말에 金道和의 발문.

● 著者紹介

　金宗德 : 본관은 安東. 자는 道彦, 호는 川沙.
李象靖의 문인. 평생 벼슬에 뜻을 두지 않았으며, 1779년(정조 3)에 학행(學行)으로 천거되
어 의금부도사를 지냄. 저서로는 『천사집』·『聖學入門』·『禮門一統』·『釋學正論』·『政本考
證』·『草廬問答』·『禮書』 등.

● 作品內容

　김종덕은 학문의 중요성에 대하여 "천하 사람이 모두 善하고 안정되면 학문이 별로 필요 없
을 것이나, 세상의 인심이 균일하지 않고 정치제도가 수시로 변천하기 때문에 진실한 사람으

로서의 자세를 갖추기 위하여 필요한 것이다."라고 학문의 大本을 설명. 역대 제왕의 시정제도에 현격한 차이가 있는 것은 학문의 응용이 다르기 때문이 아니라 기본교육의 허점 때문이라고 지적하면서,『소학』에 修齊治平의 핵심이 있음을 강조.

(38) 퇴계선생문집고증(退溪先生文集攷證)

書名	出版事項	版式狀況	一般事項	所藏番號
退溪先生文集攷證	柳道源(1721~1791)撰, 高宗28(1891)跋.	8卷4冊, 朝鮮木版本, 四周雙邊, 半郭: 19.1×15.8cm, 有界, 半葉: 10行20字, 註雙行, 白口, 上下內向二葉花紋魚尾, 31.5×20.8cm, 線裝, 紙質: 楮紙.	表題: 溪集攷證, 序: 李萬運·柳道源(1788), 跋: 金興洛(1891)	KS0432-1-04-00502

● 原典과 出刊

8권 4책의 조선목판본. 『退溪先生文集攷證』은 퇴계집의 주석서로, 표제는 '退溪考證'으로 되어있음. 권두에 李萬運의 서문과 편찬자 柳道源의 범례 및 金興洛의 識. 김흥락의 지를 통해 서문이 쓰여진 시기는 1788년이고 간행이 된 시기는 1891년(고종 28) 임을 추정 함.

● 著者紹介

柳道源 : 본관은 全州. 자는 叔文, 호는 蘆厓. 李象靖의 문인. 학행이 알려져 道薦으로 明陵參奉에 제수되었으나 취임한 지 3일 만에 병을 칭탁하고 사직, 고향에 돌아가 후진양성에 전념함. 1790년(정조 14) 노인직으로 첨지중추부사 역임. 저서로『노애집』을 비롯하여 『退溪先生文集攷證』·『日警錄』 등.

● 作品內容

퇴계 이황 문집인 『退溪集』에 주요 항목마다 주석을 달아 편찬한 책.

• 版本構成

- 권1~7 : 『퇴계집』원집 49권의 주요 항목에 대한 주석.

- 권8 : 별집 · 외집 · 속집에 대한 주석. 본문에서 주석 사항이 소재한 글의 제목은 陰刻으로
  표시하고, 관련 주석은 쌍행으로 적어 둠.

(39) 퇴계선생연보(退溪先生年譜)

書名	出版事項	版式狀況	一般事項	所藏番號
退溪先生年譜	柳成龍 (1542~1607)編, 安東, 陶山書院, 朝鮮朝末期 刊.	3卷1冊, 朝鮮木版本, 四周雙邊, 半郭: 20.6×17.7cm, 有界, 半葉: 10行20字, 註雙行, 白口, 上下內向二葉花紋魚尾, 30.2× 20.8cm, 線裝, 紙質: 楮紙.	被傳者: 李滉 (1501~1570), 註記: 뒷표지결락	KS0432-1-02-00155
退溪先生年譜	上同	3卷1冊, 朝鮮木版本, 四周雙邊, 半郭: 19.6×16.2cm, 有界, 半葉: 10行20字, 註雙行, 白口, 上下內向二葉花紋魚尾, 31.7×20.8cm, 線裝, 紙質: 楮紙.	被傳者: 李滉, 跋: 柳成龍	KS0432-1-02-00156
退溪先生年譜	上同	4卷2冊, 朝鮮木版本, 四周雙邊, 半郭: 20.9×15.8cm, 有界, 半葉: 10行20字, 註雙行, 白口, 上下內向二葉花紋魚尾, 32.8×21.8cm, 線裝, 紙質: 楮紙.	被傳者: 李滉, 跋: 柳成龍, 印刷兼發行所: 陶山書院	KS0432-1-02-00157

• 原典과 出刊

3권 1책, 4권 2책 등의 조선목판본. 『退溪先生年譜』
은 도산서원에서 발행한 퇴계선생의 연보. 류성룡이
1600년(선조 33) 3월에 金允安 · 金兌 등과 함께 玉淵
書堂에 모여 退溪先生年譜를 4월에 완성하였으나 정
확한 간행연도는 미상. 후소낭에도 3권 1책본 4권 2책
본 등이 소장되어 있음.

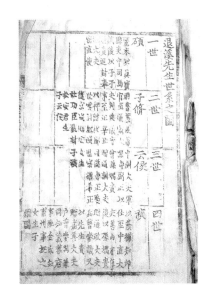

• 著者紹介

柳成龍 : 본관은 豊山. 자는 而見, 호는 西厓. 李滉의
문인. 1564년(명종 19) 생원 · 진사가 되고, 正言 · 병조
좌랑 · 이조좌랑 · 부교리 · 이조정랑 · 교리 · 전한 · 장령 ·
부응교 · 검상 · 사인 · 응교 · 대사헌 · 병조판서 · 지중추

부사 등 역임.

저서로 『西厓集』·『懲毖錄』·『愼終錄』·『永慕錄』·『觀化錄』·『雲巖雜記』·『亂後雜錄』·『喪禮考證』·『戊午黨譜』·『鍼經要義』 등. 편서로는 『大學衍義抄』·『皇華集』·『九經衍義』·『文山集』·『정충록』·『포은집』·『퇴계집』·『孝經大義』·『퇴계선생연보』 등.

● 作品內容

권1~2는 年譜이며 권3은 附錄이다. 권3뒤에는 賜祭文 등이 追補로 수록. 권두에 「退溪先生世系之圖」가, 권3과 追補사이에 柳成龍의 年譜跋文이 수록됨.

● 版本構成

- 권1 : 生年부터 1560년(명종 15)까지.
- 권2 : 1561년부터 1596년(선조 29)까지.
- 권3 : 言行總錄, 墓碣銘, 墓識, 教書 2首, 祭文 7편, 陶山書院奉安文(趙穆)·祝文 등 수록됨.

(40) 퇴계선생서절요차의(退溪先生書節要箚疑)

書名	出版事項	版式狀況	一般事項	所藏番號
退溪先生書節要箚疑	李象靖(1710~1781)編, 光武3(1899)跋.	2卷1冊, 朝鮮木版本, 四周雙邊, 半郭: 20,8×15.6cm, 有界, 半葉: 10行20字, 註雙行, 白口, 上下內向二葉花紋魚尾, 32.1×21.8cm, 線裝, 紙質: 楮紙.	表題: 退書節要箚疑, 跋: 己亥(1899)淸和節後學聞詔金道和(1825~1812)謹跋.	KS0432-1-04-00503

● 原典과 出刊

2권 1책의 조선목판본. 『退溪先生書節要箚疑』는 李宗洙(1722~1797)가 『退溪先生書節要』의 故事와 名物의 유래와 출처 등을 수록해 둔 것을 金道和(1825~1912)와 몇몇 선비들이 抄出하여 簡編을 정하고 교정·완성한 책.

● 著者紹介

李宗洙 : 본관은 眞城. 자는 學甫, 호는 后山. 李象靖의 문인. 이상정이 주도했던 『朱書講錄刊補』의 교정·보완에 참여. 저서로 『后山集』·『感興詩諸家註解』·『近思錄語類輯錄』·『洙泗傳習錄圖說訓義』·『退溪先生詩集箚疑』·『家禮輯遺』 등.

● 作品內容

이황은 주자의 방대한 서간 중에서 중요한 것만을 간
추려『朱子書節要』라하고 서문까지 썼었는데, 이황의
적통을 이은 이상정이 그 예를 본받아 이황의 많은 서
간 중에서 중요한 것을 간추려 다시『퇴계선생서절
요』를 편찬하였으며, 이상정의 제자 이종수가 스승이
편찬한 책에 대해 주석을 덧붙임.

● 版本構成

- 권1 : 5편. 권2 : 5편, 총 10편으로 구성.
- 1편 : 19항목, 제2편 : 22항목, 제3편 : 21항목, 제4
  편 : 11항목, 제5편 : 27항목, 제6편 : 14항목, 제7
  편 : 17항목, 제8편 : 21항목, 제9편 : 20항목, 제10
  편 : 18편 등 모두 179항목이 수록됨.

(41) 퇴계선생언행록(退溪先生言行錄)

書名	出版事項	版式狀況	一般事項	所藏番號
退溪先生言行錄	權斗經(1654~1726)編, 光武9(1905)刊.	4卷2冊(零本), 朝鮮木版本, 四周單邊, 半郭: 19.2×15.8㎝, 有界, 半葉: 10行20字, 註雙行, 白口, 上下內向二葉花紋魚尾, 33×21.4㎝, 線裝, 紙質: 楮紙.	被傳者: 李滉(1501~1570), 刊記: 今上四年丁卯…四十二年乙巳(1905)重刊.內容: 卷3-6, 共3冊 中 第1冊 缺	KS0432-1-02-00154

● 原典과 出刊

4권 2책이 남아있는 조선목판본. 이현일의 문인 權斗經이 퇴계 이황의 언행을 정리하여 8권
5책의『퇴계선생언행통록』이라 하여 편찬.
『퇴계선생언행통록』은 권두경의 사후인 1732년, 당시 경상도관찰사 조현명의 도움으로 간
행됨. 이것을 '화산본'이라고 하는데, 출간 후 퇴계의 후손인 이수연이 중심이 되어 권두경
의 화산본을 대폭 수정하여 재편찬한 뒤 1733년 도산서원에서 간행한 것이『退溪先生言行
錄』임.

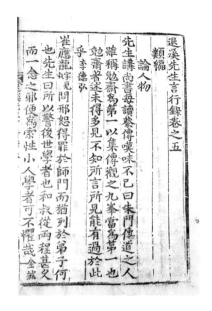

- 著者紹介

權斗經 : 본관은 安東. 자는 天章, 호는 蒼雪齋. 忠定公. 李玄逸의 문인. 1679년(숙종 5)에 사마시에 합격, 泰陵參·司饔院奉事·直長·종부시주부·형조좌랑·사간원정언·홍문관부수찬 등 역임. 저서로 『창설집』, 편서로 『退溪先生言行錄』과 『陶山及門諸賢錄』 등.

- 作品內容

『退溪先生言行錄』은 퇴계 이황의 언행을 정리한 책으로 퇴계 이황의 언행을 기록한 及門弟子들의 저작 중에 가장 유명함. 그런데 이 책이 출간되자 안동과 예안의 선비 사회에서 적지 않은 물의를 일으켜 다시 재편집하여 간행하게 됨.

- 版本構成

- 권1~5권 : 학문, 독서, 論格致, 存性, 論持敬, 成德, 敎人, 講辯, 資品, 起居語默之節, 律身, 居家, 奉先, 家訓, 處鄕, 辭受, 交際, 飮食衣服之節 등 32개의 문목으로 정리.
- 권6 : 金誠一이 지은 「退溪先生實記」, 鄭惟一의 「言行通述」, 李珥의 遺事, 朴純의 「行略」·「崇宗獻議」·「文廟從祀時中外頒敎文」·「文廟從祀時家廟賜祭敎文」과 李槙 등이 지은 제문들이 수록됨.

(42) 퇴도선생자성록(退陶先生自省錄)

書名	出版事項	版式狀況	一般事項	所藏番號
退陶先生自省錄	李滉(1501~1570)著, 宣祖18(1585)刻 [後刷].	1卷1冊(零本), 朝鮮木版本, 四周雙邊, 半郭: 22.5×17.8cm, 有界, 半葉: 10行18字, 註雙行, 白口, 上下內向二葉花紋魚尾, 32.8×21.8cm, 線裝, 紙質: 楮紙.	表題: 退溪先生自省錄, 板心題: 自省錄, 識: 嘉靖戊午(1558)端午後一日退溪老人, 刊記: 萬曆十三年乙酉(1585)冬羅州牧開刊.	KS0432-1-04-00505

• 原典과 出刊

1권 1책의 조선목판본. 퇴계가 스스로의 삶을 성찰하기 위해 자신이 보낸 편지를 엮은 것. 『退陶先生自省錄』은 퇴계가 1558년 단오절에 쓴 것이지만, 서문을 써 둔지 27년 후인 1585년(선조 18)에 판각되었다가 그 다음해인 1586년(선조 19)에 나주에서 당시 나부목사였던 '金誠一'에 의해 발간됨.

• 著者紹介

金誠一 : 본관은 義城. 자는 士純, 호는 鶴峰. 李滉의 문인. 1568년 증광문과에 병과로 급제. 형조·예조좌랑·이조·병조좌랑·홍문관교리·장령·검상·사인 등 역임. 나주목사 시절, 1586년 나주 社稷壇의 화재에 책임을 지고 사직한 뒤, 고향에 돌아와『朱子書節要』·『自省錄』·『퇴계집』 등을 편집, 간행. 다시 종부시첨정·봉상시정·京畿推刷敬差官·예빈시정·사성 등 역임. 저서로 『喪禮考證』 ·『海槎錄』·『학봉집』 등.

• 作品內容

55세 되던 1555년부터 60세가 되던 1560년까지 약 5년간 다른 문인들에게 보낸 서간 22통을 편집하여 자신을 성찰하는 자료로 삼음. 『退陶先生自省錄』에서 '마음의 평정'이 수신의 가장 중요한 덕목으로 봄. 마음의 평정을 찾아야 사물을 제대로 바라볼 수 있고, 바람직한 인격도야가 이루어진다는 것. 사람들은 마음이 안정되지 못하기 때문에 성급히 결과를 얻으려 해서 마음의 병이 생긴다고 주장.

• 版本構成

주고받은 서간의 문인 : 南時甫 2편, 金伯榮, 金可行, 金惇敍(金富倫)삼형제 1편, 鄭子中 8편, 權好文 1편, 金惇敍 1편, 李叔獻 1편, 黃仲擧 2편, 奇明彦 4편, 鄭子中 1편, 奇明彦 1편, 盧伊齋 1편 등.

(43) 향병일기(鄕兵日記)

書名	出版事項	版式狀況	一般事項	所藏番號
鄕兵日記	金垓 (1555~1593)書, 安東, 金垓, 宣祖25(1592)寫.	不分卷1冊, 筆寫本, 四周雙邊, 半郭: 21.7×16.3㎝, 10行20字, 33.3×21.5㎝, 註 雙行, 無魚尾, 假綴, 紙質: 楮紙.	內容: 安東別邑의 義兵大將 으로 活躍했던 金垓(1555~ 1593)가 記述한 陣中日記, 시 도유형문화재64호	KS0432-1- 02-00161
鄕兵日記		不分卷1冊, 筆寫本, 四周雙邊, 半郭: 21.7×16.2㎝, 10行20字, 32×20.8㎝, 註 雙行, 無魚尾, 假綴, 紙質: 楮紙.		KS0432-1- 02-00162
鄕兵日錄 (原本)		不分卷1冊, 筆寫本, 四周雙邊, 10行字 數不同, 33.3×21.4㎝, 註雙行, 無魚尾, 假綴, 紙質: 楮紙.		KS0432-1- 02-00163

• 原典과 出刊

不分卷1冊의 필사본. 『鄕兵日記』는 조선 중기 경상북도 안동 출신 의병장 김해가 기록한 임진왜란 당시의 의병 일기.

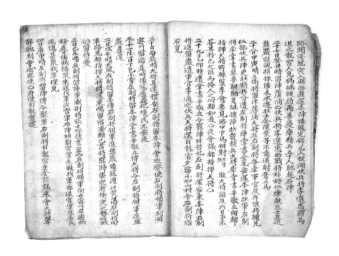

• 著者紹介

金垓 : 1555~1593. 1589년 증광시에 급제한 뒤 승문원권지정자와 예문관검열을 지낸 문신 관료. 고향에서 지내던 중 임진왜란이 일어나자, 김해는 왜적의 침입 소식을 들은 날부터 경주의 의병 진영에서 순국하기 직전까지 전투 상황을 자세히 기록.

• 作品內容

不分卷 1冊 72면의 초서 필사본. 서문과 발문 없이 1592년 4월 14일 왜적에 의한 동래성 침공 소식으로부터 그 다음해인 1593년 6월 19일 계림전투 중 전사 전까지의 의병 활동 경과를 날짜 별로 기록. 김해는 왜적의 침입 소식을 들은 날로부터 안동과 예안, 영주, 의성, 예천 등 영남 북부 지역의 의병대장으로서 여러 고을의 의병을 거느리고 예천, 용궁, 함창 등지 등지에서 왜적과의 크고 작은 전투를 벌였고, 이를 일기 형식으로 기록함.

| 저자 소개 |

민관동 閔寬東, kdmin@khu.ac.kr
· 1960年生, 韓國 天安 出生
· 慶熙大 중국어학과 졸업
· 대만 文化大學 文學博士
· 前 : 경희대학교 외국어대 학장, 韓國中國小說學會 會長, 경희대 比較文化研究所 所長
· 現 : 慶熙大學校 중국어학과 敎授

著作
·《中國古典小說在韓國之傳播》, 中國 上海學林出版社, 1998.
·《中國古典小說史料叢考》, 亞細亞文化社, 2001.
·《中國古典小說批評資料叢考》(共著), 學古房, 2003.
·《中國古典小說의 傳播와 受容》, 亞細亞文化社, 2007.
·《中國古典小說의 出版과 研究資料 集成》, 亞細亞文化社, 2008.
·《中國古典小說在韓國的研究》, 中國 上海學林出版社, 2010.
·《韓國所見中國古代小說史料》(共著), 中國 武漢大學校出版社, 2011.
·《中國古典小說 및 戲曲研究資料總集》(共著), 학고방, 2011.
·《中國古典小說의 國內出版本 整理 및 解題》(共著), 학고방, 2012.
·《韓國 所藏 中國古典戲曲(彈詞·鼓詞) 版本과 解題》(共著), 학고방, 2013.
·《韓國 所藏 中國文言小說 版本과 解題》(共著), 학고방, 2013.
·《韓國 所藏 中國通俗小說 版本과 解題》(共著), 학고방, 2013.
·《韓國 所藏 中國古典小說 版本目錄》(共著), 학고방, 2013.
·《朝鮮時代 中國古典小說 出版本과 飜譯本 研究》(共著), 학고방, 2013.
·《국내 소장 희귀본 중국문언소설 소개와 연구》(共著), 학고방, 2014.
·《중국 통속소설의 유입과 수용》(共著), 학고방, 2014.
·《중국 희곡의 유입과 수용》(共著), 학고방, 2014.
·《韓國 所藏 中國文言小說 版本目錄》(共著), 中國 武漢大學出版社, 2015.
·《韓國 所藏 中國通俗小說 版本目錄》(共著), 中國 武漢大學出版社, 2015.
·《中國古代小說在韓國研究之綜考》, 中國 武漢大學出版社, 2016.
·《삼국지 인문학》, 학고방, 2018.
외 다수.

翻譯
·《中國通俗小說總目提要》(第4卷－第5卷)(共譯), 蔚山大出版部, 1999.

論文
·〈在韓國的中國古典小說翻譯情況研究〉,《明清小說研究》(中國) 2009年 4期, 總第94期.

・〈朝鮮出版本 新序와 說苑 연구〉,《中國語文論譯叢刊》第29輯, 2011.7.
・〈中國古典小說의 出版文化 研究〉,《中國語文論譯叢刊》第30輯, 2012.1.
・〈朝鮮出版本 中國古典小說의 서지학적 考察〉,《中國小說論叢》第39輯, 2013.
・〈한・일 양국 중국고전소설 및 문화특징〉,《河北學刊》, 중국 하북성 사회과학원, 2016.
외 다수

유희준 劉僖俊, shao0321@sookmyung.ac.kr
・1971년생, 韓國 서울 出生
・淑明女子大學校 중문학과 졸업
・淑明女子大學校 文學博士
・前 : 慶熙大學校 비교문화연구소 한국연구재단 토대연구팀 학술연구교수
・現 : 慶熙大學校 비교문화연구소 한국연구재단 공동연구팀 학술연구교수

著作
・《韓國 所藏 中國文言小說 版本과 解題》(共著), 학고방, 2013.2.
・《韓國 所藏 中國古典小說 版本目錄》(共著), 학고방, 2013.6.
・《국내 소장 희귀본 중국문언소설 소개와 연구》(共著), 학고방, 2014.
・《韓國 所藏 中國文言小說 版本目錄》(共著), 中國 武漢大學出版社, 2015.

論文
・〈脂硯齋 批語의 소설 미학적 세계〉,《中國文化研究》第6輯, 2005.6.
・〈紅樓夢 초기 비평가 연구-脂硯齋를 中心으로〉,《中國小說論叢》第24輯, 2006.9.
・〈梅妃傳의 국내 유입과 번역 양상〉,《比較文化研究》第27輯, 2012.6.
・〈淸代 文言小說集 閒談消夏錄 연구〉,《中語中文學》第53輯, 2012.12.
・〈兩山墨談의 국내 출판과 수용양상〉,《中國語文論譯叢刊》第32輯, 2013.1.
・〈蘇州 李鼎과 〈石頭記〉-脂硯齋에 대한 고찰을 중심으로〉,《中國語文論譯叢刊》第54輯, 2018.4.
・〈중국 '世說體' 소설의 국내 유입과 수용〉,《中國語文論譯叢刊》第49輯, 2016.8.
외 20여 편.

경희대학교 비교문화연구소 비교문화총서 16

안동 군자마을의 문화유산
後彫堂 所藏 古書 目錄과 解題

초판 인쇄   2018년 10월 1일
초판 발행   2018년 10월 15일

공 저 자 | 민관동 · 유희준
펴 낸 이 | 하운근
펴 낸 곳 | 學古房

주   소 | 경기도 고양시 덕양구 통일로 140 삼송테크노밸리 A동 B224
전   화 | (02)353-9907   편집부(02)353-9908
팩   스 | (02)386-8308
전자우편 | hakgobang@naver.com, hakgobang@chol.com
홈페이지 | http://hakgobang.co.kr
등록번호 | 제311-1994-000001호

ISBN 978-89-6071-772-5 94010
      978-89-6071-771-8 (세트)

값 : 38,000원